Uni-Taschenbücher 1413

Eine Arbeitsgemeinschaft der Verlage

Birkhäuser Verlag Basel · Boston · Stuttgart
Wilhelm Fink Verlag München
Gustav Fischer Verlag Stuttgart
Francke Verlag Tübingen
Harper & Row New York
Paul Haupt Verlag Bern und Stuttgart
Dr. Alfred Hüthig Verlag Heidelberg
Leske Verlag + Budrich GmbH Opladen
J. C. B. Mohr (Paul Siebeck) Tübingen
R. v. Decker & C. F. Müller Verlagsgesellschaft m. b. H. Heidelberg
Quelle & Meyer, Heidelberg · Wiesbaden
Ernst Reinhardt Verlag München und Basel
K. G. Saur München · New York · London · Paris
F. K. Schattauer Verlag Stuttgart · New York
Ferdinand Schöningh Verlag Paderborn · München · Wien · Zürich
Eugen Ulmer Verlag Stuttgart
Vandenhoeck & Ruprecht in Göttingen und Zürich

Wilfried Joest

Dogmatik

Band 2:
Der Weg Gottes mit dem Menschen

Vandenhoeck & Ruprecht in Göttingen

W. JOEST, 1914 geboren, 1948 Habilitation für das Fach Systematische Theologie, 1948–1953 Univ.-Dozent in Heidelberg, 1953–1956 Professor für Systematische Theologie an der Augustana-Hochschule Neuendettelsau, 1956–1981 o. Professor für Systematische Theologie an der Universität Erlangen-Nürnberg.

Veröffentlichungen: Gesetz und Freiheit, Das Problem des tertius usus legis bei Luther und die neutestamentliche Parainese, Göttingen 1951, 4. A. 1968; Ontologie der Person bei Luther, Göttingen 1967; Fundamentaltheologie, Theologische Grundlagen- und Methodenprobleme (Theol. Wissenschaft Bd. 11), Stuttgart 1974. 2. A. 1981; Gott will zum Menschen kommen, Ges. Aufsätze, Göttingen 1977; dazu versch. Aufsätze und Lexikonartikel.
1955–1976 Schriftleiter und weiterhin Mitherausgeber der Zeitschrift Kerygma und Dogma.

CIP-Kurztitelaufnahme der Deutschen Bibliothek

Joest, Wilfried:
Dogmatik / Wilfried Joest. – Göttingen: Vandenhoeck und Ruprecht
Bd. 2. Der Weg Gottes mit dem Menschen. – 1986
(UTB für Wissenschaft: Uni-Taschenbücher; 1413)
ISBN 3-525-03264-1

NE: UTB für Wissenschaft / Uni-Taschenbücher

© 1986 Vandenhoeck & Ruprecht in Göttingen
Printed in Germany
Einbandgestaltung: A. Krugmann, Stuttgart
Schrift: 9/10p Times auf der Linotron 202 System 3
Satz und Druck: Gulde-Druck GmbH, Tübingen
Bindung: Sigloch, Stuttgart

Inhalt

Vorwort.. XI
Verzeichnis der Abkürzungen XII
Vorbemerkung..................................... 343

Zweiter Teil: Die Wirklichkeit des Menschen im Urteil Gottes . 345

V. Kapitel: Der Mensch unter Gottes Anspruch und
           Widerspruch........................... 345

§ 16. Die Anthropologie in der kirchlichen Lehrüberlieferung. Aspekte ihrer modernen Infragestellung

1. Die Lehre de homine in der altprotestantischen Theologie....... 348
1.1. Die Wesenskonstitution des Menschen.................... 349
1.2. Der Mensch im status integritatis 352
1.3. Der Mensch im status corruptionis 355
     Exkurs: Engel und Dämonen........................ 362
2. Aspekte moderner Infragestellung der anthropologischen Lehrüberlieferung................................. 362

§ 17. Der Mensch im Licht des Schöpferwillens Gottes

1. Die geschöpfliche Bestimmung des Menschen 369
1.1. Problematik und christologische Bestimmung des Ebenbildbegriffs 369
1.2. Christologische Entfaltung der Ebenbildbestimmung des Menschen 372
1.3. Zur Frage des Urstandes............................ 377
2. Die geschöpfliche Konstitution des Menschen 379
2.1. Leib und Seele 379
2.2. Triebe, Vernunft, Geist 384
2.3. Freiheit 388

§ 18. Die Sünde des Menschen

1. Erkenntnis der Sünde............................... 394
1.1. Von woher wird Sünde erkannt?....................... 394
1.2. Was wird als Sünde erkannt? 397

2. Gefangenschaft in der Sünde	404
2.1. Grundsünde und Aktsünden	405
2.2. Die „Tugenden der Heiden"	409
3. Der Sünder unter Gottes Widerspruch	412
3.1. Der Zorn Gottes	412
3.2. Der Tod	413
3.3. Die Schuld	415
Exkurs: Gottebenbildlichkeit des Sünders?	418

§ 19. *Die Frage nach dem Wirklichkeitsgrund der Sünde*

1. Evolutionistische Antwort	420
2. Dualistische Antwort	422
Exkurs: Zur Lehre vom Teufel	423
3. Prädestinatianische Antwort	425
4. Die Bestimmung des Menschen zu freiem Gehorsam als Antwort	426
5. Keine Antwort	429

VI. KAPITEL. DER FREIGESPROCHENE GOTTES ... 431

§ 20. *Gnade und Rechtfertigung in der kirchlichen Lehrüberlieferung. Heutige Anfragen an die reformatorische Rechtfertigungslehre*

1. Das biblische Zeugnis	431
2. Die Gnadenlehre in der altkirchlichen und mittelalterlichen Theologie	434
3. Die reformatorische Rechtfertigungslehre	439
4. Die Rechtfertigungslehre des Tridentinum	443
5. Heutige Anfragen an die reformatorische Rechtfertigungslehre	447

§ 21. *Die Rechtfertigung des Sünders*

1. Sola gratia	454
2. In Christo	460
3. Per fidem	465

§ 22. *Leben im Glauben*

1. Die Werke der Liebe	473
2. Gottes Gebot	476
3. Die beständige Umkehr	481

VII. KAPITEL: § 23. *Gesetz und Evangelium*

1. Gesetz und Evangelium in der Theologiegeschichte	487
1.1. Paulus	487
1.2. Marcion, Augustin, Scholastik	489
1.3. Luther	491

1.4. Die altprotestantische Lehre vom dreifachen „Brauch" des Gesetzes	494
2. Streit um Gesetz und Evangelium in der Theologie des 20. Jahrhunderts	496
2.1. Wiederaufnahme des Themas	496
2.2. Karl Barth: Evangelium und Gesetz in Synthese	498
2.3. Werner Elert: Gesetz contra Evangelium in Diastase	500
2.4. Fortgang der Diskussion	502
3. Überlegungen zur Klärung	503
3.1. Zur Terminologie	504
3.2. Wo begegnet der Gotteswille? (Zur Frage der Erkenntnis des Gesetzes)	507
3.3. Wie begegnet der Gotteswille? (Zur Frage des Verhältnisses von Gesetz und Evangelium)	512

Dritter Teil: Die Verwirklichung der Menschheit Gottes ... 519

VIII. KAPITEL. DIE IN JESUS CHRISTUS LEBENDE GEMEINDE ... 521

§ 24. Überlieferte Gestalten und neuere Abwandlungen des Kirchenverständnisses

1. Das Kirchenverständnis der katholischen Tradition	521
1.1. Die Kirche als Institution der Heilsvermittlung	522
1.2. Das kirchliche Amt	523
1.3. Neue Akzente	525
2. Das Kirchenverständnis der reformatorischen Theologie	527
2.1. Kirche – die durch das Wort Gottes gezeugte Gemeinschaft der Glaubenden	527
2.2. Die Ordnungen und das Amt der Kirche	528
2.3. Unsichtbare Kirche? Die notae ecclesiae	531
2.4. Aufgliederung des Kirchenbegriffs in der altprotestantischen Orthodoxie	533
3. Neuere Entwicklungen	534

§ 25. Geistliche Realität und institutionelle Ordnung der Kirche

1. Das Leben der Kirche als Gemeinde Jesu Christi	540
2. Die institutionelle Ordnung der Kirche	549
3. Das Amt in der Kirche	554
4. Die ökumenische Frage und Aufgabe	560

§ 26. Die Taufe

1. Die überlieferte Lehre von der Taufe	565
2. Theologische Überlegungen	569

2.1. Zur Frage der Einsetzung	569
2.2. Zum Verhältnis von Zeichen und Geschehen in der Taufe	570
2.3. Taufe, Wort und Glaube	571
2.4. Zur Frage der Unmündigentaufe	574

§ 27. Das Abendmahl

1. Die Abendmahlslehre im Streit der Konfessionen	576
1.1. Die katholisch-reformatorische Differenz	576
1.2. Die lutherisch-reformierte Differenz	578
2. Theologische Überlegungen	582
2.1. Zur Frage der Einsetzung	582
2.2. Wortlaut und Sinn der Einsetzungsworte	583
2.3. Dogmatische Fragen	586

§ 28. Weg und Dienst der Kirche in der Welt

1. „Kosmos" im Neuen Testament	592
2. Kirche von Welt unterschieden	594
3. Kirche zur Welt hin geöffnet	597
4. Zur Frage des politischen Diakonats der Kirche	601
4.1. Theologische Modelle des Verhältnisses von Kirche und Staat	602
4.2. Kritische Überlegungen	607

IX. KAPITEL. DIE IN JESUS CHRISTUS BEGRÜNDETE HOFFNUNG .. 613

§ 29. Eschatologie als Thema der kirchlichen Lehrüberlieferung. Ihre Umformungen in der neueren Theologie

1. Von der urchristlichen Naherwartung zur Lehre von den letzten Dingen	615
2. Der Locus „De Novissimis" in der altprotestantischen Theologie	616
3. Wandlungen der eschatologischen Thematik seit dem 18. Jahrhundert	619
4. Eschatologische Neuansätze in der Theologie des 20. Jahrhunderts	623
5. Das Problemfeld	627

§ 30. Gottes Reich – die Zukunft seiner Schöpfung

1. Was heißt Reich Gottes?	630
2. Wie kommt das Reich Gottes?	634
Exkurs: Weltzeit und Eschaton	642

§ 31. Leben bei Gott, die Zukunft der Sterbenden

| 1. Todesstunde und Jüngster Tag | 646 |
| 2. Tod und Auferweckung | 649 |

3. Ewiges Leben	653
4. Christus der Richter	654

X. KAPITEL: § 32. *„Von ihm, durch ihn und zu ihm sind alle Dinge" – Gottes Gnadenwahl*

1. Die Prädestinationslehre in der Theologiegeschichte	659
2. Die Übermacht der Gnade	671
2.1. Von Gott unser Leben	671
2.2. Durch Gott unser Glauben	674
2.3. Zu Gott unser Hoffen	679

Register zu Band 1 und 2	683
Bibelstellen	683
Personen	689
Sachregister	692

Vorwort

Der zweite Band dieser Dogmatik schließt in seiner Disposition unmittelbar an den 1984 erschienenen ersten Band „Die Wirklichkeit Gottes" an und setzt sachlich dessen Inhalt voraus. Seiten und Textabschnitte sind vom ersten Band her fortlaufend beziffert. Ein Bibelstellen-, Namen- und Sachregister für beide Bände wurde beigegeben.
Mein herzlicher Dank gilt dem Verlag für die Betreuung des nunmehr abgeschlossenen Werkes, sowie Herrn Pfarrer Rainer Oechslen, der mir auch diesmal beim Lesen der Korrekturen und der Erstellung des Registers sehr geholfen hat.

Buckenhof, im September 1986   Wilfried Joest

Verzeichnis der Abkürzungen

Sammelwerke, Zeitschriften, Schriften- und Buchreihen

Re	Reallexikon für prot. Theologie und Kirche
EvTh	Evangelische Theologie
KuD	Kerygma und Dogma
ThExh	Theologische Existenz heute
TT	Themen der Theologie (Buchreihe)
UTB	Uni-Taschenbücher (Buchreihe)

Sonstige Abkürzungen bei Quellen- und Literaturangaben

CA	Confessio Augustana
AC	Apologia Confessionis
AS	Articuli Smalcaldici
FC	Formula Concordiae
FC Epit.	Formula Concordiae, Epitome

Bei Angaben zu Luther:
WA = Weimarer Ausgabe der Werke Luthers

Bei Angaben zu K. Barth:
KD = Kirchliche Dogmatik

Bei Angaben zu G. Ebeling:
WuG = die mehrbändige Aufsatzsammlung „Wort und Glaube"

Vorbemerkung

Wir erinnern uns in Kürze an den Grundansatz der Dogmatik, deren zweiter Band hier vorgelegt wird.
Christliches Gotteszeugnis hat seinen Grund in der biblisch bezeugten Geschichte der Selbsterschließung Gottes für den Menschen. In ihrer Mitte steht Jesus Christus. Wir glauben an Gott und reden von ihm aufgrund dessen, daß und wie er sich selbst uns in Jesus Christus zugesprochen hat; nicht aufgrund dessen, was Menschen sich auch davon abgesehen über Gott meinen sagen zu können – oder heute auch nicht mehr sagen zu können.
Auftrag christlicher Verkündigung ist es, solchen Glauben zu bezeugen. Die Aufgabe einer christlichen Dogmatik haben wir verstanden als Besinnung auf den seinem Grund in Christus entsprechenden Gehalt dieser Glaubensverkündigung. Dogmatik ist darin von der Verkündigung sowohl unterschieden als auch auf sie bezogen. Ihre Besinnung orientiert sich an dem Gottes- und Christuszeugnis, das uns in den biblischen Schriften begegnet. Sie wird zugleich zu bedenken haben, wie dieses Zeugnis den Menschen in die Verhältnisse und Fragen seiner Gegenwart hinein angeht.
Damit ist in Kürze nochmals zusammengefaßt, was im einleitenden Teil des ersten Bandes dieser Dogmatik unter dem Thema „Grund- und Anfangsfragen" ausführlich entfaltet und begründet wurde. Dort wurde auch dargelegt, daß mit diesem Verständnis des Gegenstands und der Aufgabe christlicher Dogmatik nicht behauptet werden soll, in aller religiösen Erfahrung und Rede von Gott außerhalb des bewußten Glaubens an Christus könne nichts anderes wirksam sein als menschliche Illusion, die mit der Wahrheit Gottes nichts zu tun hat. Denn sprechen wir uns Menschen nicht die Möglichkeit zu, aus uns selbst, unserer Welt- und Selbsterfahrung heraus Gott zu erfassen, so können wir Gott die Möglichkeit nicht absprechen, Menschen in ihre Welt- und Selbsterfahrung hinein zu berühren – auch dort, wo sein in Christus gesprochenes Wort nicht oder noch nicht gehört wird. Aber wo und wie immer Gott Menschen berührt und bewegt: seinen Willen, *aus* dem dies geschieht, und sein Ziel, *zu dem hin* es geschieht, hat er in Jesus Christus offenbart. An ihm *entscheidet* sich, was wo auch immer in religiösen Erfahrungen wirklich aus einem Bewegen dieses

Gottes kommt und dann auch im Hören des Christuswortes seinen wahren Grund finden kann, und was diesem Grund des Glaubens widerspricht. Darum ist Gegenstand unserer Besinnung nicht eine (ohnehin problematische) Allgemeinheit menschlicher Gotteserfahrung, sondern diese besondere Geschichte der Selbstzusage Gottes, seines Kommens zum Menschen in Jesus Christus.

Die Themafrage des ersten Teils dieser Dogmatik lautete: Wie, als wen hat Gott selbst sich in dieser Geschichte erzeigt? In Beantwortung dieser Frage wurde mit der Lehre von Gott dem Vater und dem Schöpfer zugleich die Christologie und die Pneumatologie entfaltet und dieses Ganze in einer Auslegung des Bekenntnisses zu dem dreieinigen Gott zusammengefaßt. Dabei war immer wieder auch schon vom Menschen zu reden – diese Geschichte, in der Gott sich selbst erschließt, ist ja Geschichte, durch die er sich dem Menschen zuspricht. Aber was in ihrem Licht von der Wirklichkeit des Menschen zu sagen ist, konnte bisher nur angedeutet, noch nicht ausdrücklich zum Thema gemacht und im Zusammenhang dargestellt und begründet werden. Das soll im zweiten Teil dieser Dogmatik geschehen. Wenn wir ihn überschreiben: Die Wirklichkeit des Menschen *im Urteil Gottes*, so soll damit gesagt sein, daß es auch hier nicht um eine Entfaltung oder christliche Interpretation dessen geht, was der Mensch sich selbst über sein Wesen und seine Bestimmung sagen kann. Wir fragen vielmehr, als wen Gott den Menschen anspricht und welche Bestimmung er ihm zuspricht, indem er sich selbst ihm in Christus zugesprochen hat.

Zweiter Teil: Die Wirklichkeit des Menschen im Urteil Gottes

Nach dem Menschen fragt schon immer, und in der neueren Zeit besonders intensiv, auch der Mensch. „Anthropologie" ist der Sammelname dieses Fragens des Menschen nach dem Menschen und der Antworten, die da gefunden werden, soweit das in der Form wissenschaftlicher Reflexion geschieht.
Es gibt heute eine weit gefächerte *empirische* Anthropologie, die ihre Erkenntnisse durch Beobachtung und wissenschaftlich-methodische Bearbeitung von Erfahrungsdaten gewinnt und begründet. Sie stellt sich dar in einer Reihe von Wissenschaften, die unter den verschiedensten Hinsichten den Menschen zum Gegenstand haben. Das reicht von den Theorien über die biologische Herkunft und Entwicklung der Gattung Mensch, über Genetik und Vererbungsforschung, über die medizinische Erforschung des menschlichen Organismus und seiner Funktionen und manches andere bis hin zu der Analyse seelischer und gesellschaftlicher Strukturen in Psychologie und Soziologie.
Aber die Frage des Menschen nach dem Menschen greift über das empirisch Erfaßbare hinaus. Sie fragt nach dem „Sinn" des Menschseins, nach der Bestimmung des Menschen inmitten der Welt, die ihn umgibt und mit der er umgeht. Darin geht es dann nicht mehr nur um Bestandsaufnahme dessen, was in Bezug auf den Menschen *feststellbar* ist, sondern um Entwurf dessen, wer er sein oder werden *soll*. Ein sehr alltägliches Indiz dafür, daß der Mensch die Frage nach sich selbst auch in diesem normativen Sinn nicht los wird, ist unser Reden von „Menschlichkeit" und „Unmenschlichkeit" – wer oder wie soll der Mensch denn sein, um nicht „unmenschlich" zu sein? Reflektierte Gestalt gewinnt diese Frage nach dem nicht einfach gegebenen, sondern aufgegebenen Humanum in *philosophischer* Anthropologie, und hier antworten verschiedene Entwürfe, über deren Differenzen nicht einfach durch empirische Argumentation entschieden werden kann. Geht es hier doch auch darum, als wen der Mensch sich verstehen *will*, und das kann verschieden sein.
Dabei lassen sich die empirische Fragestellung nach dem, was in

Bezug auf den Menschen konstatiert werden kann, und die normative Fragestellung nach seiner menschlichen Bestimmung wohl in abstracto unterscheiden; im Vollzug aber greift beides vielfach ineinander. Keine philosophische Anthropologie entwirft sich unbeeinflußt von den in ihrer Zeit entwickelten empirischen Erkenntnissen über den Menschen. Umgekehrt kann auch empirische Wahrnehmung in der Richtung, in der sie gedeutet wird, in Folgerungen, die aus ihr gezogen werden, durchaus und oft unbewußt von der Vorentscheidung für ein bestimmtes normatives „Bild" vom Menschen gelenkt sein. Ja manche Humanwissenschaften, die empirisch arbeiten und arbeiten müssen, können dies, sollen sie fruchtbar sein, gar nicht tun, ohne zugleich die Frage nach dem Humanum als Aufgabe im Blick zu haben. Das gilt vor allem für Wissenschaften, die das sein persönliches und gesellschaftliches Leben gestaltende Verhalten des Menschen zum Gegenstand haben, wie etwa Psychologie und Soziologie.

Theologische Anthropologie als Teil der Dogmatik spricht vom Menschen in seiner Beziehung zu Gott. Und wenn christliche Dogmatik den Grund ihrer Aussage der Wirklichkeit Gottes in der Geschichte seiner Selbstzusage in Jesus Christus gefunden hat, dann bestimmt sich ihre Frage nach dem Menschen als die Frage nach dem darin beschlossenen Urteil Gottes über den Menschen. Darin unterscheidet sich theologische Anthropologie von der Frage des Menschen nach sich selbst. Bedeutet das, daß sie in beziehungslosem Abseits oder gar in arrogantem Besserwissen allen in nicht-theologischer Anthropologie entwickelten Einsichten gegenübersteht?

Wir werden die empirischen Erkenntnisse über den Menschen, die in unserer Gegenwart vorliegen, zumindest zur Kenntnis zu nehmen und zu beachten haben. Soweit sie einsichtig begründet werden, kann theologische Anthropologie ihnen nicht widersprechen wollen. Darüber hinaus können empirische Einsichten, etwa in psychologischer Forschung, für die Theologie besonders in ihren praktischen Disziplinen fruchtbar und hilfreich werden; es wird dann allerdings auch zu fragen sein, ob und welche normativen Vorentscheidungen solche Einsichten beeinflussen.

Mit normativen Entwürfen des Humanum wird theologische Anthropologie sich auseinanderzusetzen haben. Hier kann es sein, daß die Auseinandersetzung zum Widerspruch werden muß. Denn solche Entwürfe, in denen der Mensch sich selbst und seine Bestimmung beurteilt, können ja ihrerseits, ausdrücklich oder implizit, dem widersprechen, was Gottes Urteil dem Menschen zuspricht. Das wird vor allem da der Fall sein, wo das Motiv eines solchen Entwurfs die

Selbstbefreiung des Menschen aus der Bindung an Gott ist. Aber auch dann sollte gefragt werden, inwieweit solcher Protest gegen die Gottesbindung ein verzerrtes Gottesbild vor Augen hat. Die Theologie sollte sich die kritische Frage nach der Mitschuld christlichen und kirchlichen Verhaltens an solcher Verzerrung nicht ersparen. Im übrigen ist durchaus nicht gesagt, daß es zwischen Theologie und nichttheologischen Entwürfen des Humanum stets und in allem, was dort gesehen und gesagt wird, zum Konflikt kommen muß. Solche Entwürfe können ja sehr verschieden sein. Und wenn wir es Gott zutrauen, auch wo sein in Christus gesprochenes Wort nicht oder noch nicht gehört wird, Menschen zu berühren und zu bewegen, so schließt das ein, daß er auch dort ein Erkennen – und auch ein Tun – dessen, was wahrhaft menschlich ist, wirken kann, das seinem in Christus offenbaren Urteil über den Menschen nicht widerspricht, sondern in ihm den Grund seiner Wahrheit findet.

Wir werden also auf das Verhältnis theologischer Aussagen über den Menschen sowohl zu empirischen Erkenntnissen wie zu normativen Thesen außertheologischer Humanwissenschaft einzugehen haben. Im knappen Rahmen dieses Lehrbuchs wird das freilich nur begrenzt und in exemplarischer Auswahl geschehen können.

Zum Beschluß dieser Vorbemerkung ein Hinweis auf die vom Üblichen etwas abweichende Gliederung des anthropologischen Teils dieser Dogmatik. Die Lehre vom Menschen wird in der älteren und neueren Dogmatik in der Regel zunächst nur unter den beiden Gesichtspunkten entfaltet: Die geschöpfliche Bestimmung des Menschen – der Mensch als Sünder im Widerspruch zu dieser Bestimmung. An viel späterer Stelle kommt das Thema „der Mensch unter dem Urteil Gottes" dann nochmals zur Sprache, wenn im soteriologischen Kapitel von der Rechtfertigung des Sünders die Rede ist. So erscheint dieses Thema gewöhnlich in zwei weit voneinander entfernte Trakte aufgespalten. Das ist dadurch bedingt, daß in der traditionellen Anordnung die Christologie, der man die Rechtfertigungslehre nicht vorwegnehmen kann, erst nach der Anthropologie behandelt wird. Da wir die Christologie vorangestellt haben, können wir hier die getrennten Teile zusammenfügen. Wir gliedern in zwei Kapitel: Der Mensch unter Gottes Anspruch und Widerspruch; der Freispruch des Menschen durch Gott in Jesus Christus. Ein drittes Kapitel wird zusammenfassen: Gottes Urteil als Gesetz und Evangelium. Wie schon im ersten Teil werden wir in jedem dieser Kapitel eine Übersicht über die Behandlung des betreffenden Themas in der theologischen Tradition voranstellen.

V. Kapitel: Der Mensch unter Gottes Anspruch und Widerspruch

§ 16. Die Anthropologie in der kirchlichen Lehrüberlieferung. Aspekte ihrer modernen Infragestellung

Dieser § soll den Horizont vergegenwärtigen, in dem wir uns bewegen, wenn wir es unternehmen, heute theologische Aussagen über den Menschen zu machen. Wir kommen damit her von der Lehrtradition der Kirche über den Menschen in seiner Gottesbeziehung. Diese Tradition kann nicht ignoriert werden; sie verstand sich ja als systematisierende Auslegung des biblischen Zeugnisses vom Menschen coram Deo und will unter diesem Anspruch ernstgenommen und geprüft sein. Wir sind aber zugleich konfrontiert und haben uns auseinanderzusetzen mit empirischen Befunden moderner Humanwissenschaft und mit Thesen und Postulaten eines modernen Humanismus, durch die jene Lehrtradition in verschiedener Hinsicht in Frage gestellt wird. Wir geben zunächst die kirchliche Lehre vom Menschen wieder und halten uns dabei an die Ausformung, in der sie in der altprotestantischen Theologie erscheint. Die Elemente der vorreformatorischen Lehrüberlieferung sind darin weitgehend mitgeführt und zusammengefaßt. Wo Differenzen zu katholischer Lehre entstanden sind, wird das am entsprechenden Ort vermerkt werden.

1. Die Lehre de homine in der altprotestantischen Theologie

Das zentrale Thema dieser Lehre ist der „Stand" des Menschen in seiner Beziehung zu dem Gott, der ihn geschaffen hat, zu dessen Schöpferwillen er aber nun faktisch als Sünder in Widerspruch gefallen ist. Gegliedert wird demgemäß in die beiden Lehrstücke De statu integritatis (der geschaffene Mensch in ursprünglicher Einheit mit seiner geschöpflichen Bestimmung) – De statu corruptionis (der gefallene Mensch in seiner durch die Sünde bewirkten Verderbnis).
Der Entfaltung dieser Lehre von den „Ständen" des Menschen in seiner Gottesbeziehung werden Aussagen vorausgeschickt über die Konstitution seines Wesens. In diesen anthropo-ontologischen Aussa-

gen stimmt die altprotestantische Lehre im wesentlichen mit der älteren katholischen Tradition überein. Elemente biblischer Überlieferung haben sich hier mit Vorstellungen verbunden, die der antiken, insbesondere platonischen Philosophie entstammen.

1.1. Die Wesenskonstitution des Menschen

1.1.1. Der Mensch, so die grundlegende Aussage, ist konstituiert als Verbindung von Leib und Seele; Leib und Seele sind die principia constitutiva seines Wesens.

Die alte Theologie entscheidet sich also dafür, diese dichotomische Gliederung einer trichotomischen (Geist, Seele, Leib) obwohl diese in 1.Thess 5,23 einen biblischen Beleg finden könnte, vorzuordnen. Maßgebend dafür dürfte Gen 2,7 gewesen sein: Gott formte den Menschen aus Erde und blies ihm den Lebensodem in seine Nase; so wurde der Mensch zu nefesch chajja. Dem trichotomischen Gesichtspunkt konnte Rechnung getragen werden, indem innerhalb der Seele zwischen geistig-vernunfthaftem und sinnlichem Bereich unterschieden wurde[1].

Des weiteren wird nun zunächst die Unterschiedenheit von Leib und Seele innerhalb ihrer Verbindung erörtert, sodann die Frage, wie in der Entstehung eines Menschen die Verbindung der Seele mit dem Leib zustandekommt.

1.1.2. Leib und Seele werden ontologisch unterschieden: Der Leib ist materiell und darum jedenfalls in seiner irdischen Gestalt vergänglich.
Die Seele ist zwar an den materiellen Leib gebunden, in sich selbst aber unkörperlich, an jedem Ort des Leibes zugleich und als ganze anwesend. Sie ist, nachdem sie einmal geschaffen wurde, unvergänglich. Der Tod bedeutet die Trennung von Seele und Leib, nicht je-

---

[1] *Luther* hat in einem anthropologischen Exkurs seiner Magnificat-Auslegung (WA 7, S. 550ff) die trichotomische Gliederung in einem anderen Sinn aufgenommen. Er unterscheidet dort Leib, Seele und Geist, versteht aber den Geist im Menschen nicht als die Seele qua Vernunft, sondern als die Personmitte, in der der Mensch durch die Macht bestimmt wird, die sein ganzes Lebensverhalten in Vernunft und Sinnen durchdringt und beherrscht. Ist sein Geist im Glauben dem Wort und Geist Gottes geöffnet, so wird der ganze Mensch „geistlich", herrscht dort widergöttliche Macht, so wird er „fleischlich" in einem tieferen, nicht anthropologischen, sondern theologischen Sinn der Unterscheidung von „Geist" und „Fleisch".

doch die Vernichtung der Seele. In der Auferstehung wird sie mit dem (aus seiner irdischen Gestalt verwandelten) Leib wieder vereinigt werden.

Das Problem des „Zwischenzustandes" der Seelen der Abgeschiedenen zwischen Tod und Auferstehung, das sich hier einstellen mußte, ist im Zusammenhang der Eschatologie zu erörtern.

Für die Unvergänglichkeit der Seele wurden biblische Aussagen wie Mt 10,28 und Pred 12,7 angeführt (inwiefern zu Recht, wäre exegetisch zu prüfen). In der mittelalterlichen Theologie konnte unterstützend das Argument hinzutreten, da die Seele zwar nicht in ihren auf Sinne und Glieder angewiesenen Funktionen, wohl aber (wie man damals glaubte) in ihrer Denktätigkeit an kein körperliches Organ gebunden sei, könne sie auch in der Trennung vom Leib existieren. Der Einfluß der platonischen Lehre von der Unsterblichkeit der Seele ist hier nicht zu verkennen. Es darf aber nicht übersehen werden, daß diese Lehre durch den Übergang in den Kontext biblisch-christlicher Überlieferung in ihrem Gehalt und Wertakzent wesentlich verändert wurde. Plato meinte eine Unsterblichkeit, die der im Reich der unveränderlichen Ideen präexistierenden Seele von Ewigkeit her zu eigen ist. Christlichem Glauben an Gott den Schöpfer war dieser Gedanke verwehrt; nicht von Ewigkeit her und aus sich selbst ist die geschaffene Seele unvergänglich, sie ist es von dem Augenblick an, in dem Gott sie ins Leben ruft. Und vor allem: die platonische Philosophie wertete den körperfreien Zustand der Seele als den ihrem wahren Wesen gemäßen und dementsprechend den Tod als ihre Befreiung von dem Gefängnis des Leibes zu höherer Daseinsform. Christliche und gerade auch die altprotestantische Theologie hält fest, daß der geschaffene Mensch als ganzer *Verbindung* von Leib und Seele ist; es gehört der menschlichen Seele *wesentlich* zu, mit einem Leib vereinigt zu sein, wie dem Leib, der Leib einer Seele zu sein. So wird der durch den Tod eintretende körperlose Zustand der Seele in der christlichen Tradition gerade nicht als Befreiung zu höherem Leben, sondern eher als Durchgang durch eine Entblößung verstanden. Als Endheil des Menschen wird die Wiedervereinigung seiner Seele mit dem zu neuer Gestalt verklärten Leib erhofft.

1.1.3. Die Frage, wie die Verbindung der Seele mit dem Leib zustandekommt, war für ein Denken, das den Schöpfungsbericht wörtlich nahm, in Bezug auf den Ersterschaffenen durch Gen 2,7 beantwortet: Gott beseelte den aus Erde genommenen Leib durch Einhauchen des

Lebensatems. Zur Erörterung stand, wie in jedem weiteren, nunmehr aus menschlicher Zeugung entstehenden Menschen Seele und Leib zusammenkommen. Dazu waren bereits in der altkirchlichen Theologie verschiedene Theorien gebildet worden.

Nach der sog. *kreatianischen* Theorie geht aus der menschlichen Zeugung nur die Materie des individuellen Leibes hervor. Im Augenblick der Zeugung wird von Gott jeweils eine individuelle Seele hinzuerschaffen und in diese Leibesmaterie hineingegeben. Hier wird also die Entstehung jedes Menschen in einer gewissen Analogie zu der des Ersterschaffenen verstanden.

Nach der *traduzianischen* Theorie wird durch die elterliche Zeugung mit dem Leib zugleich die Seele des Kindes hervorgebracht. Sie entstammt darum nicht weniger der Schöpfungstat Gottes; aber Gott schafft jeden Menschen als Ganzen aus Leib und Seele durch das Werkzeug des menschlichen Zeugungsvorgangs. Steht hinter der kreatianischen Theorie das Interesse an der Besonderheit der Seele gegenüber dem Leib, so ist in der traduzianischen das Anliegen erkennbar, schon im Vorgang der Entstehung die wesenhafte Verbindung von Leib und Seele festzuhalten – der Mensch soll nicht als aus zwei zunächst gesonderten Teilen „zusammengesetzt" gedacht werden. Die kreatianische Auffassung hatte sich in der Scholastik weitgehend durchgesetzt und wird auch in der neueren katholischen Theologie vertreten. Auch die reformierte Orthodoxie schloß sich ihr an. Die Theologen der lutherischen Orthodoxie folgten dagegen überwiegend der traduzianischen Theorie.

Nur am Rand der altkirchlichen Theologie war eine von Origenes entwickelte *präexistentianische* Theorie aufgetreten: Die Seele existiert bereits der Verbindung mit dem Leib zuvor, denn Gott schuf die Seelen als ein Reich reiner Geistwesen – die Bindung an die Leibesmaterie ist die (negative) Folge eines „Falles" dieser Seelen. Diese stark platonisierende Vorstellung konnte in der kirchlichen Theologie keine Zukunft haben; sie wurde als häretisch ausgeschieden.

Von der Erörterung der leibseelischen Konstitution des Menschen schreitet die alte Dogmatik weiter zum zentralen Thema theologischer Anthropologie: Der Mensch in seiner Beziehung zu Gott. Sie folgt dabei der Geschichte, die auf den ersten Blättern der Bibel erzählt wird, beschreibt hier also einen Weg Gottes mit dem Menschen, den Gott heilvoll begonnen hat und der durch den Menschen ins Heillose verkehrt wurde. Die Stadien dieses Weges werden unterschieden als status integritatis und corruptionis.

1.2. Der Mensch im status integritatis

1.2.1. Am Beginn steht Gottes den ersten Menschen ins Leben rufende Schöpfertat. Der Entschluß, mit dem Gott nach Gen 1,26 zu diesem letzten seiner Schöpfungswerke schreitet („und Gott sprach: Lasset uns Menschen machen . . ."), wird verstanden als Hinweis auf die besondere Bestimmung des Menschen, in der er vor allen andern irdischen Geschöpfen ausgezeichnet ist: Er ist zum „Ebenbild" Gottes geschaffen (Gen 1,27) und damit in ein besonderes Gegenüber zu Gott, in eine Beziehung der Gemeinschaft mit ihm gerufen, die er durch sein irdisches Leben hindurch bewähren und die mit dem Tod nicht enden soll; Gott will den Weg des Menschen zum Ziel ewigen Lebens führen.

Luther hat in seiner Disputatio de Homine (WA 39/I, S. 175ff) diese eschatologisch gezielte Gottesbeziehung als Wesensbestimmung des Menschen pointiert herausgestellt. Er erörtert dort zunächst die geläufige philosophische Definition: Der Mensch das mit Vernunft begabte Lebewesen, sagt dann aber, diese Definition sei zwar in sich richtig, sage aber in eigentlicher Hinsicht über den Menschen so gut wie nichts, denn sie beschreibe seine Sonderstellung unter der übrigen Kreatur lediglich unter dem Aspekt seines irdischen Daseins zwischen Geburt und Tod. Luther stellt ihr eine „theologische Definition" gegenüber, mit der er faktisch, statt in Begriffen zu definieren, in kürzester Fassung die Geschichte Gottes mit dem Menschen erzählt: Der Mensch, geschaffen durch Gott zu seinem Bilde und zu dem Ziel, in Ewigkeit mit ihm zu leben, gefallen in die Gefangenschaft der Sünde und des Teufels, der ihn ewigem Verderben zutreibt, nun aber in Christus gerechtfertigt, um allein im Glauben an ihn zum Ziel seines Lebens gerettet zu werden. – Was es um den Menschen ist, will aus dem erkannt werden, daß und wie Gott mit ihm umgeht. Und Gott will auf Ewigkeit hin mit ihm umgehen.

Wenn die alte Dogmatik vom status integritatis des Ersterschaffenen spricht, so ist damit nicht einfach gemeint, daß am Anfang schon einmal voll verwirklicht war, was am Ende wiederhergestellt wird. Das irdische Leben, in das hinein der Mensch geschaffen ist, wird von dem Ziel des ewigen Lebens, zu dem hin er geschaffen ist, durchaus unterschieden: Hier soll er seine Gemeinschaft mit Gott bewähren, um einst durch Gott in jenes Ziel seiner Bestimmung aufgenommen zu werden. Aber dies wird nicht als ein allmählich sich vollziehender Wachstums- und Reifeprozeß verstanden, sondern als eine Bewährung, zu deren ungebrochener Verwirklichung der Mensch von Anfang an geschaffen ist und in der er sich hätte *bewahren* sollen und können. Denn Gott hatte ihm alles gegeben, wessen er dazu bedurfte.

Gott hat Adam nicht unvollkommen, sondern integer, in leiblicher und seelischer Vollkommenheit und geistlicher Reinheit seines Herzens erschaffen.

1.2.2. Diese ursprüngliche Vollkommenheit wird von den altprotestantischen Dogmatikern in breiter Entfaltung dargestellt.

Der Schwerpunkt liegt dabei auf der ungebrochenen inneren Verbundenheit mit Gott: In Adam war volle, von Zweifel und Dunkelheit ungetrübte *Erkenntnis* Gottes ineins mit völliger, freier Einstimmung seines *Willens* in Gottes Willen; seine *Triebe* waren, frei von allem unreinen, selbstsüchtigen Begehren, diesem Willen harmonisch eingeordnet. Alles dies wird zusammengefaßt unter den Begriff der *iustitia originalis*, der ursprünglichen Gerechtigkeit, in der Gott den Menschen geschaffen hat. Aber nicht nur in seiner Erkenntnis Gottes, auch in seiner Welterkenntnis, seiner Einsicht in die Naturzusammenhänge dachte man sich den Ersterschaffenen vor dem Fall allen späteren Menschen weit überlegen.

Da der Mensch als ein Ganzer aus Leib und Seele erschaffen ist, sah man seine iustitia originalis verbunden auch mit leiblicher Vollkommenheit. Er sollte dem *Tod* nicht unterworfen sein. Wohl dachte man auch für den nicht gefallenen Menschen eine Grenze seines irdischen beim Eingang in ewiges Leben; aber sein Leib sollte nicht im Tod von der Seele getrennt werden und verwesen, sondern der ganze Mensch sollte in schmerzlosem Übergang aus dem irdischen in das ewige Leben verklärt werden. Man sprach dem Menschen des Urstandes ferner völlige *Leidensfreiheit* zu – schon im irdischen Leben sollte sein Leib von keinerlei Schmerz und Krankheit betroffen werden. Damit konnten sich phantasievolle Vorstellungen über die alle spätere Menschheit weit überragende Größe und Schönheit der Leibesgestalt Adams verbinden. Zu den die leibliche Seite seines Daseins betreffenden Vorzügen wurde auch das *dominium terrae et creaturarum* gezählt, das nach Gen 1,28 dem Ersterschaffenen durch Gott zugesprochen war. Es sollte wirklich ein dominium sein; willig sollten die wilden Tiere dem Menschen gehorchen, ohne mühevolle Arbeit sollte das Feld ihm seine Früchte geben.

Es ist erstaunlich, ein wie breit und z. T. auch phantastisch ausgestaltetes Bild hier aus wenigen Worten der biblischen Urgeschichte entfaltet wird. Die altprotestantische Theologie geht darin, auch in der Ausmalung der leiblichen Vollkommenheit des Erstgeschaffenen, auf ältere Tradition zurück. Sie hat allerdings gerade diese leiblichen Vorzüge als perfectiones minus principales bezeichnet; der theologische

Schwer- und Angelpunkt in der Beschreibung der Urstandsvollkommenheit lag bei der iustitia originalis im Verhältnis des Menschen zu Gott.

1.2.3. Wie wurde in diesem Zusammenhang die geschöpfliche Bestimmung des Menschen zum *Ebenbild Gottes* verstanden? Von ihr spricht das Alte Testament außer in Gen 1,26f nur noch an sehr wenigen Stellen (Gen 5,1 und 9,6). Auch im Neuen Testament wird nur zweimal (1.Kor 11,7 und Jak 3,9) der Mensch allgemein (in besonderem Sinn allerdings an andern Stellen Christus) als „Bild Gottes" angesprochen. Die knappen biblischen Aussagen gaben Anlaß zu mannigfachen Interpretationen. Das Verständnis der Gottebenbildlichkeit des Menschen hat bis in die moderne Theologie hinein eine bewegte Geschichte gehabt. Die Doppelheit des hebräischen Ausdrucks in Gen 1,26 – zelem und d'mut – führte dazu, die Ebenbildlichkeit zweistufig zu verstehen: der Mensch als „imago", und diese überhöhend als „similitudo Dei". Unter „imago Dei" wurden dann bleibende ontische Eigenschaften des Menschen, vor allem seine Ausstattung mit Vernunft und Willensfreiheit verstanden. Die „similitudo Dei" sah man in der Relation des vollkommenen Rechtverhaltens des Menschen zu Gott. Dieses zweistufige Verständnis der Ebenbildlichkeit erscheint schon bei Irenaeus und wurde in der altkirchlichen und scholastischen Theologie allgemein übernommen.

Die Reformatoren lehnten diese Schichtunterscheidung ab. Die beiden hebräischen Ausdrücke in Gen 1,26 deuteten sie als Hendiadyoin ohne inhaltliche Differenzierung. Sie verstanden die Ebenbildbestimmung streng relational und sahen sie allein in der geistlichen Konformität des Menschen mit Gott, die ihm in der iustitia originalis des Urstandes gegeben war. Gottes Ebenbild ist der Mensch, sofern und solange er in dieser iustitia lebt. Die spätere protestantische Orthodoxie kam in abgeschwächter Weise wieder auf eine Unterscheidung zurück: Als Ebenbildlichkeit im strengen und eigentlichen Sinn – darin suchte man der reformatorischen Auffassung gerecht zu bleiben – ist jene innere Konformität des Verhaltens zu Gott zu verstehen. In einem weiteren und uneigentlichen Sinn könne aber auch die Begabung des Menschen mit Vernunft und Willen als Spur seines Geschaffenseins zum Bilde Gottes verstanden werden.

Die Differenzen und Schwankungen in der Bestimmung des Ebenbildbegriffs stehen in Zusammenhang mit der Frage der Erhaltung oder des Verlustes der Gottebenbildlichkeit im Sünder, und überhaupt mit dem Verständnis der Sünde. An dieser Stelle treten Gegensätze zwischen katholischer Lehrüberlieferung und reformatorischem Verständnis des Menschen hervor. Darauf ist im Folgenden einzugehen.

1.3. *Der Mensch im status corruptionis*

1.3.1. Die Lehre von dem aus der Vollkommenheit des Urstandes gefallenen Menschen wurde in der Regel durch eine allgemeine Wesensbestimmung der Sünde eingeleitet. Formal wurde Sünde definiert als Ungehorsam gegen Gottes Gebot. Bestimmend war dabei wohl, daß in der biblischen Urgeschichte der Sündenfall als Übertretung eines konkreten Gebotes Gottes dargestellt wird. Man fragte aber weiter nach dem inneren Geschehen im Menschen, das ihn zur Übertretung treibt und sich in ihr aktualisiert, nach einer inhaltlichen Bestimmung dessen, was in *aller* Sünde wirksam ist. Das ließ und läßt sich kaum in einen einzigen Begriff fassen; verschiedene Antworten wurden gegeben, die einander nicht ausschließen, eher ergänzen wollen. Erzählt die Urgeschichte von der Verlockung durch das „Eritis sicut Deus", so konnte sich daran die Bestimmung des inneren Wesens der Sünde als superbia anschließen: Hochmut, in dem der Mensch sich über seine geschöpfliche Bindung an Gott erhebt, ja sich selbst an die Stelle Gottes setzen will. Diese Bestimmung ist vor allem durch und seit Augustin in die Lehrüberlieferung eingegangen. Die reformatorische Theologie widersprach dem nicht, stellte aber mit besonderem Gewicht den *Unglauben* als Wurzelgrund der Sünde heraus: Der Mensch sagt Gott und seinem Wort das Vertrauen auf, er bricht dahin auf, sein Wohl und Heil selbst zu besorgen. Darauf wies in der Urgeschichte die Frage der Schlange „Sollte Gott gesagt haben...", durch die im Menschen das Mißtrauen gegen Gottes Güte geweckt wird. Dazu trat schon in der altkirchlichen und mittelalterlichen Tradition der Begriff *concupiscentia*: Sünde ist in aller Sünde die Begierde nach Lebenserfüllung durch weltliches Gut, die das Verlangen nach Gemeinschaft mit Gott verdrängt. Dabei wurde concupiscentia weithin als sinnliche Triebhaftigkeit verstanden, die der Beherrschung durch Vernunft, in der der Mensch auf Gott hingewiesen bleibt, sich entzieht; der Akzent konnte besonders auf ungeordnetem sexuellem Begehren liegen. Reformatorische Theologie stellte diese Aspekte nicht in Abrede, verstand aber concupiscentia umfassender als Ichsucht, die den Menschen dazu treibt, in allem seine Selbstbestätigung und Selbsterhöhung zu suchen; er kreist um sich selbst und wird sich selbst zu jenem weltlichen Gut, an das er abgöttisch gefesselt ist

(Luther: homo incurvatus in seipsum). In dieser Sicht wird der Unterschied zwischen geistiger und sinnlich-triebhafter Lebensführung in Bezug auf die Sünde relativiert; in der ratio des Sünders herrscht sie ebenso wie in seinen Trieben, das Verlangen nach Selbsterhöhung kann sich auch in sehr geistigen und selbst asketischen Formen ausleben.

1.3.2. Die Sünde ist in die Menschheit eingetreten durch den *Sündenfall*. Die ältere Theologie verstand Gen 3 nicht als symbolische Darstellung eines jederzeit aktuellen inneren Geschehens. Sie nahm diesen Text durchaus wörtlich als Bericht einer einmaligen Tat des ersten Menschenpaares, durch die die integritas, in der Gott den Menschen geschaffen hatte, verloren wurde. Von dieser Tat des Ersterschaffenen an und durch sie ist die ganze Menschheit in einen durch die Sünde gezeichneten status corruptionis gefallen.

Wie konnte es möglich werden, daß aus dem Stand ursprünglicher Gerechtigkeit heraus diese Tat geschah? Mit der gesamten katholischen Tradition betont auch die alte protestantische Theologie, daß die Ursache des Falles keineswegs im Willen Gottes gesucht werden darf. Sie liegt vielmehr in der Verführung durch den Satan und im Willen des Menschen, sich auf diese Verführung einzulassen.

So jedenfalls mit CA XIX die lutherischen Bekenntnisse und die ältere lutherische Theologie. Auch Luther selbst hat in De servo arbitrio nicht den Sündenfall, sondern die Rettung oder Verwerfung des zum Sünder *gewordenen* Menschen auf Gottes Vorherbestimmung zurückgeführt. Das gilt weithin auch für die reformierte Theologie. Nur eine extreme (supralapsarische) Ausprägung reformierter Prädestinationslehre sah auch den Fall selbst, ohne die Schuld des Menschen in Abrede zu stellen, durch Gott vorherbestimmt.

Warum konnte der Wille des gut geschaffenen Menschen der Verführung erliegen? Soweit man sich hier überhaupt auf eine Erklärung einließ, suchte man sie in folgender Erwägung: In seiner urständlichen Rechtbeschaffenheit war dem Menschen durch Gott zwar die *Möglichkeit* gegeben, sich im Gehorsam gegen Gottes Willen zu bewahren (posse non peccare). Es war ihm dies aber nicht als unausweichliche *Notwendigkeit* (non posse peccare) auferlegt. Denn nicht gezwungen, sondern in Freiheit sollte der Mensch diesen Gehorsam bewähren. Darum hat Gott den Sündenfall zwar nicht gewollt und bewirkt, wohl aber zugelassen, daß er geschehen konnte.

Eingehender als über die Ursache spricht die alte Theologie über die *Straffolge* des Falles. Nach katholischer wie altprotestantischer Lehre besteht sie vor allem im Verlust der iustitia originalis. Konnte sich der Ersterschaffene in der urständlichen Gerechtigkeit, die ihm von Gott gegeben war, sowohl bewahren als auch in Sünde fallen, so kann er, nachdem dies geschehen ist, nicht mehr in den Stand jener Gerechtigkeit zurückkehren. Er muß nun weiterhin sündigen (das posse non peccare ist zum non posse non peccare geworden) und steht damit unter Gottes Zorn. Dazu wird er dem Tod und allen ihn ankündigenden Leiden und Mühsalen des irdischen Lebens unterworfen; auch die den Leib betreffenden Urstandsvollkommenheiten sind ihm entzogen. Seine Herrschaft über eine willige wird zum ständigen Kampf mit einer widerspenstigen und feindlichen Natur. Und im zeitlichen Sterben erwartet ihn ewiger Tod: Anstelle der Zukunftsbestimmung zu ewigem Leben mit Gott tritt die Bestimmung zur Verdammnis – wenn nicht eine Erlösung gefunden wird.

Alles dies trifft mit dem ersten Menschenpaar zugleich die ganze Menschheit, die aus ihm hervorgehen wird. Der zum Sünder Gewordene kann und wird nur Sünder hervorbringen. Der status corruptionis, in den Adam aus einer Tat seines Willens gefallen ist, wird seinen Nachkommen zum unausweichlichen Schicksal, in das hinein sie geboren werden und indem sie doch zugleich seine Mitschuldigen sind, denn der Wille, mit dem Adam sich gegen Gott empörte, lebt in ihnen fort. Exegetisch sah man diesen Schuld- und Schicksalszusammenhang der gesamten Menschheit mit dem ersten Adam vor allem in den paulinischen Aussagen Röm 5,12ff und 1.Kor 15,21f begründet. Zu erklären versuchte man ihn schon früh und dann auch wieder in der Spätphase protestantischer Orthodoxie mit der Vorstellung einer von Individuum zu Individuum fortschreitenden Vererbung, daneben auch mit dem heutigem Verständnis noch schwerer faßbaren Gedanken, daß in den „Lenden" des Stammvaters keimhaft schon alles, was aus ihm geboren wird, präsent ist und teilhat an dem, was durch ihn und an ihm geschieht.

1.3.3. Im Verständnis der Sünde wird unterschieden zwischen *peccatum originale* und *peccata actualia*.

Der Begriff „peccatum originale" bezeichnet die dem Willen Gottes entfremdete und widersprechende Grundeinstellung, die das gesamte Lebensverhalten des Sünders von Geburt an bestimmt. Inhaltlich entsprechen dem Bestimmungen wie superbia, Unglaube, concupiscentia, mit denen das innere Wesen der Sünde, das in *allem* Sündigen sich auswirkt, umschrieben wird (vgl. 1.3.1.). In CA II wird das zusammengefaßt: Nach Adams Fall werden alle Menschen geboren

„sine metu Dei, sine fiducia erga Deum, cum concupiscentia". Peccatum originale ist als Gegenbegriff zu iustitia originalis zu verstehen; es ist das, was im Sünder an die Stelle der ursprünglichen Gerechtigkeit getreten ist.

Gleichbedeutend mit „p. originale" kann auch „p. originis" gebraucht werden, so z. B. in der Überschrift von CA II. Luther hat den lateinischen Begriff mit „Personsünde" wiedergegeben: Sünde, sofern sie im Zentrum der Person ihren Sitz hat. Aus der Vorstellung der Weitergabe durch den Erbgang wurde der deutsche Begriff „Erbsünde" geläufig.

Der Begriff „peccata actualia" (Tatsünden) bezieht sich auf die aus dem Grund des peccatum originale hervorbrechenden konkreten Übertretungen der göttlichen Gebote. Was im Innern des Menschen herrscht, aktualisiert sich immer wieder in einzelnen Taten (oder auch Unterlassungen), die je nach äußerem Anlaß und persönlicher Eigenart sehr unterschiedlich sein können. In die Grundsünde sind alle Menschen gleichermaßen verhaftet; nach Zahl und Art ihrer Tatsünden unterscheiden sie sich. Aber kein Mensch lebt im Stand der Sünde, der nicht auch viele Tatsünden begeht.

Katholische Lehrüberlieferung unterscheidet peccata mortalia und venialia – Todsünden und „läßliche" Sünden – nach Maßgabe der Schwere der Tat. Durch eine Todsünde fällt der Christ, der sie begeht, aus dem ihm in der Taufe verliehenen Stand in der Gnade heraus, durch läßliche Sünde wird sein Gnadenstand nur geschwächt. Die reformatorische Theologie hat diese Unterscheidung abgelehnt. (Näheres dazu in § 20).

Im *Verständnis der Erbsünde* unterscheidet sich die reformatorische und altprotestantische Theologie von der – auch in sich nicht durchweg einheitlichen – Lehre der Scholastik. Für eine extrem nominalistische Spätscholastik gilt als Sünde im eigentlichen Sinn nur die einzelne, willentlich begangene Tat; ein ererbter sündiger Zustand wird in Abrede gestellt. Peccatum originale wurde lediglich als Erb*schuldverhaftung* verstanden: Gott rechnet die Schuld der Sündentat Adams auch seinen Nachkommen zu. Das war jedoch nie allgemeine katholische Kirchenlehre. Nach der vor allem von Thomas vertretenen Richtung, der die spätere katholische Theologie im allgemeinen gefolgt ist, muß auch das peccatum originale als wirkliche Sünde verstanden werden, an der mit Adam jeder Mensch teilhat und um deren willen er auch für sich selbst vor Gott schuldig ist. Unterschieden wird nun aber im Menschen seine geschöpfliche Natur, die ihn zur Übung innerweltlicher Tugenden befähigt, und die als „übernatürliche" Gnadengabe verstandene iustitia originalis des Urstandes, durch die er in Glauben,

Liebe und Hoffnung innig mit Gott verbunden war. Die Erbsünde wird verstanden als Verlust dieser übernatürlichen Gottverbundenheit, durch den auch die natürlichen sittlichen Kräfte des Menschen geschwächt, aber nicht aufgehoben werden. Auf die Frage nach Erhaltung oder Verlust der Gottebenbildlichkeit im Sünder kann dann im Rahmen des zweigestuften Ebenbildbegriffs (vgl. 1.2.3) geantwortet werden: Als similitudo ging sie im Fall verloren, als imago bleibt sie erhalten.

Der reformatorischen Theologie ist diese Unterscheidung von Natur und übernatürlicher Gnadengabe fremd. Sie versteht die ursprüngliche Gerechtigkeit, in der Gott den Menschen geschaffen hat, als wahre Erfüllung seiner geschöpflichen Natur; „natürlich" sollte es ihm sein, ganz im Glauben und in der Liebe Gottes zu leben, und nichts in seinem ganzen Tun und Wesen kann recht bleiben, wenn diese Gottverbundenheit verloren ist. Die Erbsünde – wir lassen hier die lutherischen Bekenntnisse unmittelbar sprechen – wird verstanden als „so tiefe Verderbung menschlicher Natur, daß nichts Gesundes oder unverdorben an Leib und Seele des Menschen, seinen innerlichen und äußerlichen Kräften geblieben" ist (FC Epit. I.8). In dieser Verderbnis werden wir „empfangen und geboren", und doch ist sie nicht nur Verhängnis, sondern „wahrhaft Sünde, die alle unter den ewigen Zorn Gottes verdammt, die nicht durch die Taufe und Heiligen Geist neu geboren werden" (CA II). Denn der Mensch lebt in ihr nicht wie unter einem äußeren Zwang, sondern in der Bewegung seines eigensten Wollens und Trachtens. Einer Selbstbeurteilung aus menschlichem Denken wird das im letzten freilich unbegreiflich bleiben: „Solche Erbsünde ist eine so tiefe, böse Verderbung der Natur, daß die Vernunft sie nicht erkennt, sondern sie muß aus der Offenbarung der Schrift geglaubt werden" (AS I,3; vgl. FC Epit. I,9).

Diesem Verständnis der Erbsünde entsprach es, daß die reformatorische Theologie zunächst jedenfalls die Gottebenbildlichkeit, die sie mit der Urstandsgerechtigkeit gleichsetzte, im Sünder völlig verloren sah. Als aber nun M. *Flacius* die These vertrat, durch den vom Teufel angestifteten Fall sei die Erbsünde selbst zur Natur und „Substanz" des Menschen geworden, so daß er nunmehr imago nicht Dei, sondern diaboli sei, traf dies in der lutherischen Theologie auf einhelligen Widerspruch, der in FC I präzise formuliert wurde: So tief das Verderben alles im Menschen durchdringt, der Unterschied zwischen seiner geschaffenen Natur und seiner Sünde muß festgehalten werden – wie könnte man sonst sagen, daß der sündlose Christus *unsere* Natur angenommen hat? Der Teufel kann nicht schaffen, anstelle des von

Gott Geschaffenen etwas anderes schaffen – er kann nur zerstören. Die Sünde ist nicht Natur, sondern Verderben an und in der Natur, in der der Mensch Geschöpf Gottes *bleibt* (FC I sagt das mit den in diesem Zusammenhang freilich etwas problematischen Begriffen aristotelischer Ontologie: Sie ist nicht „Substanz", sondern „Akzidens"). Von daher ist zu verstehen, daß die spätere protestantische Orthodoxie die gegen flacianische Mißdeutung ungeschützte These vom völligen Verlust der Ebenbildlichkeit modifizierte: in einem weiten und uneigentlichen Sinn dürfe von einer bleibenden Gottebenbildlichkeit des Menschen gesprochen werden. Es sollte damit festgehalten werden, daß das zum Bilde Gottes geschaffene Geschöpf dieses Geschöpf bleibt auch unter der Entstellung durch die Sünde.

1.3.4. Der Differenz im Verständnis der Erbsünde entspricht die katholisch-reformatorische Kontroverse in der Frage der *Willensfreiheit* des Menschen im status corruptionis.
Vorweg muß gesagt werden: Kontrovers war nicht die Wahlfreiheit überhaupt, dies oder jenes (z. B. einen Hausbau oder eine Reise) zu unternehmen oder zu unterlassen. Nicht ein genereller metaphysischer Determinismus stand zur Diskussion, sondern die Frage, ob der Mensch im Stand der Sünde noch die Freiheit hat, sich *Gott* zuzuwenden und nicht *nur* zu sündigen, sondern auch Gutes zu tun, mit dem er dem Willen Gottes entspricht.
Augustin hatte dem unerlösten, unter das non posse non peccare verhafteten Menschen diese Freiheit abgesprochen. Aber die katholische Theologie des Mittelalters hat seine Position in dieser Frage nicht unmodifiziert übernommen. Sie behauptete wohl die Unfreiheit des Sünders, aus eigener Entscheidung in den Stand der Gnade zurückzukehren und die der Gnade entspringenden Werke der reinen Gottes- und Nächstenliebe zu tun. Das hieß aber nicht, daß alles, was der Sünder tut, nur Sünde sein kann. Ist im Verlust der übernatürlichen Gnade die Natur des Menschen mit den ihr anerschaffenen Tugendkräften zwar geschwächt, aber doch erhalten, so kann er aus diesen Kräften im Rahmen eines innerweltlichen Ethos Gutes wirken, das auch vor Gottes Urteil gut und nicht verwerflich ist. Freilich kann der Sünder sich mit solchem Tun des „natürlich" Guten nicht die Gnade Gottes verdienen. Aber zu der Freiheit, die ihm verblieben ist, gehört nach überwiegender Meinung der Scholastik noch die Möglichkeit, nach der Gnade Verlangen zu haben und, wenn sie ihm durch die Lehrverkündigung der Kirche und ihre Sakramente dargeboten wird, sich diesem Angebot zuzuwenden – oder ihm den Rücken zu kehren.

Diese Position in der Frage der Willensfreiheit wurde durch das Tridentinum in Abwehr der reformatorischen Lehre ausdrücklich bestätigt.

Die Reformatoren sind in dieser Frage Augustin gefolgt, dessen Lehre sie durch die Schrift, vor allem durch Paulus bestätigt sahen. Das gilt jedenfalls für Luther und Calvin, auch für den Melanchthon der Loci von 1521. Ihrem radikalen Verständnis der Erbsünde entsprechend lehrten sie die gänzliche Unfreiheit des menschlichen Willens, sich aus eigener Entscheidung von der Sünde ab- und Gott zuzuwenden. Hat doch die Wurzel aller Sünde, der amor sui und der Unglaube, der sich gegen Gott sichern will, statt sich ihm auszuliefern, seinen Sitz auch noch in den sublimsten moralischen Bemühungen. Eine Freiheit des Sünders zum Tun von Gutem im Sinne eines vernünftig geordneten irdischen Lebens und Zusammenlebens (iustitia civilis) hat auch die reformatorische Theologie nicht bestritten. Aber sie sah darin kein von Sünde freies Handeln; in der inneren Motivation auch seiner vernünftigen und bürgerlich-gerechten Entscheidungen bleibt der Mensch in Unglauben und Selbstsucht gefangen, solange ihn nicht Gott selbst aus dieser Gefangenschaft zum Glauben an Christus befreit. Diese Befreiung aber ist allein das Werk des Heiligen Geistes im Menschen.

Dem späteren Melanchthon und ihm folgend einer „philippistischen" Richtung innerhalb der alten lutherischen Theologie wurde die Radikalität dieses „allein" zum Problem – wird der Mensch denn willenlos, ohne jede eigene Beteiligung und Entscheidung in den Glauben hineinbewegt? Muß man nicht sagen, daß in der Bekehrung des Menschen zwar Gottes Wort und Geist allein den Anfang machen, aber dann auch der menschliche Wille, dieses Wort zu hören und sich durch den Geist bewegen zu lassen, seinen eigenen wenn auch schwachen Beitrag einbringen muß? Die Konkorienformel hat in Art. II gegen diese der scholastischen Lehre sich annähernde Auffassung entschieden: Gott bewegt den Menschen zum Glauben gewiß nicht ohne oder gar gegen seinen Willen. Aber der Wille, das Wort Gottes anzunehmen, darf nicht als menschlicher Beitrag *neben* das Werk des Heiligen Geistes gestellt werden, als ob er mit diesem zum Zustandekommen des Lebens im Glauben zusammenwirkte. Sondern indem der Geist, und er allein, den Glauben wirkt, wirkt er *im* Glauben das willentliche Ja des Menschen zu Gottes Heilswort. Auch daß wir wollen, ist allein Gottes Werk in uns. An dieser Entscheidung der Streitfrage hat die altlutherische Orthodoxie, in dieser Sache mit der reformierten einig, weiterhin festgehalten.

Exkurs: Engel und Dämonen

In sachlicher und zumeist auch räumlicher Nachbarschaft zur Lehre vom Menschen behandeln die altprotestantischen Dogmatiker die Engellehre. Die Existenz von Engeln gilt ihnen aufgrund der Aussagen der Heiligen Schrift als gewisse Tatsache. Über das Wesen dieser der allgemeinen Wahrnehmung des Menschen entzogenen Geschöpfe äußern sie sich mit Zurückhaltung: Man solle sich an das Wenige halten, was die Schrift uns zu erkennen gibt, und sich nicht darüber hinaus in Spekulationen verlieren.

Immerhin kam man zu folgenden Aussagen:
Engel sind im Unterschied zum Menschen rein geistige, körperlose Geschöpfe. Als solche sind sie (wie die Seele des Menschen) vom Augenblick ihrer Erschaffung an unvergänglich. Da sie körperlos sind, können sie, wohin immer sie von Gott gesandt werden, gegenwärtig werden, ohne Raum einzunehmen und ohne durch räumlich-materielle Hindernisse aufgehalten zu werden. Sie sind wie der Mensch mit Intellekt und freiem Willen begabt, jedoch überragt ihre geistige Kraft die des Menschen. Ihre geschöpfliche Bestimmung ist es, Gott zu loben und als seine Diener und Ausgesandten in der Welt Gutes zu wirken, Böses zu verhindern und Menschen zu beschützen.

Nun ist aber eine gewisse Zahl von Engeln von dieser ihrer geschöpflichen Bestimmung abgefallen. Faktisch ist also zu unterscheiden zwischen guten und bösen Engeln bzw. Dämonen; auch deren Existenz ist aufgrund der Schrift nicht zu bezweifeln. (Für die Lehre von einem Fall der Engel ist die Schriftgrundlage allerdings sehr schmal, nur in 2.Petr 2,4 und in Jud 6 wird Derartiges angedeutet.) Man dachte sich den Engelfall in Analogie zum Sündenfall des Menschen: Auch die Engel waren in einen Urstand hinein geschaffen, in dem sie sich in ihrer Gott zugewandten Reinheit bewahren konnten und bewähren sollten, aufgrund ihres freien Willens aber auch von Gott abfallen konnten. Unter der Führung einer unter ihnen hervorragenden Gestalt, die dann zum Satan wurde, hat ein Teil der Engel diesen Abfall vollzogen. Der Fall des Satans und seiner nun zu Dämonen gewordenen Genossen ist tiefer als der des Menschen, denn ihnen war größere Kraft gegeben, sich in ihrer Reinheit zu bewahren. Im Unterschied zu den Menschen kann es für sie keine Erlösung geben; in abgründiger Bosheit und Haß gegen Gott und die Menschen suchen sie die Werke Gottes zu zerstören und die Seelen der Menschen zu verderben und müssen darin beharren, bis Gott am jüngsten Tag ihrem Wirken ein Ende machen und sie zu ewiger Verdammnis in der Hölle verschließen wird.

2. Aspekte moderner Infragestellung der anthropologischen Lehrüberlieferung

Die Lehre der älteren Theologie vom Menschen ist heute unter verschiedenen Hinsichten fraglich geworden. Das *Wissen* über den Menschen, das empirische Humanwissenschaften entwickelt haben, läßt sich mit bestimmten *Vorstellungsgehalten* der älteren Theologie nicht vereinbaren. Das *Selbstverständnis* des Menschen, das in manchen und geistig einflußreichen Entwürfen eines modernen Humanismus vertreten wird, widerspricht dem *theologischen* Gehalt der kirchlichen Lehre, ja einem auf Gott bezogenen Verständnis des Menschen überhaupt. Das sind zwei in ihrer Reichweite und Begründung durchaus verschiedene Ebenen der Infragestellung. Die theologische Auseinandersetzung mit ihnen wird entsprechend verschiedene Wege gehen; mit empirisch begründeten Einwänden wird sie anders umzugehen haben als mit normativen Entwürfen (die aber auch in dem, was aus empirischem Wissen gefolgert wird, wirksam sein können). Hier treten wir noch nicht in die Auseinandersetzung ein; es geht vorerst um eine exemplarische Sichtung solcher Infragestellungen.

2.1. Die ontologische *Besonderheit der Seele*, die in der überlieferten Lehre von der Wesenskonstitution des Menschen behauptet war, ist fraglich geworden.
Um nur auf einiges hinzuweisen: Medizinische Forschung hat die enge Bindung dessen, was wir „seelisches" oder mit einem moderneren Terminus „personales" Verhalten des Menschen nennen, an biophysikalisch analysierbare und durch Medikamente beeinflußbare somatische Abläufe herausgestellt. Genetik erkennt die Vorplanung nicht nur körperlicher, sondern auch psychischer Eigenschaften in der Geninformation. Kybernetik baut Funktionen menschlicher Denktätigkeit im Computer nach.
Durch alles dies wird jedenfalls die *Eigenständigkeit* personalen Verhaltens gegenüber körperlichen Abläufen infragegestellt. Das muß nicht heißen: was wir seelisches Geschehen zu nennen gewohnt waren, *ist* nichts anderes als materieller Ablauf. Es erscheint aber jedenfalls als *gebunden* an materielle Abläufe in unserer leiblichen Organisation. Damit kann die Frage auftreten, ob noch im eigentlichen Sinn von *Willensfreiheit* des Menschen gesprochen werden kann – ist das, was wir als Entscheidungen sehen, die wir selbst vollziehen, etwa nur der Oberflächenaspekt einer letztlich somatisch bedingten Determination? Infragegestellt ist vor allem die Vorstellung einer *Unvergänglichkeit* der Seele; für diese Vorstellung von der angeblichen Körperunabhängigkeit höherer seelischer Funktionen her zu argumentieren, ist jedenfalls definitiv unmöglich geworden. Infragestellt kann mit dem allen die *qualitative Besonderheit* des Menschen gegenüber dem Tier erscheinen – ist er nicht vielmehr nur quantitativ, durch die

kompliziertere Struktur seines Organismus und insbesondere seines Gehirns, vom Tier zu unterscheiden? Es geht hier zunächst um die Auseinandersetzung mit empirischen Erkenntnissen. Dabei ist aber zu bedenken, daß in modernen Einwänden gegen die Sonderstellung des Menschen und seiner Seele nicht nur empirisch begründbare Einsicht, sondern in dem, was aus solcher Einsicht gefolgert und wozu sie verwendet wird, auch eine Grundhaltung wirksam sein kann, die eine solche Sonderstellung nicht wahrhaben *will* (etwa um den Menschen von dem furchterweckenden Gedanken seiner Verantwortung vor einem „Jenseits" zu entlasten)[2]. Die Theologie wird zu bedenken haben, was sie hier an ontologischen Vorstellungsgehalten ihrer älteren Tradition preiszugeben hat und was an dem in solchen Vorstellungen gemeinten nicht preisgegeben werden darf.

2.2 Die Lehre von der *urständlichen Vollkommenheit* und dem Sündenfall eines ersten Menschenpaares ist infragegestellt.
Durch Paläontologie, Entwicklungslehre, prähistorische Forschung wurde das Wissen um Herkunft und Anfänge menschlichen Lebens gegenüber den Vorstellungen früherer Zeiten unermeßlich erweitert und verändert. Wörtlich genommen, sind die Vorstellungen der biblischen Urgeschichte und der Lehre der älteren Theologie von Schöpfung, Urstand und Fall des ersten Menschen damit nicht zu vereinbaren. Genauer gesagt: Es wurden wissenschaftliche Hypothesen über die Anfänge der Menschheit entwickelt, mit denen jene Vorstellungen nicht vereinbar sind und für die gute Wahrscheinlichkeitsgründe sprechen, so daß es nicht möglich ist, sie mit der dogmatischen Behauptung ihrer Unwahrheit beiseitezuschieben.
Die biblische Urgeschichte spricht von dem einmaligen Akt, in dem Gott, unterschieden von allem bisher Geschaffenen, den Menschen schuf. Die wissenschaftliche Prähistorie rechnet mit unermeßlich langen Zeiträumen, in denen durch ein tiermenschliches „Übergangsfeld" hindurch und über primitivere Vorstufen dasjenige Wesen geworden ist, das sie „homo sapiens" nennt. Die Urgeschichte spricht von dem („monogenetischen") Ursprung der Menschheit aus einem ersten Menschenpaar; der „Adam" der Prähistorie hat sich vermutlich („polygenetisch") in einer Vielheit von Individuen entwickelt. Aber auch die Vorstellung eines zu irgendeinem prähistorischen Zeitpunkt verwirklichten Standes paradiesischer Vollkommenheit des Urmen-

---

[2] Dieses Motiv ist schon im antiken Epikureismus und dann bei französischen Materialisten des 18. Jh. erkennbar.

schen, der jäh durch einen Sündenfall abgebrochen wurde, läßt sich kaum mit dem zusammendenken, was wir heute von den vorgeschichtlichen Anfängen der Menschheit wissen. Das gilt auf jeden Fall hinsichtlich der physischen Vollkommenheiten, die die Tradition dem Ersterschaffenen zugesprochen hatte (Leidensfreiheit, Todesfreiheit, mühelose Herrschaft über die Natur) – in den prä-*historischen* Anfängen menschlichen Daseins muß geradezu das Gegenteil der Fall gewesen sein. Der Gedanke einer ungebrochenen inneren Gottverbundenheit (iustitia originalis) des Menschen in seinem Ursprung ist allerdings mit empirischen Argumenten weder zu behaupten noch zu bestreiten. Aber auch dieser Gedanke ist in den Rahmen dessen, was wir über die allmähliche psychisch-geistig-soziale Entwicklung des Menschen wissen oder vermuten können, schwer einzuordnen. Wo in der Prähistorie soll man sich den „Adam" der iustitia originalis denken – beim homo sapiens? Oder schon beim Neandertaler? Oder noch weiter zurück?

Wir haben damit zunächst Fragen zu Wort kommen lassen, wie sie etwa ein nicht in christlichem Denken beheimateter Zeitgenosse stellen könnte, wenn er mit der Lehre von Urstand und Sündenfall des ersten Menschen konfrontiert wird. Diese Fragen sind nicht beiseitezuschieben. Aber auch in ihnen kann neben empirisch begründbaren Einsichten ein Verständnis menschlicher Wirklichkeit mitsprechen, das eher gewolltes Programm als wissenschaftliche Feststellung ist: Etwa ein Fortschrittsgedanke, nach dem der zur Wahrheit seines Wesens gelangte Mensch *grundsätzlich* nicht am Anfang stehen, sondern nur am Ende und als Ergebnis seiner Selbstvervollkommnung herauskommen kann, wobei als Maßstab dieser Vervollkommnung vor allem der Fortschritt der *Rationalität* des Menschen im Blick ist.

Für diesen Gedanken ist ein Bruch zwischen ursprünglicher Bestimmung und jetziger Faktizität des Menschen nicht nur aus empirischen Gründen schwer vorstellbar, sondern untragbar. Aber die Theologie wird auch hier sorgfältig überlegen müssen, was sie an den Vorstellungsgehalten ihrer eigenen Tradition aufgeben sollte und was von dem in jenen Vorstellungen Gemeinten nicht preisgegeben werden darf.

2.3. Das überlieferte *Verständnis von Sünde* wird infragegestellt. Konnten einst Gewissensbindung und Schuldbewußtsein als eindeutige Indizien dafür verstanden werden, daß der Mensch von Gottes Gebot betroffen ist und sich vor ihm zu verantworten hat, so sind diese anthropologischen Phänomene heute immanenter Erklärung zugänglich geworden. Psychologie, Psychoanalyse, Soziologie stellen heraus, daß Gewissen (das „Über-Ich") weitgehend durch Einwirkungen der familiären und gesellschaftlichen Umwelt geformt wird, daß seine Maßstäbe also von diesen Einwirkungen her so oder so gesetzt und mithin relativ sind. Gewissensbindungen hinsichtlich eines bestimmten Verhaltens und Schuldbewußtseins wegen seiner Nichterfüllung können etwas sein, was von Menschen und Verhältnissen „gemacht" wird und damit auch gesellschaftlich und kulturell verschiedenen Maßstäben unterliegt.

Die genannten Wissenschaften stellen ferner vor die Frage, ob nicht manches Verhalten, das in christlicher Tradition als schuldhaft, ja als besonders schwere Sünde beurteilt wurde, auf seelische Schädigungen zurückzuführen ist, die genetische oder soziale Ursachen ganz jenseits der Selbstentscheidung des Betroffenen haben, so daß eher von einem *krankhaften* Verhalten zu sprechen ist. Unhaltbar wird jedenfalls in vielen Fällen ethisch abnormen Verhaltens die Vorstellung, dieses Verhalten sei deshalb schuldhaft, weil es der Täter „bei gutem Willen" auch hätte unterlassen können.

Theologie könnte demgegenüber darauf hinweisen, daß gerade auch die christliche Lehre von der Erbsünde einem Moralisieren an der Oberfläche dessen, was der oder jener „bei gutem Willen" hätte tun und unterlassen können, entgegensteht. Aber eben gegen die Erbsündenlehre hat das moderne Denken seit der Aufklärung besonders heftig reagiert. Dabei geht es nicht nur um die traditionelle Vorstellung, ein verderbter Naturzustand werde durch die Zeugung fortgepflanzt. (Das wird man in Bezug auf *einzelne* genetisch bedingte Defekte heute wohl bereit sein zuzugeben, aber Erbsünde meint ja gerade nicht nur einzelne Defekte einzelner Menschen.) Der moderne Protest richtet sich vielmehr vor allem gegen die Behauptung, was den Menschen als ein seiner eigenen Entscheidung entzogenes *Verhängnis* betrifft, werde ihm vor dem Forum eines Gottes als verdammenswürdige *Schuld* zugerechnet. Er richtet sich erst recht gegen die Vorstellung, alle Menschen seien unterschiedslos von der Urtat eines (einzelnen oder auch pluralischen) Adam her in einem solchen Verhängnis, das zugleich Schuld ist, gefangen. Dagegen wendet sich eine Individualisierung des Bewußtseins, die sich in die kollektive Bewußtseinsbindung früherer Geschlechter nicht mehr zurückzufinden vermag. Dagegen wendet sich aber vor allem auch ein Autonomiepostulat, das sich eine Überwindung menschlicher Unvollkommenheit, den Weg aus „Unmenschlichkeit" zu wahrer „Menschlichkeit", nur als den Prozeß der *Selbstbefreiung* des Menschen denken kann. Wer darauf hoffen will, *darf* gar nicht an eine für den Menschen unüberschreitbare Gebundenheit in Sünde glauben.

Es ist deutlich, daß hier Motive wirksam werden, die den Bereich diskutierbarer empirischer Feststellungen weit überschreiten. Sie führen uns zu einem letzten und radikalsten Aspekt moderner Infragestellung der theologischen Lehre vom Menschen.

2.4. Ein theonomes Verständnis des Menschen wird grundsätzlich bestritten. Im biblischen Zeugnis und in der kirchlichen Lehrüberlieferung wird der Mensch von Gott her verstanden; zum Leben in der Verbindung mit Gott ist er bestimmt, in der Lösung von Gott wird er zum Sünder (das ist mit dem an sich nicht ganz eindeutigen Ausdruck „theonom" hier zunächst gemeint). Mit und seit der Aufklärung tritt dem das emanzipatorische Leitbild des zu seiner „Mündigkeit" erwachenden Menschen gegenüber: Er soll in vernünftiger Einsicht seine wahre Bestimmung selbst erfassen und sich selbst die Gebote geben, die er in Freiheit befolgt, um sich der Verwirklichung dieser Bestimmung entgegenzubringen: „Autonomie" (Selbstgesetzgebung) gegen „Heteronomie" (Bindung an ein von außen und oben gegebenes Gesetz, dem man sich fraglos zu unterwerfen hat). Das richtete sich zunächst gegen politische, gesellschaftliche, kirchliche Autoritätsbindung, nicht sofort auch gegen den Gottesgedanken; die „natürliche Theologie" der Frühaufklärung konnte ja, was menschliche Vernunft sich selbst sagt, durchaus mit dem eigentlichen Sinn des auch göttlich Gebotenen identifizieren (die Bindung an die Autorität von Dogmen und Offenbarung lehnte sie allerdings ab). Aber für die seit der Mitte des 19. Jh. aufkommende Religionskritik wird der Gottesgedanke selbst zu einer die mündige Selbstverwirklichung des Menschen hemmenden Illusion[3]: Autonomie gegen eine als Heteronomie verstandene (und mißverstandene) Theonomie. Das theologische Leitbild einer iustitia originalis ursprünglicher Gottverbundenheit, von der der Mensch gefallen ist und zu der er zu erlösen ist, wird hier radikal bestritten; und zwar nicht nur als historisch unmögliche Vorstellung, sondern als Leitbild menschlicher Bestimmung überhaupt. In der theologischen Urstandslehre kann dann eher das Symbol anfänglicher kindlicher Unmündigkeit, im „Sündenfall" dagegen das Symbol des ersten Schrittes in die Existenzform freier Selbstverantwor-

---

[3] Für eine etwas differenziertere Darstellung dieser Religionskritik in ihren verschiedenen Ausprägungen vgl. Bd. I, § 6, 2.2

tung gesehen werden, die freilich mit dem Risiko des Scheiterns und notwendig auch mit Schulderfahrung verbunden ist[4].

Man darf diesen anti-theistisch radikalisierten Emanzipationsgedanken nicht mit einem Standpunkt amoralischer Willkür gleichsetzen; seine geistig bedeutenden Wortführer vertreten keinen Libertinismus, sondern oft ein strenges Ethos. Diese Haltung muß sich auch nicht mit einem oberflächlichen Optimismus verbinden, der mit dem technischen auch den sittlichen Fortschritt für garantiert hält. Sie kann heute mit der tiefen Besorgnis verbunden sein, daß der Mensch in der Aufgabe, die er sich selbst zu stellen und zu lösen hat, versagen, das „Experiment Menschheit" ethisch scheitern könnte. Ihre Vertreter sehen aber die einzige Chance seines Gelingens darin, daß die Menschheit zur Mündigkeit vernünftiger Selbstbestimmung und Selbstbefreiung aus entfremdenden Zwängen gelangt. Sie verstehen eine Glaubenshaltung, in der der Mensch sich der Macht und Autorität eines Gottes überläßt, als gefährliches Hindernis auf diesem Weg. Hier geht es nicht mehr um Streit und Vermittlung empirischer Erkenntnisse mit theologischen Aussagen. Christlichem Verständnis des Menschen tritt hier ein grundsätzlich anders ausgerichteter Entwurf menschlichen Selbstverständnisses gegenüber. Die theologische Auseinandersetzung mit ihm hat hier sicher mit einem Konflikt zu rechnen, der in seinem Kernpunkt nicht mehr vermittelt werden kann, sondern durchgestanden werden muß, weil darin die Grundentscheidung von Glauben oder Unglauben gegenüber dem in Christus sich zusagenden Gott in Frage steht. Es muß aber gefragt werden, wie weit die Vertreter des radikalen Autonomiepostulats mit ihrer Ablehnung heteronomer Gottesbindung einen Theismus vor Augen haben, der dem in *Christus* offenbaren Gott gerade nicht entspricht; und die Theologie sollte zeigen, daß die Bindung an *diesen* Gott etwas ganz anderes ist als „Theonomie" im Sinn unfreier und uneinsichtiger Unterwerfung unter Vorgeschriebenes. Erst dann kann erkannt werden, in welcher Hinsicht und an welcher Stelle das moderne Autonomiepostulat und ein durch das Evangelium bestimmtes Verständnis des Menschen in wirklichem Gegensatz stehen.

---

[4] Dieser Gedanke findet sich schon vor dem Auftreten radikaler Religionskritik im Bereich des deutschen Idealismus.

Literatur

Zur altprotestantischen Lehre de homine im ganzen die Darstellungen der altprot. Dogmatik, so etwa: H. SCHMID, Die Dogmatik der evangelisch-lutherischen Kirche (9. Aufl. 1979); H. HEPPE, Die Dogmatik der evangelisch-reformierten Kirche. Neu herausgegeben von E. BIZER (2. Aufl. 1958). Zur Lehre von der Wesenskonstitution des Menschen und zur Engellehre auch: C. H. RATSCHOW, Lutherische Dogmatik zwischen Reformation und Aufklärung II (1966).
Zum Verhältnis theologischer und moderner außertheologischer Anthropologie: CHR. FREY, Arbeitsbuch Anthropologie. Christliche Lehre vom Menschen und humanwissenschaftliche Forschung (1979).

§ 17. Der Mensch im Licht des Schöpferwillens Gottes

1. Die geschöpfliche Bestimmung des Menschen

1.1. Problematik und christologische Bestimmung des Ebenbildbegriffs

Auf die Frage nach der geschöpflichen Bestimmung des Menschen antwortet der priesterschriftliche Schöpfungsbericht: Gott schuf ihn „sich zum Bilde" (Gen 1,26f). „Gottebenbildlichkeit" wurde von daher zum Leitbegriff theologischer Lehre vom Menschen in der alten und neueren Dogmatik. Aber das Verständnis dieses Begriffs war und ist umstritten. Schwer zu beantworten ist die exegetische Frage, was der Verfasser dieses Schöpfungsberichtes selbst darunter verstanden hat. Weisen die beiden hebräischen Worte, die er gebraucht – zelem und d'mut –, auf eine inhaltliche Differenzierung hin in Richtung der späteren dogmatischen Unterscheidung von imago und similitudo Dei? Oder haben die Reformatoren recht gesehen, wenn sie solche Unterscheidung ablehnten? Kann das, was im „historischen" Sinn von Gen 1,26f gemeint war, überhaupt schon das ganze Schwergewicht tragen, mit dem spätere dogmatische Reflexion den Begriff der Gottebenbildlichkeit befrachtet hat? Der Streit um sein rechtes Verständnis ist weitgehend unter dem Einwirken der Frage geführt worden, ob die Gottebenbildlichkeit in dem zum Sünder gewordenen Menschen verloren ist, oder ob und in welchem Sinn sie unverlierbar zu der Geschöpflichkeit des Menschen gehört. Diese Frage nehmen wir hier noch nicht auf, sie wird in der Lehre von der Sünde zur Sprache kommen. Es soll zunächst bedacht werden, wie das Geschaffensein des Menschen zum „Bild" Gottes überhaupt verstanden werden kann. Man könnte anhand der Interpretationsgeschichte des Ebenbildbegriffs ein substantiales und ein relationales Verständnis unterscheiden. Beides kann sich auch miteinander verbinden. Ebenbild substantial verstanden, das würde heißen: Dem Menschen in sich selbst, in der Substanz und Struktur seines Wesens, ist eine *Ähnlichkeit* zu Gott verliehen. Gott hat ihn mit Eigenschaften und Fähigkeiten ausgestattet, in denen er, wenn auch innerhalb des unüberschreitbaren Unterschiedes zwischen Schöpfer und Geschöpf, ihm selbst ähnlich ist (das Wort „Bild" kann dieses Verständnis zunächst nahelegen – der Mensch ein „Abbild" Gottes). Ebenbildlichkeit relational verstanden meint nicht so sehr eine Beschaffenheit des Menschen, in der er Gott ähnlich wäre, als vielmehr eine bestimmte *Verhaltensbeziehung*, in die er durch Gott gerufen wird. Gott übt ein bestimmtes Verhalten zum Menschen und gerade zu ihm. Dadurch zeichnet er ihn unter allen Kreaturen aus. Der Mensch ist gerufen, in seinem Verhalten zu Gott – und darin eingeschlossen zu seinem Mitmenschen und zu aller Kreatur – diesem Verhalten Gottes zu ihm *antwortend zu entsprechen* (hier wäre „Bild" nicht im Sinne von „Abbild", sondern eher als „Wiederspiegelung" zu verstehen). Wo in der Theologiegeschichte das substantiale Verständnis im Vordergrund stand, konnte man die eigenschaftliche Ähnlichkeit des Menschen zu Gott in seiner Ausstattung mit Geist, Vernunft und Willensfreiheit sehen. Wurde innerhalb der Ebenbildlichkeit zwischen imago und similitudo unterschieden, so waren darin beide Verständnisse miteinander gekoppelt: in imago die Ähnlichkeit des Menschen zu Gott in seiner Wesensausstattung, in similitudo das Antwortverhalten, in das der Mensch durch Got gerufen ist und in dem er ihm entsprechen soll. Setzt reformatorische Theologie die Ebenbildbestimmung des Menschen mit der iustitia originalis gleich, so spricht darin ein ausschließlich relationales Verständnis: Ebenbild Gottes ist der Mensch allein, sofern und solange er dem Wort, in dem Gott sich ihm zuwendet, antwortend entspricht. Sind beide Möglichkeiten des Verständnisses einander ausschließende Alternativen? Oder können sie einander zugeordnet werden? Wo und wie gibt die Schrift Antwort auf diese Fragen?

In Gen 1,26f ist möglicherweise wirklich zunächst eine Ähnlichkeit des Menschen zu Gott gemeint, sei es in seiner Berufung zur Herrschaft über die Kreatur, von der im unmittelbaren Kontext gesprochen wird, sei es in seiner eigenschaftlichen Ausstattung und vielleicht sogar in seiner leiblichen Gestalt. Aber für die dogmatische Besinnung auf Gottebenbildlichkeit als Kennwort der geschöpflichen Bestimmung des Menschen wäre es unzulänglich, sich nur daran zu orientieren, was die Genesisstelle für sich genommen an ihrem historischen Ort sagen wollte. Die Bibel ist ja kein Lehrbuch, das in zeitloser Fixierung von „dicta probantia" fertige Antworten auf unsere dogmatischen Fragen enthielte, so daß man sagen könnte: Was Gottebenbildlichkeit heißt, das „steht" in Gen 1,26. Es „steht" eben nicht, sondern es bewegt sich – die Bibel ist das Dokument einer durch Gottes Anruf in Bewegung gebrachten Glaubensgeschichte. Folgen wir dem Weg dieser Geschichte, so hören wir zunächst im alten Testament kaum mehr von der Ebenbildbestimmung des Menschen (und übrigens an den wenigen Stellen, an denen das Wort nochmals aufgenommen wird, nichts von ihrem Verlust). Um so mehr hören wir vom Wort Gottes, das an Israel ergeht und nach Antwort ruft. Darin *vollzieht* sich das besondere Verhältnis zu ihm selbst, zu dem Gott den Menschen beansprucht – stellvertretend für eine ins Abseits von ihm geratene Menschheit zunächst in der Geschichte Gottes mit diesem einen Volk. Gott führt diese Geschichte hinaus auf sein endgültiges Wort, das er in Jesus Christus spricht und unter das nun alle Menschheit gerufen wird. Und jetzt, im Neuen Testament, tritt auch die Rede vom „Bild" Gottes wieder sehr ausdrücklich an den Tag, nun aber vor allem in der Beziehung auf Christus selbst: *Er* ist die eikôn Gottes (2.Kor 4,4; Kol 1,15; dem Sinn nach auch Hebr 1,3). Man wird das in doppeltem Sinn zu verstehen haben: Er ist es, weil in ihm als dem *eingeborenen* Sohn Gott selbst heilbringend gegenwärtig ist und darin *sein* das Rechte schaffendes Verhalten zum Menschen erweist. Und er ist es, sofern er als der *erstgeborene* Sohn das rechte Verhalten des *Menschen* zu Gott verwirklicht. In diesem zweiten Sinn kann dann gesagt werden, daß wir „seinem Bilde gleichgestaltet" werden sollen (Röm 8,29; vgl. Kol 3,10). Jesus Christus ist als der Träger des Seins Gottes mit uns zugleich der wahre Mensch, in dem verwirklicht ist, wozu Gott menschliches Leben gewollt und geschaffen hat. (Vgl. zu diesen christologischen Bestimmungen Bd. I, § 10.)

Folgt die dogmatische Besinnung dem Weg, den die biblische Rede vom Bilde Gottes gegangen ist, so wird sie von da aus, wohin dieser Weg geführt hat, zu verstehen suchen, was es heißt, daß der Mensch dazu geschaffen ist, Ebenbild Gottes zu sein. An der Gestalt Jesu will das verstanden sein[1]. Dabei wird auszugehen sein von dem Verhalten, das Jesus gelebt hat, und damit wird in der Tat der Aspekt antworten-

---

[1] Insoweit schließen wir uns der christologischen Begründung der theologi-

der Entsprechung zu Gott grundlegend werden. Ob und in welcher Weise innerhalb dieses Aspektes auch der Gedanke eines Gott Ähnlich-werdens seinen rechten Ort finden kann, wird zu überlegen sein.

1.2. Christologische Entfaltung der Ebenbildbestimmung des Menschen

Was bedeutet diese Bestimmung für das Verhalten des Menschen zu Gott, für das Verhalten des Menschen zum Menschen und für sein Verhalten zur außermenschlichen Kreatur? Wir gehen davon aus, wie der Mensch Jesus in diesen Beziehungen gelebt hat, zugleich aber davon, wie in ihm Gott selbst sich dem Ebenbildverhalten des Menschen zum Grund gibt.

1.2.1. In Jesus, dem eingeborenen Sohn, erkennen wir zu allererst das Verhalten *Gottes* zum Menschen: Seine bedingungslose Zuwendung, aus der er das Leben des Menschen will und gegen die Zerstörung dieses Lebens sich selbst einsetzt zu seiner Heilung und Rettung. In Jesus dem erstgeborenen Sohn erkennen wir aber auch den *Menschen*, der in ungebrochener Gemeinschaft mit diesem Gott verbunden ist: den Menschen, der nicht in und für sich selbst, sondern ganz in der Gewißheit der Gegenwart Gottes lebt; den Menschen, der nichts aus sich selbst tut, sondern alles, was er tut, aus der Kraft Gottes empfängt; den Menschen, der ganz im Hören seines Wortes und im Wollen und Tun seines Willens lebt (Joh 4,34; 5,19; 7,16f; 8,28).
Ist in ihm auch unsere Bestimmung offenbar geworden, so darf als erstes gesagt werden: Gott hat den Menschen gewollt und geschaffen zum Zusammensein mit ihm selbst. Der Mensch soll nicht mit sich, der Welt und den Verhältnissen allein und sich selbst überlassen sein. Er soll über dem allem mit Gott zusammen sein, weil Gott mit ihm zusammen sein will. Er soll Gottes Da-sein wahrhaben und in seiner Gegenwart leben. Und weil in Jesus Gott offenbar ist im Einsatz seiner Liebesmacht, die allein Leben gibt, erhält und aus seinem Verderben rettet, bedeutet solches Wahrhaben der Gegenwart Gottes: Der Mensch soll nicht aus sich selbst sein Leben „können", bestehen und ins Rechte bringen wollen. Er ist dazu bestimmt, aus der Kraft Gottes zu seinem Leben und im unbedingten Verlassen auf das Wort, in dem

---

schen Lehre vom Menschen an, wie sie innerhalb der neueren Theologie vor allem K. Barth vertreten und in KD III/2 entfaltet hat.

Gott sich ihm zusagt, zu leben. Das heißt: Indem Gott dem Menschen das Leben gibt, ist er von ihm zum *Glauben* beansprucht, und solcher Glaube ist auch die Erfüllung des Gebotes der *Liebe* zu Gott „von ganzem Herzen", denn er ist das ungespaltene Ja des Vertrauens zu Gott, in ihm wird Gott wahrhaft wahr- und ernstgenommen. In ihm würde der Mensch der Gegenwart und Zuwendung Gottes die Antwort geben, die ihr ganz entspricht.

Daß wir zum Leben im glaubenden Wahrhaben Gottes berufen sind, haben wir an Jesus erkannt: daran, wie in ihm Gott selbst uns seine Gegenwart schenkt, und daran, wie er Menschsein aus der Gegenwart Gottes gelebt hat. Das ist mehr als was der Schöpfungsbericht für sich allein gelesen uns sagen kann. Aber was der Schöpfungsbericht sagt, ist nicht ohne vorausweisende Beziehung zu dem, was uns in Jesus Christus gesagt ist: Gott spricht auch den Ersterschaffenen an mit einem Wort, das nach der Antwort seines Vertrauens ruft – und mit dem Versagen dieses Vertrauens bricht die Sünde ein.

1.2.2. Wir sprachen von der Ebenbildbestimmung des Menschen in seiner unmittelbaren Beziehung zu Gott. Wir fragen nun nach der darin mitgesetzten Beziehung des Menschen zum Menschen.

In Jesus Christus wird Gott selbst offenbar in seiner Zuwendung – nicht nur je zu mir, sondern zu jedem, der mein Mitmensch ist. Diese Zuwendung ist nicht elitär und bildet keine Eliten; sie durchstößt die Mauern, die Menschen von Menschen trennen, die Mauer zwischen den Gesetzesfrommen und den von ihnen geschiedenen „Zöllnern und Sündern" in Israel, und dann auch die Mauer zwischen Israel und den „Völkern" (Eph 2,14). Ja, Gott sucht in Jesus gerade die zu sich heim, die am fernsten von ihm waren. Als der Träger dieses heimsuchenden Kommens Gottes zum Menschen ist Jesus zugleich der *Mensch*, der allen zum Mitmenschen, zu ihrem „Nächsten" geworden ist – der solidarische Mensch, der nicht „das Seine sucht", sondern teilhat an der Last aller, auch an der Last ihrer Sünde und ihres Todes. Verstehen wir von daher, wozu der Mensch durch den Schöpferwillen, aus dem er sein Leben hat, im Verhältnis zum Menschen bestimmt ist, so ist noch einmal als erstes zu sagen: Er soll nicht allein sein – weder mit sich selbst allein noch in seinem Zusammensein mit Gott für sich allein. Gott hat den Menschen dazu bestimmt, mit dem *Menschen* zusammen zu sein, und mit Gott können wir nicht zusammen sein, ohne darin die, mit denen Gott ebenso zusammen sein will wie je mit mir, als unsere Brüder und Schwestern anzunehmen. Am solidarischen Menschsein Jesu wird sichtbar, was solches Zusammensein des

Menschen mit dem Menschen bedeutet. Wir werden dazu beansprucht, nicht nur nebeneinander, sondern füreinander zu leben, uns das Leben des Mitmenschen ebenso angehen zu lassen wie das eigene Leben, unsern Nächsten zu lieben „wie uns selbst". Wer ist dieser „Nächste"? Hat Gottes heimsuchende Zuwendung in Jesus alle Mauern durchbrochen, mit denen sich Menschen gegen andere Menschen, Gruppen gegen Gruppen abschließen, so kann die Antwort nur sein: Es gibt keinen Menschen, einerlei welchem Geschlecht, welcher Rasse, welchem Volk er angehört, einerlei ob er uns nach persönlicher Eigenart und geschichtlicher Entwicklung näher oder ferner stehen mag, in dem wir nicht den Mitmenschen erkennen sollen, dessen Leben Gott ebenso wert ist wie unser eigenes und für dessen Leben und Recht wir darum fürsorgend einstehen sollen. Gott hat uns Menschen in *Unterschieden* geschaffen, in dem grundlegenden Unterschied von Mann und Frau und in mancherlei andern Unterschieden, die wir nicht einebnen können. Aber aus seinem Schöpferwillen sollen diese Unterschiede nicht zu *Grenzen* und Abständen werden zwischen höher- und geringerwertigen Menschen, zwischen Herrschenden und Unterworfenen, zwischen solchen, die wir als unsere Nächsten ansehen, weil sie zur eigenen Gruppe gehören, und solchen, die uns fern sind und nichts angehen. Gott hat uns in Unterschieden geschaffen, damit wir gerade darin einander begegnen und mit dem je Eigenen nicht gegen-, sondern füreinander dasein sollen.

Gerade auch in der Zuwendung zum Mitmenschen würde der Mensch der Zuwendung Gottes die Antwort geben, in der er ihr „ebenbildlich" entspricht: der Zuwendung Gottes zu ihm selbst, weil sie von der Selbstsorge entlastet, um zur Fürsorge füreinander zu befreien; und ebenso der Zuwendung Gottes, die dem Mitmenschen gilt wie mir und der darum mein Verhalten zu ihm entsprechen soll. Und hier, im Verhältnis des Menschen zum Menschen, hat nun in der Tat innerhalb der Ebenbildbestimmung auch ein Gott Ähnlich-werden seinen Ort: Wie Gott für uns ist, so sollen wir füreinander sein, wie Gott an uns handelt, so sollen wir auch aneinander handeln und uns darin zu „Abbildern", besser sagen wir aber: zu Zeichen der Güte Gottes werden, an denen sie im Abglanz erkennbar wird (Mt 5,43–48; im negativen Gegenbild: Jesu Gleichnis vom „Schalksknecht"). Aber dieses Ähnlich-werden betrifft nicht die ontologische Ausstattung des Menschen – Spekulationen darüber, inwiefern er *darin* dem Wesen Gottes gleicht, können und sollten ganz unterbleiben –, sondern auch hier geht es um ein Verhalten, in dem wir berufen sind, dem Verhalten Gottes zu entsprechen.

Auch hier, wo es um die Bestimmung des Menschen für den Menschen geht, sehen wir im Licht Jesu Christi mehr als was aus dem für sich allein gelesenen Schöpfungsbericht und seiner Rede vom Geschaffensein des Menschen zum Bilde Gottes zu entnehmen wäre. Aber der Schöpfungsbericht will nicht für sich allein, sondern im Zusammenhang des gesamten biblischen Zeugnisses gelesen sein. Dann wird auch in ihm ein Hinweis auf das, was uns in Christus gesagt ist, erkennbar: das Schöpferwort, daß es „dem Menschen nicht gut ist, allein zu sein", und also die Erschaffung des Mannes zusammen mit der Frau – Urgestalt der Gemeinschaft des Menschen mit dem Menschen gerade in der Verschiedenheit des Menschen vom Menschen. Und durch das ganze Alte Testament hindurch wird in vielfältiger Weise sichtbar, vom ersten Brudermord bis zu der prophetischen Predigt gegen die soziale Ungerechtigkeit, wie in der Abkehr von Gott auch die mitmenschliche Gemeinschaft zerstört wird.

1.2.3. Fragen wir nun nach der geschöpflichen Bestimmung des Menschen in seiner Beziehung zur außermenschlichen Kreatur, so scheint dazu weniger das Verhalten und die Verkündigung Jesu, sondern gerade der Schöpfungsbericht das maßgebliche Wort zu sprechen. Denn dort wird dem zum Bilde Gottes geschaffenen Menschen ja ausdrücklich zugesprochen, er solle sich „die Erde untertan machen" und „herrschen über die Fische im Meer und über die Vögel unter dem Himmel und über alles Getier auf der Erde" (Gen 1,28). Darin kommt sicher und in deutlichem Gegensatz zu der religiösen Umwelt Israels eine „Entmythologisierung" der Naturkräfte zum Ausdruck: Sie sind nicht göttliche Übermächte, sondern als des Menschen kreatürliche Umwelt von dem einen Gott geschaffen, und der Mensch soll sie nicht religiös verehren, sondern sie benutzen und sich dienstbar machen.

Moderne Theologie hat in diesem „Kulturbefehl" bisweilen allzu unbekümmert und undifferenziert die theologische Rechtfertigung für die Umgestaltung der Natur durch den technischen Fortschritt des industriellen Zeitalters gefunden. Unter dem Eindruck der auf den Menschen zurückschlagenden Umweltzerstörung, die sich immer deutlicher abzuzeichnen beginnt, werden heute Stimmen laut, die den biblisch-christlichen Glauben und seine Entgöttlichung der Natur gerade deshalb unter Anklage stellen, *weil* er dieser verhängnisvollen Entwicklung das Tor geöffnet habe[2]. Was kann dazu gesagt werden?

---

[2] So vor allem C. Amery, Das Ende der Vorsehung, die gnadenlosen Folgen des Christentums (1972).

In der Tat finden wir bei Jesus selbst und auch sonst im Neuen Testament keine ausdrückliche Bezugnahme auf das Dominium terrae, das der Schöpfungsbericht dem Menschen zuspricht. Wir finden aber indirekte Hinweise darauf, wie dieses Dominium jedenfalls *nicht* verstanden und ausgeübt sein will. Jesus kann von der Fürsorge sprechen, mit der Gott auch seinen nichtmenschlichen Geschöpfen zugewandt ist (Mt 6,26; 10,29). In seinen Worten spricht auch Freude an ihnen und an der Schönheit, mit der Gott sie „bekleidet" hat (Mt 6,28ff). Und Paulus spricht vom „ängstlichen Harren der Kreatur", deren Geschick mit dem des Menschen verbunden ist und die mit ihm zusammen sich sehnt nach der Erlösung von den Mächten des Verderbens (Röm 8,19–22).

Folgt man diesen Hinweisen, dann kann das Beherrschungs- und Nutzungsrecht, das dem Menschen über die nichtmenschliche Kreatur zugesprochen ist, auf keinen Fall so verstanden werden, als sei sie bloßes „Material" seines Handelns ohne eigenen Wert, ihm zu beliebiger Verunstaltung und Ausbeutung oder gar Vernichtung übergeben. Vor Gott sind die Kräfte und Lebewesen der uns umgebenden Natur unsere Mitgeschöpfe, und als solche sollen wir mit ihnen umgehen. Herrschaft über sie kann dann nur als ein verantwortliches Verwalten verstanden werden, in dem der Mensch der Kreatur nicht nur verfügend und nutzend, sondern auch pflegend und liebend zugewandt ist. So würde er dem Schöpferwillen Gottes, aus dem auch das Leben seiner Mitgeschöpfe hervorgeht, in seinem eigenen Verhalten zu ihnen antwortend entsprechen. Was das für einen verantwortlichen Umgang mit den uns heute gegebenen technischen Möglichkeiten der Nutzbarmachung von Naturkräften bedeuten würde, kann nicht hier, müßte aber in einer theologischen Ethik gründlich durchdacht und entfaltet werden.

Der priesterschriftliche Schöpfungsbericht gibt freilich auf solches pflegerische Verständnis des Dominium terrae keinen unmittelbaren Hinweis. Mittelbar kann dafür sprechen, daß nach ihm der Schöpfer über *allen* seinen Werken sein Wohlgefallen ausgesprochen hat: „Und Gott sah, daß es gut war." Bedeutsam ist in diesem Zusammenhang auch, daß nach dem jahwistischen Bericht Gott den Menschen ursprünglich dazu bestimmt hat, einen „Garten" zu bebauen und zu bewahren (Gen 2,15). Und wie umgekehrt der Mensch durch eine von Verantwortung vor Gott gelöste Naturausbeutung die Erhaltung seines eigenen Lebens in Frage stellt, das ist heute nicht mehr zu übersehen.

1.3. Zur Frage des Urstandes

Wo und wann ist das Leben des Menschen in solcher antwortenden Entsprechung zu Gott *Wirklichkeit*? Wir haben die Ebenbildbestimmung des Menschen an Jesus Christus erkannt. Verwirklicht ist sie in ihm, und indem wir „seinem Bilde gleichgestaltet" werden, werden auch wir in diese Verwirklichung aufgenommen. Aber das geschieht durch das neuschaffende Wirken des Geistes Gottes, und dieses neue Leben bleibt im irdischen Leben ein Anfang, dem vieles entgegensteht – der Geist streitet gegen das „Fleisch", und wer könnte von sich sagen: Ich *bin* dem Bilde Christi gleichgestaltet? Erst recht besteht zwischen der an Christus erkannten Ebenbildbestimmung und dem, was im allgemeinen Leben der Menschheit faktisch geschieht, eine tiefe Kluft.

Die Wahrnehmung dieser Kluft könnte dazu veranlassen, diese Bestimmung überhaupt nicht mehr auf den Ursprung und die Gegenwart des Menschen zu beziehen, sondern sie als Aussage eines Künftigen, noch Ausstehenden zu verstehen: Erst in eschatologischer Zukunft *wird* der Mensch der nach dem Bilde Gottes Geschaffene und dann auch diese Welt zu Gottes guter Schöpfung werden, und der Mensch Jesus ist der Anbruch dieser Zukunft[3]. Aber was wäre der Mensch dann zuvor, und dort, wo er nicht von der Christusbotschaft erreicht ist? Wäre er da *noch nicht* der zum Bild Gottes Geschaffene?

Dem widerspricht das biblische Zeugnis. Denn es bekundet den Gott, der „im Anfang" den Menschen zu seinem Bilde geschaffen hat, der auch einer ihm abgewandten Menschheit als ihr Schöpfer und Herr gegenwärtig bleibt, und der in der Sendung Jesu Christi (nicht erst überhaupt sein Verhältnis zum Menschen begründet, sondern) *befreiend* zu dem kommt, was schon immer sein Eigentum ist (Joh 1,11).

Die kirchliche Lehrüberlieferung verstand diesen Anfang des von Gott geschaffenen Menschen als einen „Urstand", in dem in Adam Gottebenbildlichkeit schon einmal in ungebrochener Reinheit und Fülle verwirklicht war, wenn auch vielleicht nur in einem ersten Moment seiner Existenz, dem sogleich der Abfall folgte. Kann das heißen, daß was in und durch Jesus Christus Wirklichkeit wird, nur die Wiederholung und Wiederherstellung dessen ist, was schon in einem

---

[3] Ein Ansatz zu solcher Eschatologisierung des Schöpfungsverständnisses bei U. Hedinger, Wider die Versöhnung Gottes mit dem Elend (1972). Vgl. auch Ders., Kritische Bemerkungen zur Protologie, in: Theol. Zeitschrift der Un. Basel, Jg. 31 (1975), H. 2, S. 84ff.

ersten Menschen gegeben war (so daß Adam, wäre er nicht gefallen, zur Erfüllung seines Lebens in Gemeinschaft mit Gott Christus nicht gebraucht hätte)?

Heutigem Wissen um die Anfänge der Menschheitsentwicklung ist ein prä*historischer* Zustand der Vollkommenheit kaum vorstellbar (dazu § 16,2.2). Aber davon ganz abgesehen spricht gegen die Vorstellung, in Christus werde nur ein Zustand wiederhergestellt, der in Adam schon verwirklicht war, auch das neutestamentliche Zeugnis. Was in Jesus Christus geschieht, wird in ihm gerade nicht als bloße Wiederholung des Anfangs verstanden (auch wenn der Schöpfungsbericht und die Existenz eines ersten Adam dort zweifellos wörtlich genommen ist). Vielmehr wird der Anfang selbst schon auf Christus bezogen: „In ihm" ist alles geschaffen, und er ist der „Erstgeborene" aller Kreatur (Kol 1,15f.; vgl. auch Joh 1,4 u. 10). So ist er nicht nur der *zweite* Adam im Sinne einer Wiederherstellung des ersten, sondern der *wahre* Adam, in dem sich erfüllt, woraufhin der erste geschaffen ist. Auf ihn zielt Gott in seiner Geschichte mit dem Menschen von Anbeginn hin.

Bedenken wir den Sinn dieser neutestamentlichen Aussagen in Bezug auf die Frage nach der Verwirklichung der Ebenbildbestimmung, so darf in der Tat gesagt werden: Verwirklicht ist die Bestimmung „Adams" in Jesus, und durch ihn werden wir in sie eingeholt. Wir sind dann nicht genötigt, in dem, was wir heute über die Entstehungsgeschichte der Menschheit wissen oder vermuten können, nach einem prähistorischen Adam zu suchen, in dem sie vorausverwirklicht gewesen wäre. Den Adam, von dem die ersten Blätter der Bibel reden, können wir verstehen nicht als ein Individuum vergangener Vorzeit, sondern als Ausdruck der Einheit aller Menschen sowohl darin, daß und wozu sie durch Gott ins Leben gerufen sind, als auch in ihrer Verfehlung gegen Gottes Schöpferwillen. Adam ist der Mensch, der wir alle sind und von dem wir alle immer auch schon herkommen. Und unter „Urstand" ist dann nicht ein jetzt vergangener, einst aber in einem ersten Menschen gegebener *Zustand* zu verstehen. Will man den Begriff beibehalten, so kann er aufgefaßt werden als Bezeichnung für den *Ursprung* des Menschen, der wir alle sind, aus dem Schöpferwillen Gottes und für die *Bestimmung* „zum Bilde Gottes", die ihm aus diesem Schöpferwillen zukommt. Diese Bestimmung steht über dem Werden des Menschseins überhaupt wie über dem Anfang jedes Menschenlebens, das in die Welt geboren wird.

2. Die geschöpfliche Konstitution des Menschen

Das Thema der theologischen Frage nach dem Menschen ist nicht primär die Beschaffenheit seines Wesens an sich in dem, was sie mit der Beschaffenheit anderer Lebewesen verbindet und von ihr unterscheidet, sondern das Verhältnis Gottes zum Menschen und des Menschen zu Gott. Darum haben wir zuerst von der geschöpflichen Bestimmung gesprochen, zu der Gott menschliches Leben will und gibt, und wir haben diese Ebenbildbestimmung nicht schon in der Besonderheit der eigenschaftlichen Ausstattung des Menschen gefunden, sondern in dem besonderen Verhalten, in das er durch das Verhalten Gottes zu ihm gerufen wird. Es soll aber nun auch gefragt werden, wie im Licht dieser Bestimmung die an sich ja ebenso nichttheologischer Betrachtung zugängliche konstitutionelle Beschaffenheit des Menschen zu sehen ist und inwiefern sie als „Instrument" jenes Verhaltens, in das er durch Gott gerufen ist, verstanden werden kann. Wir werden dabei einzugehen haben auf anthropologische Kategorien wie Leib, Seele, Geist, auf das Verhältnis von Triebhaftigkeit und Vernunft, Emotionalität und Intellektualität des Menschen, nicht zuletzt auf die Frage nach der ihm eigentümlichen Freiheit.

2.1. Leib und Seele

Der älteren Theologie war das sog. dichotomische Verständnis der Konstitution des Menschen als Verbindung von Leib und Seele geläufig. Die *Verbindung* von beidem wurde betont – keine Seele ohne Leib –, aber ebenso die ontische *Besonderheit* der Seele gegenüber dem Leib, und vor allem ihre Unvergänglichkeit. Darin war philosophische, insbesondere platonische Überlieferung wirksam. Sofern, durch trichotomische Modelle dieser Überlieferung beeinflußt, das Geistige als Element der spezifisch menschlichen Konstitution einbezogen wurde, verstand man darunter im allgemeinen die Begabung mit Vernunft und Willensfreiheit als oberen Bereich der menschlichen Seele. Zugleich konnte in der Geistseele des Menschen und der ihr eigenen Unvergänglichkeit der konstitutive Index seiner besonderen Gottbezogenheit gesehen werden.

Diese Ontologie der Seele, ja überhaupt der traditionelle Begriff „Seele" ist von moderner empirischer Humanwissenschaft in Frage gestellt (vgl. § 16,2.1). Die Erkenntnis der Verkoppelung alles psychischen Geschehens mit physikalisch analysierbaren Vorgängen im zentralen Nervensystem steht einer grundsätzlichen Abgrenzung des seelischen vom körperlichen Geschehen entgegen; erst recht der Vorstellung einer leiblosen Fortexistenz der Seele. Ist Theologie daran gebunden, diese Vorstellung zu vertreten?

Der biblische Sprachgebrauch kennt „Seele" nicht im Sinn eines vom Leib eigenschaftlich verschiedenen *Bestandteils* des Menschen, so daß dieser aus Leib und Seele als zwei heterogenen Elementen zusammengesetzt gedacht würde. „Nefesch", das alttestamentliche Wort, das in Luthers Übersetzung in der Regel mit „Seele" wiedergegeben wird, bedeutet das *Leben* des leiblichen Menschen, kann von da aus auch in die Bedeutung „der Mensch" übergehen und geradezu das Personalpronomen vertreten: „nafschi" heißt nicht „meine Seele (im Unterschied zu meinem Leib)", sondern „ich". Was der Nefesch als Andersartiges gegenübersteht, ist also nicht der Leib des lebendigen Menschen, sondern der Leichnam. Auch der neutestamentliche Sprachgebrauch von „psychê" darf nicht einfach mit der Bedeutung gleichgesetzt werden, die dieses Wort in bestimmten Entwicklungslinien der griechischen Philosophie angenommen hat. Psychê bedeutet auch im Neuen Testament ganz überwiegend das Leben des ganzen Menschen. „Der Menschensohn ist nicht gekommen, die psychai der Menschen zu verderben, sondern zu retten" (Lk 9,56), das heißt: Er ist nicht gekommen, ihr Leben zu verderben. Er ist gekommen, „seine psychê hinzugeben als Lösegeld für viele" (Mk 10,45) – auch da ist die Hingabe des Lebens gemeint. Und ebenso in dem Wort Jesu vom Verlieren der psychê da, wo man sie erhalten will, und von ihrem Gewinnen da, wo sie um seinetwillen preisgegeben wird. Auch an den wenigen neutestamentlichen Stellen, in denen psychê *neben* sôma als zum Wesen des Menschen gehörend genannt wird (z. B. Mt 10,28; 1.Thess 5,23), ist wohl mit dem Einfluß griechischer Terminologie zu rechnen, aber sicher nicht ein vom Leib abgehobenes und seinem Todesgeschick überlegenes Wesen der Seele im Sinn des platonischen Idealismus gemeint.

Wie fern das biblische Denken vom Menschen dieser Vorstellung steht, zeigt sich auch darin, daß im Alten Testament vom *ganzen* Menschen gesagt wird: Er ist „basar", „Fleisch" und darum aus sich selbst gerade nicht beständig, sondern hinfällig und vergänglich. „Von Erde bist du genommen, zur Erde wirst du zurückkehren." In seiner *Beschaffenheit* wird der Mensch hier also, unbeschadet dessen, daß ihm Sprache und damit auch das Dominium terrae verliehen ist, von der übrigen irdischen Kreatur gerade nicht ontologisch abgehoben; als leibseelische Einheit gehört er ganz in ihren Zusammenhang hinein.

Im Neuen Testament ist das grundsätzlich nicht anders: Gott allein ist und hat die Kraft des unvergänglichen Lebens in sich selbst (1.Tim 6,16), der geschaffene Adam aber ist „aus der Erde und erdenhaft" (1.Kor 15,47). Freilich kann hier nun auch gesagt werden, daß „dieses Sterbliche Unsterblichkeit anziehen wird" (ebda v. 54). Aber das ist nicht Feststellung einer dem Menschen immanenten Werde-Möglichkeit, sondern Hoffnung auf die in der Auferweckung Christi verheißene neuschaffende Gottestat. Und darin liegt allerdings ein Hinweis, daß der Mensch kraft der *Bestimmung*, die Gott ihm zuspricht, mehr ist als Naturwesen, das mit seinem Tod verlischt.

Die Theologie hat keinen Anlaß, empirischen Erkenntnissen, die die evolutiven Zusammenhänge des Menschlichen mit dem Tierischen aufzeigen und die Bindung von psychischem an physisches Geschehen in unserm Organismus enthüllen, zu widersprechen. Auch wenn diese Erkenntnisse nicht das Ganze über den Menschen sagen können, sondern nur das, was im Aspekt und innerhalb der Grenzen naturwissenschaftlicher Forschungsmethode an ihm als Glied der Natur sichtbar wird – was sie sagen, ist im Grunde nichts anderes als was auf seine Weise das biblische Zeugnis jedenfalls *auch* (nicht nur) sagt: Von der Erde ist der Mensch genommen; auch wenn aus dem Lehmkloß, aus dem der Schöpfer ihn geformt hat, im Aspekt heutigen Wissens nun die lange Reihe seiner tierischen Vorfahren geworden ist mitsamt den physikalischen Bedingungen, unter denen das Leben auf der Erde überhaupt entstand. Und an sich selbst ist er in seinem leibseelischen Organismus nicht unvergängliches Geistwesen, sondern Fleisch.

Als reine, vermöge ihrer Körperlosigkeit unvergängliche Geistwesen hatte die ältere Theologie die *Engel* vorgestellt. Der Mensch konnte dann als ein Mittleres zwischen Tier und Engel erscheinen: über das Tier erhoben durch seine unsterbliche Seele und darin den Engeln verwandt, von ihnen verschieden durch die Körpergebundenheit seiner Seele. Dem biblischen Denken vom Menschen entspricht das nicht, denn es redet überhaupt nicht von geschöpflicher Unvergänglichkeit und sieht im Menschen als leibseelischer Einheit nicht ein Wesen, das durch die Vorstellung leib*freier* Geistwesen an geschöpflicher Vollkommenheit noch überboten würde. Engel erscheinen in der Bibel bisweilen als *Übermittler* göttlichen Wortes, ihr Dasein und ihre Wesensart ist aber nicht *Gegenstand* des offenbarenden Wortes, in dem Gott den Menschen angeht; ja, einem religiösen Verhältnis zu ihnen, einer *Verehrung* von Engelmächten wird gerade gewehrt (z. B. im Kolosserbrief). Dann kann aber auch die Dogmatik auf die Explikation einer Engellehre verzichten.

Daß der Mensch nicht *nur* Fleisch ist wie alle andern Naturwesen, daß er dazu bestimmt ist, mit Gott Gemeinschaft zu haben und aus dieser

Gottesgemeinschaft sein Verhalten zu seinem „Nächsten" und zur Natur zu gestalten, ist begründet durch das *Wort*, mit dem Gott sich dem Menschen zuspricht. An der psychophysischen Struktur seines Organismus ist das nicht abzulesen, und naturwissenschaftliche Analyse dieser Struktur kann darüber im Rahmen und unter den Voraussetzungen ihrer Arbeitsmethode nichts sagen. Ein theologischer Konflikt mit dieser Wissenschaft kann freilich da entstehen, wo sie behaupten würde, was in ihrem Aspekt am Menschen sichtbar wird, sei das Ganze, was von ihm zu sagen ist – der Mensch *sei* nichts anderes als ein Stück Natur wie alles übrige. Aber von dieser Behauptung wird besonnene, der Grenzen ihrer eigenen Forschungsmethoden bewußte Naturwissenschaft sich zurückhalten. Sie wird sich auch zurückhalten, aus der empirischen Beobachtung der Bindung psychischer an physische Funktionen des Menschen die weltanschauliche These zu folgern, für ihn sei „mit dem Tod alles aus". Keine empirische Feststellung kann etwas darüber sagen, was der Tod für den Menschen bedeuten wird. Kann die Antwort des christlichen Glaubens auf diese Frage heißen: Mit dem Tod ist *darum* nicht alles aus, weil der Mensch eine naturunabhängige, unsterbliche Seele hat? Sie heißt jedenfalls: Was unsern Tod übergreift, ist *Gottes* Wille, mit dem Menschen zusammenzusein, uns auch in unserm Sterben nicht in Nichts und Vergessenheit hinein zu entlassen. Damit ist gewiß auch gesagt: Die Identität des *Menschen* wird nicht ausgelöscht werden. Aber *wie* Gott diese Identität durch den Tod hindurch festhalten wird, ist uns verborgen; wir können uns dessen nicht so vergewissern, daß wir in einem „von Natur" unvergänglichen Bestandteil unseres Wesens das ontologische Substrat der Identität suchen, in der wir von Gott festgehalten werden.

Damit kann sich die Frage stellen, ob die Bestimmung des Menschen durch und für Gott etwas ist, was zu der Selbsterfahrung seiner Existenz in der Welt – und hier also nun auch zu seiner leibseelischen Konstitution – überhaupt keine Beziehung hat. Eine solche Beziehungslosigkeit soll hier nicht behauptet werden. Schon daß dem Menschen Sprache gegeben ist, kann zwar als Ergebnis der Evolution seines Gehirns verstanden werden und ist insofern kein Beweis für seine Gottesbeziehung oder auch nur für einen dem Naturzusammenhang entnommenen Teil seines Wesens. Und doch wird gerade die Sprachfähigkeit des Menschen, die es ihm ermöglicht, sich mit seiner Umwelt auseinanderzusetzen, zugleich zu dem „Instrument", durch das Gott ihm die Beziehung zu ihm selbst eröffnet. Denn sein Wort, durch das dies geschieht, erreicht uns ja durch *menschliche* Worte, und

es sind unsere menschlichen Worte, in denen wir Gott antworten, ihn anrufen, ihm danken können.
Aber auch in seiner Selbsterfahrung gelingt es dem Menschen offenbar nicht, sich *nur* als ein Stück „Natur" wie alles übrige zu verstehen. Denn er fragt ja nicht nur naturwissenschaftlich nach dem Woher und Wie seines Organismus, sondern auch nach dem Wozu seiner Bestimmung, nach dem Humanum als *Aufgegebenem*. Individuell kann diese Frage gewiß auch verdrängt werden. Aber überall, wo es um eine bessere Gestaltung menschlicher Dinge geht, in Gesellschaft, Politik, in den ethischen Problemen des persönlichen Lebens, wird das aktuell: Wie *sollten* wir als Menschen leben, mit unseresgleichen und mit der Welt umgehen? Die *Frage* nach einer Bestimmung, die ihn vom Tier, das schlicht so ist und sein darf wie es ist, unterscheidet, ist in der Selbsterfahrung des Menschen präsent, auch da, wo sie nicht gedanklich reflektiert wird. Und ebenso die Frage, was im Tod aus uns wird. Denn auch dies ist Selbsterfahrung, daß wir uns bei jenem „dann ist alles aus" gerade nicht einfach beruhigen, sondern eben fragen: „Was ist dann?" Für den Lebenswillen des Menschen bleibt der Tod die große Infragestellung und der Gedanke an ein Versinken ins Nichts ein Grauen. Gewiß, auch dies kann man verdrängen – aber Verdrängen ist ja auch nur ein Modus des Umgehens mit dem, was uns *be*drängt. Warum bedrängt uns die Frage des Todes, wenn wir wirklich und in aller Selbstverständlichkeit nicht mehr sein sollten als ein Stückchen zum Vergehen und Vergessen bestimmter Naturablauf? Daß wir *durch und für Gott* mehr sind als dies, können auch die Phänomene menschlicher Selbsterfahrung, die jetzt genannt wurden, uns nicht sagen. Nochmals: Dessen werden wir allein durch das Wort seiner Selbstzusage gewiß, das uns seinen an unserem Tod nicht sterbenden Gemeinschaftswillen *zuspricht*. Dann aber können auch in jenen Phänomenen vestigia dieser unserer Bestimmung durch und für Gott erkannt werden.

Mit der unserer überlieferten religiösen Sprache geläufigen Unterscheidung von vergänglichem Leib und unsterblicher Seele kann im Grunde gemeint sein: Den sterblichen *Menschen* ruft *Gott* in die Beziehung zu sich, aus der er ihn auch im Tod nicht entlassen will. Christliche Theologie hat dies in jener Unterscheidung wohl immer mitverstanden, und dies darf auch nicht preisgegeben werden[4]. Aber die Rede von Leib und unsterblicher Seele als wesensverschiedener

---

[4] Die theologische Richtigkeit des Satzes „es gibt keine unsterbliche Seele" kann, wenn dieser Satz einem fragenden Menschen *isoliert* entgegengehalten

„Teile" innerhalb des Menschen ist zumindest als eine inadäquate Aussageweise dieses eigentlich Gemeinten zu beurteilen.

2.2. Triebe, Vernunft, Geist

Diese Begriffe beziehen sich auf die innere Gliederung der *psychischen* Konstitution des Menschen in unterschiedliche Funktionen („Seelenvermögen"). In Verarbeitung antiker Überlieferung unterschied mittelalterliche Philosophie und Theologie zwischen einem oberen, vernunfthaften und einem unteren, durch die Sinne bestimmten Seelenbereich, wobei in beiden Bereichen sowohl Wahrnehmungs- als Strebevermögen im Einsatz sind. Im unteren Bereich sind dies die Sinneswahrnehmung und die durch ihre Gegenstände angeregten triebhaften Affekte, im oberen Bereich die Erkenntniskraft des Intellekts und das durch sie bestimmte Entscheidungsvermögen des Willens. Im Zusammenwirken dieser oberen Seelenkräfte tätigt sich Vernunft. Innerhalb des Vernunftgebrauchs selbst kann nochmals eine untere und obere Sphäre unterschieden werden: Vernunft als Vermögen des beurteilenden und praktischen Umgangs mit den *Gegenständen* der Welt, und Vernunft als Organ eines (der Höherführung durch Offenbarung bedürftigen) Erkennens Gottes und der durch sein Schöpfungsgesetz gegebenen *Ordnung* der Welt[5]. Diese Gliederung verstand sich zugleich als eine Wertstufung: Die sinnlichen Seelenvermögen sind bis zu einem gewissen Grad auch dem Tier zueigen; kraft seiner Vernunft überragt der Mensch das Tier und ist von ihm grundsätzlich unterschieden. Ihm ist aufgegeben, an der Erkenntnis der göttlichen Weltordnung den Umgang seiner Vernunft mit den durch die Sinne dargebotenen Weltgegenständen auszurichten und durch den dem gemäßen Einsatz seines Willens seine affektiven Triebe zu beherrschen. Im Sünder ist diese Hierarchie der Seelenkräfte in ihrer Funktion zwar gefährdet, aber nicht grundsätzlich aufgehoben. In theologischer Wertung konnte das bedeuten: Je stärker die Herrschaft der Vernunft, desto näher bei Gott – je stärker die

---

wird, zur seelsorgerlichen Irreführung werden. Denn er könnte das so verstehen: Nun sagt auch schon der Pfarrer, mit dem Tod sei alles aus.

[5] Damit wurde das in der scholastischen Theologie vorherrschende Grundschema der psychischen Struktur skizziert. In den spätscholastischen Schulrichtungen wurde dieses Schema z. T. unterschiedlich akzentuiert und auch variiert. Dazu darf ich auf § 5 meines Buches „Ontologie der Person bei Luther" (1967) verweisen.

Verdrängung der Vernunft durch die Herrschaft „ungeordneter" Triebe, desto ferner von ihm. Daß nicht die Kraft seiner Vernunft, sondern allein die göttliche Gnade den Sünder zum *Heil* führen kann, blieb in der mittelalterlichen Theologie freilich unbestritten. Aber in der Vernunftbegabung konnte sie die Möglichkeit angelegt sehen, daß er Verlangen nach Gott tragen und bereit werden kann, sich dem Angebot der Gnade zuzuwenden. Umgekehrt bestand die Tendenz, Sünde vor allem als Versinken in hemmungslose Triebhaftigkeit zu verstehen.

Soweit reformatorische Theologie auf die Struktur der „Seelenvermögen" einging, zeichnet sich in ihr eine Relativierung dieser theologischen Wertung ab: In seiner Vernunft ist der Sünder Gott ebenso fern wie in seinen Trieben; spricht das Neue Testament von „Geistlich-" und „Fleischlichsein", so ist damit ein Gegensatz gemeint, der jeweils den ganzen Menschen hinsichtlich seiner Gottesbeziehung betrifft und der nicht mit der Unterscheidung von Vernunft und Sinnlichkeit vermischt werden darf. Das hat vor allem *Luther* betont. Die überlieferte Gliederung der Seelenvermögen als solche, auch die Unterscheidung des Menschen vom Tier durch die Vernunftbegabung hat er nicht bestritten, konnte Vernunft als die Gabe innerweltlichen Orientierungs- und Ordnungsvermögens auch sehr positiv werten. Er sah aber in dieser Stufengliederung eine philosophische Beschreibung des Menschen, die sich lediglich auf seinen Status als Weltwesen unter anderen bezieht[6]. Der „Ort", in dem der Mensch – positiv oder negativ – durch seine Beziehung zu Gott bestimmt wird, ist damit noch nicht erfaßt. Luther kann ihn als das „cor" des Menschen bezeichnen. Gemeint ist die sein ganzes Lebensverhalten beherrschende Dynamik, das „Trachten des Herzens" nach dem, worauf der Mensch in allem aus ist, was er denkt und tut. Jenseits oder besser „inseits" des Gegenüber von Trieb und Reflexion sieht Luther den Menschen engagiert in der Bewegung eines Grund*affekts*, der sich ebenso auswirkt in dem, wozu der Verstandesmensch seine rationalen Kräfte einsetzt, wie in dem, wohin der Triebhafte sich bewegen läßt. Er kann dieses Innerste im Menschen gelegentlich auch als „Geist" bezeichnen[7] – gemeint ist damit der Geist, in oder aus dem der ganze Mensch lebt; und zwar so, daß er hier, in diesem Zentrum seines Lebens, nicht autark sich selbst bestimmt, vielmehr bewegt *wird* durch das, woran „sein Herz hängt". Im Hören des Wortes Gottes sollte er durch *Gottes*

---

[6] Vgl. hierzu vor allem Luthers Disputatio de homine, WA 39 I, S. 175ff.
[7] Vgl. § 16, Anm. 1.

Geist zum Leben im Glauben und in der Liebe bewegt werden, die Gottes Liebe in ihm entzündet. Der Sünder aber wird von einem andern Geist „besessen" und bewegt. Woran das Herz des Menschen hängt, das ist sein Gott – oder Abgott. Und so wird der ganze Mensch mit Vernunft und Sinnen „geistlich" oder „fleischlich" sein.

Es soll hier nicht der Versuch unternommen werden, das antik-mittelalterliche Schema der „Seelenvermögen" und die von ihm sich abhebende Sicht Luthers in extenso mit modernen anthropologischen Entwürfen und Theorien zu konfrontieren. In einer monographischen Behandlung theologischer Anthropologie oder auch in einer umfangreichen, den Rahmen eines Lehrbuchs überschreitenden Dogmatik könnte und müßte das geschehen. Hier beschränken wir uns auf den Vergleich mit dem biblischen Reden vom Menschen und halten uns dabei an den neutestamentlichen, im Zusammenhang des Christuszeugnisses stehenden Sprachgebrauch.

Seine anthropologischen Grundbegriffe stellen in sich selbst kein einheitlich definiertes Gliederungssystem dar. Sie können nicht einfach mit dem System der „Seelenvermögen", wie es später formuliert und diskutiert wurde, zur Deckung gebracht werden, werfen aber gerade so auf die mit diesem System verbundenen Unterscheidungen und Wertungen ein kritisches Licht. „Sôma" bedeutet im Neuen Testament den Leib, kann aber ebenso als Bezeichnung für die konkrete Person als ganze eintreten. Das besagt jedenfalls, daß für sie Leiblichkeit ebenso wesentlich ist wie Denkvermögen. Dieses, die Fähigkeit der Überlegung und Urteilskraft, kann durch den Begriff „nous" bezeichnet werden, der in dieser Verwendung am ehesten unserm Sprachgebrauch von „Vernunft" nahekommt. Aber „nous" bedeutet darüber hinaus und umfassender auch den „Sinn" oder die „Gesinnung", in der der Mensch überhaupt und gerade auch praktisch sein Leben führt. „Sarx" kann in theologisch neutraler Bedeutung das Fleisch des Körpers bedeuten, aber zugleich – und im Neuen Testament überwiegend – den ganzen Menschen, sofern er von der Sünde beherrscht wird. Das könnte darauf hinweisen, daß auch hier die Sünde vor allem als Herrschaft sinnlicher Triebe verstanden wird. Dem steht aber entgegen, daß der „nous" nirgends als das an sich Gott Näherstehende oder weniger der Sünde Unterliegende im Menschen erscheint. Wohl kann Paulus in Röm 7 von einem Wissen um das Gute sprechen, das sich im nous (hier wohl am ehesten zu übersetzen: im „Gewissen") meldet. Er sagt aber gerade vom nous des Sünders auch, daß er im Blick auf Gott „asynhetos", unverständig geworden sei, weil das „Herz" verfinstert ist (Röm 1,21), so daß jenes Wissen kraftlos bleibt. In den „Lasterkatalogen" des Neuen Testaments werden gewiß Sünden hemmungsloser Triebhaftigkeit zur Sprache gebracht, aber nicht nur sie. Ebenso leidenschaftlich kann sich Paulus, besonders in seinen Auseinandersetzungen mit den erkenntnisbewußten Korinthern, gegen ein Streben nach „Weisheit" wenden, das zu intellektueller Überheblichkeit führt und die Gemeinschaft zerstört. Ja, er kann sagen: Das bloße Wissen macht aufgeblasen, die *Liebe* baut auf (1.Kor 8,1). Darin wird deutlich, daß in ihr, nicht in der Denkkraft, die das gesamte Leben des Christen bewegende Macht gesehen wird, wie überhaupt das, was das „Herz" des Menschen bewegt, im Guten wie im Bösen als die bestimmende Triebkraft seines Lebens erscheint. „Pneuma" aber, das Wort, das unsere Übersetzungen mit „Geist" wiedergeben, wird im Neuen Testament (wie schon „ruach" im Alten Testament) ganz überwiegend von *Gottes* Geist in seiner den Menschen belebenden und bewegenden Kraft gebraucht. Vom Menschen ausgesagt meint es nicht „Geistigkeit" im neuzeitlichen Sinn, sondern eher die Lebendigkeit des ganzen Menschen, vor allem aber ihn als den von Gottes Geist Ergriffenen. So wird das Sein en pneumati dem Beherrschtsein durch die sarx entgegengestellt – beides auf das Verhältnis zu Gott bezogene Totalbestimmungen, die alles im Menschen umfassen und durchdringen.

Im wesentlichen gibt die biblische Sicht des Menschen dem aus der Schriftexegese erwachsenen Verständnis Luthers Recht. Wenn wir ihr folgen, können wir im Intellekt und der durch ihn geleiteten Willensentscheidung nicht die Macht sehen, aus der der Mensch selbst über das „Geistlich"- oder „Fleischlich"-Sein seines Lebens entscheidet. Gewiß gehören ihm Verstandes- und Willenskraft aus Gottes Schöpferwillen zu, und in ihrem Gebrauch unterscheidet er sich vom Tier. Aber in allem, was er denkt und tut, wirkt ein Verlangen nach dem, worauf er letztlich aus ist und worin er die Erfüllung seines Lebens sucht. Darin entscheidet sich, *wozu* Denk- und Willenskraft eingesetzt werden, und darin *sind* wir aller Reflexion zuvor je immer schon engagiert in einem „Geist", in dem wir leben und der uns treibt. „Welche der Geist Gottes treibt, die sind Gottes Kinder." Der Geist Gottes ist die Kraft der Liebe Gottes. Aber hier, in diesem alle Erkenntnis- und Willensakte unterfahrenden „Trachten des Herzens" kann auch der Geist der Habsucht, der Selbsterhöhung, der „Abgötterei" in vielen und auch durchaus säkularen Gestalten zur treibenden Macht werden, die das ganze Lebensverhalten bestimmt. Das bedeutet keine Abwertung der Vernunft. Sie ist nicht das, was den Menschen an sich schon mit Gott verbindet. Aber sie ist ihm von Gott gegeben, um die Weltwirklichkeit, die ihn umgibt, in ihren Wirkungszusammenhängen erkennen und zielbewußt handelnd in sie eingreifen zu können[8]. Und ebenso wie diese wahrhaft große Be-Gabung für Ziele der Selbstsucht eingesetzt werden kann, wird sie da, wo der Geist Gottes den Menschen bewegt, das unentbehrliche Werkzeug eines einsichtigen Tuns, das aus der Liebe kommt und Gutes in der Welt ausrichten will. Aber ebensowenig ist die Emotionalität des Menschen, sein Triebleben als solches theologisch abzuwerten. Auch dies ist ihm gegeben von dem Gott, der ihn als leibliches, von der übrigen Kreatur nicht nur unterschiedenes, sondern ihr auch zugehörendes Wesen geschaffen hat. Seine emotionalen Antriebe können unter der Herrschaft der Selbstsucht am fremden und eigenen Leben furchtbare Zerstörungen anrichten. Sie können aber auch zum Organ dankbarer Freude an dem geschöpflich Guten und spontaner Liebe zum Mitgeschaffenen werden, ohne die der intellektuelle Umgang mit ihm kalt bleibt – auch er kann dann zu zerstörender Wirkung geraten.

2.3. Freiheit

Wie „Vernunft" ist auch „Freiheit" schon immer ein Kennwort für das, was den Menschen auszeichnet. Aber der Bedeutungsgehalt die-

---

[8] Man kann einwenden, daß dies ein zu eng definiertes Verständnis von „Vernunft" ist. Dieses emphatische Kennwort für das den Menschen Auszeichnende kann ja je nach dem anthropologischen Entwurf, der es für sich in Anspruch nimmt, verschieden gefüllt werden. Es kann damit über das Verstandesmäßige des Weltumgangs hinaus die geistige Lebendigkeit des Menschen überhaupt, sein Bewußtsein um sich selbst in seinem Handeln und Erleiden, ja gerade auch ethisches Bewußtsein um das Humanum als Aufgabe gemeint sein. Im Rückgriff auf die sprachliche Wurzel von „Vernunft" in „vernehmen" könnte dieses Wort sogar theologisch beschlagnahmt werden: Daß dem Menschen Vernunft gegeben ist, heißt, daß es seine eigentliche Bestimmung ist, im Vernehmen des Wortes Gottes zu leben, und so erst käme er in Wahrheit „zur Vernunft". Aber mit solcher theologischer Beschlagnahme würde man sich von dem, was sonst mit diesem Begriff assoziiert zu werden pflegt, so weit entfernen, daß es m. E. der Klarheit dienlicher ist, die Wahrheit, die mit jenem geistlichen „zur Vernunft kommen" gemeint ist, mit anderen sprachlichen Mitteln auszudrücken. Zumal auch in dem das bloß Verstandesmäßige übergreifenden Reden von Vernunft in der Regel die Idee rationaler *Selbst*steuerung des Menschen zur Erfüllung seiner Bestimmung mitschwingt. Aber gerade gegen diese Idee wird ein theologisches Verständnis der Vernunftbegabung des Menschen sich abzugrenzen haben.

ses Wortes ist mehrschichtig. Für den theologischen Umgang mit dem Freiheitsbegriff ist es wichtig, sich das zu vergegenwärtigen.

Mit „Freiheit" kann *Wahlfreiheit* gemeint sein: die Möglichkeit des Menschen, in einer bestimmten Entscheidungssituation „etwas" zu tun oder zu unterlassen, bzw. diese oder eine andere Möglichkeit des Handelns zu wählen. (Dies meint der aus der Theologiegeschichte bekannte Begriff „liberum arbitrium".) Man kann hier von einer relativen Selbstbestimmung des Menschen sprechen – relativ, weil ja die äußere Situation bedingt, welche Möglichkeiten überhaupt zur Entscheidung offenstehen, und weil auch die innere „Situation" des Menschen, seine individuelle Anlage, seine Entscheidungen mitbedingt. Aber innerhalb dieser Rahmenbedingungen kann er sich – u. U. vielleicht in einer schwierigen Auseinandersetzung mit gegenstrebiger Motivation – selbst zu dem bestimmen, was er tut. Unser Leben besteht nicht aus einer ununterbrochenen Kette bewußter oder gar schwerwiegender Entscheidungen, aber jeder kennt Situationen, in denen er eine Wahl zu betätigen hat. Darin, daß wir als Menschen wählen *können*, nicht wie das Tier durch automatisch ausgelöste Instinkte in unserem Verhalten festgelegt sind, aktualisiert sich das Vermögen der Vernunft, die Wirkungszusammenhänge der uns umgebenden Wirklichkeit zu erkennen und uns über die möglichen Folgen unseres Handelns Rechenschaft zu geben.

Daß dem Menschen Freiheit in *diesem* Sinn gegeben ist, wird weder im biblischen Zeugnis (in dem freilich das Wort „Freiheit" in diesem Zusammenhang kaum auftritt) in Abrede gestellt, noch wurde das in der Theologie je bestritten – auch nicht von Luther in „De servo arbitrio"[9].

Infragegestellt könnte die Annahme der Wahlfreiheit heute von ganz anderer Seite erscheinen. Moderne Wissenschaft erkennt den Zusammenhang des Verhaltens des Menschen mit physikalisch-chemischen Prozessen in seinem Gehirn. Bedeutet das eine letztlich materielle Determination dieses Verhaltens? Andererseits hört auch der Mensch, der um diesen Zusammenhang weiß, nicht auf, menschliches Verhalten in der Kategorie dessen, was geschehen oder nicht geschehen *sollte*, und also unter der Voraussetzung zu verantwortender Entscheidungen zu beurteilen. Der *existierende* Mensch erfährt sich und sein

---

[9] Jedenfalls nicht in der Grundlinie seiner Argumentation, die ganz auf die Frage konzentriert ist, ob dem Menschen in Bezug auf sein Verhältnis zu *Gott* und damit auf Gewinnen oder Verlieren seines *Heils* Wahlfreiheit zukommt. Gelegentliche Wendungen in De servo arbitrio können allerdings den Anschein erwecken, als wolle Luther einen generellen Determinismus behaupten.

Verhalten zu anderen also in einem Aspekt, der an dem Bild des *objektivierten* Menschen, so wie es die von diesem existierenden Menschen selbst unternommene kausal analysierende Wissenschaft zeigt, möglicherweise überhaupt nicht in Erscheinung tritt, zumindest in Frage gestellt erscheint. Welcher Aspekt ist nun „wahr"?

Will man sich nicht zu der These entschließen, was uns als menschliche Willensentscheidung erscheint, sei eben Schein, so bieten sich zwei Wege an, mit dieser Frage umzugehen – ich bezeichne sie als „Lückenmodell" und „Komplementärmodell".

Wer nach dem Lückenmodell denkt, nimmt an, daß es der wissenschaftlichen Analyse nicht gelingt, psychische Phänomene restlos auf physikalisch-chemische Abläufe zu beziehen. Sie wird in der Untersuchung dieser Abläufe auf Lücken stoßen, die als der für menschliches Entscheiden gleichsam offen bleibende Raum verstanden werden können.

Das Komplementärmodell ist der Mikrophysik entnommen, aber namhafte Physiker, die sich mit der Frage des Verhältnisses von Determination und Willensfreiheit befaßten, haben seine analoge Anwendung auch auf diese Frage vorgeschlagen. Das würde bedeuten: Es ist damit zu rechnen, daß die naturwissenschaftliche Objektivation des psychophysischen Zusammenhangs unter dem Aspekt ihrer Untersuchungsmethode lückenlos durchgeführt werden kann. Sie zeigt so zwar ein in seiner Weise geschlossenes Bild des Menschen, sie zeigt aber nicht den ganzen Menschen. Komplementär dazu, wie wir uns im Aspekt wissenschaftlicher Analyse zu sehen bekommen, steht der Aspekt, in dem wir uns als im gegenseitigen Verhalten aneinander handelnde, untereinander leidende und darin verantwortliche Menschen existentiell erfahren. Dabei heißt „komplementär": Keiner der beiden Aspekte kann logisch mit dem anderen verrechnet werden, auf dem „Bildschirm" des einen tritt der je andere nicht in Erscheinung. Und doch gehören beide zusammen, wenn vom wirklichen Menschen die Rede sein soll.

Wenn man hier überhaupt nach einer gedanklichen Lösung suchen will, ist m. E. der Gedanke der Komplementarität das brauchbarere Modell. Mit Lückenpostulaten hat die geisteswissenschaftliche, erst recht die theologische Apologetik gegenüber dem Fortschreiten naturwissenschaftlicher Analyse schlechte Erfahrungen gemacht.

Mit „Freiheit" kann ferner die *Spontaneität* menschlichen Verhaltens gemeint sein: Frei in diesem Sinn ist es, wenn es nicht von außen aufgenötigt, sondern ungezwungen aus eigenem Antrieb geschieht. Schlicht gesagt, frei ist der Mensch in dem, was er *gern* tut, nicht weil er muß, sondern weil er will, weil es ihn dazu treibt. Freiheit als Spontaneität verstanden ist von Wahlfreiheit zu unterscheiden. Spontanes Handeln kann und wird oft gerade da geschehen, wo auf eine andere Möglichkeit, die „zur Wahl stünde", gar nicht reflektiert wird. Natürlich kann auch mit der Wahl, die in überlegter Entscheidung getroffen wird, Spontaneität sich verbinden: Man entscheidet sich für einen Weg, den man freudig und in innerer Übereinstimmung mit sich selber geht. Aber Entscheidungen können auch getroffen werden unter innerem Druck, z. B. aus Furcht vor der Verletzung eines Tabus, vor dem Urteil anderer Menschen usw., und *gegen* das, was man eigentlich möchte. Trotz der formalen Freiheit seines Wählens ist der Mensch dann in einem anderen Sinn unfrei.

Auch Freiheit des Menschen im Sinn der Spontaneität seines Wollens und Tuns ist im biblischen Zeugnis vorausgesetzt und wurde in der Theologie nie in Frage gestellt. Geistliche Bedeutung gewinnt sie in den Werken der Liebe, die dies in Wahrheit nur sein können, wenn sie „sponte et hilariter" (Luther) geschehen. Aber Spontaneität, freilich aus ganz anderer Quelle, wird auch dem Menschen als Sünder nicht abgesprochen. Auch in der Sünde lebt er ja nicht wie unter einem *äußeren* Zwang, sondern im Engagement seines eigenen Wollens – wie wiederum gerade Luther in „De servo arbitrio" herausgestellt hat.

Mit dem Wort „Freiheit" kann aber auch gemeint sein, was man *Lebensfreiheit* nennen könnte: Frei ist der Mensch, der in der Verwirklichung dessen leben kann, worin die wahre Bestimmung seines Lebens sich erfüllt. Unfrei bleibt er, solange er im Bann von Mächten lebt, die ihn dieser Bestimmung „entfremden". Dabei ist solche Entfremdung nicht nur als Unterdrückung durch äußeren Zwang zu verstehen. Sie kann auch die innere Einstellung des Menschen zu dem Sinn und Ziel seines Daseins verformen, und das kann durchaus mit ungehemmter Spontaneität seines Verhaltens und Betätigung seiner Wahlfreiheit Hand in Hand gehen.

Freiheit in diesem Sinn, in dem sie der Unfreiheit als Entfremdung entgegengesetzt wird, kommt in manchen Entwürfen philosophischer Anthropologie zur Sprache. Auch die Rede der neutestamentlichen Verkündigung von der Freiheit und Unfreiheit des Menschen will im Sinn von Lebensfreiheit verstanden sein. Sie besagt aber, daß es das Verhältnis des Menschen zu Gott ist, an dem sich diese Freiheit oder Unfreiheit entscheidet. Durch den Ruf des Schöpfers in die „ebenbildlich" seiner Zuwendung antwortende Gemeinschaft mit ihm ist dem Menschen die wahre Bestimmung seines Lebens zugesprochen. Es ist die Macht der Sünde, die ihn dieser Bestimmung entfremdet, weil sie ihn von Gott trennt, und es ist die Macht Gottes in Jesus Christus und im Heiligen Geist, die ihn zum Wahr-werden seines Lebens befreit. Darum: „Wo der Geist des Herrn ist, da ist Freiheit" (2.Kor 3,17). „Wer Sünde tut, der ist der Sünde Knecht; wenn euch aber der Sohn frei macht, so seid ihr in Wahrheit frei" (Joh 8,34ff).

Hier, im Verständnis von Freiheit als Lebensfreiheit, ist der Ort, wo biblische Freiheitsbotschaft und neuzeitlicher, emanzipatorischer Freiheitsgedanke sich der Kategorie nach am nächsten berühren, aber zugleich – und gerade darum – in wirklichen Konflikt geraten können. In beidem geht es um Befreiung des Menschen aus einer ihn seiner wahren Bestimmung entfremdenden Macht. Aber in der Aufklärung, bei Kant, erst recht in radikalen modernen Emanzipationsprogrammen (so unterschiedlich sie im übrigen sein mögen) wird diese Befreiung als dem Menschen aufgegebene *Selbstbefreiung* verstanden und gewollt. Darin wird vorausgesetzt, daß der Mensch, sei es als Individuum oder in kollektivem Handeln, sich selbst in die Wahrheit seiner Bestimmung hinein verwirklichen *kann*. Gerade dazu ist er grundsätzlich frei, er muß diese Freiheit nur begreifen und ergreifen. So erscheint hier Lebensfreiheit zugleich als Wahlfreiheit, und zwar nicht nur in der untergeordneten Beziehung auf je „*etwas*", was getan oder unterlassen werden kann, sondern zuvor schon und alles andere bestimmend im Ursprung der Lebensbewegung als die Freiheit des Menschen, *sich selbst* zu „wählen" als den, der er sein soll und werden will, sich zur Verwirklichung seines wahren Wesens selbst zu bestimmen. Und wenn dieses Freiheitsprogramm sich mit Atheismus verbindet, so darum, weil die Bindung an Gott als Bestreitung *dieser* Freiheit des Menschen verstanden wird.

Das ist auch nicht einfach ein Mißverständnis. Die Lebensfreiheit, von der die biblische Botschaft spricht, ist nicht eine Freiheit, in und zu der der Mensch sich selbst bestimmt. Sie ist geschenkte Freiheit. Ist es Gott, aus dessen Willen der Mensch sein Leben empfängt und dessen Wort ihm die wahre Bestimmung seines Lebens zuspricht, und ist dies seine Bestimmung, daß er aus der Gemeinschaft gewährenden Kraft Gottes leben soll, so ist es auch allein diese Gotteskraft, die solches Leben in ihm wirken, bewahren und zum Ziel bringen kann. Ist es die Macht der Sünde, die ihn dieser Bestimmung entfremdet, weil sie ihn von Gott trennt, so kann Gott allein diese Entfremdung durchstoßen. Wir haben vieles in der Hand jener relativen Selbstbestimmung dazu, dieses oder jenes zu tun oder zu unterlassen – und das können alltägliche und äußerliche oder auch tiefgreifende und folgenreiche Entscheidungen sein. Aber wir haben nicht uns selbst in der Hand einer *absoluten* Selbstbestimmung; nicht dazu, uns die Freiheit des Lebens in der Kraft der Liebe Gottes selbst zu geben oder aus der Macht der Sünde in sie zurückzukehren (und eben dies, dies allein war gemeint, wenn Luther von *servum* arbitrium sprach).

Mißverstanden wird diese Bindung unseres Lebens an Gottes Macht, es in die Wahrheit seiner Bestimmung zu bringen, allerdings dann, wenn diese Macht als diktatorische Autorität verstanden wird, die über den Willen des Menschen *hinweg* über ihn verfügt, ihn zum willenlosen Spielball in ihrer Hand macht. Mißverstanden wird sie auch dann, wenn das Leben in dieser Macht als Unterwerfung des Menschen unter göttliche „Vorschriften" verstanden wird, die er ohne eigene Einsicht und Spontanität zu befolgen hat. Moderner Protest gegen die Gottesbindung ist auch durch solches Mißverständnis mitbedingt. Aber der Gottesvorstellung, die hier im Spiel ist, kann nicht deutlich genug widersprochen werden. Der Gott, der in Jesus Christus zum Menschen kommt, dessen Geist im Menschen selbst die Kraft zum Leben in seiner Gemeinschaft wird, ist keine von außen zwingende, willenlos machende Fremdmacht. Was sein Geist im Menschen wirkt und was freilich nicht aus der Macht unserer Selbstbestimmung kommt, ist ja gerade die *Öffnung* unseres menschlichen Herzens und Willens zum Ja des Glaubens, mit dem wir der Zusage Gottes *Antwort* geben. Und bewegt der Geist Gottes zum Tun des Willens Gottes, so ist dies keine Beugung unseres eigenen Willens unter eine Tafel uneinsichtiger Paragraphen. Denn in allen Geboten Gottes ist es das eine Gebot der Liebe, in dem der ganze Gotteswille befaßt ist – was nicht aus und in ihr getan wird, bleibt totes Gesetzeswerk. Das Gebot der Liebe aber kann unter keinen Umständen als heteronome, unfreiwillig zu befolgende „Vorschrift" verstanden werden – wer es so verstehen und befolgen wollte, wäre gar nicht von ihm berührt. Zur Liebe kann man nicht gezwungen werden und nicht sich selbst zwingen. Zu ihr werden wir erweckt und mitgenommen durch die Macht der Liebe Gottes, in der wir all unserm Tun zuvorkommend angenommen sind. Dann aber wird gerade dieses Tun in freier Spontaneität geschehen können, und zugleich in vernünftiger Einsicht dessen, was zu tun jeweils das Gebotene ist.

Wir sind von der *geschöpflichen* Bestimmung des Menschen ausgegangen, aber wir konnten sie inhaltlich nicht erfassen, ohne vorzugreifen auf die geistgewirkte Freiheit des in Christus mit Gott *versöhnten* Menschen. Was hier dazu gesagt wurde, wird im Zusammenhang des Themas Rechtfertigung und Heiligung neu aufzunehmen und weiterzuführen sein. Zuvor aber muß von dem Menschen gesprochen werden, der als der Sünder im Widerspruch zu seiner geschöpflichen Bestimmung gefangen ist.

Literatur

E. BRUNNER, Der Mensch im Widerspruch. Die christliche Lehre vom wahren und vom wirklichen Menschen (3. Aufl. 1941) – W. PANNENBERG, Was ist der Mensch? Die Anthropologie der Gegenwart im Lichte der Theologie (1962) – DERS., Gottesgedanke und menschliche Freiheit (1972) – DERS., Anthropologie in theologischer Perspektive (1983) – J. MOLTMANN, Mensch. Christliche Anthropologie in den Konflikten der Gegenwart, TT Bd. 11 (1. Aufl. 1971) – H. THIELICKE, Mensch sein – Mensch werden. Entwurf einer christlichen Anthropologie (1976) – A. PETERS, Der Mensch. Handbuch systemat. Theologie, Hg. C. H. Ratschow, Bd. 8 (1979) – H. FISCHER (Hg.), Anthropologie als Thema der Theologie (Sammelband, 1978).

§ 18. Die Sünde des Menschen

1. Erkenntnis der Sünde

Wir setzen ein mit der Frage, *von woher* menschliches Verhalten als Sünde und der Mensch selbst sich als Sünder erkennbar wird. Dann soll weiter gefragt werden, *was* von diesem Grund ihrer Erkenntnis her als Sünde erkennbar wird.

1.1. Von woher wird Sünde erkannt?

Menschliches Fehlverhalten ist eine allgemeine Erfahrung. Die Realität eines Widerstreits zwischen dem, was faktisch vielfach geschieht, und dem, wie es „eigentlich" sein bzw. was nicht geschehen sollte, wird auch da empfunden, wo das, was sein sollte und was dem widerspricht, nicht auf ein Gebieten Gottes bezogen und vielleicht überhaupt nicht mehr in einem religiösen Zusammenhang verstanden wird. Daß die Menschheit so, wie sie ist, nicht einfach „in Ordnung" ist, wird für jedermann sichtbar an dem, was um ihn herum geschieht: nicht nur in den Untaten, die die Rechtsordnung als „Verbrechen" ahndet, sondern auch in den vielfachen öffentlich weniger auffälligen Störungen und Zerstörungen zwischenmenschlicher Beziehungen; und nicht nur im persönlichen Verhalten einzelner, sondern auch in den Unheilszwängen des wirtschaftlichen und politischen Weltgeschehens. Der Mensch, ob religiös gebunden oder nicht, kann aber auch um eigenes Fehlverhalten wissen; es wird kaum jemand von sich sagen wollen: Ich habe immer und in allem vollkommen recht gehandelt.

Aber damit, daß jeder um menschliches Fehlverhalten wissen kann und weiß, ist noch nicht gesagt, von woher Sünde erkennbar wird. Denn „Sünde" ist ein theologischer Beziehungsbegriff; d. h. ein Wort, das sich von Haus aus und auch in dem, wie der Mensch mit andern Menschen und mit Dingen umgeht, auf sein Verhältnis zu *Gott* bezieht. Redet die Theologie von Sünde, so ist der Widerspruch gegen das, wozu Gott das Leben beansprucht, das er gibt, und darin letztlich unser Widerspruch gegen Gott selbst gemeint. Wird der Mensch als Sünder beurteilt, so ist das Gottes Urteil über ihn; Gottes Widerspruch gegen den Menschen, der seinem Anspruch sich entzieht. Das deckt sich nicht einfach mit dem, was wir an andern und an uns selbst als Fehlverhalten wahrnehmen und beurteilen; dabei ist auch zu bedenken, daß die menschlichen Urteile darüber, ob ein bestimmtes Verhalten Unrecht ist oder nicht, sich untereinander durchaus nicht immer decken. Sicher wäre es nicht richtig, zu sagen: Was in Gottes Urteil Sünde ist, ist etwas so völlig anderes und Verborgenes, daß es mit unserer menschlichen Unrechtserfahrung überhaupt nichts zu tun hat. Eher sollte solche Unrechtserfahrung als anonymes Symptom des Bruches zwischen Mensch und Gott verstanden werden. Aber menschlicher Selbstbeurteilung bleibt dies oft verhüllt. Sie sieht in der Verfehlung des Menschen gegen den Menschen nicht die Tiefe seines Widerspruchs gegen Gott. Sie kann für Rechtschaffenheit halten, was in Gottes Urteil Sünde ist, und u. U. auch für Unrecht, was vor Gott kein Unrecht ist.

Von woher also wird Sünde als das erkennbar, was sie im Urteil Gottes ist, und wird der Mensch sich selbst vor diesem Urteil als Sünder erkennbar?

Paulus sagt: „Durch das Gesetz kommt Erkenntnis der Sünde" (Röm 3,20); das heißt, nicht aus unserer Selbstbeurteilung vor dem Forum des Anspruchs, den wir an andere und an uns selbst stellen, sondern da, wo Gottes Anspruch an den Menschen offenbar wird. Aber wo ist dieser Anspruch offenbar? Noch einmal: Man wird nicht sagen dürfen, daß was Gottes Gesetz gebietet schlechthin nichts zu tun hätte mit dem, was unter Menschen als Recht bzw. Unrecht erfahren und beurteilt wird. Was die Zehn Gebote in ihrer „zweiten Tafel" zum Schutz menschlichen Lebens gegen seine Schädigung und Zerstörung durch den Mitmenschen gebieten, das ist mehr oder weniger ja auch in einem allgemeinen Rechtsbewußtsein anerkannt und wird durch menschliche Rechtsordnungen geschützt. Auch die „Goldene Regel": Alles, was ihr wollt daß euch die Menschen tun, das sollt auch ihr ihnen tun, in der im Neuen Testament das Gesetz Gottes zusammengefaßt werden kann (Mt 7,12), steht nicht nur und erst in der Bibel. Sie begegnet vielfach, in dieser positiven oder in negativer Formulierung, auch im außerbiblischen Bereich als eine Maxime, die vernünftiger Besinnung auf das ethisch Geforderte unmittelbar einleuchten kann. Was Gott gebietet, ist also seinem Inhalt nach nichts schlechthin Fremdes; der Wille des Schöpfers bleibt im „Gewissen" des von ihm geschaffenen Menschen wirksam auch da, wo dieser Mensch darin nicht den wahren Gott oder überhaupt nicht mehr die Stimme Gottes erkennt. Auch Paulus hat das Röm 2,14 anerkannt. Als Christen werden wir darin ein Wirken der erhaltenden Treue Gottes zu seiner Schöpfung erkennen – auch eine von ihm abgekehrte Menschheit überläßt er nicht einfach ihrer Selbstzerstörung durch eine Willkür, in der jedes Wissen um Recht und Unrecht untergeht.

Dennoch kann man nicht sagen: Gottes Gesetz ist schon im Gewissen und Rechtsbewußtsein des Menschen offenbar, auch ohne Gottes Wort. Spricht Paulus von der Erkenntnis der Sünde durch das Gesetz, so ist ja das Urteil gemeint, durch das *jeder* Mensch getroffen wird, und durch das nicht nur diese oder jene Tat, sondern der *ganze* Mensch getroffen wird. So aber ist das Gesetz Gottes im menschlichen Gewissen nicht allgemein offenbar. Im Blick auf die Zehn Gebote so, wie sie im Rechtsbewußtsein anerkannt und durch die Rechtsordnung geschützt werden, wird mancher mit dem reichen Jüngling sprechen können: Das alles habe ich gehalten von Jugend an. Auch die Goldene Regel ist, losgelöst aus dem Kontext, in dem sie durch Jesus selbst und seine ganze Verkündigung ihre Interpretation empfängt, eine so weitmaschige und auch mehrdeutige Maxime, daß vor ihr keineswegs jeder sich als Sünder überführt sehen muß. Es kann ja recht verschieden und u. U. auch sehr wenig sein, was ich von andern erwarte und folglich mich verpflichtet fühle, ihnen zu tun. Und wer sich mancher Verfehlungen gegen diese Normen bewußt ist, wird in seiner Selbstbeurteilung auch anderes suchen und finden, von dem er sich sagen kann: Da bin ich ihnen gerecht geworden. Ist dieser Mensch religiös, so könnte er fragen: Wohl habe ich mich hie und da hinreißen lassen, Gebote Gottes zu übertreten – aber wo hätte ich mich in bewußtem Widerspruch und Aufruhr gegen Gott selbst erhoben? Ist ihm die Wirklichkeit Gottes fremd geworden, so kann er sich in der inneren Auseinandersetzung mit seinem Lebensverhalten erst recht nicht von dem Gesetz Gottes getroffen sehen. Ganz abgesehen davon, daß in menschlichem Rechtsbewußtsein und Gewissen das, was darin von

Gott her spricht, auch durch tiefenwirksame Ideologien verformt und verdrängt werden kann.

Die Tiefe des Widerspruchs zwischen dem Willen Gottes und der Sünde des Menschen wird da aufgedeckt, wo Gott in dem Wort seiner Selbstzusage, wo sein Anspruch an die Lebensantwort des Menschen als sein den Menschen in das Zusammensein mit ihm selbst rufender Gemeinschaftswille begegnet. Da kommt heraus, daß diese Antwort nicht dann schon gegeben ist, wenn wir uns einer Reihe von Geboten gegenüber sagen können: Ich habe sie gehalten von Jugend an, ja daß es Gott auch in diesen Geboten um mehr geht als um einen Katalog von Taten, die er getan bzw. unterlassen haben will. Es geht ihm um den ganzen Menschen, um das Leben, das ganz aus der Kraft der Gemeinschaft mit ihm selbst gelebt wird. So, in dem Wort seiner den ganzen Menschen beanspruchenden Selbstzusage, hat Gott seine Geschichte mit Israel begonnen, und er hat sie hingeführt auf sein Kommen zum Menschen in Jesus Christus. In ihm ist dieses Wort endgültig und für alle gesprochen. In ihm ist ganz offenbar geworden, wer Gott für den Menschen sein will, und zugleich, wer der Mensch ist, der diesem Wollen Gottes ganz entspricht. In der kritischen Begegnung mit ihm, an dem Gegensatz unseres Lebens zu seinem Leben werden wir uns in unserem Widerspruch zu dem Gotteswillen erkennbar. So wird er, in dem Gottes Selbstzusage Person geworden ist, zugleich zur lebendigen Gestalt und Predigt des Gesetzes, aus dem Erkenntnis der Sünde kommt. Und für die theologische Reflexion ist Jesus Christus als der Erkenntnisgrund ihrer Aussagen über die geschöpfliche Bestimmung des Menschen auch der Erkenntnisgrund ihrer Aussagen über die Sünde.

1.2. Was wird als Sünde erkannt?

Man hat in der Theologie immer wieder versucht, inhaltliche Aussagen zu finden für das „Wesen" der Sünde, will sagen: dafür, was in aller Vielfalt der Sünden das Grundverhalten ist, aus dem sie hervorgehen und das sich in ihnen tätigt. Aber in einem einzigen Wort hat man das nie sagen können. Die ältere Tradition sprach von superbia, Unglaube, concupiscentia. *Luther* prägte den Begriff incurvatio hominis in seipsum. P. *Tillich* hat in seiner Darstellung der Sünde als Entfremdung des Menschen vom Grund seines Seins die alte Trias neu aufgenommen und ausgelegt: Unglaube, Hybris, Konkupiszenz; letztere versteht er als „die unbegrenzte Sehnsucht, das Ganze der Wirk-

lichkeit dem eigenen Selbst einzuverleiben", was sich auf „physischen Hunger ebenso wie auf sexuelle Befriedigung, Erkenntnis, Macht, Wissen, materiellen Reichtum und geistige Werte" beziehen kann[1].
Eine anders formulierte Trias entfaltet K. *Barth* im Zusammenhang seiner Lehre vom Sein und Werk Jesu Christi, nämlich aus seinen christologischen Grundaussagen als deren jeweiligen Gegensatz: Ist Christus „der wahre, nämlich der sich selbst erniedrigende Gott", so zeigt sich an ihm die Sünde als Hochmut, in dem der Mensch sich selbst erhöht. Ist Christus zugleich „der wahre, nämlich der von Gott erhöhte Mensch", so erscheint daran Sünde als die Trägheit, in der der Mensch diesem Erhöht-werden widerstrebend sich fallen läßt – sei es in seine Begierden, oder in Resignation, Unglauben, Hoffnungslosigkeit. Ist Christus in beidem der Bürge und Zeuge der von Gott dem Menschen zugesprochenen Wahrheit, so ist die Sünde des Menschen seine Lüge, in der er dieser Wahrheit widerspricht[2].
Wenn im folgenden ein weiterer Versuch gemacht wird, in Worte zu fassen, was in allem Sündigen *die* Sünde ist, so werden auch wir nicht mit einem einzigen Wort auskommen. Es kann auch nicht darum gehen, die soeben erwähnten Bestimmungen zu bestreiten – sie alle sagen in je ihrer Weise Wesentliches und im biblischen Zeugnis Begründetes. Wir versuchen aber, was in ihnen gemeint ist, nochmals neu und mit z. T. anders gewählten Worten auszulegen. Mit K. Barth geht dieser Versuch darin einig, daß, was die Sünde des Menschen ist, an Jesus Christus erkannt wird, aber in der Entfaltung dieses Ansatzes gehen wir einen etwas anderen Weg. Die Ebenbildbestimmung war entfaltet worden unter den drei Gesichtspunkten: Verhältnis des Menschen zu Gott, zum Mitmenschen, zur außermenschlichen Kreatur. Es legt sich nahe, entsprechend auch die Aussagen über die Sünde zu ordnen. Dabei soll aber nun der zwischen*menschliche* Aspekt vorangestellt werden; er berührt sich am ehesten mit dem, was in menschlicher Unrechtserfahrung auch da wahrnehmbar wird, wo der Widerspruch gegen Gott noch verborgen bleibt.
Jesus steht vor uns als der eine Mensch, der in ungeteilter Zuwendung und Hingabe seiner selbst für den Menschen da ist. Was das heißt, den Nächsten lieben wie sich selbst, hat er gelebt in der Konsequenz, die auch Feinde und Widersacher aus dieser Zuwendung nicht ausschließt. Er steht vor uns als der Mensch, der das Verhalten zum

---

[1] P. Tillich, Systematische Theologie Bd. II (dtsch. 3. Aufl. 1958), S. 60.
[2] K. Barth, KD IV/1, S. 83 (Leitsatz zu § 58); dazu die Ausführungen in den §§ 60, 65, 70.

Mitmenschen gelebt hat, in das seine Bergpredigt ruft. Wie wird in diesem Licht offenbar, was Sünde ist? Sie wird erkennbar in den Feindbildern, mit denen wir aus Nächsten, mit denen wir uneins sind, Gehaßte oder Verachtete machen, mit denen wir „fertig sind", anstatt Begegnung und Versöhnung mit ihnen zu suchen. Sie wird erkennbar in den Aggressionen, mit denen wir auf erfahrenen Druck reagieren, in dem Impuls, auf Böses mit Bösem zu antworten. Daß darin Sünde wirkt, gilt nicht nur für den Bereich unserer persönlichen Feindbilder und Aggressionen, sondern auch für das Gegeneinander von Gruppen, Klassen, Völkern. Aber damit ist das Gesicht der Sünde im Verhältnis des Menschen zum Menschen noch nicht ganz aufgedeckt. Es gibt ja nicht nur Aggressionsbereitschaft, sondern auch den Rückzug in unverbindliches Nebeneinander-her-leben, eine Indolenz, die sich durch nichts ernstlich betreffen lassen will und Auseinandersetzungen aus dem Weg geht – die Temperamente sind verschieden. Ist da dann weniger Sünde?

Eine Besinnung darauf, was im Munde Jesu die „Goldene Regel" bedeutet, von der er sagt, in ihr sei „das ganze Gesetz und die Propheten" beschlossen, kann hier weiter führen. „Alles, was ihr wollt, daß euch die Menschen tun, das tut auch ihr ihnen" – in seinem Mund kann dieses „Alles, was ihr wollt" ja nicht alles Beliebige bedeuten. Es kann keinesfalls bedeuten: Ich will von andern nichts, als daß sie mich in Ruhe lassen, und dazu (aber nicht zu mehr) bin auch ich bereit. Denn die Goldene Regel wird in der Verkündigung Jesu ja mit dem Liebesgebot gleichgesetzt, das er gelebt hat und von dem er ebenso sagt, in ihm sei der ganze Gotteswille befaßt. So verstanden besagt sie: Die *Zuwendung*, deren wir selbst bedürftig sind, sollen wir dem Mitmenschen erweisen und niemand davon ausschließen, dieser unser Mitmensch zu sein. Dann aber bedeutet jene auf den ersten Blick so einleuchtend selbstverständliche Maxime im Grunde nicht weniger als dies: Ebenso sehr in *seinem* Bedürfnis, in seiner Freude und seinem Leiden leben und engagiert sein wie ich es in dem meinen bin – vorbehaltlose Teilhabe des Menschen am Menschen. Sucht man an diesem Maßstab gemessen nach einem Grundwort für das, was im zwischenmenschlichen Verhältnis Sünde ist, so ist es die *Gleichgültigkeit des Menschen gegen den Menschen*. Sie kann sich, wo andere das eigene Dasein stören, potenzieren zur Verneinung – da sind diese andern dann Feinde. Sie hat aber auch die ganz undramatische und alltägliche Gestalt, daß wir uns im eigenen Dasein und seinen Bedürfnissen von dem, was andere brauchen und leiden, nicht stören lassen – es sind eben Andere, deren Sache uns letztlich nicht angeht. Der

Volksmund sagt „das Hemd ist mir näher als der Rock" und nimmt auch für *diese* Maxime oder besser Ausrede einleuchtende Selbstverständlichkeit in Anspruch. Auch in dieser ihrer alltäglichen Gestalt bedeutet die Gleichgültigkeit des Menschen gegen den Menschen im Grund seine Verneinung als Mitmensch. Und auch in dieser Gestalt betrifft sie ebenso das Verhalten zu einzelnen Personen wie auch das zu den Menschen anderer Gruppen, Völker und Erdteile.

Was Sünde heißt, haben wir damit zunächst in einem verhältnismäßig nach außen sichtbaren Aspekt angesprochen, hinter dem ihre Tiefendimension noch unausgesagt blieb. Aber auch als Gleichgültigkeit des Menschen gegen den Menschen ist sie zugleich Verweigerung gegenüber Gott. Denn ihm ist der Mensch nicht gleichgültig, und in der Mitmenschlichkeit Jesu ist zugleich Gott in seiner Bekümmerung um den Menschen gegenwärtig – und sie gilt auch denen, um die wir uns nicht bekümmern oder die wir als Feinde abgeschrieben haben. Was Sünde im Verhältnis des Menschen zu Gott bedeutet, ist aber damit noch nicht ganz erschlossen und nun weiter zu bedenken.

Jesus steht vor uns als der eine Mensch, der in ungeteilter Zuwendung zu dem Vater lebt, in der ganzen Hingabe an seinen Willen, die nicht „das Eigene sucht", und in dem ganzen Vertrauen auf seine Liebesmacht, die keine Sorge um das eigene Leben kennt. Was es heißt „Du sollst lieben Gott deinen Herrn von ganzem Herzen, von ganzer Seele und aus allen deinen Kräften", das hat er gelebt; und das Gebot seiner Bergpredigt, unser Sorgen an Gottes Sorgen für uns preiszugeben, hat er erfüllt. Und in ihm wird zugleich Gott selbst uns gegenwärtig, seine bedingungslose Zuwendung, die zur Umkehr ruft in das Leben aus seiner Güte.

Zur Umkehr wovon? Wie wird hier offenbar, was die Sünde ist im Verhalten des Menschen zu Gott? Sie wird erkennbar als die *Verschlossenheit des Menschen in der Sorge um sich selbst,* als das unaufhörliche Kreisen des Ich um das eigene Interesse, Wohl und Wehe, das Luther die incurvatio hominis in seipsum genannt hat. Er hat es auch in der frommen Frage „Wie kann *ich* die Bedingung erbringen, daß ich der Gnade Gottes versichert bin" noch wirksam gesehen. Im Verhalten zu Gott ist diese Selbstsorge der praktizierte *Unglaube,* die Verweigerung, Gott wahrzuhaben als den, der für uns sein will und als den er sich uns zugesprochen hat. Und diese Eingeschlossenheit in die glaubenslose Sorge um und für sich selbst ist der innere Grund auch der Gleichgültigkeit des Menschen gegen den Menschen, seiner Verschlossenheit für den Nächsten.

Diese Selbstsorge kann sehr verschiedene Gesichter haben. Sie kann im persönlichen Leben und dem der Gesellschaft als rücksichtslose Selbstbehauptung und Durchsetzung des eigenen Interesses auftreten. Sie kann in der sublimeren Gestalt einer Ideologie der Selbstverwirklichung erscheinen: als der individuelle oder kollektive Anspruch des Menschen, die Befreiung seines Lebens zu seiner wahren Bestimmung und Erfüllung selbst zu besorgen und eines Gottes dazu nicht zu bedürfen. Sie kann aber auch die religiöse Gestalt einer Werkgerechtigkeit haben, der das Bestehen der eigenen Frömmigkeit vor Gott wichtiger ist als seine Barmherzigkeit mit den Sündern – auch dies heißt, nun nicht ohne und gegen, sondern vor Gott, sich selbst und die eigene Sache besorgen wollen. Auch auf diese Weise wird Gott nicht wahr-gehabt als der, der er in Wahrheit für uns sein will. Die Sünde im Verhalten zu Gott kann im Bezug auf diese Gestalten glaubensloser Selbstbesorgung zurecht als superbia, als der Hochmut des Menschen angesprochen werden. Aber auch hier trifft dieses eine Wort nicht das Ganze. Das Kreisen um sich selbst, die eigene Sache, den eigenen Wert oder Unwert ist ja auch virulent in den Ängsten des Menschen, in seinen Minderwertigkeits- und Versagergefühlen, in seiner Verzweiflung darüber, daß er *nicht* der sein kann, der er sein möchte, im Sich-fallen-lassen in hoffnungslose Resignation – in dem also, was K. Barth mit einem in diesem Zusammenhang freilich etwas ungewöhnlichen Ausdruck als die Sünde in Gestalt der „Trägheit" des Menschen angesprochen hat. Auch dies ist praktizierter Unglaube, ein Nicht wahr-haben Gottes: der Mensch verschlossen in dem Wahn, nun nicht mit seiner Selbstverwirklichungskraft, sondern mit seinem Elend sich selbst überlassen zu sein.

Die Sünde wird in der Dogmatik oft als der *Aufruhr* des Menschen gegen Gott bezeichnet. In dem Sinn, in dem wir dieses Wort gewöhnlich verstehen: aggressiver Widerstand gegen eine herrschende Macht in der bewußten Absicht, sie zu stürzen, ist dies als generelle Kennzeichnung der Sünde nicht ohne weiteres einsichtig. Bewußter Aufruhr gegen Gott, der Sünder als Empörer, der Gott von seinem Thron stürzen will – kann davon nicht allenfalls nur in extremen Erscheinungen die Rede sein; etwa da, wo ein kämpferischer Antitheismus Gott ablehnt um eines totalen Anspruchs des Menschen willen, selbst der Herr seines Lebens und seiner Zukunft zu sein? Oder da, wo ein Mensch um seines Elends willen Gott den Glauben aufsagt und ihn verflucht? Wo ist in den quasi normalen, alltäglichen Gestalten unserer Verschlossenheit in die Selbstsorge ein solcher Aufruhr gegen Gott? Die dogmatische Lehre von der Sünde sollte diesen Ausdruck jedenfalls nicht einfach uninterpretiert als deren allgemeine Kennzeichnung in den Raum stellen. Aber er ist dennoch nicht sinnlose Übertreibung. Potentiell ist auch da, wo das nicht bewußt wird, in der glaubenslosen Selbstsorge des Menschen die Absage an Gott verborgen. Denn faktisch wird in ihr Gott als nicht vorhanden behandelt: Der Mensch, auch wenn er theoretisch von der Existenz Gottes überzeugt sein sollte, negiert ihn praktisch, indem er *lebt* „acsi Deus non esset". Im sorgenden Kreisen um sein Ich macht er in der Tat sich selbst zum Herrn seines Lebens; und dies noch und gerade auch da, wo das Sorgen zur hoffnungslosen Verzweiflung wird und sich das Recht zur Selbstbeendigung dieses Lebens nimmt.

Fragen wir, als was die Sünde des Menschen in seinem Verhalten zu den kreatürlichen Gütern seiner Umwelt erkennbar wird, so ist das kaum in strenger Abgrenzung von dem bisher schon Gesagten zu beantworten. In und unter unserem Umgang mit diesen Gütern vollzieht sich ja immer auch unser Verhalten zu Menschen und auch die Selbstsorge glaubensloser Abkehr von Gott. Auch fällt es schwer, eine Antwort auf diese Frage unmittelbar an einem Verhalten Jesu abzulesen, das von seinem Verhalten zu Gott und zu den Menschen als ein Drittes, Besonderes abgrenzbar wäre. Immerhin kann gesagt werden: In seinem ganzen Leben und Sterben steht Jesus vor uns als der *arme* Mensch; nicht arm an Freude an der außermenschlichen Kreatur, in deren Schönheit er den Abglanz der Güte Gottes leuchten sieht; auch nicht arm im Sinne gewollter, asketischer Verachtung der geschöpflichen Gaben (seine Feinde hätten sonst keinen Anlaß gehabt, ihn einen „Fresser und Weinsäufer" zu schelten); aber gänzlich frei von der Begierde, sich irgendeinen Besitz zu sichern und zu vermehren, und so nun tatsächlich besitzlos, ungesichert und darin völlig frei zur Hingabe seines Lebens an den Weg, den Gott ihn führte. Und in seiner Verkündigung warnt er vor nichts so eindringlich wie vor der Verhaftung des Menschen an die Besitzgier – „ihr könnt nicht Gott dienen und zugleich dem Mammon".

So wird an Jesus selbst und seiner Verkündigung die Sünde des Menschen offenbar als seine *Sucht nach „Haben";* als das Verlangen, sich anzueignen und für sich selbst zu genießen und zu verbrauchen, was immer er erreichen kann. Die Sucht nach Haben und Mehr haben erscheint nicht nur in der Anhäufung von materiellem Besitz durch den einzelnen, der darin den Wert, das Prestige und die Sicherheit seines Lebens sucht. Sie wirkt sich auch aus in der industriellen Ausbeutung und Verunstaltung der Natur; der Mensch, hier kollektiv verstanden, schlingt sie in der Maßlosigkeit seiner Bedürfnissteigerung in sich hinein, anstatt sie als Schöpfung Gottes zu achten und zu verwalten. Die Sucht nach Haben erscheint in der Gestalt hemmungsloser Sexualität, die den Partner ausbeuterisch als Objekt der eigenen Triebbefriedigung in Besitz nimmt, anstatt sich ihm in wirklicher Liebe zuzuwenden und hinzugeben. Sie kann aber auch ein durchaus intellektuelles Gesicht haben: Streben nach der Macht und Überlegenheit, die der Besitz von Wissen verleiht, nach der Selbsterhöhung im „Haben" *dieses* Besitzes. Der Sucht nach Haben entspricht die traditionelle Kennzeichnung der Sünde als Konkupiszenz, wenn dieser Begriff nicht zu eng verstanden wird. Und an den soeben genannten Konkretionen kann nochmals deutlich werden, wie dieser mit den zuvor besprochenen Grundaspekten von Sünde verflochten ist: In der Besitzgier, worauf immer sie sich richten mag, wirkt ja stets auch Gleichgültigkeit des Menschen gegen den Menschen sich aus, und in beidem die Abkehr von Gott in glaubensloser Selbstsorge.

Konkupiszenz wurde in der Geschichte der Theologie oft einseitig als hemmungsloses Streben nach Lebenserfüllung in *sinnlichen* Genüssen verstanden; mit Recht hat P. Tillich diesen Begriff in einem viel umfassenderen Sinn ausgelegt. Problematisch ist vor allem die freilich mehr unterschwellig als in der theologischen Reflexion wirksame Tendenz, dabei in erster Linie an die Entgleisungen sexueller Triebhaftigkeit zu denken – als ob dies *die* Sünde kat' exochen wäre. Gewiß kann die Sünde als Sucht nach „Haben" auch in sexueller Gier, und oft mit verheerender Auswirkung auf das Leben des in dieser Weise „vereinnahmten" Mitmenschen, wirksam werden. Sie hat aber nicht nur und auch nicht nur vornehmlich diese Gestalt. Sie kann wie gesagt auch in höchst geistigem und nach jener Richtung durchaus einwandfreiem Kostüm erscheinen. Ja man kann sich auch aus seiner moralischen Intaktheit einen Besitz machen, den man sorgfältig kapitalisiert und in dem man sich den „Sündern" überlegen weiß.

Der eigene, ganz persönliche Anteil an der Menschheitssünde – und dies in allen drei hier angesprochenen Grundaspekten, denn sie hängen zuinnerst zusammen – wird auch dem Christen immer nur ein Stück weit durchsichtig werden. Unsere Abrechnungen mit uns selbst dringen nicht in die Tiefe, in der Gott uns sieht. Aber Jesus ist uns vor Augen gestellt als der *für uns* Gekreuzigte, der die Verlorenheit aller Menschen in ihrer Sünde vor Gott bekannt und auf sich genommen hat. Und uns ist zugesprochen, daß wir darum – allein darum und weder aufgrund unserer partiellen Rechtschaffenheit noch aufgrund unserer vollkommenen Sündenerkenntnis – leben und sterben dürfen in dem Glauben, daß Gott uns annimmt. Für uns, das heißt: auch für mich. Ob wir die eigene Teilhabe an der Sünde aller genauer oder weniger genau sehen können, ob sie vielleicht nur in seltenen Stunden überwältigend bewußt wird – der für uns gekreuzigte Christus steht gegen unsere Selbstrechtfertigungen, aber für den Frieden mit Gott, in dem auch unsere unerkannten Sünden vergeben sind. Wir würden uns der Teilhabe an diesem Frieden entziehen, wenn wir uns oder etwas in uns aus dem Bekenntnis unserer Teilhabe an der Sünde des Menschen heraushalten wollten.

2. Gefangenschaft in der Sünde

Das Neue Testament spricht von der Sünde als einer den Menschen bindenden Macht. „Wer Sünde tut, der ist der Sklave der Sünde" (Joh 8,34). Der „fleischliche" Mensch, sagt Paulus in Röm 7, ist unter die Sünde verkauft, so daß er, auch wo er das Gute weiß und will, es nicht vollbringt; das „Gesetz der Sünde in den Gliedern" (das Gesetz, das sich im Handeln durchsetzt) hält ihn gefangen (7, 23). Was durch Christus geschieht, ist nicht nur Stärkung des Schwachen und Fehlsamen, sondern Erlösung, Befreiung des Gefangenen; er wird der Macht der Sünde entrissen, Christus wird sein Herr. Und dieser Herrschaftswechsel ist Gerettet-werden aus der Knechtschaft in die Freiheit, aus dem Tod in das Leben.

Die kirchliche Lehrüberlieferung hat die biblische Aussage dieser Gefangenschaft in der Sünde aufgenommen im Begriff der „Erbsünde", der alle von Adam Geborenen verhaftet sind, auch wenn sie sich im Einzelnen ihres Tuns und Lassens voneinander unterscheiden. Die Erbsündenlehre wurde maßgeblich von Augustin entwickelt. Was Erbsünde heißt, haben dann, auf Augustin zurückgreifend, in radikaler Schärfe die reformatorischen Bekenntnisse formuliert: eine jedem Menschen von Geburt anhaftende tiefe Verderbnis seines Wesens, so daß er „von Natur" Gott weder fürchten noch lieben kann, aber darin zugleich schuldig und dem Gericht Gottes verfallen ist – es sei denn, er werde „durch die Taufe und den Heiligen Geist neu geboren" (CA II). Die scholastische Theologie des Mittelalters vertrat z. T. ein weniger radikales Verständnis, aber auch sie hat die Erbsünde als Verhaftung in einen Zustand, der den Menschen von der Gnade Gottes trennt, grundsätzlich nicht in Abrede gestellt. Aber für das Aufklärungsdenken in seinem leidenschaftlichen Interesse an der Freiheit des Menschen zu seiner Selbstvervollkommnung wurde das kirchliche Erbsündendogma zum schwersten Stein des Anstoßes. Und sicher ist es bis heute auch für viele Christen ein besonders dunkles, schwer zu fassendes, jedenfalls sehr der Interpretation bedürftiges Kapitel christlicher Theologie. Wir versuchen zunächst eine solche Interpretation zu geben.

2.1. Grundsünde und Aktsünden

Eine Vorbemerkung zur Terminologie: Der *Begriff* „Erbsünde" ist, obwohl er eine alte Tradition hat („peccatum hereditarium" gelegentlich schon in der altkirchlichen und auch in der altprotestantischen Theologie), nicht glücklich. Er kann wegen der Assoziationen, die sich mit ihm verbinden können und z. T. verbunden haben, das Verständnis in der Sache eher verdunkeln, worauf wir noch zurückkommen werden. Wir ersetzen ihn hier durch den Begriff „Grundsünde", der sprachlich dem auch in der Tradition vorherrschend gebrauchten „peccatum originale" näherkommt. Wenn wir daneben von „Aktsünden" in Plural sprechen, so soll das hinweisen auf die Vielheit und Verschiedenheit konkreter Taten, in denen Sünde sich aktualisiert; es soll aber nicht damit gesagt werden, daß die Grundsünde selbst mit Aktivität noch nichts zu tun hätte. Auch darauf wird noch zurückzukommen sein.

Zunächst ist der mit „Grundsünde" gemeinte theologische Gehalt zu vergegenwärtigen. Er kann in drei Momenten umschrieben werden.
Erstens: Das *Fundamentale* in der Sünde – die Verwurzelung alles Sündigens in einem Verkehrt-*sein*, das die Lebensbewegung des *ganzen* Menschen betrifft und der treibende Grund dessen ist, was je und je an konkreten Taten geschieht bzw. unterlassen wird.
Zweitens: Das *Universale* in der Sünde – Sünde, sofern alle Menschen in *gleicher* Weise an ihr teilhaben; das Gemeinsame in diesem inneren Grund ihres Sündigens, so verschieden nach Art und sozialer Auswirkung jene Taten und Unterlassungen sein mögen, in denen es sich aktualisiert.
Drittens: Der *Machtcharakter* der Sünde – die *Gebundenheit* des Menschen in jenem Verkehrt-sein, das der innere Grund seines Sündigens ist: Er kann sich nicht durch einen Willensakt davon losmachen, auch wenn er sich in vielem Einzelnen, was aus diesem Grund hervorgehen kann, „kontrollieren", es tun oder auch unterlassen und unterdrücken kann.
So wurde die Lehre von der Grundsünde in der theologischen Überlieferung verstanden und vor allen in den reformatorischen Bekenntnissen nachdrücklich behauptet. Ist sie nach wie vor und allem modernen Protest entgegen theologisch zu vertreten? Wenn, was Sünde heißt, nicht einfach daran abzulesen ist, was unter Menschen als Fehlverhalten beurteilt wird, wenn vielmehr Jesus Christus in seiner Person und Verkündigung zum Kriterium wird, an dem die Sünde des Menschen ans Licht kommt, dann muß diese Frage bejaht werden. *Die* Sünde in allem Sündigen – so war es im Gegenbild zu dem von Jesus vertretenen und durch ihn verwirklichten Gotteswillen zu erkennen – ist Leben in

praktischer Abkehr von Gott, im Versagen des Glaubensvertrauens zu Gott (was mit theoretischem Gottesbewußtsein ebenso Hand in Hand gehen kann wie mit dezidierter Gottesleugnung), und daher in der Verschlossenheit in Selbstsorge und Gleichgültigkeit gegen den Nächsten. Das ist in der Tat ein Grundverhalten des *ganzen* Menschen, aus dem Taten und Unterlassungen der Ichsucht und Lieblosigkeit immer wieder hervorgehen. Es ist dasjenige in der Sünde, worin wir Menschen einander gleich sind, worin wir durch das Gebot Jesu und durch *sein* Anders-sein gemeinsam angetroffen und betroffen werden. Und diese Grundhaltung oder sagen wir besser: Grundbewegung ist auch ein Gebundensein. Mag das, was wir tun oder nicht tun, von Zuständen psychischer Erkrankung abgesehen bis zu einem gewissen Grad in unserer Hand sein – daß wir „so sind": incurvati in nos ipsos, darin können wir uns nicht aus uns selbst verändern. Das kann nur durch befreiende Begegnung geschehen, die einen neuen Lebens- und Vertrauensgrund gibt.

Wo, an Jesus gemessen, Sünde geschieht, da verhält es sich jedenfalls so und da hat sie ihre Wurzel in einem solchen „So sein" des Menschen. Eine andere Frage kann sein, ob immer und überall *nur* Sünde geschieht, ob *jeder* Mensch *immer* „so ist": incurvatus in se ipsum. Dazu im nächsten Abschnitt; zunächst ist zum Verständnis der Grundsünde noch einiges hinzuzufügen.

Die Lehre von der Grundsünde sollte von der Vorstellung freigehalten werden, es handle sich um einen Defekt in der Natur des Menschen, der, nachdem er durch den Sündenfall Adams verursacht wurde, nun wie andere Erbanlagen durch den biologischen Zeugungsvorgang von Mensch zu Mensch weitergegeben würde. In der älteren Theologie war diese Vorstellung verbreitet; auch in CA II liegt sie mindestens nahe, wenn dort von „angeborener Seuche und Erbsünde" oder ähnlich anderswo von „eingegifteter Krankheit" usw. geredet wird. Aber zu dieser Vorstellung steht im Widerspruch, daß Sünde ein *Verhalten* ist, das gegenüber Gott, Menschen und dem eigenen Ich *vollzogen* wird; nicht zuständlich ruhende Eigenschaft, sondern Bewegung des menschlichen Selbst. Das gilt nicht erst von einzelnen Aktsünden, sondern auch von der Grundsünde, aus der sie hervorgehen. In ihr *verhält* sich der Mensch vertrauenslos zu Gott, gleichgültig gegen den Menschen, selbstsüchtig bezogen auf sein Ich, haben-wollend zu allem, womit er sein Leben zu steigern meint. Aber wenn wir aus der Gebundenheit in solchem Verhalten nicht durch Selbstbefreiung heraustreten können – darin allein liegt die Analogie zu biologischen Anlagen –, so ist sie doch der Kategorie nach etwas ganz anderes als ein Erbdefekt, der uns „über unsern Kopf hinweg" angetan ist und den wir nicht vollziehen, sondern nolens volens eben an uns haben. Weil der Begriff Erbsünde solche Verwechslung der Kategorien nahelegt, wurde er hier durch Grundsünde ersetzt.

In Röm 5,12f wird zwar gesagt, daß durch einen Menschen die Sünde in die Welt gekommen ist und durch sie der Tod, und daß daraufhin (so ist das ‚eph'hô' von 5,12 nach weit überwiegender Meinung der Exegeten zu übersetzen) alle gesündigt haben. Aber über das Wie dieses „daraufhin" wird dort nichts gesagt. Auch die in diesem Zusammenhang oft angeführte Psalmstelle 51,7 „in sündlichem Wesen bin ich geboren und meine Mutter hat mich in Sünden empfangen" will wohl sagen, daß der Mensch mit seiner ganzen Existenz und von Anbeginn seines Lebens in Sünde gefangen ist, aber kaum, daß er dies durch Vererbung ist, und gewiß nicht, daß er es darum ist, weil der Zeugungsvorgang in sich selbst sündig wäre und mit Sünde infizierte.

Im Gegensatz zu der mit der alten Erbsündenlehre verbundenen quasigenetischen Vorstellung verstanden manche Theologen des 19. Jh. die Teilhabe aller an der Sünde und ihre Weitergabe von Mensch zu Mensch als ein *soziologisch* bedingtes Geschehen: Jeder Mensch wächst in eine Umgebung hinein, in der bereits Sünde geschieht, wird durch das, was andere tun, ins Mittun hineingezogen und wirkt durch sein Mittun wieder auf andere zurück. Nicht aus einer sündig verderbten „Natur" des Menschen entspringen sündige Taten, sondern aus den sündigen Taten der Vielen entsteht eine Allgemeinheit des Sündigens, in der jeder jeden beeinflußt und bindet. A. *Ritschl* nannte das ein „Reich der Sünde" und wollte damit die Erbsündenlehre der Tradition durch ein adäquateres Verständnis der alle umschließenden Teilhabe an der Sünde ersetzen. Aber mit dem Gedanken der gegenseitigen Beeinflussung, dessen Wahrheitsgehalt an sich nicht zu bestreiten ist, wird zwar die Allgemeinheit der Sünde zum Ausdruck gebracht. Aber die Erkenntnis ihres Wurzelgrundes in jenem Grundverhalten, in dem wir „so sind", daß wir das tun, womit wir uns gegenseitig zum Bösen beeinflussen, wird verdunkelt. Die Einheit der Adamsmenschheit in diesem Grundverhalten geht der gegenseitigen Verführung und Verstärkung in seinen sozialen Auswirkungen bedingend voraus. Wie wäre der Mensch zur Sünde zu verführen, wenn Verführung von außen nicht bereits in seinem Innern, im „Trachten des Herzens" ihren Brückenkopf hätte!

Die theologische Reflexion wird sich bescheiden müssen, auf jede Erklärung, wie es zur Teilhabe aller an der Grundsünde kommt, zu verzichten. Weder eine Erklärung in genetischen noch in soziologischen Kategorien ist hier adäquat; beide Wege führen zu Deutungen, die auf je verschiedene Weise das Verständnis der Grundsünde nicht erhellen, sondern verkürzen und verstellen.

Hinzuzufügen ist noch eine Überlegung, die das Verhältnis von Grundsünde und Aktsünden betrifft. Die reformatorische Theologie legte entscheidendes Gewicht auf die Grundsünde: Sie ist Sünde in vollem Sinn, ja *die* Sünde in allem Sündigen, und in ihr sind vor Gott alle gleichermaßen schuldig. Dagegen konnte eingewandt werden, in praxi könnte diese Lehre einer Vergleichgültigung der Aktsünden Vorschub leisten. Das konkrete Tun oder Lassen *bestimmter* Sünden könne, da wir (in der Grundsünde) ohnehin „allzumal Sünder sind", als gewichtslos aufgefaßt werden. Es ist wohl nicht in Abrede zu stellen, daß im Protestantismus die Abneigung gegen ein kasuistisches Sündenabwägen in die Gefahr einer solchen Vergleichgültigung geraten kann. Aber da ist dann ein falsches Verständnis des Zusammenhangs von Grundsünde und Aktsünden im Spiel. Wir haben nun mehrfach von Grundsünde als von einem „So sein" des Menschen geredet, aus dem das kommt, was er tut. Aber dieses „So sein" ist nicht als ein passiver Zustand zu verstehen. Es ist auch in sich schon ein Tun – die dem Vertrauen in Gott und der Zuwendung zu den Mitmenschen entgegenstrebende Richtung, in der der Mensch sich *bewegt*, sein Leben „tätigt", besorgt und behauptet. Dann kann aber auch aktuelles Sündigen nicht als etwas verstanden werden, was zu dem „Ohnehin-Sünder-sein" nur noch hinzukäme und in seinem Mehr oder Weniger relativ ungewichtig wäre. Es ist nicht bloß sekundäre Auswirkung der Grundsünde; vielmehr tätigt sie sich als das, was sie ist, *in* aktuellem Sündigen. Mit dem, was wir konkret tun, *behaupten* wir uns, setzen uns gleichsam fort in dem, wie wir in jener Grundbewegung sind, wirken sie aus auf die Menschen und Dinge, mit denen wir umgehen. Unser aktuelles Tun hat auch eine Rückwirkungsmacht auf uns selbst, denn es *kommt* nicht nur aus der Bewegung der Grundsünde, sondern *befestigt* auch in ihr. Das Tun bejaht und tätigt den Grund, aus dem es kommt. Vergleichgültigung des aktuellen Sündigens würde also zugleich Vergleichgültigung der Grundsünde selbst bedeuten.

Auch die Unterschiede der Aktsünden untereinander sind nicht einfach theologisch gleichgültig. Obgleich wir in allem Tun von Sünde schuldig werden und vor Gott keine Rechnung über größeres oder geringeres Schuldmaß aufstellen können (schon gar nicht im Blick auf andere, die wir für die „größeren" Sünder halten), so gibt es zwischen Sünde und Sünde hinsichtlich des Grades zerstörender *Auswirkung* auf das Leben anderer doch Unterschiede, die nicht vergleichgültigt werden dürfen. Im unterschiedlichen Ausmaß des Angriffs auf das von ihm geschaffene Leben, der hier so oder so geschieht, haben sie auch vor Gott Bedeutung. Um ein grobes Beispiel zu wählen: Es wäre unmöglich, sich sagen zu wollen, da ich vor Gott mit dem Haß, den ich in meinem Innern habe, nicht weniger Sünder bin als der, der ihn zur Tat werden läßt, macht es vor Gott auch keinen Unterschied, ob ich ihn zur Tat werden lasse oder in meinen Gedanken zurückhalte.

2.2. Die „Tugenden der Heiden"

Wir kommen auf die bereits angedeutete Frage zurück: Bedeutet die Teilhabe aller an der Erbsünde, daß *alle* Taten aller Menschen, sofern sie nicht aus dem Glauben geschehen, jederzeit und nur Sünde sind? Geschieht nicht vieles Gute, das auch nach dem Maßstab des in Jesus offenbaren Gotteswillen gut genannt werden darf, auch durch Menschen, die sich nicht als Christen bekennen? Und darf man wirklich sagen: Einerlei was an Gutem oder Bösem durch sie geschieht – in ihrer Grundhaltung sind alle der gegen das Bedürfnis des Nächsten gleichgültigen Selbstsorge verhaftet? Gibt es nicht auch leidenschaftliches und opferbereites Engagement für *fremde* Not, bei Christen *und* Nichtchristen?

Augustin soll auf eine entsprechende Frage im Blick auf das Gute, das durch Heiden geschieht, geantwortet haben: Die Tugenden der Heiden sind nur „splendida vitia" – glänzende Laster. Das heißt: Auch das Gute, das sie tun, kommt nicht aus der Motivation der Gottesliebe, sondern aus verborgener Selbstliebe, die mit ihren Tugenden vor sich und anderen glänzen, sich Lob verdienen will. Darf man ein solches Urteil nachsprechen und dann etwa sagen: Ein Engagement für fremde Not, das nicht aus dem Glauben kommt, kann auch nicht aus Nächstenliebe, sondern nur aus verborgener Selbstbezogenheit kommen, etwa aus dem Wunsch, sich vor sich selbst als ein „guter Mensch" zu bestätigen?

Das radikale Verständnis der Grundsünde, wie es Augustin und die reformatorische Theologie vertrat, scheint in der Frage nach den „Tugenden der Heiden" nur diese negative Folgerung zuzulassen. Und dieses radikale Verständnis kann sich ja darauf berufen, daß das Neue Testament von der Gefangenschaft des Menschen in der Macht der Sünde spricht. In demselben Neuen Testament finden sich aber auch Aussagen, die vor dem logisch scheinbar zwingenden Ausziehen jener Folgerung warnen können. Mit allem Nachdruck ist bei Paulus von der Gebundenheit aller in der Sünde die Rede, und doch rechnet derselbe Paulus damit, daß auch durch Heiden solches geschehen kann, was dem Willen des in Christus offenbaren Gottes entspricht (Röm 2,14). Jesus spricht in der Endgerichtsrede (Mt 25) von Menschen, die das Gute getan haben, ohne ihn zu kennen. Auch sein Gleichnis vom barmherzigen Samariter kann davon abhalten, dem Glaubensfremden (und das waren die Samariter für den Juden) die Möglichkeit wirklicher Nächstenliebe abzusprechen.

Wir stellen zunächst die Frage nach der Motivation, aus der solches Gute geschieht, noch zurück und fragen: Impliziert Erkenntnis der Grundsünde notwendig die Leugnung der Möglichkeit solchen Geschehens? Was wir als Grundsünde bezeichnet haben, ist die innere Totalität einer Lebensrichtung, in der der Mensch als ganzer engagiert ist. Damit ist nicht gesagt, daß diese Lebensrichtung sich kontinuierlich in eine äußere, quantitative Totalität böser Taten und Unterlassungen umsetzen muß, so gewiß sie sich immer wieder auch in Taten und Unterlassungen konkretisieren wird. Daß wir (in unserer Glaubenslosigkeit und Selbstbezogenheit) „arg sind" (Mt 7,11), muß nicht heißen, daß wir nur Dinge tun, die auch im Bezug auf Menschen und Verhältnisse unserer Umgebung „Arges" ausrichten. Auch durch Sünder kann vieles geschehen, was in seiner Auswirkung gut und hilfreich ist und insofern als *Tat* dem Willen Gottes entspricht (abgesehen davon, daß wir täglich unzählige Dinge tun und tun müssen, die auf der Ebene technischer Verrichtungen liegen und auf die die Frage, Sünde oder nicht, gar nicht anwendbar ist). Aber das heißt nicht, daß der *Täter* solchen Tuns dies vor Gott gegen seine Teilhabe an der Sünde aller aufrechnen könnte. Daß durch uns, die wir „arg sind", auch Gutes geschehen kann, ist nicht der Beweis für ein Gut-sein des *Menschen*, das gewissermaßen als „Restbestand" von dem Bekenntnis unseres Sünder-seins auszunehmen wäre. Es ist vielmehr der Verweis auf die Möglichkeit *Gottes*, auch durch die, die nicht gut sind, Gutes zu wirken.

Wir haben bis dahin von Taten gesprochen, nicht von der Motivation, aus der sie hervorgehen, fragen nun aber weiter: Nötigt Erkenntnis der Gefangenschaft des Menschen in der Grundsünde zu dem theologischen Urteil, so gewiß auch durch Nichtglaubende Gutes geschieht, ja sogar oft opferbereiter Einsatz für fremde Not zu erkennen ist, so könne dies alles, solange sie nicht zum Glauben gekommen sind, nur aus dem Grund verborgener Selbstliebe hervorgehen? Dazu wird als erstes zu sagen sein, daß ein solches Urteil uns untersagt ist, weil es sich an die Stelle Gottes setzen würde. Nicht wir, sondern er durchschaut die Herzen, und die Motive, aus denen ein Mensch das tut, was er tut, unterstehen allein seinem Urteil. Gewiß kann man auch mit dem Einsatz für andere seine Selbstsorge betreiben, nicht im materiellen, sondern in einem moralischen Sinn; aber Christen werden gut daran tun, die Frage danach nicht an das Tun anderer, sondern an ihr eigenes Tun zu stellen. Und wenn es Gottes Möglichkeit ist, durch Sünder ein *Tun* des Guten geschehen zu lassen, so steht es auch in seiner Macht, in die Motivation der *Herzen* einzugreifen, Selbstbezogenheit zu durchbrechen durch Befreiungen zu wirklicher Hingabe. Es steht uns nicht zu, dieser seiner Macht aufgrund dogmatischer Konklusionen Grenzen zu ziehen. Sie kann auch in Menschen wirksam werden, die sein in Christus gesprochenes Befreiungswort noch nicht gehört und in bewußtem Glauben aufgenommen haben. Noch einmal: Wir behaupten damit nicht eine Potenz des *Menschen*, die von seiner Gebundenheit in der Sünde auszunehmen wäre, sondern wir bekennen uns zu der Macht *Gottes*, dieser Gebundenheit entgegenzuwirken auch in einer Welt, in der noch Sünde herrscht, und wir verstehen dies im Licht seines in Christus offenbaren Heilswillens als das Wirken seiner diese Menschheit trotz ihrer selbst erhaltenden Geduld.

Die Frage, wie in theoretischer Folgerung aus der Lehre von der Grundsünde das Tun und die Motivation *anderer* zu beurteilen ist und welche generellen Aussagen darüber zu machen sind, ist grundsätzlich schon als Fragestellung problematisch. *Erkenntnis* der Sünde mit allem, was in solcher Erkenntnis gesagt werden kann und muß, hat ihren Ursprung im *Bekenntnis* von Sünde, und dies ist immer das Bekenntnis *eigener* Betroffenheit. Es erwacht da, wo Jesus Christus in seinem Wort und seinem „Anders-sein" als wir zum Urteil Gottes über das eigene Leben wird. Die Frage ist dann nicht, was wir allgemein über die Sünde anderer feststellen können, sondern was jeder, der so getroffen wird, als *seine* Teilhabe an der Sünde aller zu bekennen hat. Da wird niemand, der von Christus und seinem Wort getroffen wird, etwas anderes sagen können als dies: Was aus mir kommt, ist nicht das Gute. Zu dem, wozu Gott mich durch Christus ruft, kann nur er mich befreien.

3. Der Sünder unter Gottes Widerspruch

3.1. Der Zorn Gottes

Der Gott, dessen Geschichte mit dem Menschen die Bibel bezeugt, ist kein apathisch-überlegenes „höchstes Wesen". Ihn *verlangt* nach dem Menschen und seiner Antwort. Darum widerspricht er dem Leben, das diese Antwort verweigert. Die Schrift beider Testamente sagt: An der Sünde entbrennt sein Zorn, und sie spricht von Gottes Gerichten, in denen sein Zorn sich auswirkt.

„Zorn" ist wie alle Worte, mit denen wir von Gott reden, ein menschliches Wort. Die Assoziationen, die es aus der Erfahrung mit dem Zorn von Menschen und mit eigenen Zornesausbrüchen wachrufen kann, lassen fragen: Ist es nicht in der Anwendung auf Gott ein allzumenschliches Wort? Der Rede vom Zorn Gottes begegnet nicht nur der Widerspruch eines säkularen Denkens; gegen sie wurden auch innerhalb der Theologie Bedenken vorgebracht, so vor allem in der liberalen Theologie des 19. Jh. Man sah in ihr ein Element alttestamentlicher Gottesvorstellung, über das Jesu Verkündigung des Gottes der Liebe hinausgeführt hat. A. *Ritschl*, ein führender Vertreter dieser Theologie, vertrat den Gedanken, der „zornige Gott" sei eine Vorstellung des Gott in Unglauben und Mißtrauen gegenüberstehenden Menschen; durch Jesus werde sie widerlegt und überwunden. Übersehen ist dabei freilich, daß auch das Neue Testament und Jesus selbst vom Zorn Gottes nicht schweigt.

Nun hat in der Tat die Bezeugung der gnädigen Zuwendung Gottes zum Menschen in beiden Testamenten (auch im alten) das erste Wort. Und es wäre sicher verkehrt, den säkularisierten Menschen von heute dadurch zum Ernstnehmen Gottes bekehren zu wollen, daß man ihn *zuerst* das Fürchten lehrt vor dem zornigen Gott. Wie die Sünde des Menschen nur an Gottes Zuwendung wahrhaft erkennbar wird, so kann auch der Zorn Gottes nur aus seiner Zuwendung, seinem nach der Antwort des Menschen verlangenden Gemeinschaftswillen verstanden werden. Man kann sich das klarmachen an dem Gleichnis Jesu vom „Schalksknecht" (Mt 18,23 ff): Der König erbarmt sich über seinen Diener und erläßt ihm eine unermeßlich große Schuld; der aber geht hin, stößt seinen bittenden Mitknecht, der ihm viel weniger schuldet, unbarmherzig von sich und bringt ihn ins Gefängnis. „Da ward sein Herr zornig . . .". Der Knecht hat in seinem Verhalten zu dem anderen die Güte verraten, die ihm selbst durch den Herrn erwiesen war. Gottes Zorn richtet sich nicht gegen die Verletzung

dieser oder jener Vorschrift als solcher und an sich; er richtet sich in allem, worüber er entbrennt, gegen den Verrat des Menschen an der Liebe. In der Verweigerung der Liebe gegenüber dem Mitmenschen wird auch Gottes zuvorkommende Liebe verraten und verachtet. Davon wird der Hochmut des Selbstgerechten ebenso und vielleicht noch mehr getroffen als die Unmoral der Gesetzesübertreter. Vom „verzehrenden Feuer" des göttlichen Zorns wird in der Bibel gesprochen – was will dieses Feuer verzehren? Gott haßt die Sünde, sie muß und wird vergehen. Der Wille und die Macht der unbedingten Liebe will den Verrat an der Liebe verzehren, der die Schöpfung zum Schlachtfeld der privaten und kollektiven Selbstsucht des Menschen macht.
Haßt Gott auch den Sünder? Der Zorn des Menschen kann zur Verachtung und zu einem Haß werden, der mit dem Gegner „fertig ist", ihn nicht gewinnen, sondern loswerden und vernichten will. Daß Gott auch in seinem Zorn mit dem Menschen, der zum Sünder wurde, gerade nicht „fertig ist", davon zeugt die alttestamentliche Prophetie, in der über allen Gerichten, die Gott über sein Volk kommen läßt, die Verheißung aufscheint, daß er selbst das Zerbrochene heilen wird. Und dafür steht entscheidend das Christuszeugnis des Neuen Testaments. Gott richtet, nicht um den Menschen zu verlieren, sondern um ihn zu gewinnen. Es kann aber geschehen, daß der *Mensch* sich gegen diesen Rettungswillen stellt und so in dem Verrat an der Liebe beharrt, mit der Gott ihn heimsucht. Daran kann er nur sterben. Er stirbt an seiner Sünde, nicht an Gottes Haß und Vernichtungswillen.

3.2. Der Tod

Im biblischen Zeugnis wird der Tod des Menschen als Folge seiner Sünde gesehen; Tod ist der „Sold", den die Sünde denen auszahlt, die in ihrer Herrschaft gelebt haben (Röm 6,23). Aus der Sündenfallgeschichte allein ist das so noch nicht zu entnehmen. Was Adam bei Übertretung des Gebotes angedroht wird, ist sofortiges Sterben („welches Tages ihr davon esset, werdet ihr sterben" Gen 2,17); Gott verhängt dann aber anstelle dieses Sterbens die Vertreibung der Ersterschaffenen aus dem Paradies in ein unter Mühsal verhaftetes Leben. Auch sonst im Alten Testament kann wohl in einem jähen und bösen Tod Gottes Strafe gesehen werden, nicht aber im Sterben des „alt und lebenssatt" gewordenen Menschen. Anders z. T. im Spätjudentum und auch im Neuen Testament, jedenfalls bei Paulus. Hier wird der Tod schlechthin, der Tod aller von der Sünde her verstanden. Durch

Adams Fall ist er eingebrochen, und wie alle die Sünde Adams fortsetzen, so sind nun auch alle dem Tod unterworfen (Röm 5,12; vgl. 1.Kor 15,21f). Auch die kirchliche Lehrüberlieferung versteht den Tod als Straffolge der Sünde.

In Bezug auf das biologische Lebensende an sich ist diese Vorstellung kaum nachzuvollziehen. Der Tod als Lebensende im biologischen Sinn ist unausweichlich mit der leiblichen Organisation des Menschen verknüpft, die ihm mit den Tieren gemeinsam ist und die ihrerseits in der Theologie immer, im Gegensatz zu gnostischen Vorstellungen, als zu der Geschöpflichkeit seines Lebens gehörend verstanden wurde. Das Sterben des Menschen in *diesem* Sinn kann vom Sterben der Tiere nicht grundsätzlich abgehoben werden.

Aber der Tod des Menschen ist nicht *nur* das biologisch bedingte Ende seiner irdischen Existenz. Er ist qualifiziert durch das Verhältnis *Gottes* zu ihm als dem Geschöpf, das er zum Zusammensein mit ihm selbst bestimmt und beansprucht. Wird dies gesehen, dann bleibt zwar der Tod die Grenze, die unserm irdischen Leben gesetzt ist. Ist dieses Leben aber qualifiziert als der Weg der Geschichte Gottes mit uns und unserer Geschichte mit ihm, dann steht an jener Grenze nicht der Abbruch ins Nichts, sondern – so oder so – die Einholung dieses Weges in sein Ziel, in das Ergebnis der Geschichte mit Gott, die ihn qualifizierte. Gott will mit dem Menschen nicht zusammensein, um ihn dann in ein folgenloses Nichts zu entlassen.

Das alles kann freilich nur im Glauben an das Wort, in dem Gott selbst sich uns zuspricht, so gesehen und gesagt werden; biologische, psychologische, philosophische Untersuchung des Todesproblems kann dies nicht zeigen. Aber im Glauben an Gottes Selbstzusage kann nun verstanden werden, inwiefern der Tod des Menschen mit seiner Sünde zu tun hat; der Sinn jener neutestamentlichen Aussagen wird deutlich, auch wenn wir sie nicht mehr auf das leibliche Sterben an sich beziehen können. Für den mit Gott *geeinten* Menschen könnte das Ende seines irdischen Lebens sein Hineinfallen in die Arme Gottes bedeuten, sein Eingeholt-werden in endgültige Gemeinschaft mit dem Gott, dem sein Leben gehörte. Der durch Gott mit ihm selbst *versöhnte* Mensch darf sein Sterben als dieses Eingeholt-werden glauben und es so aus der Hand Gottes empfangen. Von der Sünde her und für den Menschen, der in ihr gefangen bleibt, ist Sterben anders qualifiziert. Leben im Empfangen und Weitergeben der Liebe Gottes ist Leben, das mit der Quelle alles Lebens verbunden ist und darum Frucht bringt und seine Frucht empfängt. Leben, das für sich selbst gelebt wird, bleibt fruchtlos und stirbt ab schon vor dem Tod. Sünde ist die Bewegung des

Menschen in verbindungsloses Für sich selbst da sein, abseits von Gott und in Gleichgültigkeit gegen Mitmenschen. Sie hat damit in sich selbst die Tendenz zum Tod in einem *hoffnungslosen* Sinn. Den Menschen, der so gelebt hat, kann im Tod nur die Konsequenz, das Endergebnis *dieses* Lebens einholen: Das Hinausfallen in endgültige Beziehungslosigkeit und Verlassenheit von aller Gemeinschaft Gottes und der Menschen[3]; Versteinerung in ewigem Allein-sein mit sich selbst (was „ewiger Tod" bedeuten könnte, kann so vielleicht eher angedeutet werden als mit aller Ausmalung von Höllenqualen). Der Mensch, der sein Leben für sich selbst verbrauchen wollte, wird im Tod mit sich selbst allein gelassen. Das ist in der Tat der Sold, den die Sünde auszahlt; ihre eigene, innere Konsequenz, mit der Gottes Widerspruch sie trifft. Aber in Jesus Christus hat Gott diese Konsequenz durchbrochen.

3.3. Die Schuld

Sprechen wir von dem Sünder unter Gottes Widerspruch, so ist darin vorausgesetzt, daß die Sünde den Menschen vor Gott in *Schuld* bringt. Sünde und Schuld sind zusammengehörende, aber nicht einfach deckungsgleiche Begriffe. „Sünde" bezeichnet zunächst nur das dem Gotteswillen widersprechende Verhalten als solches. „Schuld" besagt, daß dieses Verhalten dem Menschen anzulasten, zuzurechnen ist. Inwiefern ist die Sünde des Menschen auch seine Schuld? Die Fragen und Einwände, die sich hier einstellen können, sollen nicht umgangen werden, auch wenn sie sich letztlich nicht rational „erledigen" lassen.

Ein ebenso rationales wie alltägliches Verständnis von Schuld sieht den als schuldig an, der willentlich Böses getan hat, das er „bei gutem Willen" hätte unterlassen können. Er wird als „zurechnungsfähig" betrachtet und seine Tat wird ihm angelastet. Die Unterstellung dieses „Unterlassen könnens" erscheint allerdings problematisch in Bezug auf Vieles, was die Gesellschaft als böse Tat verabscheut und was man in der Vergangenheit, in der die kausalen Zusammenhänge noch nicht bekannt waren, auch als besonders schwere Aktsünde ansah. Denken wir etwa an zwanghaftes Fehlverhalten, dem ein genetischer Defekt zugrunde liegt – sollte da nicht eher von Krankheit als von Schuld

---

[3] Vgl. hierzu besonders E. Jüngel, Tod, TT Bd. 8 (3. Aufl. 1973), S. 98ff u. 111ff.

gesprochen werden? Aber auch von solchen Grenzfällen abgesehen kann es im Bedenken, daß menschliches Verhalten immer auch bedingt ist durch Einflüsse, die sich der Selbstbestimmung entziehen, fraglich sein, ob jener vom „Auch anders können" ausgehende Schuldbegriff schlechthin anwendbar ist. Unanwendbar wird er jedenfalls auf die Grundsünde selbst, wenn diese wirklich als bindende Macht verstanden wird, von der sich der Sünder nicht aus eigener Entscheidung selbst befreien kann.

In der Spätscholastik wurde teilweise die These vertreten, nur Aktsünden seien *persönliche* Schuld des Täters; für die Erbsünde gelte lediglich, daß Gott die Schuld der Tat *Adams* auch seinen Nachkommen *zurechne*. Auch Zwingli verstand die Erbsünde als „prästen" (Krankheit, Gebrechen), als schuldhaft nur die aus ihr hervorgehenden Aktsünden. Im allgemeinen betonte aber die reformatorische Theologie den Schuldcharakter gerade auch der Erbsünde.

Nun ist Grundsünde aber jedenfalls etwas anderes als ein Defekt, der dem Menschen allem eigenen Verhalten vorhergehend angetan wäre und sein Tun *zwanghaft* bestimmen würde. (Sie ist also mit genetisch bedingter Deformation gerade nicht in einer Linie zu sehen, vgl. 2.1, S. 406). Sie ist vielmehr in allen Beziehungen, in der von ihr zu reden war, ein Verhalten, in dem das Selbst, das Wollen des Menschen sich engagiert und tätigt. Es ist das „Trachten" unaufhörlicher Sorge um und für uns selbst, aus dem wir Gott die Antwort unseres Glaubens und den Menschen unsere Zuwendung verweigern, darin Gott und Menschen uns selbst „schuldig bleiben". Damit ist allerdings ein den rationalen Schuldbegriff untergreifendes Verständnis von Schuld angesprochen. Es ist nicht an der einzelnen Tat orientiert, die ja auch unterlassen werden könnte, sondern bezieht sich auf die Selbstverweigerung des ganzen Menschen. In ihr werden wir schuldig an der Bestimmung, zu der Gott uns das Leben gibt und von Tag zu Tag noch erhält.

Aber kann von solcher Selbstverweigerung nicht erst da gesprochen werden, wo ein Mensch das Wort Gottes gehört und seine Güte erfahren hat? Wie kann da Verweigerung der *Antwort* sein, wo das *Wort* gar nicht gehört wird? Was ist mit der Schuld von Heiden, denen das Evangelium nie begegnet ist, von Menschen, denen es verschlossen blieb, weil sie von vornherein in atheistischer Umgebung aufwuchsen, oder weil ihnen das Hören der Botschaft von Gottes Güte dadurch verstellt wurde, daß sie von Menschen ihr Leben lang nur Ungüte und Bedrückung erfuhren? Das kann zu der Frage führen, ob die Sünde zur *Schuld* nicht gerade erst dem Christen werden kann, dem Gottes Wort in Christus wirklich begegnet ist, der Gottes Leben schenkende Zuwendung *erfahren* hat und *nun* die Antwort seines Lebens verweigert?

Als Christen werden wir gewiß zuallererst nach der eigenen Schuld zu fragen haben. Die Schuld der Sünde von Menschen, denen – soweit wir das sehen können – schicksalhaft jede Erfahrung des Rufes und der Güte Gottes verschlossen bleiben mußte, sollte dem Urteil Gottes überlassen bleiben – und ihr Endgeschick der Hoffnung auf die Übermacht seiner Barmherzigkeit; *wir* haben weder die Pflicht noch das Recht, ihre ewige Verwerfung zu konstatieren. Wir werden aber auch nicht sagen können, alle Sünde außerhalb der bewußten Begegnung mit Christus sei „unschuldige" Sünde. Auch da, wo Gott selbst in Christus noch nicht – oder nicht mehr – erkannt wird, widerfährt mannigfach seine Güte in der gleichsam anonymen Gestalt von Erfahrungen der Freude, der Lebenshilfe, der Zuwendung von Menschen: Erfahrungen, die der in seiner Selbstbezogenheit gefangene Mensch gleichgültig hinnimmt und für sich verbraucht, ihnen die Antwort des Dankes schuldig bleibt (und sei es, daß solcher Dank da, wo Gott unerkannt bleibt, sich an „Unbekannt" richten und im Weitergeben erfahrener Güte wirksam würde). Und neben allen Verdrängungen, Selbstrechtfertigungen, fremd- oder selbstsuggerierten Schuldkomplexen, die mit dem Anspruch Gottes nichts zu tun haben, kann ein Wissen um wirkliche Schuld aufbrechen auch in einem Gewissen, das noch nicht durch Gottes Wort getroffen ist; ein Wissen um das, was ich Menschen schuldig geblieben bin, ja auch ein Ahnen dessen, daß ich mit meinem ganzen Leben vor „Unbekannt" schuldig bleibe. Wir können ein solches Wissen nicht bestreiten und werden auch darin, ebenso wie in jenen „anonymen" Erfahrungen seiner Güte, erkennen, daß Gott auch die von ihm abgekehrte Menschheit nicht sich selbst überläßt. Er bleibt ihr unerkannt, aber wirksam gegenwärtig.

Mit allen solchen Erwägungen kann der Abgrund der Schuld des Menschen vor Gott gewiß nicht verstandesmäßig erschöpfend aufgehellt werden. Aber Jesus Christus hat in seinem Sterben die erkannte und unerkannte Schuld aller vor Gott bekannt und getragen, und in ihm hat Gott selbst den Abgrund überschritten und ist für alle eingetreten. Darum kann es uns nicht zukommen, was vor Gott Schuld ist und wofür er in Christus versöhnend eingetreten ist, mit menschlichen Argumenten zu „entschuldigen". Als Christen kommt es uns vielmehr zu, die eigene Teilhabe an der Schuld aller vor Gott wahrzuhaben. Dazu befreit das Wort der Versöhnung, weil es von allem Zwang der Selbstrechtfertigung befreit.

Exkurs: Gottebenbildlichkeit des Sünders?

Was kann aufgrund des bisher Dargelegten zu der in der Theologiegeschichte so umstrittenen Frage gesagt werden, ob die Gottebenbildlichkeit im Sünder erhalten oder verloren ist? Ein am „Bild" Jesu orientiertes Verständnis der geschöpflichen Bestimmung des Menschen hat uns dazu geführt, Gottebenbildlichkeit nicht ontologisch als eigenschaftliche Struktur, sondern relational als das der Zuwendung Gottes entsprechende Antwortverhalten zu verstehen. Dann wird man jedenfalls sagen müssen: Als der Sünder entzieht und verweigert sich der Mensch dieser seiner Ebenbildbestimmung.

Dennoch kam in der Theologie die Frage nie ganz zur Ruhe, ob man wirklich von ihrem völligen Verlust sprechen darf. Würde das nicht letztlich die Behauptung implizieren, der Mensch sei als der Sünder nicht mehr das Geschöpf, als das Gott ihn schuf? Gott „*schuf* ihn sich zum Bilde" – darf man der Sünde des Menschen eine sein Wesen um-schaffende Kraft zusprechen?

Die vorreformatorische Theologie half sich mit dem in imago und similitudo gestuften Ebenbildbegriff: Geht die similitudo innerer Gottverbundenheit in der Sünde verloren, so bleibt die als Vernunftnatur verstandene imago erhalten. Auch in der altprotestantischen Theologie wurde die reformatorische Behauptung des völligen Verlustes nicht ungebrochen durchgehalten; man führte mit verlorener imago proprie dicta und verbleibender imago late dicta eine der scholastischen sich nähernden Unterscheidung wieder ein: Das Eigentliche und Entscheidende ging verloren, ein „Rest" bleibt erhalten.

In der neueren Theologie hat E. *Brunner* das Problem wieder aufgegriffen und einen Lösungsversuch vorgelegt, der die unbefriedigend quantitative Vorstellung eines „Restes" vermeiden und es ermöglichen will, gleichzeitig und ohne am einen oder anderen Abstriche zu machen von Verlust *und* Erhaltung der Ebenbildlichkeit zu sprechen[4]. Br. unterscheidet „formale" und „materiale" imago. Unter der formalen Ebenbildlichkeit versteht er nicht einfach die Vernunftnatur an sich, sondern die Beziehung des Menschen als Person auf ein seine Antwort aufrufendes Gegenüber und seine Befähigung zu ver-antwortlichem Eingehen auf solches Gegenüber. Zur materialen Ebenbildlichkeit erfüllt sich dies, wenn Gott als dieses Gegenüber erkannt und geglaubt wird und der Mensch *seinem* Anruf antwortet. Dann kann gesagt werden: Als formale Verhaltensstruktur bleibt die Ebenbildlichkeit unverlierbar, solange der Mensch Mensch bleibt, und darin bleibt ihm das Stigma seiner Bestimmung, den Anruf Gottes zu hören, unverlierbar eingeprägt. Aber im materialen Vollzug ist im Sünder die Ebenbildlichkeit ganz verloren, ja in ihr Gegenteil verkehrt. Denn Sünde heißt ja, daß der Mensch sich das zum Gegenstand seiner unbedingten Hingabe werden läßt, was nicht Gott ist.

---

[4] E. Brunner, Natur und Gnade (1934), neu abgedruckt in: Dialektische Theologie in Scheidung und Bewährung, Hg. W. Fürst, ThB 34 (1966), S. 169ff.
Vgl. auch E. Brunner, Dogmatik Bd. II (1950), S. 64ff.

Ist es sinnvoll, den Begriff der Gottebenbildlichkeit in dieser Weise aufzuspalten? Gewiß gehört die Begabung mit Vernunft und Willen zum Besonderen des Menschen gegenüber allen anderen Lebewesen, und man kann E. Brunner zustimmen, wenn er weiterführend sagt: Gerade durch den je aktuellen Einsatz dieser Kräfte in antwortendem Verhalten zu einem Gegenüber bleibt der Mensch, auch der Sünder, als dieses besondere Geschöpf ausgezeichnet. Es soll auch nicht in Abrede gestellt werden, daß diese seine geschöpfliche Besonderheit theologisch in *Beziehung* auf seine Ebenbildbestimmung verstanden werden kann. Wir haben aber Gottebenbildlichkeit als Leben im wirklichen *Vollzug* dieses Gott antwortenden Entsprechens verstanden. Dann wird man in jener spezifisch menschlichen Möglichkeit des Verhaltens wohl eine Ausrüstung des Menschen sehen können, die ihm zum Einsatz seiner selbst in diesem Vollzug von Gott gegeben ist. Es wäre aber dann irreführend, zuwiderlaufenden Vollzug unter den Begriff der Gottebenbildlichkeit zu subsumieren. Gottebenbildlichkeit ist in keinem Sinn ein formaler Besitz des menschlichen Wesens; sie *geschieht*, wo der Mensch dazu erweckt wird, Gott antwortend zu entsprechen (sie wird, mit den Begriffen Brunners zu sprechen, gerade nur als „materiale" verwirklicht). In der Verkehrung ihres Vollzuges wird sie als ganze verfehlt.

Bedeutet das, daß der Sünder sie *verloren* hat, oder daß sie ihm *entzogen* wurde? Auch diese Redeweise scheint mir zu sehr der Vorstellung der Ebenbildlichkeit als zuständlicher Besitz verhaftet zu sein, den man entweder hat oder dann nicht mehr hat. Die Geschichte Gottes mit dem Menschen, in der sie verwirklicht werden *kann*, ist ja an der Sünde nicht zu Ende. Gott entzieht auch dem Sünder seine *Bestimmung*, der ihm ebenbildlich antwortende Mensch zu werden, gerade nicht. Er *entläßt* ihn nicht aus dieser Bestimmung in ein Abseits, in dem er mit dem Menschen und der Mensch mit ihm nichts mehr zu tun hätte. Er bleibt auch dem ihm abgekehrten Menschen „heimsuchend" gegenwärtig, um ihn in Christus einzuholen. Insofern und von der Treue *Gottes* zum Menschen her darf gesagt werden: Er bleibt unverlierbar der „zu seinem Bilde" Geschaffene.

Literatur

Vgl. die am Schluß von § 17 angegebene Literatur zur theologischen Anthropologie; dazu die in den Anmerkungen zu § 18 genannten Werke.

§ 19. Die Frage nach dem Wirklichkeitsgrund der Sünde

Daß wir die Adams- und Sündenfallgeschichte nicht als Bericht von der das Sünder-sein aller seiner Nachkommen verursachenden Tat eines (prä-)*historischen* Stammvaters verstehen können, wurde schon berührt (vgl. § 17, 1.3). Dagegen sprechen nicht nur intellektuelle Argumente heutigen Wissens um die vorgeschichtlichen Anfänge der Menschheit. Die Vorstellung, die Tat eines ersten Adam, der *nicht* wir sind, sei „schuld" daran, daß wir Sünder sein müssen, ist auch deshalb fragwürdig, weil sie in einem mindestens latenten Widerspruch dazu steht, daß ich vor Gott je nach *meiner* Schuld gefragt bin und diese Frage kein erklärendes Ausweichen auf fremde Schuld erlaubt[1]. Auch die Sündenfallgeschichte sollte verstanden werden als die Geschichte unser aller, und der Adam, von dem sie erzählt, als der Mensch, der wir alle sind und von dem wir freilich alle immer auch schon herkommen. „Sündenfall" beschreibt dann nicht ein vorzeitig vergangenes Ereignis, sondern bezeichnet den jederzeit gegenwärtigen Bruch und Widerspruch zwischen dem, wozu Gott uns das Leben gibt, und dem, wie wir es leben. Es bleibt die Frage nach dem Grund, aus dem dieser Bruch in der Schöpfung Gottes überhaupt möglich ist und sich verwirklichen kann. *Ist* Gott der Schöpfer, der Allmächtige – wie und warum kann dann geschehen, was seinem Willen widerspricht? Diese Frage hat Theologen und Philosophen immer wieder beschäftigt, und es sind verschiedene Antworten auf sie gegeben worden.

1. Evolutionistische Antwort

Man kann die Paradoxie dieser Frage entschärfen, wenn man die Sünde als zunächst unumgängliches, aber zur Überwindung aufgegebenes Moment in der Dialektik der religiösen Entwicklung des Menschen versteht. In mehr oder weniger konsequenter Ausprägung tritt dieser Lösungsversuch vor allem bei Philosophen und Theologen des 19. Jh. hervor, in dem der Entwicklungsgedanke beherrschend geworden war. Die Verwirklichung der religiösen Bestimmung wird dann sowohl im Leben des Individuums wie im Gesamtleben der Menschheit als ein Werdeprozeß verstanden; was als *Widerspruch* zwischen

---

[1] Gerade dies zeigt die Erzählung vom Sündenfall Adams und Evas. Gott schneidet ihnen alle Ausreden ab, mit denen sie die Verantwortung für das, was sie getan haben, von sich selbst abschieben wollen.

Bestimmung und Faktizität erscheint, ist zu verstehen als je immer noch gegebener *Abstand* des faktischen Lebens von dem Ziel, zu dem hin es sich entwickeln soll. Gottesbewußtsein ist dem Menschen als Anlage eingeschaffen, aber zu einer sein ganzes Leben durchdringenden Kraft muß es heranwachsen, und der Mensch hat dabei die Widerstände und Hemmungen zu überwinden, die die sinnlich-materiellen Welteindrücke und die Bedürfnisse seiner eigenen sinnlichen Natur seinem Gottesbewußtsein entgegenstellen. Die Sündenfallgeschichte kann dann, sofern auf sie überhaupt Bezug genommen wird, als Symbol nicht eines Herausfallens aus anfänglicher Vollkommenheit, sondern des Heraustretens aus einem noch unentwickelten Zustand kindlicher Unschuld in selbstverantwortetes Leben gedeutet werden. Das *muß* geschehen, die Erfahrung von Gut und Böse muß gemacht und die Auseinandersetzung mit ihr übernommen werden, soll der Mensch zum Ziel seiner Bestimmung hin reifen.

Innerhalb der Philosophie wurde eine Konzeption dieser Art von *Hegel* und anderen Denkern des nachkantischen Idealismus vertreten (nicht von Kant selbst, der sich jeder Erklärung des „radikalen Bösen" im Menschen enthielt). Unter den Theologen kam *Schleiermacher* ihr zumindest nahe. Er verstand Sünde als Hemmung der bestimmenden Macht des Gottesbewußtseins durch die vordergründig sich aufdrängenden Welteindrücke; eine Hemmung, die durch die ungleichmäßig voranschreitende Entwicklung der menschlichen Seelenkräfte notwendig bedingt und in gewissem Sinn auch von Gott selbst gewollt ist, denn ohne Bewußtsein der Sünde könnten wir kein Bewußtsein seiner Gnade haben[2].

Der Gedanke einer entwicklungsmäßig bedingten ethischen „Rückständigkeit" des Menschen und die Erwartung ihrer Überwindung durch fortschreitende Entwicklung wird in neuerer Zeit gelegentlich auch im Zusammenhang mit der naturwissenschaftlichen Evolutionstheorie vertreten, so etwa unter den theologisch interessierten Naturwissenschaftlern von H. *von Ditfurth*.

Mit dieser Lösung des Problems wird aber nun nicht nur ein wörtlich-historisches Verständnis der Adamsgeschichte aufgegeben. Auch was sie sagen will, wenn sie verstanden wird als Geschichte des Adam, der wir alle sind, wird umgedeutet. Der Bruch zwischen Gott und Mensch, den sie anzeigt, wird zu etwas quasi-Normalem relativiert. Gegen eine Erklärung der Sünde als unumgängliches, von Gott gewissermaßen eingeplantes Moment der religiösen Entwicklung des Menschen spricht das gesamte biblische Zeugnis von dem, was die Sünde im Verhältnis des Menschen zu Gott bedeutet. Gegen eine solche Erklärung steht, daß die Konsequenz der Sünde der Tod ist, den sie dem in

---

[2] Fr. Schleiermacher, Der christliche Glaube, §§ 65–74, dazu §§ 79, 80.

ihr gefangenen Leben einbringt. Gegen sie steht der Ernst, mit dem der Zorn Gottes die Sünde trifft. Gegen sie steht das Kreuz, das Jesus um der Sünde der Menschheit willen auf sich genommen hat. Es kann uns nicht erlaubt sein, in der Sünde etwas anderes zu sehen als das Zerstörende, den Feind des von Gott geschaffenen Lebens. Die Frage bleibt: Warum kann dieses Zerstörende einbrechen?

2. Dualistische Antwort

Am logischen Gegenpol des modernen Versuchs, den Bruch mit Hilfe des Entwicklungsgedankens zu relativieren, steht ein uralter Gedanke, der ihn in die göttliche Wirklichkeit selbst hinein verabsolutiert: *Neben* dem Gott, aus dessen Hand die gute Schöpfung hervorging, steht von Anbeginn an eine zweite Urmacht, die sich ihm entgegensetzt und auf die Zerstörung seines Werkes aus ist. Die Sünde wie alles Übel entspringt aus dem Hereinwirken dieses Gegen-Gottes in Gottes Schöpfung. Erlösungshoffnung richtet sich darauf, daß der gute Gott diesen Gegenspieler, mit dem er in beständigem Kampf liegt, schließlich endgültig besiegen und vernichten wird. Diese Vorstellung hat außerbiblische, vor allem iranische Ursprünge. Vom Dualismus eines Gottes des Lichts und der Finsternis war die altpersische Religion (Zarathustra) geprägt. In den frühchristlichen Jahrhunderten wurde er durch den ebenfalls im persischen Raum entstandenen Manichäismus zum System weitergebildet. Der Manichäismus hatte große Ausstrahlung, auch in den christlichen Raum hinein. Er konnte hier an dualistische Motive der Gnosis anknüpfen; sie setzten sich auch in späteren Sektenbildungen (Bogumilen, Katharer) fort.
Die kirchliche Theologie hat diesen Dualismus zweier göttlicher Urmächte stets abgelehnt. Sie mußte ihn ablehnen, denn die biblisch bezeugte Selbstbekundung Gottes schließt die Vorstellung einer zweiten *übergeschöpflichen* Macht, eines Gegen-*Gottes* radikal aus. Gott hat sich in seiner Geschichte mit dem Menschen als der *eine* Herr bekundet. Als dieser eine steht er seiner Schöpfung gegenüber, und alles, was nicht Er-selbst ist, ist sein Geschöpf. Gewiß wird in den späteren Schichten des Alten und im Neuen Testament von dem Satan, dem „Fürsten dieser Welt" gesprochen. Aber auch der Satan wird im biblischen Bereich als *geschöpfliche* Größe verstanden (die spätere kirchliche Lehrtradition deutet ihn in Anlehnung an 2. Petr 2,4 als einen gefallenen Engel). Auch in Bezug auf ihn bleibt dann die Frage bestehen: Wie kann innerhalb des Lebens, das der eine Gott

geschaffen hat, der Widerspruch gegen seinen Willen zu zerstörender Wirklichkeit werden?

Exkurs: Zur Lehre vom Teufel

Kann die biblische Rede vom Satan auf keinen Fall als Behauptung einer negativ-*göttlichen* Größe verstanden werden, so ist zu fragen, wie sie überhaupt verstanden werden kann.

Die konkrete Vorstellung von einem *personhaften* Wesen „Satan", dem eine Fülle von ebenso personhaft gedachten Dämonen zugeordnet ist, ist uns weitgehend fremd geworden. Und die furchtbaren Ängste und Wirkungen, die allzu konkrete und phantasievolle Vorstellungen von diesen Mächten in der Geschichte der Kirche ausgelöst haben (Teufelsbündnis, Hexenprozesse usw.), lassen solche Vorstellungen auch kaum zurückwünschen. Ist nicht gerade hier eine radikale Entmythologisierung angebracht und auch befreiend? Sie wird denn auch in der neueren Theologie zuweilen etwa in folgendem Gedankengang vollzogen: Redet die Bibel von einer übermenschlichen Macht des Bösen, so ist das nicht sinnlos, aber auch nicht wörtlich zu nehmen im Sinn einer metaphysischen Person und ihres Anhangs, die irgendwie zwischen Gott und den Menschen ihr Unwesen treibt. Diese bildhafte biblische Redeweise sollte vielmehr verstanden werden als Hinweis auf die unheimlich mächtigen Wirkungen, die *menschliche* Sünde hat – Wirkungen, die *über*mächtig werden, dem Menschen über den Kopf wachsen und sich über das hinaus, was er selbst beabsichtigt, als Unheilszwänge auswirken. Diese Unheilszwänge sind das „Dämonische", Unheimliche, den Menschen Bindende und Beherrschende – obwohl es aus seiner eigenen Sünde hervorgeht.

Damit ist sicher zu Recht etwas angesprochen, worauf auch neutestamentliche Aussagen hinweisen, etwa das Jesuswort Joh 8,34 „Wer Sünde tut, der ist der Sünde Knecht". Auch Paulus spricht verhältnismäßig selten vom Teufel, wohl aber von der Macht der hamartia über den Menschen. Aber kann man es bei jener rein anthropologischen Deutung des Dämonischen bewenden lassen? Das Einzelne biblischer Vorstellungen über Teufel, Dämonen und die Art ihres Wirkens muß gewiß nicht deshalb, weil es eben auch „in der Bibel steht", als für alle Zeiten verbindliche Glaubenswahrheit betrachtet werden. Dennoch ist zu bedenken, was es bedeutet, daß Jesus selbst sich zum Kampf gesandt wußte nicht nur gegen Sünde und Leiden der Menschen, sondern darin zugleich gegen übermenschliche Macht, die als der „Feind" des Willens und Wirkens Gottes den Menschen bindet. Das, was im Bösen „über den Kopf" des Menschen geht – sind es nur die quasi-sachlichen *Ergebnisse* seines Tuns? Ist hier nicht auch von einem *Willen* zu reden, der darum mit dem Willen des Menschen als Sünder nicht einfach identifiziert werden kann, weil er aus dem Bösen herauskommen läßt, was der Mensch gerade *nicht* will? Dieser Wille, die dynamische Tendenz, die durch die Sünde wirkt, ist: Zerstören, einreißen, was Gott gut geschaffen hat. Das ist nicht der Wille des Sünders, sein Wille ist durchaus, sich noch mehr Gutes zu verschaffen. Aber Zerstörung des von Gott gegebenen Lebens ist das, was herauskommt – wer oder was zielt mit der Sünde des Menschen auf *diesen* Erfolg? (Nur im Grenzfall wird auch im Menschen der nackte Zerstörungswille, die pure Lust am Einreißen durchbrechen, und bezeichnenderweise kann man gerade da das Gefühl haben, daß menschliche Sünde „dämonisch" wird – vielleicht die einzige Stelle, an der die Rede vom „Teufelsbündnis", die sich oft in so grotesken Vorstellungen ergangen hat, einen wirklichen Sinn haben könnte.) Der Sold, den die Sünde dem Menschen auszahlt, ist der Tod (Tod in jenem qualifizierten Sinn, von dem in § 18,3 gesprochen wurde). Der Wille des Sünders ist nicht sein Tod, sondern vielmehr, sich noch mehr Leben zu sichern. Wer oder was zielt mit der Sünde des Sünders auf seinen Tod? Fragen wir nach der menschliche Absicht überragenden Macht des Bösen, dann ist nicht nur von dem Ergebnis zu reden, das die Sünde des Menschen selbst hervorbringt, sondern zugleich von einem Willen, der den Menschen in seiner menschlichen Sünde diesem Ergebnis zutreibt – das der Mensch gerade nicht will.

Soviel kann zum Verständnis der biblischen Rede vom Teufel gesagt werden. Es ist einiges hinzuzufügen, was damit nicht gesagt sein soll.

Auf keinen Fall darf der „Träger" dieses Willens als ein Wesen verstanden werden, das wie und neben Gott selbst über der geschaffenen Welt stände als ein zweiter, negativer „Schöpfer". Der Wille der Zerstörung bringt nichts Lebendiges hervor; er kann nur wirksam werden an dem, was *Gott* hervorgebracht hat und hervorbringt. Auf keinen Fall kann uns geboten sein, an diesen Willen zu „glauben", ihn als eine Größe zu respektieren, mit deren Macht und Erfolg *neben* der Macht Gottes auch noch zu rechnen wäre, so daß der Glaube in Hoffen auf Gott und Angst vor dem Teufel gespalten würde. Wenn Gott in dem gekreuzigten und auferstandenen Jesus in den Tod der Sünder kam und ihnen mitten im Tod seine Gemeinschaft und die Hoffnung des Lebens gegeben hat, dann ist damit jenem Willen, der mit unserer Sünde auf unseren gott*losen* Tod zielt, endgültig seine Macht über den Menschen abgesprochen; und uns ist nicht nur erlaubt, sondern geboten, unserer Sünde und aller Teufelsangst zum Trotz unsern *ungeteilten* Glauben auf diesen Gott zu setzen. Mehr kann und muß m.E. in dieser Frage theologisch nicht gesagt werden.

Nachdem wir von einem *Willen* des Zerstörens geredet haben, könnte wohl gefragt werden, ob wir uns zu ihm nicht auch eine „Person" als den Wollenden dieses Willens denken müssen. Wir sprechen ja von Gott als dem alles menschliche Lieben übergreifenden Willen und der Macht unbedingter Liebe, und darum sprechen wir – bei allem Wissen um das Gleichnishafte dieses Wortgebrauchs – von *ihm* als Person: Er ist der Liebende dieser Liebe. Müßten wir dann nicht analog dazu von dem Teufel als Person, als dem Wollenden dieses Willens der Zerstörung und des Todes reden? Aber diese Analogie geht m.E. im entscheidenden Punkt fehl. Der Wille der Liebe ist Wille zur *Gemeinschaft* – er kann nur geglaubt werden, indem wir ihn als das Du glauben, das mit uns sein will. Und darum kann christlicher Glaube von Gott nur personhaft reden. Aber im Willen der Zerstörung und des Todes begegnet kein Du, mit dem Gemeinschaft sein könnte, sondern nur die nackte Negation aller Liebe und

Gemeinschaft, die dahin tendiert, uns in den Tod der Versteinerung im Alleinsein mit uns selbst zu stoßen. Dieser Wille bleibt für uns ein schreckliches „Es" ohne jede sinnvolle Beziehung zu uns selbst. Dann kann es aber jedenfalls keine begründbare Notwendigkeit geben, ihn theologisch als „Person" zu denken. Die Neigung, sich den Teufel möglichst konkret personhaft vorzustellen, könnte eher in die Gefahr führen, an ihn nun doch jenen Angst-„Glauben" zu hängen, der ihm nicht zusteht und der uns nicht geboten ist.

3. Prädestinatianische Antwort

Wie kann in der Schöpfung Gottes, der als der Schöpfer auch der *Allmächtige* ist, das Böse Wirklichkeit werden? Wird der Gedanke der Allmacht und Allwirksamkeit Gottes zur logischen Prämisse des Nachdenkens über diese Frage, dann scheint als Alternative zu dem unmöglichen Versuch, sie durch die Annahme einer zweiten göttlichen Macht zu beantworten, nur übrigzubleiben, daß auch der Wirklichkeitsgrund des Bösen letztlich in dem einen Gott selbst zu suchen ist. Wirkt der allmächtige Gott alles in allen, kann nichts, was geschieht, ohne und gegen seinen Willen geschehen, dann – das scheint logisch unausweichlich – ist auch er es, der den Widerspruch gegen seinen Willen, den Teufel, die Sünde und das Unheil des Menschen wirklich werden läßt. Er läßt den Widerspruch wirklich werden, um sich als sein Vernichter und gerade so als der Allmächtige zu erweisen. Die christliche Theologie hat sich im allgemeinen auch auf diese Lösung der Frage nicht eingelassen. Immerhin kommt ihr die in einer extremen Richtung des älteren Calvinismus vertretene Lehre einer „supralapsarischen" doppelten Prädestination zumindest nahe. Sie besagt: Gott hat den Sündenfall nicht nur zugelassen, um dann *nachträglich* („infralapsarisch") zu beschließen, wie er mit dem zum Sünder gewordenen Menschen verfahren wird. Er hat vielmehr von *vornherein* („supra-lapsarisch") gewollt und bestimmt, daß der Sündenfall geschehen wird und alle zu Sündern werden. Er hat damit zugleich auch vorherbestimmt, daß ein Teil der Menschen aus der Sünde erlöst werden, der andere aber der Verdammnis anheimfallen soll. Er wollte und will dies, um an den zur Rettung Erwählten die Herrlichkeit seiner Gnade, an den andern aber die Majestät seiner strafenden Gerechtigkeit zu erweisen.

Diese Theorie hat sich aber selbst im älteren Calvinismus nicht allgemein durchsetzen können; lutherische und erst recht katholische Theologie haben ihr von vornherein widersprochen. Bleiben wir dabei, unser Denken von Gott nicht durch einen abstrakten Allmachtsbegriff und seine logischen Konsequenzen, sondern durch Gottes Selbsterweisung in Jesus Christus bestimmen zu lassen, dann ist es uns verwehrt, den Grund der Wirklichkeit des Bösen im Willen Gottes selbst zu suchen. Damit würde der Dualismus, der als Annahme von Gott und Gegen-Gott unmöglich ist, in den einen Gott selbst hineingetragen werden; in ihm wäre dann Wille und Gegen-Wille – ein zutiefst zweideutiger Gott. Aber Gott hat in Christus der Wirklichkeit des Bösen *eindeutig* ihr Recht auf den Menschen bestritten, sich als der Sieger über ihre Macht und *darin* als der Allmächtige erwiesen. Und gerade weil er in Christus nicht in einem Sinn gleichgültiger Gutmütigkeit als der „gute" Gott, sondern im Ernst seines die Sünde *verneinenden* und überwindenden Willens offenbar ist, ist es unmöglich, daraus einen dämonisch unberechenbaren Gott zu machen, der das, was er verneint, aus irgendeinem irrationalen Abgrund seines Wesens heraus (oder in der allzu rational gedachten Konsequenz, sei er der Allmächtige, so müsse eben letztlich *alles* auf ihn zurückgeführt werden) zugleich wollte und wirkte.

4. *Bestimmung des Menschen zu freiem Gehorsam als Antwort*

Es bleibt der Versuch, die Möglichkeit der Sünde von der Bestimmung des Menschen zur Freiheit her zu verstehen. Dieser Erklärungsversuch hat in der kirchlichen Theologie eine alte Tradition. Er hat auch in der theistischen Philosophie prominente Vertreter gefunden (z. B. Leibniz in seiner „Theodizee").
In der älteren Theologie bezog er sich zunächst auf die Frage, warum der *erste* Sündenfall eintreten konnte. Die Antwort war: Nicht Gott hat ihn gewollt und gewirkt – der Mensch hat in die satanische Verführung eingewilligt. Warum hat Gott das nicht von vornherein unmöglich gemacht – warum hat er den Menschen verführbar geschaffen? Darauf antwortete folgende Erwägung: Gott schuf Engel und Menschen im Unterschied zu allen anderen Lebewesen als die mit Geist, Vernunft und damit auch Willensfreiheit begabte Kreatur. Er wollte ihren ungenötigten, freien Gehorsam, das freie Einstimmen ihres Willens in sein Gebot. Sollte ihr Gehorsam aber in ungenötigter Freiheit geschehen, so konnte auch die Möglichkeit seiner Verweigerung nicht von vornherein ausgeschlossen werden. Die *freie* Kreatur ist als solche auch die zum Mißbrauch ihrer Freiheit *versuchbare* Kreatur. Darum konnte der Mensch fallen, und konnte zuvor auch der Engel fallen, der zum Satan und dann dem Menschen zum Versucher

wurde. Gott *wollte* und *wirkt* das Böse nicht, er wird es auch überwinden. Er hat es aber *zugelassen*, weil er Geschöpfe wollte, die ihm in Freiheit und Liebe gehorsam sind. Und gerade dies entspringt der Güte seines Schöpferwillens; ohne das mit Freiheit begabte Geschöpf wäre seine Schöpfung nicht vollkommener, sondern ärmer. Freilich, durch den Mißbrauch dieser Freiheit hat Adam sie für sich selbst und alle seine Nachkommen verloren, für alle gilt nun: *non* posse non peccare – es sei denn, daß Gott erlösend eingreift.

Dieser Lösungsversuch hat seine (scheinbare) Plausibilität zunächst unter der Voraussetzung, daß der Sündenfall als das Geschehen am *Anfang* verstanden wird, durch das für alle folgende Menschheit ihre Unfreiheit in der Sünde bewirkt wurde. Er erklärt, warum der *erste* Adam fallen konnte. Versteht man „Adam" als den Menschen, der wir alle sind und den Sündenfall als Bezeichnung des je immer aktuellen Bruchs zwischen der geschöpflichen Bestimmung und dem faktischen Leben des Menschen, so wird die Erklärung dieses Bruchs aus dem Mißbrauch menschlicher Willensfreiheit schwer nachvollziehbar. Soll man annehmen, jeder Mensch begehe für sich selbst an irgendeinem Anfang seines bewußten Lebens je seinen eigenen Sündenfall in freier Entscheidung gegen Gott, um von da ab an die Sünde gebunden zu sein? Das wäre eine sehr fragwürdige Spekulation. Dann bliebe nur der Gedanke, daß alles Sündigen in *jedem* Augenblick aus einer Freiheit heraus geschieht, in der die Entscheidung für den Gotteswillen offensteht, die aber zur Entscheidung gegen ihn mißbraucht wird. Aber wie ist das mit einem Verständnis von Grundsünde als *bindender* Macht vereinbar? Wohl ist die Sünde auch als Grundsünde nicht ein von außen aufgezwungener Zustand, sondern Selbstbewegung menschlichen Wollens (vgl. § 18, 2.1). Wir hatten das aber doch verstanden als ein Wollen, in dem der Sünder nicht frei ist, aus eigener Entscheidung auch anders zu sein und zu wollen, aus dem er vielmehr der Befreiung bedarf, die allein Gott in ihm wirken kann. Gedankliche Stringenz kann die Erklärung der Sünde aus der Freiheit des Menschen, will man nicht in Pelagianismus geraten, in der Tat nur haben, wenn sie auf die erste Sünde eines ersten Menschen bezogen wird, der darin von dem Adam und Sünder, der wir alle sind, grundsätzlich verschieden war.

Aber auch abgesehen von solchen Denkschwierigkeiten ist diese Erklärung theologisch fragwürdig. Das Freiheitsverständnis, von dem sie ausgeht, ist das der Wahlfreiheit, sich zwischen zwei Möglichkeiten so oder so entscheiden zu können. Freiheit des Menschen in diesem Sinn hat im Umgang mit sachlichen Gegebenheiten und Handlungsmöglichkeiten ihren begrenzten Ort. Schon auf ein existentiell engagiertes Verhältnis zu einem Mitmenschen, etwa in Liebe oder Freundschaft, ist dieses Verständnis von Freiheit nicht übertragbar. Auch in einem solchen Verhältnis ist Freiheit – aber das ist doch nicht die Freiheit, so oder auch anders zu können und sich dann in Abwägung des Für und Wider für „so" zu entscheiden. Es ist eine Freiheit, in der wir entschieden *sind* und in der die Möglichkeit, auch „anders" zu können, gar nicht in Frage kommt; würde sie im Bewußtsein auftauchen, so wäre das Verhältnis innerlich bereits gebrochen. Noch viel weniger kann die Freiheit, die Gott dem Menschen im Verhältnis zu ihm selbst zugedacht hat, als solche Wahlfreiheit verstanden werden. Sollte das die Freiheit eines „Herkules am Scheidewege" sein, der sich wohl auch gegen Gott entscheiden könnte und dem diese Möglichkeit verlockend sein kann (er ist ja „versuchlich"), der dann aber unter Einsatz seiner Willenskraft gegen sein Begehren die verführerische Möglichkeit abweist? Das Verführerische dieser Möglichkeit wäre doch selbst schon der Brückenkopf der Sünde in seinem Innern – ein erstes *Abstandnehmen* von Gott. Frei für Gott sind wir dann, wenn wir *in* Gott frei sind, das heißt: In der Kraft seines Geistes dazu frei, daß wir mit *ungeteiltem* Herzen und Willen in seinem Willen leben: „Wo der Geist des Herrn ist, da ist Freiheit" (2.Kor 3,17). Wenn kein Christ auf Erden so vollkommen in dieser Freiheit lebt, daß er mit keiner Versuchung mehr zu tun hätte, so gehört seine bleibende Versuchlichkeit gerade nicht zum Wesen seiner geistlichen Freiheit, sondern zum Unwesen der Sünde, die in ihm noch ihren Brückenkopf halten will – des „Fleisches", gegen das der Geist streitet.

Was die Freiheit bedeutet, zu der Gott den Menschen geschaffen hat, haben wir damit verstanden im Licht der geistlichen Freiheit, zu der Gott in Christus befreit. Dem könnte der Einwand begegnen, daß die Frage: Wie wird Sünde überhaupt möglich, sich ja nicht auf den erlösten, sondern auf den geschaffenen Menschen bezieht – auf den Menschen „vor" seinem Sündenfall (wie immer dieses „vor" zu verstehen sein mag). Aber kann man das Leben, zu dem der von Gott geschaffene Mensch bestimmt ist, anders verstehen wollen als das Leben, zu dem er im Glauben an Christus *befreit* wird? Der in Christus *erlöste* Mensch ist auch der zu ihm hin *geschaffene* Mensch (Joh 1,4; Kol 1,16). Ist es die Gnaden- und Liebesmacht Gottes, die uns in Christus dazu befreit, in ihr zu leben, so ist es auch sein Schöpferwille, daß der Mensch allein im Umfangensein von dieser Gnade leben und *darin* seine Freiheit haben soll. Für eine Freiheit der Distanz, aus der heraus der Mensch zwischen Gehorsam und Ungehorsam zu wählen hätte, ist da kein Raum – ja dies *wäre* schon der Einbruch der Sünde in das Zusammensein mit Gott, zu dem er geschaffen ist. Dann kann aber auch in dieser Art von Freiheit nicht die Erklärung dafür gesucht werden, warum die Sünde möglich war und wirklich werden konnte.

5. *Keine Antwort*

Die Konsequenz aus diesem Durchgang durch die verschiedenen Versuche, die Frage nach dem Woher des Bösen in der Schöpfung Gottes zu beantworten, kann sehr kurz gefaßt werden: *Es gibt* auf diese Frage *keine Antwort*. Es gibt jedenfalls keine Antwort, die eine auf Gottes Selbstweis in *Jesus Christus* gegründete Theologie vertreten könnte, ohne mit diesem ihrem Grund in Widerspruch zu geraten. Ist der eine Gott allein der Schöpfer, durch den alles, was ist, sein Sein und alles Lebendige sein Leben hat, und ist er wirklich eindeutig der Gott, als der er von Jesus verkündigt wird und in ihm sich erzeigt hat: Wille und Macht der unbedingten Liebe, dann ist die Gegenwart des Zerstörenden in seiner Schöpfung und der Sünde in dem Menschen, den er „zu seinem Bilde" geschaffen hat, das schlechthin Unbegreifliche, Unerklärbare. Die Theologie hat nicht nur bisher noch keine befriedigende Antwort auf die Frage gefunden, warum das Böse in der Schöpfung Gottes möglich ist und wirklich wurde. Sie hat *grundsätzlich* keine Antwort auf diese Frage.

Zu diesem Ergebnis kommt – neben anderen Theologen – auch K. *Barth*. Er bringt es auf die paradoxe Formulierung: Das Böse ist in Gottes Schöpfung die „unmögliche Möglichkeit", deren Wirklichkeit wir gleichwohl nicht bestreiten können. Auf keinen Fall darf es auf einen *positiven* Willen Gottes zurückgeführt, ebensowenig aus der dem Menschen von Gott zugedachten Freiheit erklärt werden, denn diese (darin argumentiert B. ähnlich wie hier in Abschn. 4) kann nicht die Freiheit des „Herkules am Scheidewege" sein. Merkwürdigerweise ist B. aber dabei nicht ganz stehen geblieben, sondern hat nun doch noch versucht, eine theologische Erklärung des Unerklärlichen wenigstens anzudeuten: Indem Gott schafft, bedeutet dies, daß er *Bestimmtes* für das Sein der Kreatur wählt, bejaht und will, darum auch wirkt. Aber gerade *indem* er dies tut, „definiert" er gleichsam implizit auch das, was er *ab*wählt, verneint und nicht will. „Gott erwählt, und eben damit verwirft er auch, was er nicht erwählt . . . Er sagt Ja und eben damit Nein zu dem, wozu er nicht Ja sagt"[3]. Und nun hat auch diese Verneinen Gottes Kraft; es ruft seinen „Gegenstand" aus dem leeren Nichts heraus, verleiht ihm Bestimmtheit und damit eine Art von Wirklichkeit. Auch Gottes Nicht-wollen kann „nicht ohne reale Entspre-

---

[3] K. Barth, KD III/3, S. 405; vgl. den ganzen Abschnitt „Die Wirklichkeit des Nichtigen", S. 402ff.

chung" sein. So „ist" auch das Böse – freilich nur kraft des Unwillens Gottes und insofern von vornherein als das, was *keinen* Bestand haben wird. Darum bezeichnet es B. als das „Nichtige", was nicht heißen soll: Es ist *nicht*, wohl aber: Es ist nur als das zum Vergehen Bestimmte, „weichende Grenze, fliehender Schatten".

Gegen diese merkwürdige Überlegung spricht, daß sie gedanklich kaum nachvollziehbar ist – wie soll man das verstehen, daß das Verneinen Gottes dem Verneinten eine Art von Wirklichkeit verleiht? –, und daß sie andererseits dem Zerstörerischen dieser Wirklichkeit gegenüber nun doch als Verharmlosung erscheinen kann. Das war gewiß nicht Barths Absicht. Was er über das „Nichtige" als „fliehenden Schatten" sagt, sagt er nicht als eine menschlichem Denken erreichbare Gewißheit um die Ungefährlichkeit dieser Größe, sondern aus der Gewißheit des Glaubens, daß Gott in *Christus* diesen Feind zum „fliehenden Schatten" *gemacht* und zum Vergehen verurteilt hat. Er urteilt gleichsam a posteriori von dem her, daß Gott das Böse überwunden hat, und projiziert dies nach rückwärts auf die Frage, wieso es überhaupt dasein kann. Aus dem ganzen Zusammenhang der KD wird das deutlich. Aber wenn das Böse wirklich das von Gott Verneinte und zur Vernichtung Bestimmte ist, sollte dann nicht auf *jeden* Versuch verzichtet werden, das Warum und Woher dieser „unmöglichen Möglichkeit" nun doch irgendwie zu verstehen?

Der fides quaerens intellectum mag es unbefriedigend erscheinen, wenn Theologie sich damit bescheiden muß, auf die Frage, warum das Böse, die Sünde überhaupt sein kann, keine Antwort zu haben. Aber gerade von der Praxis des Glaubens her kann es verstehbar werden, warum es auch für die Theologie, die ja ein Nach-denken des Glaubens sein soll, genau in dieser Frage *nichts* zu verstehen gibt. Denn in die Praxis des Glaubens gehört das *Bekennen* von Sünde. Und gehört in das Bekennen von Sünde nicht die Entschuldigung hinein, die sich auf verursachende Entlastungsfaktoren herausredet, so gehört auf der Ebene des theologischen Nachdenkens in die *Lehre* von der Sünde auch nicht das Verstehen-wollen hinein, warum sie überhaupt möglich ist. Die für den Glauben allein relevante und darum auch theologisch allein rechtmäßige Frage ist nicht die Frage nach dem *Ermöglichungsgrund* des Bösen, sondern die Frage nach seiner *Überwindung*. Auf diese Frage *soll* die Theologie Antwort geben, weil hier Gott selbst in Christus die Antwort gegeben hat.

Literatur

W. KRÖTKE, Sünde und Nichtiges bei Karl Barth (2. A. 1983).

VI. Kapitel: Der Freigesprochene Gottes

Die Wirklichkeit des Menschen im Urteil Gottes, das ist unser Thema im zweiten Teil dieser Dogmatik. An Jesus Christus, dem wahren Menschen, wird dieses Urteil offenbar als Gottes Anspruch an unser Leben (Ebenbildbestimmung), aber auch als sein Widerspruch gegen den Menschen, der sich seinem Anspruch entzieht (der Sünder unter Gottes Zorn). Davon war bis dahin die Rede. Aber in demselben Jesus Christus ist Gott selbst *mit* uns geworden, versöhnend für den Menschen eingetreten, der seinem Anspruch nicht entspricht. Auch dies ist Urteil Gottes: sein „rechtfertigendes" Urteil, das menschliche Wirklichkeit schöpferisch verändert, weil es Sündern das Recht und die Freiheit eines neuen Lebens in seiner Gemeinschaft zuspricht. Damit ist das Thema genannt, das in diesem Kapitel zu behandeln ist. Es ist in der Geschichte vor allem der abendländischen Theologie ein umstrittenes Thema geworden. Wir stellen auch hier eine theologiegeschichtliche Orientierung voran.

§ 20. Gnade und Rechtferigung in der kirchlichen Lehrüberlieferung. Heutige Anfragen an die reformatorische Rechtfertigungslehre

1. Das biblische Zeugnis

In unterschiedlichen Bildern und Begriffen wird im Neuen Testament die befreiende Macht des Christusgeschehens ausgesagt. In den Auseinandersetzungen der abendländischen Theologie um die Gnadenlehre, deren Weg hier in knappem Umriß nachgezeichnet werden soll, ging es vor allem um das Verständnis der Begriffe, in denen Paulus von diesem Geschehen geredet hat: In Christus hat Gott seine Gerechtigkeit offenbart als die Macht seiner die Sünder gerechtsprechenden Gnade.

Spricht Paulus von Gottes *Gerechtigkeit*, so greift er damit zurück auf ein Kernwort des alttestamentlichen Gotteszeugnisses. Auch im Alten Testament ist damit zunächst die *Heil* wirkende, Gemeinschaft gewährende Gerechtigkeit Gottes gemeint, die als solche Erweis seiner Gnade ist. Eine Gerechtigkeit freilich, die den, der sich durch Übertretung der Gebote Gottes der von ihm aufgerichteten Bundesgemeinschaft entzieht, mit Gericht treffen wird. So kann auch von dem vergeltenden Walten Gottes gesprochen werden, von dem der Fromme Bestätigung erwartet und das die Sünder vernichten wird. Aber das ist schon im Alten Testament kein letztes Wort. Die Erkenntnis erwacht, daß vor Gott kein Mensch aus eigener Gerechtigkeit bestehen kann[1], und prophetische Schau sieht die Zukunft eines „neuen Bundes", in dem Gott selbst durch seinen Geist den ihm gerechten Menschen schaffen wird[2].

Auch das nachalttestamentliche Judentum erwartet den Erweis der Gerechtigkeit Gottes als Heilsverwirklichung. Diese Erwartung wird nun immer stärker eschatologisch geprägt; sowohl universal: am Ende dieser Weltzeit wird Gott das Reich seiner Gerechtigkeit aufrichten, als auch individuell: über dem Ende jedes Menschenlebens ergeht Gottes Urteil, das über die Teilhabe an diesem Reich entscheidet. Dabei ist nicht vergessen, daß jeder Mensch auf Gottes Gnade angewiesen bleibt und der Vergebung seiner Sünden bedarf. Im Grundsatz aber wird diese endgerichtliche Entscheidung Gottes doch als eine nach dem Maß des menschlichen Befundes urteilende Gerechtigkeit verstanden: Wo ernstes Bemühen um die Erfüllung des Gesetzes die Fehltritte überwiegt, da darf Gerechtsprechung und Vergebung der begangenen Sünden erhofft werden; wo Sünde überwiegt, da ist Verwerfung in die Gehenna zu erwarten.

Wenn Paulus Gottes Heilstat in Jesus Christus als den Erweis seiner Gerechtigkeit versteht, so bedeutet das für ihn ebenso wie für die rabbinische Theologie, durch deren Schule er gegangen war, das eschatologische, über die Zukunft des Menschen und der Welt entscheidende Gottesurteil, und ineins damit den Anbruch der eschatologischen Heilswirklichkeit. Aber im Licht der Gottestat, die den nach dem Spruch des Gesetzes gekreuzigten Jesus von den Toten auferweckt und als seinen Christus erwiesen hat, versteht Paulus diesen eschatologischen Erweis der Gottesgerechtigkeit neu und anders als er in der Theologie seiner Herkunft erwartet wurde. Diese sah darin ein noch ausstehendes, zukünftiges Geschehen, dem man in Hoffnung, aber auch in Ungewißheit des einzelnen, wie Gott über seine eigene Teilhabe am Endheil entscheiden wird, entgegenwartet. Paulus dagegen erkennt: In Kreuz und Auferweckung Christi *hat* Gott den Erweis seiner Gerechtigkeit vollzogen, das Urteil gesprochen, das über die Zukunft des Menschen und der Welt entscheidet. In dem auferstande-

---

[1] Ps 130,3; 143,2.
[2] Jer 31,31ff, vgl. Hes 36,26f.

nen Herrn *ist* die Heilszukunft schon gegenwärtig, der neue Aeon in den alten hereingebrochen. Und während rabbinische Theologie erwartete, daß Gott den gerechtsprechen wird, der sich durch ein Überwiegen der Gesetzeserfüllung über die Sünde in seinem Leben vor ihm als ein (relativ) Gerechter erweisen wird, erkennt Paulus nun: In Christus hat Gott sein Urteil als die Gerechtsprechung der *Sünder* vollzogen, „ohne Werke des Gesetzes", d. h. nicht nach dem Maßstab und Maß menschlicher Leistung, sondern aus seiner bedingungslos sich schenkenden Gnade. Es gilt nun nicht, in ungewisser Erwartung des ausstehenden Gottesurteils eigene Gerechtigkeit als Bedingung des Freispruchs zu erwerben, sondern in gewisser Zuversicht – im Glauben – das in Jesus Christus als Freispruch des Ungerechten vollzogene Gottesurteil sich gelten zu lassen. Gott hat in Jesu Kreuz das Gericht über die Sünde aller vollzogen, ihre Sünde dem Tod übergeben – nun aber so, daß die Sünder von ihrer Sünde geschieden und der Herrschaft des für sie Gestorbenen und Auferstandenen übergeben werden. Weil er der Auferstandene ist und sie nun in seiner Herrschaft leben, besagt diese Gerechtsprechung der Ungerechten nicht eine bloße Amnestie, mit der Gott auf die Verwirklichung seiner Gerechtigkeit in ihnen verzichtet hätte. Vielmehr werden die in Christus Gerechtgesprochenen mit Christus zusammengeschlossen zur Gemeinschaft seines „Leibes", und die Lebensmacht des Auferstandenen wirkt durch den Geist in ihrem Wollen und Tun Früchte der Gerechtigkeit. Es darf nicht übersehen werden, daß Paulus die Rechtfertigung des Sünders nicht nur in abstrakt-juridischer Terminologie, sondern zugleich in der konkreten Sprachform der Christusverbundenheit („in Christus sein", „mitgekreuzigt werden und mitauferstehen") aussagt.

Freilich, noch sind die Glaubenden im irdischen Leben, das auf seinen Tod zugeht. Ist in Christus die Wende der „Aeonen", die eschatologische Heilswirklichkeit angebrochen und den im Glauben mit ihm Verbundenen die Teilhabe an ihr bedingungslos zugesprochen, so steht das Ende des alten Aeons, die Vollendung der Schöpfung Gottes zum Reich seiner Gerechtigkeit und die Auferstehung der Glaubenden zur Vollgestalt des ihnen zugesprochenen Lebens noch aus. So steht auch das Wirken des Geistes in ihnen noch im Kampf mit dem „Fleisch", und mit der Zusage ihrer Rechtfertigung ineins gilt ihnen die Mahnung, nicht mehr die Sünde über sich herrschen zu lassen, sondern sich im Gehorsam des Glaubens dem Herrn zu übergeben, in dem ihr neues Leben begründet ist. Ja Paulus kann auch nachdrücklich davon sprechen, daß ihnen dieser Herr im Tod als der Richter begegnen wird, vor dem ihre Werke offenbar werden und der über sie sein Urteil sprechen wird. Ob und wie dieses künftige „Gericht nach den Werken" sich im Verständnis des Paulus mit der Glaubenszuversicht auf das in Tod und Auferstehung Christi bedingungslos *vollzogene* Freispruchurteil vereinbaren läßt, das ist eine exegetisch wie dogmatisch umstrittene Frage geworden.

Wir beschränken uns hier zunächst auf die Vergegenwärtigung der paulinischen Rechtfertigungsverkündigung. Denn durch sie wurde die im Folgenden darzustellende theologiegeschichtliche Entwicklung maßgeblich bestimmt. Die Frage, ob diese durch Paulus geprägte Gestalt der Heilsbotschaft für das Gesamte des neutestamentlichen Zeugnisses stehen kann und wie sich andere Elemente dieses Zeugnisses zu ihr verhalten, wird im Rahmen der dogmatischen Überlegung aufzunehmen sein.

2. Die Gnadenlehre in der altkirchlichen und mittelalterlichen Theologie

In den ersten Jahrhunderten altkirchlicher Theologie wurde die paulinische Rechtfertigungslehre auffallend wenig reflektiert. Sie hat für das Heilsverständnis der Ostkirche überhaupt nie im Zentrum gestanden, was nicht heißt, daß in ihm das sola gratia des Christusheiles verdunkelt wäre. Es wurde dort aber vor allem als Überwindung unseres Todes und Begnadung mit der Teilhabe an der Unsterblichkeit göttlichen Lebens verstanden. In der abendländischen Theologie wurde stärker die Sünde, ihr Gericht und ihre Überwindung thematisiert, aber auch hier zunächst kaum in wirklichem Verständnis der paulinischen Rechtfertigungsverkündigung. Bedingungslose Vergebung wurde auf die vor der Taufe begangenen Sünden bezogen; für das Leben des getauften Christen stand Christus als Gesetzgeber und künftiger Richter vor Augen. Das Evangelium wurde als „neues Gesetz" verstanden, das es zu erfüllen gilt, um im Endgericht zu bestehen. Im Blick auf solche Gesetzeserfüllung konnte nun auch von „Verdiensten" gesprochen werden. Sind dies nicht alle, so doch zunächst vorherrschende Elemente im Heilsverständnis der frühabendländischen Theologie. Sie treten besonders bei *Pelagius* (gest. nach 418) und seinen Anhängern zu Tage. Für ihn war Gnade, abgesehen von der in der Taufe gewährten Vergebung der früheren Übertretungen, vor allem die durch Lehre und Vorbild Christi gegebene Hilfe zur Erfüllung des Gesetzes. Dabei insistierte er auf der Willensfreiheit, kraft der der Mensch vor Gott für sein Tun verantwortlich und die auch dem Sünder verblieben ist.

Im Streit mit Pelagius, aber zuvor schon durch sein Schriftstudium und seinen persönlichen Glaubensweg dahin geführt, hat *Augustin* die paulinische *Entgegensetzung* der in Christus geschenkten Gnade gegen den Heilsweg durch Gesetzeserfüllung neu verstanden und verfochten. Er hat sich damit in der abendländischen Theologie weitgehend durchgesetzt; der Pelagianismus wurde auf mehreren Synoden (erstmals in Karthago 418) als häretisch verurteilt. Gegen die pelagianische Behauptung unverlierbarer Willensfreiheit machte Augustin in aller Schärfe das non posse non peccare des gefallenen Menschen geltend; Sünde ist nicht nur einzelne Fehlentscheidung, sondern Macht, die sein ganzes Wollen und Tun beherrscht. Und Gnade heißt: Gott selbst wirkt im Menschen die Erfüllung seines Willens; was das Gesetz fordert, kann nur die Gnade schenken. Damit ist im Ansatz die paulinische Erkenntnis der allein gerechtmachenden Gottesgerechtigkeit aufgenommen. Die juridische Begrifflichkeit – das Gerechtigkeit zusprechende Gottes*urteil* – tritt bei Augustin allerdings etwas zurück; im Vordergrund steht die Sicht der Gnade als den Menschen innerlich umwandelnde Gottes*kraft*. Er versteht sie als die Kraft der göttlichen Liebe, die in der Seele Liebe weckend wirksam wird. Das bedeutet nun auch Aktivierung des Begnadeten zu guten Werken. Aber nicht so, daß diese *neben* der Gnade zur Teilursache seiner Annahme zu ewigem Leben würden; vielmehr bleibt solches Mit-wirken des Menschen ganz und gar von der wirkenden Gnade umfaßt und getragen, so daß es im Sinn Augustins eher als ein „In-wirken" in ihr zu bezeichnen wäre. Bezeichnend dafür ist, daß er den durch Tradition bereits vorgegebenen Begriff der „Verdienste" zwar aufnehmen kann, aber dazu sagt: Lohn der Verdienste des Menschen, das heißt im Grunde, daß Gott die Verdienste seiner Gnade im Menschen krönt. Stärkste Ausprägung findet diese radikale Ausschaltung menschlicher Mitwirkung zum Heil in Augustins Prädestinationslehre: Nicht weil der Mensch sich dafür entscheidet, kommt er zu dem Glauben, der die Gnade empfängt, sondern welche Gott zum Heil erwählt hat, in denen wirkt *er* durch seine Gnade auch den Glauben, der in ihr lebt.

Wegen der (von Augustin selbst nicht ausdrücklich behaupteten) Konsequenz, daß dann auch das Verderben derer, die nicht zum Glauben kommen, darauf zurückzuführen wäre, daß Gott selbst sie dazu vorherbestimmt habe, stieß die prädestinatianische Zuspitzung der Gnadenlehre Augustins auf Widerspruch. Er formulierte sich in einem (später so genannten) *Semipelagianismus*: Zwar führe allein

Gottes Gnadenwirken, nicht seine eigene Gesetzeserfüllung den Menschen zum Heil, aber bei der Freiheit des Menschen liege die Entscheidung, das Angebot der rettenden Gnade anzunehmen oder abzulehnen. Nach längeren Auseinandersetzungen kam es auf der Synode von Orange (529) zur Verwerfung dieser These; es blieb auch in Bezug auf die Öffnung des Menschen für den Glauben bei dem sola gratia, wie es Augustin vertreten hatte.

Die von der *scholastischen Theologie* des Mittelalters entwickelte Gnadenlehre blieb (freilich in ihren verschiedenen Schulprägungen mehr oder weniger stark) von der Autorität Augustins bestimmt. Hinter die antipelagianische Entscheidung konnte und wollte niemand zurück. Die Scholastik lehrte keine schlichte „Werkgerechtigkeit". Bemerkbar aber wird die Tendenz, innerhalb des Gnadengeschehens die Einbeziehung des menschlichen Wollens und Tuns zur Geltung zu bringen. Das führte zum Ausbau eines gegliederten „Systems" des Heilsweges, das wir hier nur in Grundzügen wiedergeben. Der Sünder kann sich der rechtfertigenden Gnade nicht aus sich heraus öffnen. Er bedarf für ihren Empfang der Disposition durch ein erstes Eingreifen von Gnade: Gott läßt ihm in der kirchlichen Lehrverkündigung seinen Heilswillen begegnen und erweckt in ihm die Regung, sich diesem Angebot zuzuwenden. Diese Anregungsgnade (die Bezeichnungen für sie sind verschieden: gratia gratis data, gratia praeveniens, auxilium gratiae u. a.) will in freiem Willen aufgenommen sein. In der Frage, ob dies als ein Mitwirken des Menschen zu werten ist, differieren die Schulrichtungen. Thomas sieht die Befreiung zum Eingehen auf die Anregungsgnade ganz im Wirken der Gnade selbst mitbeschlossen; andere Theologen sprechen schon hier von einem meritum des Menschen, freilich nicht „de condigno", sondern „de congruo".

Meritum de condigno = Verdienst, das in seinem Wert dem Lohn entspricht und dem er rechtens gebührt. Meritum de congruo = eine schwache Regung, der ein weit überwiegendes Gut als Lohn geschenkt wird.

Dem, der sich durch die Anregungsgnade bewegen ließ, wird nun die Rechtfertigungsgnade (gratia gratum faciens) zuteil. Durch sie wird der Mensch in diejenige innere Beschaffenheit erhoben, in der er für Gott zum ewigen Leben annehmbar ist. Die Rechtfertigungsgnade wird verstanden als „Eingießung" der Gotteskraft, die die Erbsünde tilgt und sich „übernatürlich"-geistliches Leben wirkend in die Seele hineingibt. Als Akt der Zuwendung Gottes ist sie „gratia increata", die von ihr bewirkte Neubeschaffenheit im Menschen kann als „gratia creata" bezeichnet werden. Durch sie ist ihm der „habitus" (Befähigung) verliehen, die „theologischen Tugenden" Glauben, Liebe, Hoffnung zu leben und in guten Werken zu aktualisieren. Solche Werke sind Verdienste, die im Endgericht ihren Lohn empfangen werden, und zwar nach der vorwiegenden Auffassung (Thomas hat auch hier zurückhaltender geurteilt) nun wirklich merita „de condigno". Aber auch als solche sind sie allein durch die zuvorkommende Mitteilung der Rechtfertigungsgnade bedingt. Es ist das Verdienst Jesu Christus, um dessentwillen Gott sich überhaupt dem Sünder zuwendet, ihn durch die Anregungsgnade beruft und durch die Rechtfertigungsgnade instand setzt, diejenigen Werke zu tun, in denen er vor ihm bestehen kann.

Wirkt die Anregungsgnade durch die kirchliche Verkündigung, so wird die „Eingießung" der Rechtfertigungsgnade sakramental vermittelt. Das geschieht grundlegend durch die Taufe. Auch der Getaufte wird Sünden begehen. Durch leichtere („läßliche") Sünden geht ihm der Gnadenstand nicht verloren, wohl aber durch das Begehen einer Todsünde. Die Rechtfertigungsgnade kann ihm dann nur durch das Bußsakrament wieder zuteil werden. Auch dazu bedarf er der Disposition durch neue Anregungsgnade und durch sein Eingehen auf sie in Reue und Beichte.

In der alten Kirche bewirkten schwere Sünden den Ausschluß aus der Gemeinde. Auf sein öffentliches Bekenntnis vor der Gemeinde und den tätigen Erweis seiner Reue hin wurde der Sünder wieder aufgenommen. Ausgeschlossen von solcher Vergebung durch die Gemeinde (nicht unbedingt von Gottes Vergebung) blieben zunächst Mord, Abfall und Hurerei; erst in längerer Entwicklung kam es dazu, daß auch den solcher „Todsünde" Schuldigen der Bußweg zur Wiederannahme geöffnet wurde.

Anstelle dieses öffentlichen Bußverfahrens trat seit dem Frühmittelalter das auf persönliches Bekenntnis vor dem Priester von ihm gespendete Bußsakrament. Was als Todsünde zu bekennen war, wurde jetzt weiter gefaßt (die Aufzählungen variieren); für solche Todsünden galt, daß sie *nur* durch die priesterliche Absolution im Vollzug des Bußsakraments Vergebung erlangen können. Voraussetzung vonseiten des Büßenden waren nach scholastischer Lehre die Reue (contritio cordis – es gab Auseinandersetzungen darüber, ob *con*tritio = Herzensreue erforderlich sei oder *at*tritio = Furchtreue genüge), die vollständige Beichte aller Sünden, deren der Büßende sich bewußt ist (confessio oris) und die nach erfolgter Absolution zu leistenden Bußwerke (satisfactio operis). Waren diese ursprünglich als Bekundung tätiger Umkehr verstanden worden, so setzte sich in der abendländischen Kirche ihr Verständnis als Kirchenstrafen durch, durch deren Übernahme der Büßende der durch seine Sünden verletzten Kirchengemeinschaft „Genugtuung" (satisfactio) leistet (nicht etwa *Gottes* Vergebung erkauft). Seit dem Hochmittelalter kam in Übung, daß solche Kirchenstrafen auch durch anders geartete Leistungen, meist Geldzahlungen, abgelöst werden konnten. Die Gültigkeit dieses „Ablasses" wurde schließlich auch auf die im Fegfeuer zu erwartenden göttlichen Läuterungsstrafen ausgedehnt. (Zur Fegfeuerlehre s. u. § 29.)

Das oben dargestellte System des Heilwegs konnte so verstanden werden, daß der Willenseinsatz und das Tun des Menschen zwar einbezogen wird, aber durchaus von der Gnadenmitteilung gewirkt und umfaßt bleibt und insofern nicht Mitursache der Rechtfertigung ist. Es wurde vor allem von Thomas und seiner Schule so verstanden. In der im Gefolge Occams entwickelten nominalistischen Schulrichtung des Spätmittelalters erscheint aber dieses Verständnis in Frage gestellt. Das starke Interesse dieser Richtung an der Behauptung der dem Menschen wesenhaft zueigenen, ihm auch als Sünder verbleibenden Willensfreiheit führte dazu, daß die Erbsünde nicht mehr als wirkliche, den Menschen bindende Sünde, sondern nur als Zurechnung der Schuld Adams kraft göttlicher Setzung verstanden wurde. So wurde nun die These vertreten, auch der unerlöste Mensch behalte die Möglichkeit, durch den Einsatz seiner Willenskraft das Gesetz Gottes, selbst das Liebesgebot dem Tatbestand nach zu erfüllen. Gott *könnte* ihm, wenn er das wollte, solches Tun als Verdienst zurechnen und ihn auch ohne Gande gerechtsprechen. Aber nun hat Gott in *seiner* Freiheit beschlossen, niemand den Eingang zum ewigen Leben zu öffnen, der nicht zuvor den „habitus" der Rechtfertigungsgnade empfangen hat, und nur diejenigen Werke als Verdienste zu akzeptieren, die im Stande dieses habitus getan werden. So bleibt auch hier das in der Hochscholastik ausgearbeitete Stufenschema des Gnadengeschehens festgehalten. Aber *warum* es der Verleihung der Rechtfertigungsgnade bedarf, das wird hier existentiell nicht mehr faßbar. Und andererseits kann die Betonung der Möglichkeit des Menschen, seine Willenskraft zur Erfüllung des Gesetzes einzusetzen, dazu führen, daß nun in der Tat sein Einsatz als mit der Gnade zusammenwirkend, als Mitbedingung seines Heils verstanden wird: Wer sich bemüht, aus seiner natürlichen Kraft zu tun, „was an ihm ist", dem wird Gott den „übernatürlichen" Gnadenhabitus, ohne den er niemand rechtfertigen will, nicht verweigern.

Diese nur noch formal das sola gratia festhaltende, in ihrem inneren Gehalt und ihrer Auswirkung auf die Frömmigkeit aber zumindest semipelagianisch gewordene Theologie war auch im Spätmittelalter keineswegs alleinherrschend und würde heute wohl von keinem katholischen Theologen vertreten werden. Aber es war die Theologie, die Luther gelernt hatte.

3. Die reformatorische Rechtfertigungslehre

Von „reformatorischer" Rechtfertigungslehre kann man sprechen, weil in diesem Thema zwischen lutherischer und der durch Calvin bestimmten Theologie kein wesentlicher Gegensatz entstand. Bahnbrechend aber war auch für die reformierte Ausprägung der Reformation Luthers Verständnis des Rechtfertigungsgeschehens, auf dessen Darstellung wir uns hier beschränken. Zum Durchbruch kam es in Luther als Neuentdeckung der paulinischen Rechtfertigungsbotschaft. Bestätigung für das, was er aus ihr vernahm, fand er bei Augustin. Die Theologie, der er dieses neue Verständnis entgegensetzte, war zunächst die jenes Nominalismus, von der er selbst hergekommen war.

Die Behauptung einer Willensfreiheit, aus der der Mensch an sich (d. h. wenn Gott das so akzeptieren wollte) auch ohne Gnade dem Gebot gerecht werden könnte, war für Luther über der Erfahrung mit sich selbst zerbrochen. Er war zu der Erkenntnis des in Selbstliebe und Selbstsucht gebundenen Willens geführt worden. Der Sünder hat nicht die Freiheit, sich selbst aus dieser Gebundenheit heraus und auf Gott hin zu bewegen, und also *wenn* ein solches „Tun, was an ihm ist", die Hoffnung auf Gottes Gnadenzuwendung begründen sollte, auch keine Hoffnung.

Entscheidend und sein Rechtfertigungsverständnis bestimmend wurde für Luther die exegetische Erkenntnis, daß mit der Gottesgerechtigkeit, von der Paulus sagt, sie sei im Evangelium offenbart (Röm 1,17), nicht die Gerechtigkeit eines gesetzmäßigen Reagierens auf den Befund des Menschen, sondern Gottes dem Sünder voraussetzungslos und unverdient sich schenkende Gerechtigkeit gemeint ist. Hatte das nicht auf ihre Weise auch die Lehre der Hochscholastik von dem durch Gott verliehenen „habitus" der Rechtfertigungsgnade besagt? Hätte Luther das, was er im Gegensatz zu der scholastischen Theologie neu zu entdecken meinte, nicht auch bei Thomas finden können, wenn er diesen genauer studiert hätte, statt polemisch auf die nominalistische Schultheologie seiner Herkunft fixiert zu bleiben? So fragen manche Stimmen innerhalb der in neuerer Zeit sehr intensiven und verstehensbereiten katholischen Lutherforschung.

Aber Luthers Rechtfertigungsverständnis deckt sich nicht einfach mit dem der thomistischen Hochscholastik. Er verstand Rechtfertigung jedenfalls nicht als einen – gewiß ganz aus der Initiative der göttlichen Gnade hervorgehenden – Heilungsprozeß mit dem *Resultat*, daß ein gerecht gemachter Mensch im Endgericht gerecht gesprochen werden kann. Er verstand die Rechtfertigungsgnade vielmehr als die dem Sünder aller Veränderung seines Lebens zuvorkommend, ja in paradoxem Gegensatz zu seiner Wirklichkeit *zugesprochene* Gerechtigkeit: Gott spricht nicht den durch seine Gnade gerecht Gewordenen, sondern wirklich den „Gottlosen" (Röm 4,5) gerecht. Der in und aus sich selbst ein Sünder ist, wird zum Gerechten, weil Gott ihm Gerechtigkeit zuspricht (simul peccator et iustus). Der Träger dieser Gottesgerechtigkeit ist Christus; daß sie dem Sünder zugesprochen wird, bedeutet, daß Gott ihn mit Christus zusammenspricht, daß Christus seine Sünde auf sich nimmt und seine eigene Reinheit für ihn einsetzt. Und dieser Zuspruch hat eschatologische Kraft. Seine Geltung ist weder an vorangehende Disposition noch an nachfolgende Bewährung gebunden.

Rechtfertigung als Zusage der Gerechtigkeit, die Christus zu eigen ist und mit der Christus selbst sich dem Sünder zuspricht – damit wurde für Luther das *Wort* des gepredigten Evangeliums, durch das dieser Zuspruch begegnet, zum eigentlichen Träger der Heilsvermittlung. Diesem Wort entspricht allein der *Glaube*, in dem ein Mensch unter gänzlichem Absehen von seinem eigenen Lebensbefund sich auf die Zusage ebenso unbedingt verläßt wie sie ihm bedingungslos zuteil wird. Solcher Glaube ist nicht Erbringen einer psychischen Leistung, sondern reines Sich-beschenken-lassen. Auch er selbst ist ja Gottes Geschenk, durch den Heiligen Geist wirkt Gott im Menschen seinem Wort den Glauben.

Das besagt nicht, daß Luther diese Erklärung des Sünders zum Gerechten als ein bloßes Urteil „als ob" verstanden hätte, das den Menschen unverändert den bleiben läßt, der er ist. Vielmehr sah er in dem gerechtsprechenden Urteil das Machtwort des Schöpfers und Erlösers, der, was er zuspricht, auch verwirklichen wird. Wen Gott gerechtspricht, in dem wird er seine Gerechtigkeit auch zum Sieg bringen. Die Sünde, der sein Urteil die Geltung über den Menschen abspricht, wird er eben darum auch in ihrer Wirklichkeit überwinden. Dieses Geschehen hebt jetzt schon an, so gewiß Christus durch seinen Geist dem Glaubenden *wirksam* gegenwärtig wird. Wohl ist in ihm noch Sünde, erst durch den Tod hindurch wird er ihr ganz entnommen werden. Aber ihre Herrschaft über ihn wird gebrochen, der Geist wirkt ihr entgegen den Anfang neuen Lebens. Darum bleibt der

Glaube, der in Beziehung auf das eigene Heil nur nacktes Empfangen sein kann, in Richtung auf den Nächsten in der Welt durchaus nicht passiv. Weil Glauben heißt, in die Lebensmacht Christi kommen, gehen aus ihm spontan die Werke der Liebe hervor; ja Luther kann sagen, daß wahrer Glaube gar nicht sein kann ohne solche Werke.

Der Unterschied zur scholastischen Gnadenlehre liegt also nicht darin, daß diese die Rechtfertigungsgnade als „effektiv" gerechtmachend verstand, Luther sie dagegen als bloß „forensisch" bleibende Gerechterklärung verstanden hätte. Aber so nachdrücklich auch er von der Wirksamkeit der Christusgnade im Leben und Tun des Glaubenden sprach, so entschieden wandte er sich dagegen, dieses neue Leben als ein Vermögen anzusprechen, das als „gratia creata" zur eigenschaftlichen Qualität im Menschen wird. Er protestierte gegen den Begriff eines „habitus in anima" und bestand darauf, daß es die *„aliena"* iustitia Christi bleibt, aus der dem Menschen seine Gerechtsprechung zukommt wie auch alles, was durch sie in seinem Leben neu wird. Damit ist nicht gemeint, daß diese Gerechtigkeit dem Menschen fern und abseits bleibt, sondern daß Christus ihr Subjekt bleibt. Die Werke des Glaubens sind nicht einer gnadenhaft verliehenen Potenz des Menschen zuzuschreiben: aus der Kraft *seiner* Gerechtigkeit wirkt Christus ihr Tun. So können diese Werke wohl als Frucht der dem Menschen wirksam zugesprochenen Gottesgerechtigkeit, nach Luther aber in keinem Sinn als seine Verdienste im Blick auf eine noch ausstehende endgültige Gerechtsprechung verstanden werden. Das aber bedeutet, daß der Glaubende in der Frage, ob er sich im Stand der Gnade wissen dürfe, von jeder Reflexion auf seinen eigenen Zustand entbunden wird. Im Hören des Wortes, das ihm Christus und seine Gerechtigkeit zuspricht, darf und soll er seines Heils gewiß sein und darin eingeschlossen auch der Macht Gottes, sein Leben aus der Sünde ins Rechte zu bringen.

Das hier zunächst im unmittelbaren Anschluß an Luther dargestellte Rechtfertigungsverständnis wurde im wesentlichen in die lutherischen Bekenntnisse aufgenommen, ja es kann als ihr zentrales Thema bezeichnet werden. An der Erkenntnis und reinen Lehre des Rechtfertigungsevangeliums hängt nach den Schmalkaldischen Artikeln (AS II,5) wie nach der Apologie (AC IV,2) die wahre Erkenntnis Christi und seines Heilswerkes und damit das Ganze des christlichen Glaubens. Bringt die Confessio Augustana dieses evangelische Rechtfertigungsverständnis in ihren Artikeln 4 bis 6 auf den denkbar knappsten Ausdruck, so ist aus den Folgerungen, die aus der hier formulierten Erkenntnis in ihren übrigen Artikeln gezogen werden, die Mittelpunktstellung dieser Erkenntnis klar zu erkennen. Die Apologie ist zu ihrem größten Teil eine ausführliche Erklärung, Begründung und Verteidigung der in der Confessio so knapp formulierten evangelischen Rechtfertigungslehre. Die Differenzen über deren rechte Interpretation, die im späteren 16. Jh. entstanden waren, wurden dann nicht alleiniger, aber doch wesentlicher Gegenstand der Entscheidungen, mit denen in der Konkordienformel (1580) die lutherische Bekenntnisbildung zum Abschluß kam. Auch Calvin und die an ihn sich anschließenden reformierten Bekenntnisse haben diese evangelische Rechtfertigungslehre inhaltlich übernommen, wenngleich ihre zentrale Stellung im Ganzen der Glaubenserkenntnis dort nicht so ausdrücklich in Erscheinung tritt.

In der begrifflichen Ausarbeitung der Rechtfertigungslehre durch die altprotestantische Theologie wird nun aber gegenüber Luther doch eine gewisse Verschiebung bemerkbar. Luther hatte die Gerechterklärung des Sünders ineins gesehen mit der sein Leben verändernden, schöpferischen Gottesmacht: Das „forensische" Urteil als solches hat „effektive" Kraft, denn es spricht in die Gemeinschaft mit Christus hinein, und ihm glauben heißt in die Macht des Geistes Christi kommen. Noch in der Apologie konnte auch Melanchthon „iustificatio" unmittelbar mit „vivificatio", „iustos pronuntiari" mit „ex iniustis iustos effici seu regenerari" verbinden (AC IV,72). Der spätere Melanchthon aber ging hier zu strenger begrifflicher Unterscheidung über, und die lutherische Orthodoxie ist ihm darin gefolgt. Iustificatio wird nun *ausschließlich* als „actus Dei extra hominem forensis", als Gerechtsprechung durch Nichtzurechnung der Sünde um des Verdienstes Christi willen, definiert. Die sanctificatio wird als ein der iustificatio folgendes, aber ihr gegenüber besonderes Geschehen verstanden, das auch in der theologischen Reflexion von der Rechtfertigung abzuheben ist. Bestimmend dafür war das Bestreben, die Heiligung nicht unversehens wieder unter den Aspekt einer Mitbedingung der Gerechtsprechung geraten zu lassen. Es wurde verstärkt durch die Auseinandersetzung mit Andreas *Osianders* (1498–1552) These, das Rechtfertigungsgeschehen sei als reale Einwohnung der göttlichen Natur Christi im Menschen zu verstehen und diese sei die *Voraussetzung,* daß Gott ihn gerechtsprechen könne. Dadurch wurde allerdings der Zusammenhang von Gerechtsprechung und Christusgemeinschaft, wie Luther ihn verstanden hatte, in seinem Sinn verkehrt, und es wird verständlich, daß Melanchthon wie übrigens auch Calvin gegen Osiander auf dem exklusiv forensischen Charakter der Rechtfertigung als Gerechtsprechung bestanden. Aber die strikte begriffliche

Sonderung von iustificatio und sanctificatio, die sich nun durchsetzte, verdunkelte den inneren Zusammenhang von beidem in der Selbstzusage Christi. Einer *isoliert* als juridischer Amnestieakt verstandenen Rechtfertigung gegenüber wird die Heiligung nun zu etwas, was nachfolgen muß, und dieses „muß" kann zum Problem werden. Ist es das innere „muß" der spontanen Frucht des Glaubens? Ist es das „muß" eines Sollens, einer Verpflichtung, die zu dem Geschenk der Gerechtsprechung nun hinzukommt? Wie konnte das „Folgen" der Heiligung aus diesem Geschenk so begründet werden, daß man nicht in die Bahn eines gesetzlichen Moralismus geriet?

Das Bestreben, das, was im reformatorischen Verständnis der Rechtfertigung als lebendige Einheit verbunden war, festzuhalten, aber zugleich begrifflich zu differenzieren und in eine logische Folgeordnung zu bringen, führte in der späteren altprotestantischen Orthodoxie zur Lehrentfaltung eines *ordo salutis* (etwa = Ordnung des Heilsweges) in folgenden Stufen:
Vocatio – der Mensch wird durch die Predigt des Wortes erreicht und zum Glauben gerufen.
Illuminatio – er wird zur Erkenntnis der Wahrheit des Wortes bewegt.
Conversio – er wird zur existentiellen Annahme der erkannten Wahrheit, zu Buße und Glauben bewegt.
Iustificatio – er wird gerechtgesprochen, empfängt Vergebung der Sünden.
Renovatio bzw. *sanctificatio* – sein Leben wird erneuert und geheiligt.
Problematisch ist an dieser Aufgliederung, daß Rechtfertigung hier nur noch als ein Moment neben anderen erscheint, besonders aber die im Übergang der Spätorthodoxie zum Pietismus auftretende Neigung, hier nicht nur logisch gesonderte Elemente eines einheitlichen Geschehens, sondern *zeitlich* aufeinander folgende Stufen eines Weges zu sehen, der psychologisch nachgemessen werden kann.

4. Die Rechtfertigungslehre des Tridentinum

Das Konzil von Trient hat die reformatorische mit einer Neuformulierung der katholischen Rechtfertigungslehre beantwortet. Sie liegt vor in seinem 1547 verabschiedeten Decretum de iustificatione und den zugehörigen Canones, d. h. Verwerfungssätzen. (Die Stellenangaben im folgenden beziehen sich auf die Kapitel dieses Dekrets bzw. auf die Canones.) Zu erkennen ist das Bemühen, berechtigte Anliegen reformatorischer Kritik aufzunehmen, zugleich aber das, was man in deren positiven Lehraussagen als häretisch wahrnahm, abzuwehren. Diese Wahrnehmung war allerdings in Trient z. T. durch Mißverständnis getrübt, was heute auch katholische Theologen einräumen. Dennoch wird man m. E. nicht sagen können, mit der recht verstandenen reformatorischen Rechtfertigungslehre decke sich die tridentinische und die Abwehr treffe *nur* eine mißverstandene evangelische Position.

In den ersten drei Kapiteln seines Rechtfertigungsdekrets stellt das Konzil mit Nachdruck fest, daß von Adam her alle Menschen in Sünde gebunden sind und weder durch die natürliche Kraft ihres Willens noch durch das Gesetz des Mose, sondern allein in Christus, durch die aus dem Verdienst seines Leidens entspringende Gnade befreit und gerechtfertigt werden. Dem nominalistischen Verständnis der auch dem Sünder verbliebenen Freiheit wird damit in der Sache, wenn auch nicht verbotenus, eine Absage erteilt.

Im folgenden gibt das Dekret eine eingehende Beschreibung des Rechtfertigungsvorgangs. Sie schließt sich im wesentlichen an den in Abschn. 2 dargestellten Stufengang der hochscholastischen Gnadenlehre an. Dementsprechend gliedert sie sich in drei Sinnabschnitte: Von der Vorbereitung zur Rechtfertigung; von der Rechtfertigung selbst; vom Wachstum der empfangenen Rechtfertigung. Wir stellen die für die Auseinandersetzung mit der reformatorischen Position wesentlichen Punkte heraus.

Der Sünder bedarf zum Empfang der Rechtfertigungsgnade der Vorbereitung. Das Dekret stellt dies dar in der (damals allerdings weitgehend theoretischen) Annahme, daß ein noch ungetaufter Erwachsener erstmals der Gnade zugeführt wird; es gilt aber analog auch für den Christen, dem die durch schwere Sünde verlorengegangene Gnade im Bußsakrament von neuem zuteil werden soll. Diese Vorbereitung geschieht so, daß im Sünder Glaube an die Wahrheit der Heilsverkündigung (fides ex auditu), verbunden mit einer ersten Regung von Hoffnung und Liebe zu Gott erweckt wird. Es ist durchaus *Gottes* gratia praeveniens, die dies wirkt; aber nicht ohne daß der Mensch in freier Zustimmung auf ihr Anregen eingeht und so in ihr Wirken einbezogen wird (eidem gratiae libere assentiendo et cooperando, Cap. 5). Damit wird aufgenommen, was in der scholastischen Lehre über die aus der Anregungsgnade hervorgehende Disposition auf die „Eingießung" der Rechtfertigungsgnade gesagt worden war. Das Konzil vermeidet es aber, das freie Eingehen des Menschen auf diese erste Gnade als ein Verdienst im Blick auf die ihr folgende Rechtfertigung anzusprechen. Seine Aussage über die Beteiligung des Menschen im Geschehen der Vorbereitung kann so verstanden werden, daß er *durch die Anregungsgnade selbst* zu der Freiheit erweckt wird, ihr zuzustimmen. Andererseits wird dieses Zustimmen doch als ein „cooperari" zum Empfang der Rechtfertigungsgnade angesprochen und dies dem (recht verstandenen?) *sola* fide der Reformatoren entgegengesetzt (Can. IX).

Von der Rechtfertigungsgnade selbst wird gesagt: Sie ist „nicht nur Vergebung der Sünden, sondern auch Heiligung und Erneuerung des Menschen", so daß er „aus einem Ungerechten ein Gerechter wird" (Cap. 7). Steht hinter dieser Aussage die Vorstellung, nach reformatorischer Lehre sei Rechtfertigung *nur* Sündenvergebung, *nicht* jedoch Heilung und Erneuerung, m. a. W. ein bloßes „Als ob"-Urteil ohne lebensverändernde Kraft, so ist Luthers ebenso wie Calvins Rechtfertigungsverständnis dadurch nicht getroffen, weil mißverstanden (ein Mißverständnis, dem die durch Melanchthon eingeführte begriffliche Trennung von iustificatio und sanctificatio allerdings Vorschub leisten konnte). Weiterhin sagt Cap. 7 von der Rechtfertigungsgnade: Sie ist uns verdient durch das Kreuzesleiden Christi; sie wird vermittelt durch das Sakrament der Taufe (bzw. erneut zuteil durch das Bußsakrament); in ihrem Wesen ist sie Gerechtigkeit, die Gott nicht nur in sich selbst hat, sondern durch die er uns zu Gerechten macht. Sie ist die Gottesliebe, die durch den Geist in unsere Herzen gegossen wird und durch die wir mit Christus vereint werden. Als solche aber wird sie auch zu einem den Gerechten innewohnenden Gut (ipsis inhaeret, Cap. 7, vgl. Can. XI), das wir in uns aufnehmen, „jeder nach dem Maß, welches der Heilige Geist den Einzelnen zuteilt, wie er will, und nach dem Verhältnis der eigenen Vorbereitung und Mitwirkung eines Jeden". Hier, im Verständnis der Rechtfertigungsgnade als dem Menschen „inhaerierend" eingegeben, zeigt sich, auch wenn der Konzilstext scholastische Begriffe wie „gratia creata" und „habitus" vermeidet, eine wirkliche Differenz zu reformatorischem Verständnis. Erst recht gilt das für die Reflexion auf das Maß der eigenen Vorbereitung und Mitwirkung.

Deutlich wird diese Differenz auch an den Darlegungen über das Wachstum in der empfangenen Rechtfertigungsgnade. Sie wirkt im Menschen den mit der Liebe geeinten Glauben (fides caritate formata), in dem er befähigt, aber auch verpflichtet wird zur Erfüllung der Gebote Gottes in guten Werken. Es wird betont, daß diese Werke ganz aus der von Gott geschenkten Gerechtigkeit hervorgehen und daß niemand sich daraus einen Selbstruhm machen darf (Cap. 16). Ebenso wird aber gesagt, daß sie wirklich Verdienste des Begnadeten sind, die von Gott Lohn erwarten dürfen (ebda.). Als solche wirken sie mit dem Glauben zusammen zum Wachstum in der Rechtfertigung (cooperante fide bonis operibus crescunt atque magis iustificantur, Cap. 10). Daß sie dem Gerechtfertigten allein durch die Gnade Gottes

ermöglicht und also Gaben Gottes sind, schließt nicht aus, daß er durch sie zugleich eine Mehrung dieser Gnade in ihm selbst, das ewige Leben und selbst eine Mehrung seiner Verherrlichung im ewigen Leben verdienen kann (Can. XXXII). Geschehen sie aus Liebe zu Gott, so sollen und dürfen sie zugleich im Blick auf den ewigen Lohn getan werden, der ihnen verheißen ist; die dies verneinende reformatorische Aussage wird verworfen (Can. XXXI).
Mehrfach nimmt das Rechtfertigungsdekret des Tridentinum die Auseinandersetzung mit dem reformatorischen Glaubensverständnis auf. Die paulinische Aussage, durch den Glauben werde der Mensch gerechtfertigt, interpretiert es dahingehend, daß der Glaube – gemeint ist wohl jener Glaube, mit dem der Mensch sich der Anregungsgnade folgend auf die Heilsverkündigung einläßt und so zum Empfang der Rechtfertigungsgnade disponiert wird – am *Anfang* des Heilsweges steht. *Insofern* kann er als „fundamentum et radix omnis iustificationis" bezeichnet werden (Cap. 8). Daß der Mensch aber allein auf seinen Glauben hin ohne Liebe und gute Werke gerechtfertigt werde, wird bestritten. Einen Glauben, der bloßes Fürwahrhalten ohne Liebe und Werke bleibt, haben freilich auch die Reformatoren nicht gemeint. Verstanden sie diese Werke aber als die Lebensfrucht der bedingungslos zugesprochenen Heilszusage, die nun in der Tat allein durch den Glauben empfangen wird, so spricht das Tridentinum vom Zusammenwirken von Glauben und Werken zur Vollendung des Heilsstandes und stellt *dies* der Vorstellung eines Glaubens, der ohne Werke bleiben kann, entgegen. Daß reformatorisch ein Glaube gemeint war, der gerade als das unbedingte Sich-verlassen auf die Zusage zur Lebensverbindung mit Christus wird und *darum* nicht ohne die Liebe und ihre Werke bleiben kann, wurde offenbar nicht verstanden. Ja gerade gegen eine fiducia, die sich auf die bloße Zusage der Sündenvergebung für gerechtfertigt (und darum, wie wiederum mißverstanden wird, für des Tuns der Werke enthoben) hält, wendet sich das Dekret mit besonderem Nachdruck (Cap. 9, Can. XII, XX). So gewiß an die Barmherzigkeit Gottes, das Verdienst Christi und die Wirksamkeit der seine Gnade vermittelnden Sakramente zu glauben sei, so dürfe doch niemand sich für sich selbst einer unbedingten Glaubensgewißheit rühmen, daß er die Gnade Gottes erlangt habe. Auf Gottes Hilfe sei zu hoffen, aber im Blick auf die eigene Schwäche und mangelhafte Disposition bleibe für den persönlichen Gnadenstand doch auch Grund zu Furcht und Bangen (Cap. 9). Verständlich wird das aus der Bedeutung, die das Rechtfertigungsdekret den durch die Gnade ermöglichten Werken für die Mehrung des Gnadenstandes und seine

endliche Vollendung im ewigen Leben zuerkennt. Aber an dieser Stelle wird auch der Unterschied zum evangelischen Rechtfertigungsverständnis besonders deutlich. Die fiducia, die das Dekret bei seiner Abwehr im Auge hat, ist nicht die von den Reformatoren gemeinte Glaubensgewißheit; was es aber an deren Stelle setzt, ist mit dem, was in ihr wirklich gemeint ist, ebensowenig zu vereinbaren.

5. *Heutige Anfragen an die reformatorische Rechtfertigungslehre*

Das Thema Gnade und Rechtfertigung hat auch nach dem 16. Jahrhundert eine Geschichte gehabt. Aber auf katholischer Seite ist das Rechtfertigungsdekret des Tridentinum die bis heute maßgebliche Erklärung des kirchlichen Lehramts zu diesem Thema geblieben. Sie wurde und wird in der katholischen Theologie vielfach und heute oft überraschend neu interpretiert, aber zu weiterführenden Bestimmungen über die Rechtfertigungslehre mit verbindlicher Geltung als kirchliches Dogma ist es bisher nicht gekommen.

In dem Streit zwischen Molinisten und Thomisten über das Verhältnis von Gnade und menschlicher Freiheit, der im 17. Jh. entstanden war, enthielt sich das oberste Lehramt einer abschließenden dogmatischen Entscheidung. Die Entscheidungen gegen die von Bajus und den Jansenisten vertretenen radikal augustinischen Thesen führten in der Sache über den Rahmen des in Trient Festgelegten nicht hinaus.

Auch für die aus der Reformation hervorgegangenen Kirchen sind ihre Bekenntnisschriften bis heute die maßgebenden Dokumente ihres öffentlich erklärten Consensus in der Rechtfertigungslehre. Das Verständnis und die Gewichtung dieser Lehre hatte freilich in der Folgezeit eine wechselvolle Geschichte. Nach einer Periode rationalistischer Verflachung kam es im Zusammenhang der Erweckungsbewegung des 19. Jh., dann aber erneut in der ersten Hälfte des 20. Jh. zu einer intensiven Wiederentdeckung reformatorischer Rechtfertigungstheologie. Aber diese Geschichte soll in ihren vergangenen Stadien hier nicht im Einzelnen referiert werden. Für die dogmatische Auseinandersetzung bleibt relevant, was der Gegenwart als Bekenntnis und Lehre der Kirche überliefert ist. Zu bedenken sind aber auch Anfragen, die heute an die überlieferte reformatorische Rechtfertigungslehre gerichtet werden.

5.1. Das sind zunächst Fragen vonseiten einer katholischen Theologie, die sich seit Jahrzehnten intensiv mit reformatorischer Rechtfertigungslehre und insbesondere mit Luther auseinandersetzt. Dabei kam es gerade bei diesem einst so umstrittenen Thema zu einer bemerkenswerten Annäherung. Katholische Gnaden- und Rechtfertigungstheologie kann heute unter Zurückstellung des scholastischen Begriffsapparates bisweilen so formuliert werden, daß der einstige Gegensatz kaum mehr spürbar wird. Das gilt z. B. von Hans *Küngs* Buch „Rechtfertigung"[3] (dem Karl Barth das Zeugnis gab, es lehre gut evangelisch – die Frage sei nur, ob es auch noch katholisch lehre). Es gilt vielleicht noch in höherem Maß von den Werken des hervorragenden katholischen Lutherforschers Otto H. *Pesch*[4]. Dabei sind diese Forscher durchaus der Meinung und des Willens, im Einklang mit der recht verstandenen tridentinischen Lehre zu bleiben, jedenfalls mit deren positiver Lehrintention; die tridentinischen Verwerfungen sieht man weitgehend gegen mißverstandene und wohl auch mißverständliche reformatorische Spitzenformulierungen gerichtet.

Gerade in diesem wieder aufgenommenen Dialog über die Rechtfertigung werden aber von katholischen Theologen auch kritische Fragen gestellt. Sie beziehen sich mit Schwerpunkt auf das, was an solchen reformatorischen Spitzenformulierungen als Aufhebung des personhaften Gegenüber des Menschen zu Gott empfunden wird. Daß Luther Rechtfertigung nicht als bloße Amnestieerklärung verstanden hatte, sondern als die schöpferische Gerechtsprechung, die als Annahme in die Christusgemeinschaft in Werken der Liebe lebenswirksam wird, wird auch in der katholischen Theologie heute erkannt und gewürdigt. Aber nun bleibt ja nach Luther alles Wirken Gottes im Leben des Glaubenden stets die „aliena" iustitia Christi, von der wir in keinem Augenblick sagen dürfen: Sie ist eigenschaftlich auch die unsere geworden. Vielmehr sollen wir im Blick auf das, was wir in und aus uns selbst sind, uns immer nur als „totus peccator" bekennen können. Aber wird bei einem solchen Reden von Gottes Gerechtigkeitswirken, das zwar *im* Menschen und seinem Tun geschieht, aber in keiner Weise auch *vom* Menschen ausgesagt werden soll, der Mensch nicht zum bloßen Durchgangspunkt und Objekt des göttlichen Wir-

---

[3] H. Küng, Rechtfertigung, die Lehre Karl Barths und eine katholische Besinnung. Mit einem Geleitbrief von K. Barth (1957).

[4] O. H. Pesch, Theologie der Rechtfertigung bei Martin Luther und Thomas von Aquin (1967); Ders., Hinführung zu Luther (1982); Ders., Gerechtfertigt aus Glauben. Luthers Frage an die Kirche, Quaestiones disputatae Hg. K. Rahner Bd. 97 (1982).

kens? Wird in dieser Vorstellung nicht das Subjekt Mensch von dem Subjekt Christus verschlungen und aufgesogen, anstatt noch in einem echten Gegenüber zu Gott und Christus zu stehen[5]? Wäre solche Entselbstung nicht ein falsch verstandenes „soli Deo gloria"? Hat Gott doch den Menschen geschaffen als Person, als Partner, der ihn gerade dadurch ehren soll, daß er als er-selbst ihm antwortet. Dann muß aber das, was die Gnade Gottes in ihm wirkt, doch ein ihm, dem Menschen wirklich *zugeeignetes* neues Leben werden, aus dem heraus er Gott gute Werke darbringen kann, die *als* Gottes Gabe zugleich in einem echten Sinn auch des Menschen *eigene* Werke sind und von Gott als solche gewürdigt werden. Heißt es nicht der Gnade Gottes zu wenig zutrauen, wenn man sie als ein Wirken versteht, das bloß durch den Menschen hindurchgeht und hindurchwirkt, ohne ihn nun auch Subjekt seines Lebens in der Gnade sein zu lassen? Das bleiben katholische Fragen an die evangelische Rechtfertigungslehre vor allem in ihrer durch Luther geprägten Gestalt, auch wenn moderne katholische Theologie von dieser Begabung des menschlichen Selbst durch die Gnade weithin nicht mehr in den alten aristotelisch-ontologischen Kategorien (qualitas infusa usw.) redet und auch im Reden von „merita", die Lohn beanspruchen können, viel zurückhaltender geworden ist.

Und mit alledem verbindet sich gerade in einer katholischen Theologie, die ihre eigene Bindung an die *Schrift* wieder sehr ernst nimmt, die Frage, ob Luther in seinem einseitigen Paulinismus wirklich ein „Vollhörer der Schrift" gewesen ist. Sind nicht selbst bei Paulus und erst recht in andern Teilen des Neuen Testaments Aussagen zu hören, die gerade in Richtung der eben genannten Fragen als ein Korrektiv jenes einseitig passiv verstandenen Verhältnisses des Menschen zu Gott und seinem Heilswirken zu beachten sind? Gehört Jakobus nicht zur Schrift? Spricht nicht auch Jesus von den Werken und ihrem Lohn? Weiß nicht auch Paulus von einem Gericht nach den Werken?

Bei aller Freude darüber, daß heute eine so weitgehende Verständigung über das einst so umstrittene Thema der Rechtfertigung sich abzeichnet, sollten diese Anfragen nicht überhört werden. Daran, was evangelische Theologie auf sie zu antworten hat, wird sich m. E. entscheiden, ob diese Verständigung zu einem vollen Consensus werden kann.

---

[5] So fragt etwa M. Schmaus, Kathol. Dogmatik III/2 (5. Aufl. 1956), S. 96, der im übrigen eine evangelischem Rechtfertigungsverständnis weithin nahekommende Auslegung der tridentinischen Lehre vertritt.

5.2. Kritische Fragen zur Rechtfertigungslehre werden auch innerhalb der heutigen evangelischen Theologie angemeldet.

Sie können die besonders im Luthertum traditionelle *Zentralstellung* dieser Lehre betreffen: ist sie wirklich für alle Zeiten der „articulus stantis et cadentis ecclesiae", von dem alles ausgeht und auf den alles bezogen werden muß? War sie dies für Luther, so hängt das mit der Zeit und Front zusammen, in die er als Theologe gestellt war (hängt es nicht z. T. auch mit seiner persönlichen Eigenart und Lebensproblematik zusammen?). Aber die Zeiten und Fronten ändern sich – kann und muß damit nicht auch der Hauptakzent, unter dem das Ganze der christlichen Heilsbotschaft entfaltet wird, auf andere Elemente dieser Botschaft gelegt werden?

So etwa Paul *Tillich*: Was in der Reformationszeit die Frage nach dem gnädigen Gott und der Vergebung der Sünde war, das ist in der Gegenwart die Frage nach einer Wirklichkeit, von der Sinn und Hoffnung für unser Dasein ausgeht und in der seine Zerspaltenheit überwunden wird. Auf diese Frage bezogen möchte er „das neue Sein in Jesus dem Christus" als den heute situationsgemäßen Ausdruck für das Zentrum der christlichen Heilsbotschaft verstehen[6].

Aber auch Karl *Barth*, dem es fern liegt, Theologie an der Situation und den Fragen jeweiliger Gegenwart zu orientieren und der die reformatorische Rechtfertigungslehre durchaus zur Geltung bringt, kann sich zu der Behauptung, sie sei die Mitte, mit der alle rechte Theologie steht und fällt, kritisch äußern: Ist es nicht vielmehr das *Christusbekenntnis*, dem dieses entscheidende Gewicht zukommt[7]?

Als erschwerend für die Auslegung der Heilsbotschaft in der Gegenwart kann auch die *Begrifflichkeit* der Rechtfertigungslehre empfunden werden. Schon das Wort „Rechtfertigung" wird ja kaum mehr recht verstanden, jedenfalls nicht in seinem theologischen Sinn. Luther und seine theologischen Gegner wußten, wovon sie damit redeten, Paulus und seine judaistischen Gegner wußten es auch. Heute versteht man gerade diese Redeweise nur sehr mühsam. Aber das Neue Testament ist ja reich in der Sprache, in der es von dem in Christus geschenkten Leben redet, es gebraucht dafür Bilder aus verschiedenen Lebensbereichen. Sollte man zur Verdeutlichung für den heutigen Menschen nicht eher von andern biblischen Aussageweisen ausgehen als gerade von der juridischen Rechtferigungsterminologie des Paulus?

---

[6] Vgl. dazu besonders Tillichs Ausführungen über „die Norm der systematischen Theologie", Syst. Theologie Bd. 1 (dtsch. 3. Aufl. 1956), S. 58 ff.
[7] Dazu KD IV/1, S. 581–589.

Die Vollversammlung des Lutherischen Weltbunds in Helsinki 1963 hatte sich die Aufgabe gestellt: Interpretation der Rechtfertigungslehre heute. Sie ist zu keiner befriedigenden Lösung gekommen, über die auch nur auf dieser Versammlung ein völliges Einverständnis zu erreichen war. Das hat manche zu der Frage veranlaßt: Verstehen die Lutheraner selbst nicht mehr, wovon sie reden, wenn sie von ihrem Hauptartikel reden? Ist er nur noch ein verbal verehrtes Heiligtum „im Schrank"?

Dazu kommt Kritik, die sich nicht nur auf Zentralstellung und sprachliche Form, sondern auch auf das Inhaltliche der Rechtfertigungslehre bezieht, jedenfalls so, wie sie sich in lutherischer Frömmigkeit auswirkte.
Solche Kritik nimmt häufig Bezug auf die Lutherfrage „Wie kriege ich einen gnädigen Gott?". Ist das nicht eine allzu *individualistische* Frage? So fragt der Mensch, der um sein ganz persönliches Seelenheil besorgt ist. Luther, aus seiner besonderen Anlage und Lebensgeschichte ein solcher Mensch, hat – so meint man – mit der von ihm geprägten Rechtfertigungstheologie diesen Heilsindividualismus der lutherischen Kirche und Frömmigkeit vererbt. Die Rechtferigungslehre in ihrer lutherischen Gestalt ist eine auf das Bedürfnis des persönlichen Gewissenstrostes konzentrierte Artikulation der Christusbotschaft. Das ist aber eine Verengung. In der Verkündigung Jesu geht es um das Kommen des Reiches Gottes. In der Offenbarung der Gottesgerechtigkeit geht es um Heil für die Welt, und inmitten dieser Welt um die Sammlung und missionarische Sendung der Gemeinde. Die individualistische Introvertiertheit des lutherischen Rechtfertigungsdenkens muß aufgebrochen werden.

Solche Kritik ist in Bezug auf eine in der Frömmigkeitsgeschichte des Luthertums bemerkbare Tendenz nicht ohne Berechtigung. Sie wird auch von Theologen, die so stark dem Erbe Luthers verpflichtet sind wie Gerhard *Gloege* und Wilhelm *Dantine*, vorgebracht[8]. Wenn sie auf Luther selbst gerichtet wird, wird freilich übersehen, daß für ihn die Erkenntnis des Evangeliums ja gerade das *Ende* jener sich um das eigene Heil sorgenden Frage, die Befreiung aus ihr bedeutete[9]. Auch hat Luther den Zuspruch der Rechtfertigung an den einzelnen durchaus als seine Eingliederung in die Gemeinde Christi, das Evangelium als das Kirche schaffende und erhaltende Wort verstanden.

---

[8] Vgl. dazu G. Gloege, Gnade für die Welt. Kritik und Krise des Luthertums (1964); W. Dantine, Die Gerechtmachung des Gottlosen (1959).
[9] Darauf hatte G. Gloege nachdrücklich aufmerksam gemacht in seinem Aufsatz „Die Grundfrage der Reformation – heute", in: Gloege, Verkündigung und Verantwortung, Theol. Traktate Bd. 2 (1967), S. 11 ff.

Kritisch wird von manchen auch vermerkt: Die Frage nach dem gnädigen Gott ist eine *Jenseitsfrage*. Sie ist die Frage des Menschen, dessen ganze Erwartung auf den Himmel gerichtet und dessen ganzes Bedürfnis darauf konzentriert ist, daß er Gewißheit erlangt, im jüngsten Gericht zu bestehen und am ewigen Leben teilzuhaben. Das war, so kann dann gesagt werden, die Frage der Mönchsfrömmigkeit des Mittelalters, und in ihrem Horizont stand auch noch Luther, nur daß er eine andere Antwort fand. Aber wird damit nicht diese konkrete Welt als Feld der Bewährung eines an Jesus orientierten Glaubens und Handelns übersprungen? Sollten wir nicht eher fragen „Wie kriege ich einen gnädigen Nächsten" und vor allem „Wie *werde* ich ein gnädiger Nächster", jetzt und hier in dieser Welt, in der Ungerechtigkeit und Angst herrschen? Die quietistische Weltabgewandtheit und Jenseitsbezogenheit des lutherischen Rechtfertigungsglaubens muß aufgebrochen werden.

Das kann sich bei radikalen Kritikern der Tradition mit der These verbinden, das Thema einer das irdische Leben und die irdische Welt transzendierenden Heilszukunft sei als nicht mehr nachvollziehbare mythologische Vorstellung aus der Theologie überhaupt zu streichen. Der heutige Mensch frage nicht mehr nach Eschaton und jüngstem Gericht, und solche Frage könne ihm auch nicht mehr künstlich eingeredet werden. Freilich, auch wo diese Ansicht vertreten wird, kann als leiser Nachhall des Rechtfertigungsthemas die Einsicht laut werden, es müsse der Mensch, solle er den Impuls haben, in dieser Welt andern ein gnädiger Nächster zu werden, sich selbst irgendwie „angenommen" wissen können. Angenommen – von woher und von wem? Rechtfertigungsverkündigung, umgesetzt in psychotherapeutische Hilfe zur Selbstannahme?

Die Anfragen an die Rechtfertigungslehre, die hier genannt wurden, kommen aus sehr verschiedenen Richtungen innerhalb heutiger evangelischer Theologie. Sie sind in der Weise, wie sie vorgebracht und begründet werden, auch von sehr unterschiedlichem Niveau der theologischen Reflexion. Zum Teil reißen sie Alternativen auf, die eine am biblischen Christuszeugnis orientierte Theologie nicht akzeptieren kann. Dennoch weisen sie auf Probleme hin, die in einer dogmatischen Auslegung dessen, was Rechtfertigung besagt, zu beachten sind und eine Stellungnahme verlangen.

Literatur

Neben den in den Anmerkungen genannten Werken ist hinzuweisen auf:
H. J. IWAND, Glaubensgerechtigkeit nach Luthers Lehre in: DERS., Glaubensgerechtigkeit, Ges. Aufs. II (1980), S. 11–125 – J. BAUR, Salus Christiana. Die Rechtfertigungslehre in der Geschichte des christlichen Heilsverständnisses (1968) – M. BOGDAHN, Die Rechtfertigungslehre Luthers im Urteil der neueren katholischen Theologie (1971) – G. MÜLLER, Die Rechtfertigungslehre. Geschichte und Probleme, in der Reihe: Studienbücher Theologie, Kirchen- und Dogmengeschichte (1977) – V. SUBILIA, Die Rechtfertigung aus Glauben. Gestalt und Wirkung v. NT bis heute (1981) – O. H. PESCH, (kath.) und A. PETERS (ev.), Einführung in die Lehre von Gnade und Rechtfertigung (1981).

§21. Die Rechtfertigung des Sünders

Zu der Frage, ob der Rechtfertigungslehre wirklich und für alle Zeiten die zentrale Stellung zukommt, die Luther und die theologische Überlieferung des Luthertums ihr zuerkannt haben, sollen hier nur wenige Sätze gesagt werden. Im Mittelpunkt des biblischen Zeugnisses steht Jesus Christus. Das ist unbestreitbar, aber es wäre eine schiefe Entgegensetzung, wenn man daraus folgern würde: Nicht die Rechtfertigung des Sünders, sondern Jesus Christus ist das zentrale Thema der christlichen Verkündigung und darum auch der Theologie. Denn Christus verkündigen heißt verkündigen, was durch ihn geschieht, und die Theologie hat dem nachzudenken. Was durch Gott in Christus geschieht, *ist* aber die Rechtfertigung des Sünders. Also ist Rechtfertigungslehre, wenn es recht um sie steht, nichts anderes als ad hominem, auf Gottes Geschichte mit dem Menschen hin verstandene und angewandte Christologie. Damit ist nicht gesagt, daß mit der je dem einzelnen zugesprochenen Rechtfertigung sich erschöpft, was von Gottes Tat in Christus zu sagen ist, oder daß alles, was weiter zu sagen ist, weniger Gewicht hätte. Aber was nun weiter zu sagen ist – von der Kirche und den Sakramenten, vom Leben und Handeln der Christen in der Welt, von den „letzten Dingen" –, das sind nicht Themen, durch die, wenn dies als zeitgemäß erscheint, das Thema der Rechtfertigung ersetzt werden könnte. In dem allen wird vielmehr gerade die umfassende Reichweite der Rechtfertigungstat Gottes in Christus zur Sprache zu bringen sein in ihrer Gemeinschaft wirkenden und die Zukunft von Menschen und Welt bestimmenden Kraft. Daß die paulinische und von der reformatorischen Theologie aufgenommene *Begriffsge-*

stalt der Rechtfertigungslehre heute besonders der Interpretation bedürftig ist, ist natürlich nicht zu bestreiten. Aber die mit jenen Begriffen gemeinte *Sache* kann christliche Theologie zu keiner Zeit und so auch heute nicht zurückstellen wollen.

Die folgende Darlegung geht von paulinischen Aussagen aus, wird aber auch die Frage nach deren Verhältnis zu anderen Bereichen des neutestamentlichen Zeugnisses aufnehmen. In der Gliederung schließen wir uns an die drei Bestimmungen an, mit denen im vierten Artikel der Confessio Augustana das Rechtfertigungsgeschehen gekennzeichnet wird: Sola gratia – propter Christum – per fidem.

1. Sola gratia

Gnade, Begnadigen – im deutschen Sprachgebrauch sind das Worte, die mit Justiz und Prozeß zu tun haben. Da wird ein Rechtsanspruch und ein Rechtsbruch vorausgesetzt, der nach der Regel zu bestrafen ist. Der Ausnahmefall, daß eine dazu bevollmächtigte Instanz „Gnade vor Recht" ergehen läßt, hebt diese Regel nicht auf, sondern setzt sie voraus. Das griechische charis, charizein des Neuen Testaments hat stärker den Klang des unmittelbaren Schenkens und Gebens, einer von vornherein und nicht erst als Ausnahmefall gewährten Zuwendung. Das wird im theologischen Reden von der Gnade Gottes zu beachten sein.

Aber auch die Bibel spricht von der Geschichte Gottes mit dem Menschen als einem Prozeß, in dem es um die Durchsetzung der Gerechtigkeit Gottes, seines Rechtes auf den Menschen geht. Die „forensische" Terminologie ist in beiden Testamenten nicht zu übersehen. Gottes Gemeinschaftswille tritt hervor als sein Rechtsanspruch auf den Menschen. Den Menschen, der sich diesem Anspruch Gottes auf sein Leben verweigert, trifft Gottes richtendes Urteil. Das Alte Testament kann von dem Rechtsstreit sprechen, zu dem Gott sein abtrünniges Israel ruft. Im Neuen Testament spricht Paulus von der Anklageschrift des Gesetzes, die gegen den Menschen steht. Jesus wie Paulus sprechen von dem Gericht, vor dem die Werke des Menschen offenbar und von Gott ihr Urteil empfangen werden. Ein Prozeß läuft auf eine Entscheidung hin, in der endgültig herauskommt, was rechtens ist und wer Recht behält. Gottes Geschichte mit dem Menschen muß zu ihrem Ziel kommen. Gott bringt sie so zum Ziel, daß er den Schuldigen freispricht. Aber auch hier tritt im Neuen Testament die forensische Terminologie nicht ganz zurück: die Anklage wird nicht einfach ignoriert, sie verstummt, weil Christus als Anwalt für uns eintritt. Der Prozeß wird nicht abgebrochen, er wird zu Ende geführt – nun zu *diesem* Ende.

Aber nun ist entscheidend, daß und wie hier die Analogie zum Rechtsstreit zwischen Menschen und seiner Entscheidung durch menschliches Gericht, indem sie aufgenommen wird, zugleich *gesprengt* wird. Im menschlichen Rechtsstreit stehen sich – denken wir etwa an einen Zivilprozeß – Partner gegenüber in einem Verhältnis gegenseitiger Verpflichtung zu Leistung und Gegenleistung. Versagt der eine Partner seine Leistung, so wird der andere sie einklagen. Der Prozeß kann nur so zum gerechten Austrag kommen, daß der Beklagte genötigt wird, selbst seiner Verpflichtung nachzukommen. Denken wir an einen Strafprozeß, die hier noch näher liegende Analogie, so ist das Schema im Grunde, wenn auch in Abwandlung dasselbe. Hier sind die Partner auf der einen Seite der Staat, dessen Leistung darin besteht, daß er seinen Bürgern Sicherheit und Rechtsschutz garantiert, auf der andern Seite der Bürger, der dem Staat zur Einhaltung seiner Gesetze verpflichtet ist. Übertritt er das Gesetz, so kommt es zum Prozeß, in dem sich nun der Staat in Gestalt des Staatsanwalts und der Angeklagte mit dem Beistand seines Rechtsanwalts gegenüberstehen. Kann die Anklage nicht als grundlos erwiesen werden, so kann der Prozeß nur so zum gerechten Austrag kommen, daß der Staat mit Strafe reagiert und der Angeklagte genötigt wird, diese Konsequenz seines Rechtsbruchs auf sich zu nehmen – in der Hoffnung, daß dies ihn belehren wird, nach Verbüßung der Strafe in seine Verpflichtung zur Einhaltung der Gesetze zurückzukehren.

In dem Prozeß zwischen Gott und Mensch, der in der Rechtfertigung des Sünders zum Austrag kommt, ist das nahezu alles anders. Gewiß geht es auch hier um ein *Gegenüber*: Der geschaffene Mensch ist nicht eine Ausstrahlung des göttlichen Seinsgrundes. Er ist von Gott ins Leben *gerufen*. Er ist auch nicht Objekt eines ungefragt über seinen eigenen Willen hinweggehenden göttlichen Willens. Gott spricht zu ihm sein Wort; er wird *angerufen* und zur *Antwort* gerufen. Ist Sünde die Verweigerung dieser Antwort, so ist in der Tat die entscheidende Frage, ob und wie es zwischen Gott und Menschen zu einem Frieden kommt, in dem Gottes Gerechtigkeit, sein Anspruch auf den Menschen Recht behält. Auf dieses Gegenüber zu sich selbst, in das Gott den Menschen ruft, und auf die Frage, wie es aus dem Widerstreit zum Frieden kommt, weisen die forensischen Formulierungen der biblischen Sprache hin. Sie stellen sich jeder Identitätsmystik entgegen, für die das Menschen-Ich im göttlichen Urgrund ein- und untergeht und für die freilich die Frage nach einer „Rechtfertigung" des Menschen gegenstandslos wäre.

Aber in dem Rechtsstreit zwischen *Gott* und Mensch stehen sich nicht zwei Partner gegenüber, die einander gegenseitig zu Leistung und Gegenleistung verpflichtet wären. Daß es in ihrem Verhältnis zur Verwirklichung der Gerechtigkeit kommt, besagt hier nicht, daß jeder der Partner den ihm zukommenden Beitrag dazu leistet. Das wird gerade bei Paulus, der für das Recht-werden des Verhältnisses zwischen Gott und dem Menschen vorzugsweise der Rechtssprache entstammende Worte gebraucht, völlig klar. Gott ist dem Menschen nichts schuldig, zu nichts verpflichtet. Als der *Schöpfer* steht er seinem Geschöpf gegenüber. Er *schenkt* ihm das Leben, und damit alles, was der Mensch überhaupt vor ihm sein und wirken kann („Was hast du, das du nicht empfangen hast" 1.Kor 4,7). Gott beansprucht den Menschen zu seinem Gegenüber, das ihm Antwort gibt; aber er beansprucht nicht bestimmte Leistungen, durch die der Mensch seinerseits sich einen Anspruch auf ein entsprechendes Verhalten Gottes erwirbt („Wer hat ihm etwas zuvor gegeben, daß ihm werde wieder vergolten" Röm 11,35). Gottes Anspruch richtet sich auf den *ganzen* Menschen, biblisch gesprochen auf sein „Herz", so wie auch der ganze Mensch sein Leben und alles, was er sein und tun kann, Gott selbst verdankt.

Wird in der heutigen Theologie oft vom Menschen als dem „Partner Gottes" gesprochen, so kann dies also nicht im Sinn einer Rechts- oder Vertragspartnerschaft auf Gegenseitigkeit, auch nicht im Sinn des arbeitsteiligen Zusammenwirkens in einem gemeinsamen Unternehmen verstanden werden. Weil solche Assoziationen sich ungewollt einstellen können, wäre es m. E. besser, gerade diesen Begriff zur Interpretation des Gegenüber von Gott und Mensch nicht heranzuziehen.

Vor allem aber wird die Analogie zum Rechtsstreit zwischen Menschen und vor menschlichem Gericht gesprengt durch den Weg, auf dem Gott seinen Anspruch an den Menschen durchsetzt. Durch die Rechtfertigung des Sünders schafft er Gerechtigkeit. Das heißt nun gerade nicht, daß es dem Menschen auferlegt wird, selbst für sein Unrecht gegen Gott Genugtuung zu leisten – wie könnte er das! Hier ist auch kein Gegeneinander von Kläger, der das verletzte Recht vertritt, und Anwalt, der dem Angeklagten beisteht. Zum Anwalt, der für den Menschen eintritt, wird Gott selbst. Um noch in der forensischen Analogie zu bleiben, aber hier wird zugleich deutlich, wie radikal sie durchbrochen wird: Gott bringt seinen Prozeß mit dem

Menschen so zur Entscheidung, daß er, der Richter, auf die Seite des Angeklagten tritt und selbst die Verantwortung für ihn übernimmt. Das Gericht über die Sünde wird vollstreckt – am Kreuz des Christus, in dessen Person Gott selbst ganz für den Menschen eingetreten ist; er aber, der Sünder, wird freigesprochen. Gottes Anspruch auf das Leben des Menschen, der ihm antwortend entspricht, wird verwirklicht; aber nicht der Mensch hat dieses Leben nun zu leisten. Durch den Heiligen Geist wirkt Gott selbst in ihm das Neu-werden des „Herzens", das Leben in seiner Liebe. Die Werke, die dieser Liebe antworten und sie weitergeben, hat er „zuvor bereitet, daß wir darin wandeln sollen" (Eph 2,10). Denn „wir sind sein Werk" (ebda.). Das gilt umfassend. Wir sind es nicht nur als die, die ihr geschöpfliches Leben durch ihn und nicht aus sich selbst haben, sondern in derselben Ausschließlichkeit ist auch die Heilung dieses Lebens, seine Einholung aus dem Widerspruch zu Gott in den Frieden mit ihm und in die Entsprechung zu seinem Willen allein Gottes Werk

Diese Ausschließlichkeit, in der Gott selbst die Verantwortung für den Menschen übernimmt, ist gemeint, wenn Paulus sagt, daß wir aus Gottes *Gnade* gerechtfertigt werden. Aus Gnade, nicht aus Werken, das heißt: Alles ist Gottes Geschenk, mit der Vergebung unseres Unrechts auch die Verwirklichung unseres Recht-werdens. Nichts dazu kann unser Beitrag sein. Wir bleiben auch als die durch ihn Gerechtfertigten und mit ihm Versöhnten im Gegenüber zu Gott. Aber dieses Gegenüber kann hier nur heißen: Als die Empfangenden, die sich beschenken lassen.

Begnadigung ist im Rahmen des menschlichen Rechts die irreguläre Ausnahme, der Verzicht auf die Vollstreckung dessen, was eigentlich „rechtens" wäre. Kann man so, als nachträgliche Suspendierung einer grundsätzlich anders gewollten Ordnung, auch die Rechtfertigung des Sünders verstehen? Das würde heißen: Eigentlich sollte der Mensch aufgrund der von ihm selbst erbrachten Gesetzeserfüllung vor Gott bestehen, sich vor seinem Urteil rechtfertigen können. Die Sünde kam dazwischen und machte dies unmöglich. Nun erst setzt Gott die ursprüngliche Ordnung außer Kraft und tritt in Christus selbst für das Versagen des Menschen ein. Aber die Analogie versagt auch hier. Denn gerade darin, daß allein Gott den Sünder, der an seiner Sünde sterben müßte, in das Leben aus der Macht seiner Gnade zurückholt, tritt Gottes *Gottheit* ans Licht. Gerade so erweist er sich nach Paulus als der Gott, der „allein gerecht ist und gerecht macht" (Röm 3,26). So erweist er sich in seiner *Schöpfermacht*: als der Gott, der „die Toten lebendig macht und dem, was nicht ist, ruft, daß es werde" (Röm

4,17). So hat Abraham Gott geglaubt, das steht am Anfang der Geschichte Israels, *vor* der Konfrontation mit dem Gesetz; und sofern in Israel das Gesetz verstanden wurde als die Aufforderung, eine „eigene Gerechtigkeit vor Gott aufzurichten", war das gerade Ungehorsam gegen die Gottesgerechtigkeit (Röm 10,3). Das heißt doch: Gott will von *Anfang* an den Menschen, der ganz und allein durch seine Kraft – wirklich *sola* gratia – und ganz und gar nicht aus eigener Macht das Leben lebt, das ihm antwortend entspricht. Er will von Anfang an den Menschen, der ihm als der Empfangende, nicht als der Beitrag Leistende Antwort gibt; und Sünde ist nicht erst das Versagen dessen, was der Mensch tun soll, sondern schon sein Wille, das Tun des Rechten nicht von Gott empfangen zu müssen, sondern aus sich selbst zu können. Wenn Gott den Sünder rechtfertigt, bringt er ihn zurück in die Wahrheit dessen, wie er sein Gott sein will und wie der Mensch mit ihm zusammensein soll.

Wir sind bis dahin den paulinischen Aussagen gefolgt. Wie verhält sich die Rechtfertigungsverkündigung des Paulus zu anderen Ausprägungen neutestamentlicher Verkündigung? Paulus steht nicht allein. Auch das Johannesevangelium bezeugt: In Jesus Christus ist die Gnade und Wahrheit Gottes ans Licht gekommen (Joh 1,17). In ihm, dem Fleisch gewordenen Wort, ist Gott selbst rettend zu denen gekommen, die in der Finsternis und im Tod waren. In ihm allein ist das Leben, das das Licht der Menschen ist (1,14), und durch sein Kommen ins Fleisch werden sie aus der Finsternis und dem Tod in dieses Leben eingeholt. Da ist, wenn auch in anderer Sprache, nichts anderes gesagt als: Allein aus der Gnade, die Gottes Macht zu unserm Leben in seiner Gemeinschaft ist. Johannes sagt das in Worten, die mehr der biologischen als der forensischen Sphäre entnommen sind: Aus dem Tod ins Leben kommen, durch den Geist Gottes von neuem geboren werden (3,3–5). Aber gerade auch so kommt die bedingungslose Gratuität dieses Gotteswirkens zur Sprache, die jede Mitwirkung des Menschen ausschließt.

Die Sprache der Verkündigung Jesu, wie sie in den synoptischen Evangelien begegnet, ist sowohl von der Sprache des Paulus wie von der des Johannesevangeliums durchaus verschieden. Aber auch Jesus sagt, was je auf ihre Weise Paulus und Johannes sagen. Er sagt es ebenso deutlich mit seinem Wort: „Wer nicht das Reich Gottes annimmt wie ein Kind, der wird nicht hineinkommen" (Lk 18,17; vgl. Mt 18,3). Das Kind, das noch nichts selbst erwirbt, sondern ganz auf den Vater angewiesen ist, der ihm gibt, was es zum Leben braucht, macht Jesus zum Gleichnis des Menschen, der sich Leben in der Gemeinschaft mit Gott nicht erarbeiten, sondern nur von Gott selbst schenken lassen kann. Dasselbe sagt Jesus durch sein Tun, wenn er die „Zöllner und Sünder" zu seinen Tischgenossen annimmt und ihnen darin die Tür zum Reich Gottes auftut. Er sagt es auch mit dem Gleichnis vom Pharisäer und Zöllner im Tempel, und mit dem Gleichnis von dem Gutsbesitzer, der allen Arbeitern den gleichen Lohn gibt ohne Rücksicht darauf, wie viel oder wie wenig sie gearbeitet haben – die Pointe ist hier ja nicht, daß Lohn ausgezahlt wird, sondern daß der Herr schenkt, was nicht verdient wurde, weil er „so gütig ist" (Mt 20,15). In dem allen geht es um dasselbe Geschehen, das bei Paulus Rechtfertigung des Sünders nicht aus Werken, sondern aus der freien Gnade Gottes heißt.

Und wenn im Alten Testament Stimmen laut werden, die dem zu widersprechen scheinen, weil sie von einer Rechtfertigung reden, die der Fromme um seines Rechttuns willen erwartet, so ist dies – darauf wurde schon hingewiesen (§ 20,1) – auch dort nicht das letzte Wort. Wir lesen das Alte Testament ja nicht als ein dogmatisches Lehrbuch, dessen Aussagen unter sich und mit denen des Neuen Testaments auf einer Ebene stehen und zu einem logisch stimmigen Gesamtsystem kombiniert sein wollen. Wir lesen es als Zeugnis der von Gott auf Christus hin bewegten Geschichte mit seinem Volk. Der Glaube Israels ist *unterwegs* in dieser Geschichte, und so auch unterwegs von jener Erwartung einer Rechtfertigung nach den Werken zu dem Bekenntnis, daß vor Gott kein Lebendiger gerecht ist, und zu der Erwartung, Gott selbst werde die Verantwortung übernehmen für den Menschen, der unter seinem Anspruch steht und ihm nicht gerecht werden kann; er werde das Schuldurteil aufheben und durch seinen Geist das neue Herz schaffen, das in seinem Willen lebt. Diese Erwartung hat Gott in Christus erfüllt.

So wird man sagen dürfen: Obwohl Luther das Evangelium von der durch keine Werke verdienbaren Gnade Gottes an Paulus gelernt und auch vor allem in der Sprache des Paulus gelehrt hat, war er dennoch ein „Vollhörer der Heiligen Schrift".

Wird das nicht doch in Frage gestellt durch die Ankündigung eines Gerichtes, das nach den Werken fragt und urteilt? Sowohl Jesus als auch Paulus stellen dieses Gericht vor Augen, dem alle, auch die Glaubenden, entgegengehen. Was die Erwartung dieses „Jüngsten Gerichts" bedeutet, wird an späterer Stelle eingehend zu bedenken sein. Hier, wo unser Thema das Sola gratia des Rechtfertigungsgeschehens ist, soll zunächst nur darauf hingewiesen werden, was sie *nicht* bedeuten kann.

Die Ansage dieses Gerichtes kann jedenfalls nicht bedeuten, daß unsere Werke als *Mitbedingung* des freisprechenden Urteils Gottes in Frage kommen. So hat es zwar der Jakobusbrief in der Front gegen einen von seinen Adressaten mißverstandenen „Paulinismus" (vielleicht auch gegen den von ihm selbst mißverstandenen Paulus) gesagt (Jak 2,24). Aber dem steht entgegen, daß Paulus in der Frage, wie der Sünder gerechtfertigt wird, Gottes Gnade den Werken des Menschen ausdrücklich entgegenstellt: Aus Gnade – also *nicht* aus Werken. Wir haben gesehen, daß Paulus darin nicht alleinsteht. Selbstverständlich kann damit nicht gemeint sein (und hier liegt vielleicht das Mißverständnis, mit dem es der Jakobusbrief zu tun hat), daß gute Werke überhaupt gleichgültig und entbehrlich werden; aber darüber wird noch zu reden sein.

Daß wir dem Gericht über unsere Werke entgegengehen, kann auch nicht bedeuten, daß diese Werke gewissermaßen als *Nachbedingung* dafür gefordert sind, daß Gott sein freisprechendes Urteil endgültig bestätigen kann; so daß zwar eine vorläufige Rechtfertigung uns allein als Gnade und in bedingungsloser Vergebung bisher begangener Sünden zuteil wird, wir aber nun auf der damit gegebenen Basis das Unsere dazu zu tun haben, daß wir auch im Endgericht und dann endgültig gerechtgesprochen werden. Denn nach Paulus hat der Freispruch, der uns in Christus zuteil wird, *eschatologische* Kraft und Geltung: Gott spricht das Leben, das „Erbe" des Reiches ohne Vorbehalt zu. Ihm darf und soll geglaubt werden in der Gewißheit, daß *er* die, die er gerechtfertigt hat, auch vollenden wird (Röm 8,30; vgl. 1.Thess 5,23f). Die bange Frage, ob *wir* imstande sein werden, die Vorgabe der Gnade für uns festzumachen, hat in solchem Glauben keinen Platz. Und das unbedingte Vertrauen auf Gottes ganze, ohne Vorbehalt sich schenkende Zuwendung ist auch gemeint, wenn Jesus sagt, daß wir das Reich nur empfangen können wie Kinder. Was also bedeutet die Erwartung des Gerichtes nach den Werken? Darüber werden wir im Zusammenhang der Eschatologie nachzudenken haben. Sie kann jedenfalls nicht die Infragestellung des „allein aus Gnade" bedeuten.

2. In Christo

Die traditionelle Formulierung lautet „propter Christum": Um Christi willen spricht Gott uns frei. Das könnte so verstanden werden, als habe Christus durch das Opfer seines Lebens Begnadigung der Sünder erkauft von einem Gott, dessen Gerechtigkeit ihren Tod oder, soll es dazu nicht kommen, ein Aequivalent verlangt. Aber damit wäre verkannt, daß es nach dem Zeugnis des Neuen Testamentes Gott selbst ist, der seinen Sohn für das Leben der Sünder in den Tod gegeben hat, *weil* er aus seiner Gnade ihr Leben wollte und nicht ihren Tod. Gott ist das Subjekt, nicht das Objekt unserer Versöhnung mit ihm. Es würde auch verdunkelt, daß Leben aus seiner Gnade nicht die Ablösung einer grundsätzlich anders geltenden Ordnung, sondern Gottes erster und letzter Wille für den Menschen ist, und daß er in der Hingabe seines Sohnes *diesen* seinen Willen durchsetzt – *gegen* eine Gesetzesgerechtigkeit der Aequivalenz von Leistung und Lohn. Anders gesagt: Es würde verdunkelt, daß die in Christus offenbare Gottesgerechtigkeit nicht vergeltend reagierende, sondern Gottes schöpferische, sich schenkende Gerechtigkeit und also mit seiner Gnade identisch ist. Die Rechtfertigung des Gottlosen wurde Gott nicht *durch* Christus *abgewonnen*; Gott hat sie *in* Christus *vollzogen*. Um dieser Klarstellung willen wurde hier anstelle des traditionellen „propter" die Formulierung „in Christo" eingesetzt.

Dazu kommt noch ein anderer Grund. Mit dem „propter Christum" konnte sich eine Vorstellung verbinden, für die Christus selbst in eine quasi-historische Distanz rückt: Sein einst vollbrachtes Opfer ist die „Verdienstursache" dafür, daß bei Gott ein Kapital von Gnadenbereitschaft bereitliegt, aus dem uns heute Begnadigung zugeteilt werden kann. In unserer Rechtfertigung hätten wir es dann mehr mit der objektiven Fernwirkung seines Verdienstes als mit Christus selbst zu tun. Aber Rechtfertigung bedeutet ja nicht nur Straflosigkeit, die dem Sünder als sachliche Folge der einst vollbrachten Leistung Christi zuteil wird. Sie bedeutet *Vergebung* der Sünde, und Vergebung heißt: neu geschenkte Gemeinschaft. Daß Gott rechtfertigt, heißt, daß er selbst *mit* denen wird, die fern von ihm waren und gegen ihn gelebt haben. *Das* ist in Christus geschehen. Das kann aber nicht als ein vergangener Vorgang verstanden werden, der lediglich die Ursache einer Wirkung ist, die uns heute zugute kommt. Dieses Geschehen bleibt aktuelle Gegenwart; in dem von seinem Kreuz und seiner Auferstehung her *gegenwärtigen* Christus ist Gott für uns da. Christus selbst in seiner Person ist ja „Gott mit uns", Gott auf unserer Seite; und dies ist die Gnade, in die wir aufgenommen werden. Auch darum scheint es mir geraten, das „propter Christum", das im Sinne jener in der Vergangenheit liegenden Ursache mißverstanden werden könnte, durch „in Christo" zu interpretieren.

Aber allerdings ist das Geschehen der Rechtfertigung des Sünders *an*

Christus gebunden. Wir selbst werden, indem es uns geschieht, an Christus gebunden. Daß wir uns als die durch Gott Gerechtfertigten wissen dürfen, ist keine allgemeine Wahrheit. Wir können uns das nicht darum sagen, weil ohnehin feststünde: Gott ist ein gütiger Gott, der ohne Umstände bereit ist, über unsere Fehler hinwegzusehen. Das wäre eine selbstgemachte Gottesvorstellung. Es wäre nicht der Gott, aus dessen Selbstbekundung sein Eifer um den Menschen spricht. Noch viel weniger können wir – etwa nachdem die Gottesvorstellung überhaupt verblaßt ist – uns sagen, in der Rechtfertigung gehe es um die schlichte Erlaubnis, *uns selbst* anzunehmen so wie wir sind, auch mit unsern Fehlern. Was durch die kirchliche Rechtfertigungslehre in theistischer Verschlüsselung erscheint, sei im Grunde gleichzusetzen mit der psychotherapeutischen Einsicht, daß dem Menschen dadurch, daß er lerne sich selbst anzunehmen, Entlastung von seinen Schuldgefühlen zuteil werde und ihm geholfen werde, auch andere anzunehmen. Dies kann darum auf keinen Fall als eine „Übersetzung" der biblischen Rechtfertigungsbotschaft für den heutigen Menschen gelten, weil hier weginterpretiert wird, was in dieser Botschaft vorausgesetzt ist: daß es um die Geschichte *Gottes* mit dem Menschen geht, nicht nur um eine Geschichte des Menschen mit sich selbst – oder wenn auch dies, dann um eine Geschichte mit sich selbst vor Gottes Angesicht und unter seinem Wort.

In dieser Geschichte steht der Mensch aber unter Gottes Anspruch auf sein Leben. Gott will mit ihm zusammen sein. Ist es *die* Sünde in allen Sünden, daß der Mensch in seiner glaubenslosen Selbstbesorgung und allem, was daraus an Gleichgültigkeit gegen den „Nächsten" erwächst, sich dem Leben mit Gott verweigert, so geht Gott darüber nicht hinweg. Gerade weil es sein Wille ist, den Menschen mit sich zu haben, muß er dieses für sich selbst gelebte Leben verneinen. Und weil der Mensch zum Leben in Gottes Liebe geschaffen ist, kann die Folge des abseits von Gott und gegen die Liebe gelebten Lebens nur Tod sein – der Tod in jenem qualifizierten Sinn: das Hinaussterben in endgültiges Verlassensein von Gott und Menschen (vgl. § 18,3.2). Daß Gott dieser Folge nicht ihren Lauf läßt, daß er gegen sie seinen Willen, den Menschen mit sich zu haben, dennoch durchsetzt, daß die Schöpfergnade, die dem Menschen sein Leben gegeben hat, nun zu der Gnade des Versöhners wird, die dieses Leben aus seinem Todesgefälle zurückholt, das ist nicht einfach „gegeben". Das mußte *geschehen*. Es konnte nur so geschehen, daß Gott selbst den Schritt über die Kluft tat, die die Sünder von ihm trennt. Er hat ihn in der Sendung Jesu getan, des Sohnes, der als der ihm ganz gehorsame Mensch zugleich der Träger seines eigenen Kommens zu den Sündern ist. Indem er Jesus in den Tod sandte, der die Konsequenz des gegen Gott in sich selbst verschlossenen Menschenlebens sein müßte („Mein Gott, warum hast du mich verlassen"), hat er sein Nein, sein Todesurteil über dieses Leben so aufgerichtet, daß niemand daran vorbei sich selbst eine „billige Gnade" zusprechen kann. Weil aber auch in dem gekreuzigten Jesus Gott selbst mit uns ist – mit uns bis in den Tod, den wir sterben werden –, darum ist aus *unserm* Tod die Gottverlassenheit weggenommen. Darum können wir schon jetzt als die von der Konsequenz ihrer Sünde Freigesprochenen leben. Gott wollte den von ihm getrennten Menschen bis in ihren Tod hinein nachgehen. Diesem seinem Willen und Weg hat Jesus in der Tat sein Leben zum Opfer gebracht; aber nicht einem Gott, der *durch* dieses Opfer erst wieder mit den Sündern zusammengebracht werden mußte, sondern dem, der *in* diesem sich opfernden Menschen sich selbst mit ihnen zusammengebracht hat.

Nicht an sich und ohnehin können wir uns als die Angenommenen wissen und unser Leben trotz mancher Fehler für gerechtfertigt halten. Wir können uns dieses Urteil nicht selbst sprechen. Nur Gott kann es sprechen. Das mußte geschehen, und es ist in Jesus Christus geschehen. Auch daß wir heute in je unsere Gottesferne hinein von diesem Urteil Gottes erreicht werden und uns daran halten können, daß auch wir darin gemeint und angenommen sind, das muß geschehen. Es geschieht durch das *Wort* von Christus, das Wort des Evangeliums, das uns unsere Teilhabe an der Rechtfertigung des Gottlosen zuspricht. Weil Gott sie in Christus und nicht anders uns zuspricht, kann man nun auch sagen: „Propter Christum" – darum, weil er in unser Leben und Sterben gekommen ist, sind wir gerechtgesprochen. Das bedeutet aber nicht allein, daß wir in unserem Tod von Gott angenommen sein werden. Auch das *Leben*, das in dieser Zuversicht gelebt werden darf, wird dann durch Christus bestimmt. Der *für* uns Gekreuzigte ist *mit* uns als der auferstandene, lebendige Herr. An ihn bindet uns das Freispruchurteil Gottes. Daß und wie dadurch die Wirklichkeit des Lebens verändert wird, das ist im Grunde das Thema aller nun noch folgenden Kapitel der Dogmatik. Aber in Kürze soll das hier schon angesprochen werden.

Als die Gerechtgesprochenen mit dem lebendigen Christus verbunden werden, das heißt in die Macht seines *Geistes* kommen. Die Macht des Geistes, der von Christus ausgeht, ist die Dynamik der schöpferischen Liebe Gottes. Aus dieser Liebe werden wir in Christus *angenommen* als die Sünder, die wir sind, aber sie läßt uns nicht die bleiben, die wir sind. Man kann sich nicht in dieser Liebe angenommen wissen, ohne durch sie bewegt zu werden. Man kann nicht mit Christus zusammensein, ohne durch ihn verändert zu werden. Darin ist die Einheit von Rechtfertigung und Heiligung, von Glauben und „Werken" begründet. Das wird im nächsten § eingehend besprochen werden.

Als die Gerechtsgesprochenen mit Christus verbunden werden, das heißt zu seiner *Gemeinde* eingeholt werden; mit dem paulinischen Bild gesprochen: ein Glied an seinem Leibe werden. Gnade und Rechtfertigung als allgemeine Wahrheit – davon könnte das fromme Individuum je für sich allein leben. Aber Gottes Gnade ist nicht „an sich", sondern konkret in Jesus Christus für uns da. Das Rechtfertigungsurteil betrifft zwar jeden einzelnen in *seiner* Geschichte mit Gott, aber es läßt uns nicht Vereinzelte bleiben. Indem es alle unter den einen Christus ruft, werden sie um ihn *zusammen*gerufen und sind als die mit ihm Verbundenen und durch seinen Geist Bewegten nun auch untereinander verbunden. Die konkreteste Gestalt, in der Gott uns sein Rechtfertigungsurteil, sein Kommen zu uns in Christus zuspricht, ist das Abendmahl; und hier wird es ja geradezu sinnenfällig, wie dies, daß Christus sich je mir *persönlich* gibt, uns *miteinander* zusammenschließt. Rechtfertigungsfrömmigkeit – eine individualistische, nur auf das eigene Seelenheil konzentrierte Frömmigkeit? Sie konnte und kann dazu entarten. Aber die Rechtfertigung des Sünders durch den Gott, der sich uns in Christus zuspricht, ist recht verstanden gerade das Ende alles religiösen wie irreligiösen Individualismus. Hier entspringt die *Gemeinschaft* der Glaubenden. Das wird in der Lehre von der Kirche zu entfalten sein.

Ein dritter Aspekt sei hier noch angedeutet. Als die Gerechtfertigten mit Christus verbunden werden heißt leben in der Macht dessen, den Gott nicht nur zum Haupt seiner Gemeinde, sondern zum Herrn des Ganzen eingesetzt hat, zu dem Herrn, dem „sich alle Knie beugen werden" (Phil 2,10), in dem über die Zukunft der *Welt* entschieden ist. Christus ist gekommen, um *alle* zu sich zu rufen. Dann kann aber die Gemeinde der in ihm Gerechtfertigten sich nicht selbstgenügsam in Grenzen einschließen, die ihr Herr überschreiten will. Als die Gerechtfertigten werden wir von der in dieser Welt noch herrschenden Gottlosigkeit geschieden, aber wir werden nicht in einen Binnenraum versetzt, in dem die Geschicke der Welt und der Menschen, die noch in Gottesferne leben, uns gleichgültig sein können. Rechtfertigungsfrömmigkeit – weltabgewandte Jenseitsfrömmigkeit? Nicht zur Abwendung *von* der Welt, auch nicht zur Anpassung *an* die Welt, aber zum Zeugnis, zur Hoffnung und zum Gebet *für* die Welt ist die

Gemeinde Jesu Christi gerufen. Auch dies wird in der Lehre von der Kirche und dann auch in der Eschatologie zu bedenken sein.

3. *Per fidem*

Paulus sagt: Durch den *Glauben* an Jesus Christus kommt die Gerechtigkeit Gottes zu uns (Röm 3,22). Nach dem Johannesevangelium sagt Christus selbst: „Wer mein Wort hört und *glaubt* dem, der mich gesandt hat, der kommt nicht in das Gericht, sondern ist vom Tode zum Leben hinübergeschritten" (5,24). Zum Glauben an die frohe Botschaft vom Herbeikommen des Reiches Gottes hat Jesus auch nach dem Zeugnis der synoptischen Evangelien gerufen (Mk 1,15), und Glaube ist gemeint, wenn er sagt: Wer das Reich nicht empfängt wie ein Kind, der wird nicht hineinkommen (Mk 10,15).

„Glauben" kann im deutschen Sprachgebrauch verschiedenes bedeuten. Es kann die Überzeugung von der Richtigkeit einer Mitteilung, von der Wirklichkeit eines Sachverhalts, von der Wahrheit einer Lehre gemeint sein; ein intellektuelles Fürwahrhalten von etwas, das nicht unbedingt auch existentielle Bedeutung haben muß. „Glauben" kann auch als ein geringerer Grad der Überzeugung von „Wissen" unterschieden werden: Ich glaube wohl, daß es sich so verhält, aber ich weiß es nicht ganz gewiß. Wenn wir jemand sagen „Ich glaube dir", kann damit freilich auch das feste Vertrauen gemeint sein, das wir in ihn als Menschen, in seine Aufrichtigkeit und Zuverlässigkeit setzen. In den soeben angesprochenen biblischen Aussagen geht es um das Verhalten nicht zu Mitteilungen und Lehren, auch nicht zu Menschen, sondern zu Gott. Und es ist nicht nur eine verstandesmäßige Überzeugung etwa von der Existenz Gottes gemeint, sondern das Vertrauen auf seine Zusage. Darauf weist schon die Grundbedeutung der in unserer Übersetzung mit „Glauben" wiedergegebenen biblischen Worte hin. Das griechische „pistis" bedeutet sowohl Treue, Zuverlässigkeit, als auch das Vertrauen, das in solche Treue gesetzt wird. Auch das hebräische „heemin" bedeutet: Den, der verläßlich (neemân) *ist*, für verläßlich *halten*, sich auf seine Festigkeit und Treue verlassen.

Ist der Glaube zu verstehen als die *Bedingung*, unter der wir von Gott gerechtfertigt werden? Daß wir durch den Glauben an Christus gerechtfertigt sind, heißt jedenfalls, daß wir es *ohne* Glauben nicht sein können. Der Glaube gehört dazu. Gottes Freispruchurteil gilt dem Menschen nicht über ihn selbst hinweg, einerlei wie er sich dazu verhält und ob er es sich überhaupt gesagt sein läßt. Es will im

Menschen *ankommen*. Die Rechtfertigung des Gottlosen ist allein Gottes Werk; er kommt in Christus zu uns, nicht wir zu ihm. Aber nur so kommt dieses Gotteswerk zu seinem Ziel und ganzen Vollzug, daß es in denen ankommt, denen es gilt – eben „per fidem". Das kann darum nicht anders sein, weil Rechtfertigung nicht bloß Strafamnestie für die Sünder als quasi sachlichen Tatbestand bedeutet – der könnte ihnen gelten auch über ihren Kopf und ihre Kenntnisnahme hinweg –, sondern ihre Annahme durch Gott zur Gemeinschaft mit ihm selbst. Da muß der Mensch dabeisein. Darum spricht Gott die *Tat* seines Kommens in Christus zum Menschen durch sein *Wort* in jede Gegenwart hinein, und Glauben heißt: Dieses Wort ist bei mir angekommen und ich halte mich daran. Ich verlasse mich darauf, daß Gott in Christus für mich ist und mit mir bleibt und lasse mir unter keinen Umständen, weder durch Menschen noch durch eigene Anfechtung und Sünde, etwas anderes einreden.

So kommt Gott zu dem Menschen, der ihm die *Antwort* gibt, die seiner Zuwendung ganz entspricht. Der Glaube ist diese Antwort, und indem er zum Glauben kommt, wird der Mensch in die Erfüllung seiner geschöpflichen Ebenbild-Bestimmung eingeholt.

Karl *Barth* kann sagen – so mehrfach in den beiden ersten Teilbänden seiner Versöhnungslehre (KD IV/1 und 2) –, die Versöhnung des Menschen mit Gott sei in Kreuz und Auferstehung Christi so objektiv verwirklicht, daß alle von dieser Wirklichkeit ihres Versöhntseins bereits umfaßt sind, einerlei ob sie dies wissen und glauben oder nicht. Er will damit klarstellen, daß nicht wir durch unsere „Entscheidung" zum Glauben unser Versöhntsein mit Gott erst in Kraft setzen. Darin ist ihm zuzustimmen, aber jene Weise, von der Objektivität des Christusgeschehens zu reden, ist dennoch problematisch, zumindest mißverständlich. Das Neue Testament redet anders: In der Versöhnung, die Gott in Christus aufgerichtet hat, können wir nur leben als die, die sich mit ihm versöhnt sein *lassen* (2.Kor 5,20). Der Grund, außer dem niemand einen andern legen kann, *ist* gelegt, „welcher ist Jesus Christus" (1.Kor 3,11). Aber er gibt sich uns doch dazu zum Lebensgrund, daß wir auf ihn uns lassen, und darin erfüllt sich, *wozu* er gelegt ist. Auch Barth bringt dann natürlich zur Geltung (so vor allem in KD IV/3), daß Christus als der „Zeuge der Wahrheit" des in ihm durch Gott Geschehenen nach der Antwort unseres Glaubens ruft. Er will den Glauben aber nur verstehen als das Annehmen des Bescheides, den das Wort Christi uns gibt über einen Stand, in den wir auch vor unserm Glauben, auch ohne ihn schon versetzt sind. Ist, was durch das Wort und im Glauben geschieht, nach dem Neuen Testament nicht vielmehr unser *Eingeholtwerden* in diesen Stand – freilich nicht kraft unserer Selbstentscheidung, sondern durch den Geist Gottes?

Der Glaube des Menschen gehört in das Geschehen seiner Rechtfertigung durch Gott hinein. Aber „per fidem" will nicht so verstanden sein, als ob der Glaube die Bedingung wäre, die nun doch von Seiten des Menschen erfüllt werden muß, damit Gott ihn gerechtsprechen kann; als ob anstelle der Leistung von Werken nun eben die (womöglich als ein Kraftakt intellektueller Selbstüberwindung zum „Fürwahrhalten" des Unbegreiflichen verstandene) Leistung seines Glaubens zu treten hätte. So kann der Glaube sich unmöglich selbst verstehen, weil er ja gerade dies ist: Sich schlicht gesagt sein lassen und sich daran halten, daß Gott in Christus *bedingungslos* annimmt. Gewiß ist das die Antwort, die der Mensch der Selbstzusage Gottes gibt. Aber kommt diese Selbstzusage „allein aus Gnade" uns zu und ist sie in sich selbst nichts anderes als die Erlaubnis, aus und in dieser Gande zu leben, so kann auch die Antwort des Glaubens nichts anderes sein als reines Empfangen dessen, was Gott geben will, sich von ihm beschenken lassen. Ja so wenig ist der Glaube eine vom Menschen zu erbringende Bedingung, daß auch er selbst *als* diese Antwort des Empfangens nur von Gott empfangen werden kann. Unsern Glauben können wir nicht „machen"; wir können uns auch nicht selbst im Glauben erhalten. Wir sind darauf angewiesen, daß Gott ihn gibt und uns in ihm erhält. Es ist der Heilige Geist – *Gott* selbst wirkend in *unserm* Selbst (Bd. I, § 14) –, der den Glauben wirkt. Das christliche Bekenntnis zu Gott dem Dreieinigen bekennt ihn ja als den Gott, der sich des Menschen so umfassend annimmt, daß er, der *über* allem ist, nicht nur im Sohn ganz *zu* uns gekommen ist, sondern auch durch den Geist *in* uns wirkend uns seinem Sein mit uns im Sohne öffnet und entgegenträgt (§ 15).
Der Glaube des Menschen ist Gottes Werk in ihm. Kann es die Tat des Menschen sein, den Glauben zu *verweigern*? Man sollte nicht da schon von solcher Verweigerung reden, wo Menschen der Glaube fremd ist, weil ihnen das Evangelium als Ruf und Einladung zum Glauben noch gar nicht wirklich begegnet ist. Aber daß es auch dies geben kann, daß ein Mensch von diesem Ruf Gottes getroffen wurde und ihm dennoch den Glauben verweigert, wird man nicht bestreiten können. Gott schenkt den Glauben, aber er *zwingt* nicht zum Glauben.

Ist es Gott, der den Glauben wirkt, so scheint die Logik zu der Folgerung zu nötigen, daß auch die Glaubensverweigerung eines Menschen darin ihren Grund hat, daß *Gott* ihm die Gabe des Glaubens verweigern will. Aber dieser logischen Nötigung sollte die theologische Reflexion sich nicht unterwerfen. Gottes Wille ist, daß wir glauben; und ist er es, der den Glauben wirkt, weil er *für* den Menschen und sein Leben ist, so ist es des Menschen Entscheidung *gegen* Gott und sein eigenes Leben, wenn er sich dem Glauben verschließt.

Daß der Mensch diese Möglichkeit überhaupt hat, ist paradox; d. h. es ist von Gottes Heilswillen und Heilsmacht her unableitbar und unbegreiflich. Aber darin hat die Sünde der Glaubensverweigerung teil an der aus dem Schöpferwillen und der Schöpfermacht Gottes ebenso unableitbaren Möglichkeit, daß Sünde überhaupt wirklich werden konnte (vgl. § 19). – Diese hier nur angedeutete Überlegung wird in der Auseinandersetzung mit der Prädestinationslehre (§ 32) aufgenommen und weitergeführt werden.

Das Verständnis des Glaubens war ein Brennpunkt der Kontroverse zwischen reformatorischer und tridentinischer Rechtfertigungslehre. Der Einspruch des Tridentinums richtete sich vor allem gegen die reformatorische Aussage, Glaube sei unbedingte, jeden Zweifel von sich weisende *Gewißheit* um das eigene Heil, gerade solchen Glauben wolle Gott haben und *allein* in solchem Glauben werde der Mensch gerechtfertigt. Dem Tridentinum erschien dies als anmaßende Behauptung; wohl solle man der Gnadenhilfe Gottes vertrauen, aber unbedingte Gewißheit um seine endgültige Teilhabe am Heil stehe dem einzelnen Christen nicht zu. Vielmehr bleibe im Blick auf die eigene Schwäche und mangelhafte Bereitschaft Grund auch zur Furcht um den persönlichen Stand in der Gnade (vgl. § 20,4). Diese Kontroverse über die Heilsgewißheit ist heute zurückgetreten, da auch auf katholischer Seite gesehen wird, daß in Trient ein Mißverständnis des von den Reformatoren Gemeinten im Spiel war. Aber m. E. beruhte die Differenz in der Frage der Heilsgewißheit nicht nur auf einem Mißverständnis des reformatorischen Glaubensbegriffs, sondern auch auf einer Verschiedenheit im Verständnis des Rechtfertigungsgeschehens. Einigkeit bestand und besteht darin, daß auf beiden Seiten Rechtfertigung nicht als ein bloßes Gerecht*gesprochen*werden, sondern auch als Gerecht*werden* des Menschen durch Gottes Gnade verstanden wird. Aber nach dem scholastischen Gnadensystem, das auch dem tridentinischen Rechtfertigungsdekret im wesentlichen noch zugrundeliegt, wird Gott im Endgericht den Menschen gerechtsprechen, den er zuvor gerechtgemacht hat, und *weil* er nun als ein durch seine Gnade gerecht Gewordener vor ihm steht: durch seine Gnade, aber nicht ohne daß in diesem Gnadenwerk auch die Kooperation des Menschen einbezogen und in Anspruch genommen wird; sowohl in der Disposition auf den Empfang der gerechtmachenden Gnade wie in den Werken, die aus ihr hervorgehen, zugleich aber Befestigung und Mehrung des Gnadenstandes „verdienen". Von daher wird es verständlich, warum ein Glaube, der sich unbedingter persönlicher Heilsgewißheit rühmt, als Anmaßung erscheinen mußte. Kann ich denn meiner selbst und meiner zureichenden Öffnung, meines zureichenden Mitwirkens mit der mir geschenkten Gnade absolut gewiß sein? Oder darf ich gar sagen, die Gnade sei mir gewiß, einerlei wie es in meinem Leben aussieht, und *dies* für den Glauben halten, den Gott bestätigt?

Nach evangelischem Rechtfertigungsverständnis stehen die beiden Elemente dieses Geschehens – das „forensische" und das „effektive" – in umgekehrtem Verhältnis zueinander: Gott spricht nicht den Gerechtgewordenen, sondern den Sünder gerecht. Dies sein Urteil steht alles begründend am *Anfang* seines Weges mit dem Menschen. Gott hat es in Christus gesprochen, und durch das Wort des Evangeliums wird es uns immer neu zugesprochen. Es hat eschatologische Kraft, die Teilhabe an Gottes Reich wird uns darin zugesprochen. Aber *weil* Gott gerechtspricht, darum wird er auch gerecht machen. *Indem* er den Menschen „grundlos" gerechtspricht, seine Sünde vergibt, ihn in seine Gemeinschaft annimmt, hat er sich (wie Luther im Sermon von der Taufe sagen kann) ihm dahingehend „verbündet", daß er seine Sünde überwinden und sein Leben ins Rechte bringen wird. In und mit der Gerechtsprechung ist uns auch unser Gerechtwerden zugesagt als *Gottes* Werk, das allein er in uns wirken kann und wirken wird. Darin werden auch wir zu Werken geführt werden, aber nicht um durch sie unsern Stand im Heil festzumachen, sondern weil er in Gottes Zusage festgemacht *ist* und wir dadurch von der Sorge um uns selbst freigemacht werden. Auch die Lebenserneuerung und ihre Frucht in guten Werken ist also eingeschlossen in das, was im Glauben allein aus Gottes Zusage erwartet werden darf und empfangen wird. So aber kann und soll der Glaube gewiß sein, daß Gott den, dem er das Leben zugesprochen hat, auch zum Ziel dieses Lebens bringen wird. Ja ohne diese gewisse Zuversicht zu Gott könnte er gar nicht wirklicher Glaube, die Antwort des unbedingten Vertrauens auf die bedingungslos gegebene Zusage sein. Eine Sicherheit, die sich jeder Gefahr und Anfechtung enthoben glaubt, womöglich in dem Gedanken: Einerlei wie gut oder schlecht ich lebe – vor Gott hat das nichts zu bedeuten, ist mit dieser Heilsgewißheit nicht gemeint. Sie *kann* gar nicht gemeint sein, denn wie könnte man der Zusage Gottes, er wolle und werde den, den er gerechtspricht, auch gerecht machen, glauben, ohne diesen Willen Gottes ernst zu nehmen und sich ihm zu überliefern? In jener Sicherheit (das Tridentinum nennt sie, indem es die evangelische Behauptung der Heilsgewißheit in diesem Sinn mißversteht, mit Recht eine „inanis fiducia") würden wir gerade den Glauben verlassen und Gott selbst den Rücken kehren. Und dies allerdings kann wohl Anlaß zur Furcht sein: Werde ich im Glauben beharren bis ans Ende, auch unter Anfechtungen? Aber auch aus dieser Furcht hilft nicht der Blick auf die Stärke der eigenen sittlichen Bemühung, sondern nur die Flucht zurück zu der Zusage Gottes, er werde zu seinem Wort stehen und das Werk vollenden, das er mit uns begonnen hat – die Flucht zurück in den Glauben. Über dieses Verständnis der Heilsgewißheit wird man sich heute wohl auch mit manchen katholischen Theologen vereinbaren können. Das bedingt dann allerdings, daß man sich auch über das Folgeverhältnis von Gerechtsprechung und Gerechtmachung und über die wahre Bedeutung der Werke des Glaubens einig werden kann.

Es bleiben Fragen, die an diesen nun abgeschlossenen Versuch einer dogmatischen Interpretation der Rechtfertigungslehre gestellt werden können. Sie sollen in Form eines Exkurses aufgenommen werden.

1. Wir hatten das, was in der Rechtfertigung des Sünders geschieht, mit einer sehr zugespitzten Formulierung so bezeichnet: Gott übernimmt die Verantwortung für den Menschen. Das war nicht nur darauf bezogen, daß Gott im Kreuz Christi den Sünder von der Todesfolge seiner Sünde freigesprochen hat, sondern auch darauf, daß er in dem auferstandenen Christus und durch seinen Geist selbst das Leben des Menschen wirkt, der ihm in Wahrheit entspricht. Gott übernimmt also die Verantwortung auch für die Antwort des Menschen auf seine Zuwendung. Wir hatten jeden Gedanken an eine mitwirkende Beteiligung des Menschen in *diesem* Geschehen, in dem sein Heil, die Heilung seines Verhältnisses zu Gott in Frage steht, zurückgewiesen. Hier wirkt Gott allein, hier kann der Mensch nur der Empfangende sein, und auch den Glauben, das „Organ" solchen Empfangens, kann er nicht herzubringen, sondern nur empfangen. Dabei hatten wir dieses völlige Angewiesensein des Menschen auf das, was Gott für ihn und in ihm wirkt, nicht als eine nur infolge der Sünde eingetretene „Notlösung" verstanden; vielmehr bringt Gott so – sola gratia, in Christo, per fidem – den *Sünder* in dasjenige Verhältnis zu ihm ein, für das er den *Menschen* von Anbeginn an gewollt und geschaffen hat.

Bedeutet dies alles nicht im Grunde die Aufhebung des Menschen als „Person" im *Gegenüber* zu Gott? Anders gesagt: Kann eine Antwort, deren Geschehen allein Gott in uns verantwortet, noch wirklich *unsere* Antwort sein? Wir hatten eine dahin zielende katholische Frage an die reformatorische Rechtfertigungslehre zur Kenntnis genommen (§ 20,5). Was kann zu dieser Frage gesagt werden?

Wird „Person" als Ausdruck für eine in sich gegründete Selbständigkeit und Selbstbestimmung verstanden, kraft der der Mensch aus sich heraus sein Verhalten zu seinem Gegenüber vollzieht und dessen Verhalten zu ihm beantwortet, so wird dieses Personverständnis hier, wo es um das Gegenüber zu Gott geht, allerdings unanwendbar. Selbstverständlich will auch die katholische Theologie nicht einfach dieses Verständnis von „Person" auf das Gegenüber des Menschen zu Gott übertragen, sieht ihn in diesem Gegenüber vielmehr umfassend durch Gottes Gnade bestimmt. Aber muß diese Gnade nicht in dem von ihr ergriffenen Menschen auch zu einer eigenschaftlichen Bestimmung seines Innern werden, damit der durch sie gewirkte Glaube, die Liebe, die Werke wirklich *sein* Glaube, *seine* Liebe, *seine* Werke sein können, die er selbst Gott darbringt? Würde er sonst nicht zum bloßen Objekt des göttlichen Wirkens werden?

In der Tat, mit der Bestreitung jeder mitwirkenden Beteiligung des Menschen im Geschehen seiner Rechtfertigung und Lebenserneuerung kann nicht gemeint sein, daß Gott ihn zum willenlosen Objekt seines Wirkens macht. Glaube, Leben im Glauben ist Antwort, die der Mensch Gott gibt. Darin ist er *als* er-selbst Gott zugewandt. Wenn aber daraus gefolgert wird: Also muß Gnade auch zu einer Potenz im Menschen werden, damit er *aus* sich selbst – gewiß aus dem durch die Gnade gewandelten und erhöhten Selbst – diese Antwort geben kann, so scheint mir dies im Bann einer Alternative zu verbleiben, die im Verhältnis des Menschen zu Gott gerade gesprengt wird. Man könnte sie zugespitzt so formulieren: Entweder lebt und handelt der Mensch aus einem „Können", das ihm zueigen ist – durch die Gnade zueigen gegeben und geworden ist, und dann als er-selbst; oder er wird zum bloßen Gegenstand und Instrument eines fremden Willens und Handelns herabgesetzt (wie etwa in der Sklaverei oder unter Hypnose) – und das kann nicht die Weise sein, wie Gott mit ihm umgehen will.

Nein, gewiß nicht; aber diese Alternative wird hier eben unanwendbar. Paulus hat die „Struktur" dessen, wie Gott in Christus zu dem Menschen, den er rechtfertigt, ins Verhältnis tritt, in dem prägnanten Satz gefaßt: „Ich lebe – und doch nicht ich, vielmehr Christus lebt in mir" (Gal 2,20). Nicht „*es* lebt", auch nicht „ich *werde* gelebt", sondern: ich lebe – aber dieses Ich kann nicht mehr sich selbst, sondern nur Christus als den Träger dieses seines Lebens ansprechen. Was Paulus an dieser Stelle christologisch ausdrückt – Christus in mir –, kann bei ihm und sonst im Neuen Testament auch pneumatologisch gesagt werden: Christen leben und handeln „im Geist"; und auch dies meint: *als* sie selbst, aber nicht *aus* sich selbst. Der Geist, nicht das Ich, ist der Träger dieses Lebens. Zu dem Wort von Gal 2 gibt es genaue pneumatologische Parallelen. „Sorget nicht, wie oder was ihr reden sollt . . . denn nicht ihr (nicht ihr aus euerm Vermögen, das rechte Wort zu finden) seid es, die da reden, sondern eures Vaters Geist ist es, der durch euch redet" (Mt 10,19f). Ich rede, doch nun nicht ich . . . Und: „Wir wissen nicht, was und wie wir recht beten sollen, sondern der Geist selbst vertritt uns aufs beste mit unaussprechlichem Seufzen" (Röm 8,26). Das heißt doch: Der in die Gemeinschaft mit Gott eingeholte, unter seinem Rechtfertigungsurteil und in der Macht seiner Gerechtigkeit lebende Mensch hat die Kraft dieses Lebens nicht in sich selbst. Sie liegt allein darin, daß Gott in Christus, im Geist, *mit* ihm ist. *Er* „kann" in uns das, was zu *unserer* Antwort auf seine Zuwendung wird. Er bleibt das Subjekt der Gerechtigkeit, in der wir ihm gerecht werden. Das ist keine Automatik, die den Menschen zum Objekt Gottes macht. Es ist ja wirklich unsere Antwort, die Gott in uns hervorruft. Aber diese Antwort, das Gegenüber zu ihm selbst, in dem er uns Leben gibt, liegt darin, daß wir dieses Leben gerade nicht „können" wollen, sondern in jedem Augenblick ihm verdanken, von ihm erwarten und empfangen. – Auch darüber wird man sich heute wohl auch mit katholischen Theologen verstehen können. Aber müßte das auf ihrer Seite nicht die Preisgabe dessen bedeuten, was einst im scholastischen Gnadensystem mit dem Begriff einer gratia creata gemeint war?

2. Eine ganz andere Frage ist es, ob und wie dies alles dem nicht mehr von christlicher Überlieferung geprägten Zeitgenossen vermittelt werden kann. Da ist doch weitgehend schon der Horizont nicht mehr gegenwärtig, in dem die Rede von Gott, der den Sünder rechtfertigt, einst verstanden wurde. Wird nach Gott und nach dem, was man von ihm zu erwarten hat überhaupt noch gefragt? Die Rechtfertigungsbotschaft – Antwort auf eine Frage, die nicht mehr gestellt wird? Als die Frage nach dem gnädigen Gott wird sie gewiß von vielen nicht mehr gestellt. Wer eine radikale Emanzipationstheorie vertritt, wird mit der Bindung an Gott überhaupt auch und erst recht die Vorstellung einer Gnade ablehnen, aus der allein der Mensch sein wahres Leben soll empfangen können. Wie steht es aber in dem – mit oder ohne solche Theorie – *gelebten* Dasein dieses Menschen? Auch wo die Frage nach Gott ins Unbewußte abgesunken ist – nach der Gerechtigkeit wird gefragt, und Gericht wird auch gehalten, vor allem über die Ungerechtigkeit der andern und anderswo. Wer hat und behält Recht in diesem gegenseitigen Richten? Wie wird es wirklich und endlich zur Gerechtigkeit kommen in dieser Welt? Und Menschen, die mit dem eigenen Leben nicht mehr zurechtkommen, geraten, auch wenn sie sie nicht so formulieren, in die Frage, wie sie sich selbst noch sollen annehmen können. Wer nimmt mich an, wenn andere mich nicht annehmen und ich mich selbst nicht mehr annehmen kann?

Man kann aus diesen Fragen heraus niemand die Wahrheit des Wortes, mit dem Gott sich in Christus dem Gottlosen zuspricht, *beweisen*. Dieses Wort kann seine Wahrheit nur selbst beweisen. Man kann aber seine Auslegung für die Gegenwart auf solche Fragen *beziehen*.

Literatur

W. DANTINE, Die Gerechtmachung des Gottlosen (1959) – G. GLOEGE, Gnade für die Welt (1964) – A, KÖBERLE, Rechtfertigung, Glaube und neues Leben (1. Aufl. 1965) – H. G. PÖHLMANN, Rechtfertigung. Die gegenwärtige kontroverstheologische Problematik der Rechtfertigungslehre zwischen der evangelisch-lutherischen und der römisch-katholischen Kirche (1971) – Rechtfertigung im neuzeitlichen Lebenszusammenhang. Studien zur Interpretation der Rechtfertigungslehre, HG. W. LOHFF und CHR. WALTHER (1974) – W. HÄRLE und E. HERMS, Rechtfertigung. Das Wirklichkeitsverständnis des christlichen Glaubens, UTB 1016 (1979) – A. PETERS, Rechtfertigung (Handbuch systematischer Theologie, Hg. C. H. Ratschow, Bd. 12, 1984).

§ 22. Leben im Glauben

Rechtfertigung bedeutet Veränderung des Lebens. An dieser Stelle sind auch innerhalb der Dogmatik die Fundamente einer christlichen Ethik zur Sprache zu bringen. Leben im Glauben ist nicht ein fertiger Besitz, so daß nun einfach zu beschreiben wäre, wie das in der Kirche oder im einzelnen Christen aussieht. Es ist das Leben, in das wir durch das befreiende Wort des Evangeliums *gerufen* werden. Christliche und kirchliche Faktizität bleibt vielfach hinter diesem Ruf zurück; oft widerspricht sie ihm. Aber der Ruf wird nicht stumm, und er bleibt nicht unwirksam. Er wirkt Anfänge und aus vielem Versagen heraus auch wieder Neuanfänge eines Lebens im Glauben. Es ist Leben im Tun der Liebe, im Hören auf Gottes Gebot und in der Bereitschaft zur Umkehr aus dem, was sein Gebot uns als Sünde erkennen läßt. Damit sind die drei Themen genannt, über die im Folgenden zu sprechen ist.

1. Die Werke der Liebe

Gott übernimmt die Verantwortung für den Menschen – so hatten wir umschrieben, was in der Rechtfertigung des Sünders geschieht. Das heißt nicht, daß damit dem Menschen jede eigene Verantwortung genommen wird. Gott übernimmt die Verantwortung für uns in dem, was allein *er* in uns wirken kann. Aber gerade so werden wir befreit zu verantwortlichem Einsatz der geschöpflichen Kräfte und Wirkmöglichkeiten, die *uns* als Menschen gegeben sind; zur Verantwortung füreinander und für die Verhältnisse, in denen wir miteinander leben. Daß wir zum Glauben und in die Liebe kommen, ist nicht unser Werk. Die schöpferische Kraft der Liebe ist nicht unsere, sondern Gottes Kraft. Zur Liebe *werden* wir bewegt durch seinen Geist; das können wir nicht machen, sondern nur erbitten und empfangen. Insofern bleiben auch die Werke der Liebe Gottes Werk im Menschen. Aber in denen, die Gottes Geist bewegt, wird die Gleichgültigkeit des Menschen gegen den Menschen durchbrochen. Die Augen werden geöffnet für das, was Menschen tun können, um Menschen zu helfen, und dafür werden alle Kräfte unseres Verstandes, unserer Überlegung und unserer Phantasie in Anspruch genommen. *Diese* Kräfte sind uns als Menschen zueigen gegeben; wir können sie einsetzen. Aber es kommt darauf an, wem wir selbst zueigen sind, d. h. welche Macht unser Leben bewegt und die Richtung bestimmt, in der wir das einsetzen, was in unsern Kräften steht. Die Werke des Glaubens sind Werke der

Liebe Gottes, weil wir im Glauben seine Liebe erfahren und durch sie bewegt werden. Aber sie sind auch *unsere* Werke, weil die Liebe, die Gottes Werk in uns ist, uns zu Mit-liebenden macht und den tätigen Einsatz unserer geschöpflichen Fähigkeiten in Anspruch nimmt. Man darf an *dieser* Stelle auch sagen, daß Gott uns zu seinen Mitarbeitern annimmt. In der Frage unserer Rechtfertigung hat dieser Begriff nichts zu suchen. Das Heil, die Rettung und das Rechtwerden unseres Lebens in unserm Gegenüber zu ihm selbst wirkt Gott allein. In dem, was er unsern Nächsten zugute tun will, macht er uns zu seinen cooperatores. Aber richtiger als von „Mitwirken" wäre da wohl von einem „In-wirken" in Gottes Wirken, einem Hineingenommen-werden in sein Wirken zu sprechen. Und besser als es mit allen derartigen Begriffen gesagt werden kann, hat es Luther in den letzten Sätzen seiner Schrift „Von der Freiheit eines Christenmenschen" gesagt: „Siehe also müssen Gottes Güter fließen aus einem in den andern und (all)gemein werden, daß ein jeder sich seines Nächsten also annehme, als wäre er es selbst. Aus Christo fließen sie in uns, der sich unser hat angenommen..., aus uns sollen sie fließen in die, die ihrer bedürfen. – Aus dem allem folgt, daß ein Christenmensch nicht lebt in ihm selbst, sondern in Christo und seinem Nächsten, in Christo durch den Glauben, im Nächsten durch die Liebe. Durch den Glauben fährt er über sich in Gott, aus Gott fährt er wieder unter sich durch die Liebe, und bleibt doch immer in Gott und göttlicher Liebe."[1]

Es kann nicht die Aufgabe der Dogmatik sein, nun *inhaltlich* zu entfalten, was solche Werke der Liebe sind. Auch eine christliche Ethik wird das nicht so tun können, daß sie einen vollständigen und zeitlos gültigen Katalog solcher Werke aufstellt. Es geht da ja nicht nur um „Werke" im Sinn einzelner Handlungen, sondern um die ganze Zuwendung des Menschen zum Menschen. Sie läßt sich auf Taten nicht begrenzen, sie kann auch in Worten, in Gedanken, u. U. einmal nur in einem Zuhören konkret werden. *Wie* sie konkret wird, das wird auch durch die Situationen bestimmt, in denen Menschen einander begegnen und aufeinander angewiesen sind.

Dagegen soll hier noch etwas dazu gesagt werden, worin sich Werke der Liebe, wie immer sie inhaltlich aussehen mögen, grundsätzlich von andern „guten Werken" unterscheiden – auch von solchen, die vielleicht dem äußeren Tatbestand nach ihnen gleichsehen.

Das Unterscheidende ist die *Spontaneität*, in der das geschieht, was aus und in Liebe geschieht. Damit soll schlicht gesagt sein: Es ge-

---

[1] WA 7, S. 37f.

schieht gern, in Freiheit und aus innerem Antrieb. Es geschieht nicht, weil ich „muß", um einer mir auferlegten Pflicht gerecht zu werden und dann das gute Bewußtsein haben zu können: Ich habe mich als Christ bewährt. Solches Absolvieren von „Christenpflicht" gibt es ja auch in unserer christlichen Faktizität, und der Empfänger solcher „Werke" wird vielleicht spüren, daß nicht er, sondern jenes gute Bewußtsein des Täters darin gemeint ist: Liebeswerke ohne Liebe. Das „ich muß" ist das Ende der Liebe, und die Liebe ist die Überwindung des „ich muß". Auch dies hat Luther immer wieder nachdrücklich gesagt: Kommen die Werke des Christen nicht „sponte er hilariter", freiwillig und freudig von Herzen, so bleiben sie totes Gesetzeswerk. Nicht der Mensch ist dann eigentlich ihr Täter, sondern das Gesetz, durch das sie ihm abgenötigt werden.

Im innern Zusammenhang mit dieser Spontaneität steht die *Gratuität*, in der die Werke der Liebe sich von andern Werken unterscheiden. Mit dieser Bezeichnung, die vielleicht etwas seltsam gewählt erscheint, soll die Eigenart ihrer Beziehung zu der Gnade Gottes zum Ausdruck gebracht werden: Sie geschehen nicht in der Absicht, sich Gnade zu erwerben oder sich gegen ihren Verlust zu versichern, sondern in der Gewißheit um die Gnade, in der wir leben dürfen. Sie geschehen *aus* Gnade und von ihr her, nicht auf sie hin. Sie haben dann auch denen gegenüber, denen sie getan werden, die Eigenart „gratis" sich schenkender Zuwendung. Mit ihnen will ein Mensch nichts für sich selbst erreichen, weder die Gnade Gottes noch das Lob und die Anerkennung von Menschen. Er gibt erfahrene Liebe weiter. Dies ist gemeint, wenn die reformatorische Theologie auf der völligen Ausschaltung des Verdienstgedankens aus der Motivation der wahrhaft guten Werke insistierte. Luther konnte als den Grund, aus dem sie hervorgehen, die Dankbarkeit gegen Gott bezeichnen: Hat er uns in Christus alles geschenkt, wie sollten nicht auch wir ihm an unsern Nächsten alles zuliebe tun, was wir können[2]! Das wird nicht immer ein bewußtes Motiv im Tun der Liebe sein; aber immer ist sein innerer Grund die Befreiung von der – weltlichen oder frommen – Sorge um uns selbst. Und nun nicht von der Psyche des Menschen, sondern von Gott her gesehen ist dies der Grund, der unser Lieben möglich macht und trägt, daß er selbst in Christus und im Wirken seines Geistes mit uns ist.

---

[2] WA 7, S. 35f.

2. Gottes Gebot

Leben im Glauben heißt im Alten wie im Neuen Testament: Gottes Gebote hören und tun. Gewiß geschieht da in Christus eine Wende. Das Leben derer, die Gott mit sich versöhnt und denen er seinen Geist gegeben hat, ist nicht mehr das Leben unter dem Gesetz, so wie es Israel gegeben war. In bestimmtem Sinn, auf den wir noch zurückkommen werden, kann Paulus sagen: Christus ist das Ende des Gesetzes (Röm 10,4). Der Hebräerbrief sagt jedenfalls: Sein Selbstopfer ist das Ende der Opferordnung des alttestamentlichen Gesetzes. Aber das bedeutet nicht das Ende der Begegnung mit Gottes Gebot überhaupt. Auch Jesus gab seinen Jüngern Gebote, und durch das Zeugnis der Evangelien begegnen sie seiner Gemeinde immer wieder, durch alle Zeiten hindurch. Die Briefe der Apostel enthalten eine Fülle von konkreten Weisungen und Mahnungen. Auch wird im Neuen Testament bei allem Unterschied zur alttestamentlichen Gesetzgebung nicht schlechthin anderes geboten als was Israel von seinem Gott geboten war. Das Neue Testament setzt ja voraus, daß es *derselbe* Gott ist, der zu den Vätern durch die Propheten geredet hat, nun aber zu uns in seinem Sohn (Hebr 1,1f). Damit wird auch die Einheit seines Willens in der Vielfalt seiner Gebote vorausgesetzt. Der Dekalog, der Kern des alttestamentlichen Gesetzes, wird von Jesus (Mt 5,21ff) wie von Paulus (Röm 13,9f) in die Auslegung des Gotteswillens aufgenommen, und ebenso im Doppelgebot der Liebe das „Höre Israel . . .", das im Deuteronomium als Vorzeichen vor den Zehn Geboten steht und bis heute das Bekenntnis auch der jüdischen Gemeinde ist (Mk 12,28ff, vgl. Deut 6,4f).

Folgen wir dem biblischen Zeugnis, dann gehören also der Glaube und das Hören und Tun des Gebotes ebenso zusammen wie Glaube und Liebe zusammengehören. Inwiefern gehört das zusammen? Wenn Leben im Glauben Leben in der bewegenden Macht des Geistes ist, warum dann überhaupt noch Gebot? Das Gebot spricht: „Du sollst". Wenn die Werke der Liebe sich wirklich durch die Spontaneität, mit der sie geschehen, von jedem bloßen Pflichtgehorsam unterscheiden, müßten sie dann nicht jedes „Du sollst" schon im Rücken haben? Konnte Luther, dem alles an dem „sponte et hilariter" dieser Werke gelegen war, doch gelegentlich sagen, der Glaube könne sich selbst Dekaloge machen besser als der des Mose, und der Liebe müsse man nicht erst gebieten, was sie tun soll – bevor geboten wird, habe sie schon getan. Sind das schwärmerische

Übertreibungen? Aber andererseits: Führt das „Du sollst" nicht wieder zurück unter die Unfreiheit des „Ich muß"?

Diese Frage hat in der alten und neueren lutherischen Theologie eine Geschichte gehabt. Selbstverständlich hat man immer gewußt, und gerade auch Luther hat es nachdrücklich gesagt, daß kein Christ auf Erden im Glauben und in der Liebe vollendet ist. Wir bleiben bis in die Todesstunde „simul peccatores" und bedürfen *darum*, zur Erkenntnis unserer Sünde, auch als Christen der Predigt des Gesetzes. Gilt es uns darüber hinaus auch als Weisung für den Weg eines neuen Lebens im Glauben? *Calvin* hat das bejaht und sah in der Unterweisung der Glaubenden, wie sie nun im Gehorsam gegen Gottes Gebote wandeln sollen, sogar die wesentlichste Funktion des Gesetzes. Auch *Melanchthon* und die lutherische Orthodoxie kennt neben seiner Funktion, die Sünde aufzudecken und zu strafen, seine Bedeutung als Weisung zum Leben im Glauben, seinen „usus in renatis". *Luther* sah das eigentliche Werk des Gesetzes in der Aufdeckung der Sünde; aber trotz seiner starken Worte über die Spontaneität, mit der aus dem Glauben die Werke der Liebe fließen, hat auch er nicht unterlassen, in Predigten und Schriften die Gebote als Weisung für die Glaubenden auszulegen. Nun trat aber schon zu Luthers Lebzeiten Joh. *Agricola* mit der These hervor, das Gesetz gehöre „aufs Rathaus, nicht auf den Predigtstuhl", denn es diene lediglich zur Strafe der Sünder, die glaubenden Christen stünden nicht mehr unter dem Gesetz. Luther hat dem leidenschaftlich widersprochen: Auch den Christen muß das Gesetz ihre Sünde aufdecken. Nach seinem Tod trat eine Gruppe lutherischer Theologen auf[3], die *dies* nicht bestritten, nun aber die These vertraten, *nur* zur Erkenntnis seiner Sünde bedürfe auch der Christ noch des Gesetzes. Sofern und soweit er aber anfange, im Glauben zu leben, gelte jene Spontaneität, die kein Gesetz mehr nötig hat. Sie verwarfen also den „usus in renatis", das Verständnis des Gesetzes als Lebensweisung für den Glaubenden, und verstanden sich darin gegen Melanchthon als die echten Schüler Luthers. Die Konkordienformel hatte mit anderen damals aufgetretenen Streitfragen auch über diese zu entscheiden. Sie entschied in ihrem VI. Artikel („De tertio usu legis"), daß auch den Glaubenden das Gesetz zu predigen ist, begründete das aber vor allem damit, daß auch in ihnen noch Sünde wohnt[4].

Die Diskussion dieser Frage trat dann lange Zeit zurück. Innerhalb der neueren lutherischen Theologie hat neben einigen schwedischen und finnischen Theologen vor allem Werner *Elert* den Protest gegen das Verständnis des Gesetzes als Lebensweisung für den Glaubenden wieder aufgenommen. Er sah darin ein typisch reformiertes, mit der genuin lutherischen Unterscheidung von Gesetz und Evangelium unvereinbares Theologumenon. Das folgende Kapitel wird auf diese Diskussion genauer eingehen.

---

[3] Poach, Otho u. a.
[4] Auf die Lehre vom dreifachen Brauch des Gesetzes, in deren Rahmen der „usus in renatis" auch als „tertius usus legis" bezeichnet wurde, wird das folgende Kapitel eingehen.

Wie immer das paulinische Wort vom Ende des *Gesetzes* in Christus zu verstehen ist, daran kann man jedenfalls nicht vorbeigehen, daß auch in der Christusverkündigung des Neuen Testaments *Gebote* begegnen. Weder in der Bergpredigt und sonst im Munde Jesu noch in den Apostelbriefen kann das so verstanden werden, als solle mit solchen Geboten nur aufgezeigt werden, was wir als Sünder *nicht* tun und nicht tun können. Sie wollen auch und vor allem sagen, zu welchem Tun wir als Glaubende gerufen werden. Bedeutet das die Beugung unter ein Müssen, das mit Spontaneität unvereinbar ist? Vernehmen des Gebotes und innere Freiheit des Wollens schließen einander nicht aus. Die innere Freiheit des Wollens kommt aus dem Bewegen des Geistes; aber der Geist Gottes, daran ist hier nochmals zu erinnern, bewegt den Menschen nicht so, daß das Gegenüber Gottes zu ihm und sein Gegenüber zu Gott darin ausgelöscht würde. Gott *spricht* zu uns, und sein Geist wirkt, daß wir seinem Wort unsere Antwort geben. Er spricht uns im Evangelium zu, daß er uns in Christus *angenommen* hat, und der Glaube antwortet mit dem Vertrauen, das sich an diese Zusage hält. Gott spricht uns in seinem Gebot zu, wohin er uns *mitnehmen*, zu welchem Tun er uns führen will, und wir antworten mit der Willigkeit, dem zu folgen. So ist der Glaube selbst, und alles Tun, was im Glauben geschieht, auch Gehorsam: Hören und Folgen, kein automatisches Mitgerissen werden. Worin liegt der Unterschied dieses Glaubensgehorsams zu einem bloßen Pflicht- und Muß-Gehorsam?

Er liegt in der Gewißheit, daß wir durch unser Tun nicht unsere Rechtfertigung vor Gott besorgen oder eine empfangene Rechtfertigung (in der Vorstellung „Nachdem Gott das Seine getan hat, mußt nun auch du") für uns erst sicher und gewiß machen müssen. Der Unterschied liegt vor allem darin, daß wir in diesem Tun nicht uns selbst, unserer eigenen Kraft oder Ohnmacht überlassen bleiben. Gottes Gebot steht und bleibt unter dem Vorzeichen seiner Selbstzusage in Christus, die zum Glauben ermächtigt: zum Glauben, daß wir als die von Gott bedingungslos Angenommenen leben dürfen und ineins damit zu dem Glauben, daß er die Kraft hat und gibt zum Tun dessen, wozu sein Gebot uns ruft. Ohne diesen Glauben, verstanden als die Aufforderung, aus eigener Kraft den Willen Gottes zu erfüllen und damit unser Heil zu gewinnen, würde das Gebot zu heilloser Überforderung, nun wirklich zu einem „Du sollst", unter dessen Druck dem Menschen, wenn er sich keine Illusion über sich selbst macht, nur übrigbleibt: Ich kann nicht. Aber vor seinem Gebot steht Gottes Zusage: Ich bin mit dir und werde mit dir sein. Nicht du mußt, was du nicht kannst, – *ich* kann, und darum *darfst* und wirst du tun, wozu mein Geist dich führt. So will das Gebot Gottes gehört sein, und in der befreienden Kraft dieser Zusage kann aus dem Pflichtgehorsam das freie und freudige Ja werden, das Einstimmen unseres Willens in Gottes Willen.

Vor der Größe der Forderung Jesu erschrocken haben seine Jünger gefragt: Wer kann dem gerecht werden? „Jesus aber sah sie an und sprach: Bei den Menschen ist's unmöglich, aber nicht bei Gott; denn alle Dinge sind möglich bei Gott" (Mk 10,27).

Bei *Gott* ist es möglich, daß *wir* seinen Willen tun.

Den *Inhalt* des Gotteswillens hat Jesus zusammengefaßt im Gebot der Liebe. Paulus hat das aufgenommen: „Wenn da gesagt ist: du sollst nicht ehebrechen, du sollst nicht töten ... und was immer sonst geboten ist, das wird in diesem Wort zusammengefaßt: Du sollst deinen Nächsten lieben wie dich selbst. So ist nun die Liebe des Gesetzes Erfüllung" (Röm 13,9f).

Vertreter einer „Situationsethik"[5] folgerten daraus: *Unbedingt* geboten ist überhaupt nur die Liebe. *Was* aus Liebe zu tun ist, kann je nach der Situation, in der der einzelne zu handeln hat, ganz verschieden sein. Jeder muß in seiner jeweiligen Situation ermessen, was gerade hier und jetzt die Liebe von ihm fordert. Dabei wird nicht bestritten, daß auch andere biblische Gebote, etwa der Dekalog, solchem Ermessen als allgemeine Richtlinien dienen können. Aber unbedingte Geltung haben sie nicht; es können Situationen eintreten, in denen die Liebe gebietet, über sie hinwegzugehen. Aber diese Konzeption stößt auch auf Widerspruch: Wird auf diese Weise nicht das von Gott Gebotene jedes konkreten Inhalts entleert? Liebe ist ein großes Wort – aber wenn aus der Liebe in der Praxis je nach Situation und Ermessen alles Beliebige soll folgen können, wird sie da nicht zum *bloßen* Wort? Es kann dann etwa entgegengehalten werden: In der Schrift steht das Liebesgebot, aber daneben eben auch eine Vielheit sehr bestimmter Ge- und Verbote, die ebenso unbedingte Geltung beanspruchen. Erst durch diese Gebote wird uns konkret *ausgelegt*, was in der Bibel „Liebe" heißt – *die* Liebe, die uns von Gott geboten ist; Menschen können unter diesem Wort ja alles Mögliche verstehen.

Der Streit um die Situationsethik fordert zu einer grundsätzlichen Besinnung über das Verhältnis des einen Gebotes der Liebe zu der Vielfalt biblischer Gebote heraus. Dieses Verhältnis kann jedenfalls

---

[5] J. Fletcher, Moral ohne Normen? (dt, 1967), u. a. Vgl. auch Dor. Sölle, Phantasie und Gehorsam. Überlegungen zu einer künftigen christlichen Ethik (5. A. 1972).

nicht so verstanden werden, als sei das Liebesgebot nur eines, wenn auch das größte und wichtigste, neben allem andern, ebenso unbedingt Gebotenen. Wenn Jesus sagt, in ihm hänge „das ganze Gesetz und die Propheten", wenn Paulus schreibt, in ihm seien alle Gebote zusammengefaßt, so kann das nur heißen: Liebe ist das eine, um das es Gott geht in allem, was er gebietet: nicht das größte Gebot *neben* andern, sondern das eine Gebot *in* allen Geboten. Bis dahin ist dem Ansatz der Situationsethik recht zu geben. Man kann m. E. auch nicht sagen, erst der konkrete Wortlaut der übrigen Gebote exegesiere, was die Liebe ist, die uns von Gott geboten wird. Was diese Liebe ist, das wird an Jesus erkannt, an seinen Worten, seinem Verhalten zu den Menschen, seiner Selbsthingabe. Es wird daran erkannt, wie Gott sich in ihm uns zugewendet hat (1.Joh 3,16; 4,8ff). Und dann exegesiert die *in ihm* erkannte Liebe das Warum und Wozu seiner Gebote. Nicht die vielen Gebote legen das eine aus, sondern das eine legt die vielen aus. Den Wortlaut biblischer Gebote kann man ja dem Buchstaben nach halten – auch ohne Liebe. Das mag besser sein als ein Libertinismus, der über alle Stränge schlägt: jedenfalls werden die nach außen tretenden zerstörenden Auswirkungen auf das Leben der Mitmenschen geringer sein (obwohl auch Gesetzlichkeit ohne Liebe zerstörend wirkt). Aber in solchem Buchstabengehorsam geschieht nicht das, wozu der Geist Gottes uns bewegt.

Es soll damit nicht gesagt sein, daß alle konkreten Gebote, von denen das Liebesgebot im biblischen Zeugnis umgeben ist, gewichtslos werden. Liebe will ja praktisch getan werden. Das heißt, daß um ihretwillen in der Fülle der verschiedenen Beziehungen und Begegnungen, in denen sich menschliches Zusammenleben vollzieht, jeweils *Bestimmtes* und Unterschiedliches zu tun ist. Darauf weist die Vielheit der Gebote hin, sie wollen als Entfaltungen des einen Gebots in die Vielheit dieser Lebensbeziehungen hinein verstanden werden. Man kann auch nicht behaupten, daß was die Liebe gebietet je nach individueller Situation so absolut verschieden sein wird, daß es überhaupt nichts gibt, was um ihretwillen unter allen Umständen und in jeder Lage geboten bleibt. Inmitten der Verschiedenheit und Wandelbarkeit der Verhältnisse und Bedürfnisse gibt es auch solches, worauf Menschen zu jeder Zeit angewiesen bleiben, und was die Liebe jederzeit und jedem zu tun gebietet. Und es gibt solches, was Menschen einander unter keinen Umständen aus der Liebe Christi antun können. Inmitten aller Variabilität sind hier auch Konstanten zu sehen. Im Blick auf das, was die Liebe *verwehrt*, kann man den Dekalog als Kernbestand solcher „Konstanten der Liebe" verstehen. Für das, was um ihretwillen jederzeit *geboten* ist und geboten bleibt, stehen viele positive biblische Weisungen. Aber das Tun der Liebe erschöpft sich nicht in einer Befolgung des Wortlauts solcher Gebote (und noch viel weniger im bloßen Nicht-tun des Verbotenen). Zu ihm gehört in der Tat auch das Ermessen, *wie* biblisches Gebot im Heute, in den gesellschaftlichen Verhältnissen der Gegenwart oder auch in einer besonderen persönlichen Situation, sinngemäß zu bewähren ist, wenn wirklich die Liebe, um deretwillen es geboten ist, getan werden und nicht nur ein abstrakter Vorschriftengehorsam geleistet werden soll. Das kann bedeuten, daß ein solches Gebot gerade nicht nach dem Buchstaben, in dem es auf andere Verhältnisse bezogen war, sondern in „Übersetzung" auf dieses Heute hin gehört und befolgt sein will. Und man kann nicht bestreiten, daß sich in der Schrift auch Gebote finden, die uns kein Gesetz mehr sein können, weil sie sich auf Verhältnisse beziehen, die schlechthin vergangen sind. Es will ermessen sein, wo hier die Konstanten sind, an die die Liebe Christi uns bindet, und wo und wie sie über den Buchstaben hinausführt.

Bedeutet das, daß willkürlicher Subjektivität die Tür geöffnet wird? Wenn die Liebe und der Geist Jesu Christi die bewegende Macht zu solchem Ermessen sind, ist dies nicht nur das Ende eines toten Buchstabengehorsams. Es ist ebenso das Ende subjektiver Willkür und Beliebigkeit. Denn es ist das Ende des Menschen, der sich selbst überlassen ist.

3. Die beständige Umkehr

An die Spitze seiner 95 Thesen über den Ablaß hat Luther den Satz gestellt: „Da unser Herr und Meister Jesus Christus spricht: ‚Tut Buße', hat er gewollt, daß das ganze Leben der Glaubenden Buße sei." Auch dies also eine Aussage über das Leben im Glauben. Wenn wir für „Buße" hier „Umkehr" einsetzen, so entspricht das unmißverständlicher den biblischen Worten, teschuba und metanoia; und es entspricht auch dem, was Luther mit seiner These sagen wollte.

Das Leben der Glaubenden eine beständige Umkehr – dahinter stand für Luther die Einsicht, daß auch der Christ ein Sünder bleibt. Er hat sie in die bekannte Formel gefaßt: simul iustus et peccator. Der Sinn und das Recht dieser Formel ist nicht unumstritten. Dies jedenfalls kann mit ihr nicht gemeint sein, daß die Gerechtsprechung des Sünders in seinem Leben alles beim Alten läßt. Gottes Wort und Geist wirkt Glauben, im Glauben kommen Christus und der Mensch zusammen, darum wird der Glaube nicht ohne die Werke der Liebe bleiben – das alles hat Luther ja unüberhörbar auch gesagt. Gott ist am Werk, den neuen Menschen zu schaffen, die Sünde „auszufegen". Aber dieses Gotteswerk ist noch nicht vollendet. Solange wir auf Erden leben, bleibt der Geist im Streit mit dem Fleisch und der Glaubende im Kampf mit sich selbst als dem Sünder. Ja Luther kann dieses simul sehr zugespitzt formulieren: Quoad nos – auf das gesehen, was wir in und aus uns selbst sind – *totus* peccator; iustus nur in der „aliena iustitia", die uns in Christus zugesprochen ist. Oder auch: peccator *in re*, iustus *in spe*[6] – in der Hoffnung freilich, daß Gott die Gerechtigkeit, die er zuspricht, endlich auch in uns verwirklichen wird. Aber diese Hoffnung blickt voraus auf die Auferweckung der Toten; *da* wird der Zwiespalt zwischen dem neuen und dem alten Menschen zu Ende sein. Leben in der beständigen Umkehr, das heißt für Luther: Im Wahrhaben und Bekennen des eigenen Sünderseins immer wieder hinfliehen zu Christus, umkehren unter die Zusage Gottes, daß er in Christus vergibt, und weil er vergibt, auch überwinden wird, was uns von ihm trennt. In dieser Bewegung, nicht in einer Vollendung, die das Bekenntnis der Sünde hinter sich hätte, lebt der Glaube der Christen.

Die Behauptung dieses Zugleich von Christsein und Sündersein hat Befremden und Widerspruch hervorgerufen. Das gilt vor allem für die vorhin erwähnten zugespitzten Formulierungen. Peccator in re, iustus nur in spe – widerspricht Luther damit nicht der doch auch von ihm vertretenen Erkenntnis, daß Gottes Rechtfertigungsurteil die Macht zur Veränderung unseres Lebens ist? *Wenn* es diese Macht ist, wenn Gnade wirklich in uns wirksam wird, warum soll dann auch der Glaubende, und dies bis in die Stunde seines Todes, von sich selbst nur bekennen können: totus peccator? Das sind etwa Fragen katholischer Theologie an das Luthersche simul. Auch auf protestantischer Seite fand und findet es Widerspruch, besonders bei manchen Vertretern pietistischer Heiligungsbewegung. Führt die Behauptung dieses unaufhebbar bleibenden Zugleich nicht praktisch zu einem quietistischen Sich abfinden mit der Sünde, zur Lähmung des Strebens nach wirklicher Heiligung? Wird durch die Rede von der täglichen Umkehr zu Gottes Vergebung nicht verdeckt und verwischt, daß *einmal* die *ganze* Bekehrung geschehen muß, in der ein Mensch sich ein für

---

[6] Formulierungen dieser Art z. B. WA 39 I, Ss. 492, 552, 564; 39 II, S. 141; 40 II, S. 407. Zum Verständnis der Simul-Formel Luthers darf ich auf meine Untersuchung Gesetz und Freiheit. Das Problem des Tertius usus legis bei Luther (4. A. 1968) hinweisen.

allemal Christus übergibt und durch die sein neues Leben klar geschieden wird von dem früheren, in dem die Sünde herrschte?
Dazu kommen Fragen nach der Schriftgemäßheit dieses simul iustus et peccator. Luther hatte die entscheidende neutestamentliche Belegstelle dafür in den Worten des Paulus vom Wollen und nicht Vollbringen Röm 7,14–23 gefunden. Aber nach der überwiegenden Meinung heutiger Exegeten spricht Paulus dort nicht von seiner Existenz als Christ, sondern – freilich in einer durch den Glauben an Christus erhellten Rückschau – von dem früheren Leben unter dem Gesetz. Eine ausdrückliche Aussage über das Sündersein als Zustand, dem auch der getaufte Christ bis zum Ende des irdischen Lebens verhaftet bleibt, findet sich, wenn von Röm 7,14ff hier abzusehen ist, weder bei Paulus noch sonst im Neuen Testament. Daß die Glaubenden der Versuchung und dem Kampf mit der Sünde nicht entnommen sind, wird nicht verschwiegen; Paulus sagt es in den Worten vom Begehren des Fleisches gegen den Geist und dem Streit des Geistes gegen das Fleisch Gal 5,16f. Daß es in den Gemeinden zu faktischem Sündigen kommt, davon zeugen die konkreten und oft sehr scharfen Zurechtweisungen in seinen Briefen. Davon sprechen auch die Worte des ersten Johannesbriefs: „Wenn wir sagen, wir haben keine Sünde, so verführen wir uns selbst und die Wahrheit ist nicht in uns. Wenn wir aber unsere Sünden bekennen, so ist er treu und gerecht, daß er uns die Sünden vergibt" (1,8f) – vielleicht diejenige Aussage im Neuen Testament, die dem Lutherschen simul am nächsten kommt. Aber deckt sie ein „totus peccator in re"? Im Ganzen ist die neutestamentliche Paraklese doch durchaus geprägt durch den Zuspruch des *neuen* Lebens in der Kraft des Geistes und den Aufruf, in diesem Leben nun auch zu wandeln und nicht wieder zurückzukehren unter die Herrschaft der Sünde. „Ist jemand in Christus, so ist er eine neue Kreatur. Das Alte ist vergangen; siehe, Neues ist geworden." (2.Kor 5,17).
Es wäre sicher nicht schriftgemäß, das „Gerecht und Sünder zugleich" zu verstehen als die Beschreibung einer Polarität, die gewissermaßen zum Normalbestand des Christseins auf Erden gehört und mit der man sich folglich resigniert abfinden muß oder auch beruhigt abfinden darf. Dem steht die biblische Paraklese in der Tat entgegen. Sie ruft aus dem Alten heraus nach vorne, in das neue Leben mit Christus und in seinem Geist. Aber auch Luthers Aussage wäre damit mißverstanden. Er meinte mit ihr ja nicht die Einladung zu beruhigtem oder resignierten Verweilen und Sich abfinden, sondern gerade den Ruf zu beständiger Umkehr. Und wenn aus dem neutestamentlichen Zeugnis so stark die Erfahrung der Befreiung zu einem neuen Leben spricht, so war

auch Luther diese Erfahrung nicht fremd – wie hätte er sonst seine Schrift von der Freiheit eines Christenmenschen schreiben können! Peccator in re, damit konnte auch er nicht sagen wollen: Im Leben des Christen auf Erden geschieht das Neue noch nicht, sondern immer nur und nichts als Sünde. Und trotz und inmitten alles christlichen Versagens kann man auch heute nicht sagen, daß es unter uns keine Erfahrung des neuen Lebens gibt. Was in den vorigen Abschnitten dargelegt wurde von den Werken der Liebe, von einem Hören und Tun des Gotteswillens nicht unter Druck, sondern in Freiheit und Freude, ist keine dogmatische Theorie, die nur ein vorderhand noch unwirkliches Ideal beschreiben würde. Gott wirkt in denen, die er durch sein Wort zum Glauben bewegt, auch heute.

Aber auch das „Gerecht und Sünder zugleich" ist nicht bloße dogmatische Theorie. Auch hier spricht Erfahrung, in die Christen geführt und unter die sie gebeugt werden – gerade sie und umso deutlicher, je mehr ihr Leben zu einer Geschichte mit diesem Wort Gottes wird. Nicht nur Befreiung zu dem Anfang eines neuen Lebens, sondern auch Zurückfallen in alte Gebundenheit wird da erfahren, und das Gebot Christi, das in die Freude und Freiheit des Tuns der Liebe ruft, wird auch zum Gericht über unser Unrecht. Man kann diese Erfahrung, gerade wenn das Wort von 1.Joh 1,8 ernst genommen wird, nicht verdrängen durch die Behauptung, ein wirklicher Christ müsse sie hinter sich haben. Wie sollen wir mit ihr umgehen? Es wäre ein verkehrter Umgang mit der Erfahrung der eigenen Sünde, wenn man hier eine Bilanz aufmachen, gegen Rückfälle geistliche Fortschritte aufrechnen und sich damit beruhigen wollte, daß sie im Ganzen wohl überwiegen. Eine solche Selbstbeurteilung steht uns nicht zu. Solche Aufrechnung ist vor allem deshalb unmöglich, weil Sünde, wo und wie immer sie geschieht, niemals nur ein Teilversagen ist, von dem wir einen bereits „guten" Teil oder Kern des eigenen Wesens distanzieren könnten. In ihr aktualisiert sich ja immer wieder jene Grundsünde der Selbstgebundenheit und Selbstbesorgung, in der der *ganze* Mensch sich Gott und dem Nächsten versagt. Darin behält Luthers Bekenntnis „totus peccator" recht; ist es nicht extensiv zu verstehen als die Behauptung, daß im ganzen Christenleben nichts als Sünde geschieht, so gilt es aber in einem intensiven Sinn: In jeder Sünde steht immer der ganze Mensch als der Sünder vor Gott. Nicht nur etwas ist fehlgegangen, sondern er selbst hat Gott den Rücken gekehrt. Und wenn Gott uns darin nicht stehen läßt, sondern uns durch sein Wort zurückruft und durch seinen Geist in den Anfang des neuen Lebens zurückholt, den *er* mit uns gemacht hat, so können wir gerade darin nicht uns selbst betrachten und dieses Tun Gottes als *unsere* geistlichen Fortschritte von dem, was wir als unsere Sünde zu bekennen haben, abbuchen wollen. Noch viel weniger können wir so mit der Erfahrung unserer Sünde umgehen, daß wir unsere Verfehlung durch „gute Werke" selbst wieder wettmachen und zum Vergessen bringen wollen. Gerade so würden wir der Grundsünde in ihrer frommen Gestalt, in dem Anspruch, unser Leben vor Gott und dem eigenen Gewissen selbst ins Rechte zu bringen, verhaftet bleiben.

Der einzige Weg, der eine Weg, auf den wir über der Erfahrung unseres Sünderseins durch das Wort des Evangeliums gerufen werden, ist wirklich *Umkehr*; immer wieder die ganze Umkehr aus allen Versuchen der Selbstrechtfertigung und Selbsthilfe zu dem Gott, der uns in Christus die Vergebung aller unserer Sünde zugesprochen hat, und in den Glauben, der es wagt, sich von neuem an diese Zusage zu halten. Die Bitte um Vergebung ist die Rückkehr in das Zusammensein mit Gott selbst und damit unter seine Macht zum Neuwerden des Lebens. Sie ist als das Bekenntnis der eigenen Sünde auch die Abkehr von ihr, der Aufbruch aus allem beruhigten oder resignierten Verweilen des „alten Menschen" bei sich selbst.

Wer aus einem Leben, in dem er von Gottes Wort noch gar nicht berührt war, erstmals zum Glauben gerufen und erweckt wird, der wird das in der Tat als eine Bekehrung erfahren, durch die seine glaubensfremde Vergangenheit unterschieden wird von dem neuen Lebensweg, der ihm aufgetan wurde. Wer von Kindheit an zum Glauben geführt wurde und ihm nie ganz entfremdet war, dem kann nicht als Gesetz auferlegt werden, auch er müsse zu irgendeinem Zeitpunkt seines Lebens das Durchbruchserlebnis einer einmaligen Bekehrung erfahren, um in Wahrheit Christ zu sein. Aber niemand von uns ist so vollendet im Glauben und in der Liebe und so endgültig aller Sünde entnommen, daß er nicht dessen bedürftig bleibt, *immer wieder* den Ruf zur Umkehr unter Gottes Vergebung zu hören und ihm zu folgen. Das gilt für den von Kindheit an zum Glauben Geführten; aber auch für den, der zu einem späteren Zeitpunkt erstmals seine Bekehrung zum Glauben erfuhr.

Das heißt nicht, daß das Leben des Christen ein Auf-der-Stelle-treten bliebe im unklaren Zwielicht zwischen alt und neu. Der Mut des Glaubens zur Umkehr ist immer wieder der Schritt auf dem Weg nach vorne, aus dem Alten, das zum Vergehen bestimmt ist, in den Anbruch des neuen Lebens. Zu diesem Mut sind wir ermächtigt, nicht weil wir ihn uns selbst zusprechen könnten, aber weil Gott sein Wort gegeben hat, daß er in Christus für und mit uns ist und daß sein Geist uns in die Wahrheit leiten wird. Und diese Umkehr hat nichts zu tun mit den Vorstellungen einer düsteren und peinlichen Pflichtleistung, die sich für viele an das Wort „Buße" gehängt haben. Sie steht nicht vor einer verschlossenen Tür, die wir uns erst wieder öffnen müßten. Sie ist die Erlaubnis und Freude, einzugehen durch die offene Tür.

Literatur

Für die in diesem § behandelten Fragen kann auf die Literaturangaben zu § 21 verwiesen und auf diejenigen zu § 23 vorausgewiesen werden. Einen guten Einblick in die Diskussion dieser Fragen in der neueren Theologie bis etwa 1955 bietet der von H. H. SCHREY und H. THIELICKE herausgegebene Sammelband Glaube und Handeln. Grundprobleme evangelischer Ethik (1956).
Ferner: K. RAHNER, Zur „Situationsethik" aus ökumenischer Sicht, Schriften zur Theol. VI (1965), S. 262 ff. – H. J. IWAND, Das Gebot Gottes und das Leben, Nachgelassene Werke II (1966), S. 46 ff. – W. JOEST, Das Gebot und die Gebote, in: ders., Gott will zum Menschen kommen (1977), S. 82 ff.
Dazu das in den Anmerkungen zu diesem § Genannte.

VII. Kapitel

§ 23. Gesetz und Evangelium

Luther und mit ihm die reformatorische Theologie hat die Bestimmung der Wirklichkeit des Menschen durch das Urteil Gottes in das Thema Gesetz und Evangelium gefaßt. Darin ist, wenn man Luther folgt, in äußerster Verdichtung zusammengefaßt, was im zweiten Teil dieser Dogmatik zu behandeln war. So liegt es nahe, diesen Teil mit der Erörterung des Verhältnisses von Gesetz und Evangelium abzuschließen. Dabei ist aber zu beachten, daß auch dieses Thema in der christlichen Theologie eine Geschichte gehabt hat, in der es nicht immer im Sinn Luthers verstanden wurde, ja in der es zu Zeiten überhaupt nicht ausdrücklich in Erscheinung trat. Und gerade Luthers Verständnis von Gesetz und Evangelium ist dann innerhalb der evangelischen Theologie in unserm Jahrhundert nochmals zum Gegenstand tiefgreifender Auseinandersetzungen geworden. Wir vergegenwärtigen uns zunächst diese Geschichte des Themas und wenden uns dann der aktuellen Auseinandersetzung um sein rechtes Verständnis zu.

1. Gesetz und Evangelium in der Theologiegeschichte

1.1 Paulus

Dem ehemaligen Rabbinenschüler mußte es zur entscheidenden Frage werden, wie Gottes Heilstat in Christus sich zu der Forderung seines Gesetzes verhält. Nirgends im Neuen Testament wird diese Frage mit so grundsätzlicher Schärfe durchdacht und beantwortet wie in den Paulusbriefen, vor allem im Galater- und Römerbrief. Hier hat denn auch Luthers Verständnis dieses Themas seine biblische Verankerung. Es begegnet zwar bei Paulus noch nicht in der Formulierung „Gesetz und Evangelium"; er stellt gegenüber Gesetz und Christus (Röm 7,4; 10,4), Gesetz und Geist (Röm 7,6; 8,2; 2.Kor 3,6), Leben unter dem Gesetz und Leben im Glauben (Röm 3,28; 4,13f; Gal 3,12). Aber das besagt keinen inhaltlichen Unterschied zu der von Luther

geprägten Formulierung. Und schon Paulus versteht dieses Gegenüber in einem bestimmten Sinn als Antithese: Christus ist das *Ende* des Gesetzes (Röm 10,4) – in einem andern Sinn kommt es in ihm freilich gerade zu seinem *Ziel* (das Röm 10,4 gebrauchte Wort „telos" kann beides bedeuten).
Spricht Paulus in diesem Zusammenhang von „nomos", so meint er das konkrete alttestamentliche Gesetz. Die in ihm inbegriffenen kultischen Ordnungen (Beschneidung, Reinheitsgebote, Opfer), die Israel gegeben waren und durch die es von den „Völkern" geschieden war, sind in Christus aufgehoben; die aus Juden und Heiden in Christus vereinte Gemeinde ist an sie nicht mehr gebunden. Aber darin erschöpft sich nicht, was Paulus unter dem Gesetz versteht, dem Christus zum Ende (und Ziel) gesetzt ist. In dem Israel offenbarten Gesetz spricht mit und unter jenen kultischen Ordnungen der unvergängliche Gotteswille in seinem totalen Anspruch an das Leben des Menschen. Dieser Gotteswille, Israel als Gesetz offenbart, steht universal über aller Menschheit in Kraft (Röm 2). Er wird in Christus nicht aufgehoben, sondern zu seinem Ziel gebracht. Denn der Geist wirkt in den durch den Glauben mit Christus Verbundenen die Liebe, die des Gesetzes Erfüllung ist (Röm 13,10). Aber zu Ende gekommen ist in Christus das Treffen dieses Gotteswillens als Anklage auf den Menschen, der ihm nicht gerecht wird und nicht gerecht werden kann, weil er in der Sünde gefangen ist. Zu Ende gekommen ist damit der dem Sünder den Tod zusprechende „Fluch" des Gesetzes (Gal 3,13). Ihn hat Christus am Kreuz getragen, damit hat Gott die scheidende Macht der Sünde aufgehoben, und in denen, die er mit sich versöhnt hat, schafft er selbst das neue Leben, in dem sein Wille geschieht.
Als endgültig durch Gottes Handeln in Christus ins *Unrecht* gesetzt (und in *diesem* Sinn zu Ende gebracht) erkennt Paulus nun die Vorstellung, das Gesetz sei als Weg zum Verdienen des Heils gegeben, und den Willen, durch Gesetzeserfüllung vor Gott die eigene Gerechtigkeit aufzurichten (Röm 10,3). Durch den Glauben, nicht aufgrund seiner Werke hat Gott dem Abraham Gerechtigkeit zugesprochen (Röm 4), das war der Anfang seines Weges mit Israel, und in Christus kommt dieser Weg zum Ziel und der Glaube Abrahams zu seinem Grund. Das Gesetz in seiner Wirkung als verklagend-richtende Macht ist „zwischeneingekommen" um der Sünde willen (Gal 3,19), nicht damit der Sünder sich durch sein eigenes Tun zum Gerechten mache, sondern damit ihm in der Erkenntnis seiner Gebundenheit Gott selbst in Christus zum Befreier wird. Durch das Gesetz kommt nicht Gerechtigkeit, sondern Erkenntnis der Sünde, und in diesem Sinn versteht

Paulus es als den paidagôgos eis Christon: „Also ist das Gesetz unser Zuchtmeister gewesen auf Christus hin, daß wir durch den Glauben gerecht würden" (Gal 3,24)[1].

Aber dieses Amt des Gesetzes ist in Christus vergangen; die in ihm zu Gottes Kindern und Hausgenossen angenommen sind, stehen nicht mehr unter der Zuchtrute des paidagôgos. Paulus (hier liegt ein gewisser Unterschied zu Luther) sieht die Antithese von Gesetz und Christus als die Folge zweier heilsgeschichtlicher Zeiten, nicht als ein Zugleich, in dem das Gesetz immer wieder zwischeneinkäme. Jedenfalls hat er von einem solchen Zugleich nicht ausdrücklich gesprochen. Wo er ermahnend zu Christen spricht, gebraucht er für solches parakalein nicht mehr den Begriff nomos.

1.2. Marcion, Augustin, Scholastik

Die vorreformatorische Geschichte der Gnadenlehre war im Umriß § 20,2 dargestellt worden; wir kommen jetzt nur unter dem besonderen Gesichtspunkt des Gesetzesverständnisses auf sie zurück. In seiner paulinischen Zuspitzung wurde es zunächst kaum aufgenommen. Das gilt für weite Bereiche der frühkirchlichen Theologie und noch mehr für die Entwicklung christlicher Volksfrömmigkeit.

Wohl hielt man allgemein fest, daß die alttestamentliche Ritualgesetzgebung in Christus und für die Christen aufgehoben ist, und das andererseits die das sittliche Verhalten betreffenden Gebote, repräsentiert vor allem im Dekalog, durch Christus bestätigt den Christen ebenso gelten wie dem Volk des alten Bundes. Aber daß und in welchem Sinn Christus als der Erfüller zugleich das *Ende* des Gesetzes ist, blieb verdeckt; weithin wurde nun auch er, wie dies in § 20,2 bereits dargestellt wurde, als der Gesetzgeber des neuen Bundes verstanden und bezeichnet.

Als Antithese hat dagegen *Marcion* (um 150) das Verhältnis von Gesetz und Christus aufgefaßt und sich dafür auf Paulus berufen. Aber in seinem Denken geriet die Antithese zur radikalen Diastase,

---

[1] Wenn Paulus im Licht der Tat Gottes in Christus die Funktion des nomos nun so versteht, so deckt sich das nicht ohne weiteres mit dem alttestamentlichen Verständnis von tora. Aber kann man nicht sagen: Paulus spricht, von Christus her zurückblickend, aus, wozu das Gesetz dem Volk, dem es gegeben war, in der Geschichte des Konfliktes mit seinem Gott tatsächlich geworden ist – und worauf auch Grenzaussagen alttestamentlicher Prophetie wie etwa Jer 31,34 schon hinweisen?

durch die der heilsgeschichtliche Zusammenhang zwischen Gesetz (paidagôgos eis Christon) und Christus (telos tou nomou) zerrissen und der Gottesgedanke gespalten wurde. Der Gott des Alten Testaments ist für Marcion ein anderer als der Vater, der sich in Jesus offenbart hat. Er ist der Schöpfer der materiellen Welt und als solcher der Gott der Gerechtigkeit und des Gesetzes, dem er die Menschen unterwirft und dessen Übertretung er mit zorniger Rachsucht bedroht. Aber seine Herrschaft ist vergangen. In Christus ist ihm der Gott der reinen, leidenschaftslosen Güte entgegengetreten. Er befreit die Seelen derer, die ihm glauben, aus dem Gesetz des Gerechtigkeitsgottes, damit zugleich aus der Verhaftung an die Materie, und führt sie zu dem Reich des reinen Geistes, in dem ihr Ursprung war, zurück. Hier ist Christus zum Ende nicht des in ihm erfüllten und zu seinem Ziel gebrachten, sondern des in ihm widerlegten und verworfenen Gesetzes geworden. Aber damit war Paulus, auf den Marcion sich berief, fundamental mißverstanden. In dieser zum Gegeneinander zweier Götter gewordenen Gestalt konnte die Antithese von Gesetz und Christus nur als Häresie beurteilt und verworfen werden.

Durch *Augustin* (354–430) wurde diese Antithese in ihrem paulinischen Sinn wieder aufgenommen und in ihrer grundsätzlichen Bedeutung für das Verständnis des Heilsgeschehens zur Geltung gebracht. Er formuliert sie als Gegenüber von Gesetz und Gnade. Augustin hält den heilsgeschichtlichen Zusammenhang fest: Es ist der eine Gott, der im Gesetz spricht und in Christus seine Gnade offenbart, und er spricht durch das Gesetz daraufhin, daß er seine Gnade offenbaren will. Die Forderung des Gesetzes ist final auf die Gnade, der Empfang der Gnade final auf die Erfüllung des Gesetzes bezogen. Insofern gehören Gesetz und Gnade zusammen. Augustin hat das auf die von ihm vielfach variierte Formel gebracht: Lex data est, ut gratia quaereretur, gratia data est, ut lex impleretur. Damit ist aber schon gesagt, daß der Zusammenhang von beiden hier nicht als Stufenweg von Unvollkommen zu Vollkommen, die Gnade Christi nicht als die Gabe des vollkommenen, durch sein Vorbild erhellten Gesetzes verstanden wird. Vielmehr gehören für Augustin, darin folgt er Paulus, Gesetz und Gnade gerade im qualitativen Gegensatz ihres Wirkens zusammen. Das Gesetz Gottes tritt von außen, als Buchstabe und Vorschrift, an den Eigenwillen des Menschen heran und läßt ihn als Widerwillen akut werden – die Gnade wirkt in seinem Innern den neuen Willen, dem das Gesetz „ins Herz geschrieben" ist. Das Gesetz fordert vom *Menschen*, was er als Sünder nicht erfüllt und nicht erfüllen kann – durch seine Gnade wirkt *Gott* im Menschen mit dem

Wollen auch das Tun seines Willens, so daß man bitten darf: Da quod iubes, et iube quod vis. So wird das Gesetz gerade da erfüllt, wo es nicht mehr als Gesetz begegnet; und doch muß dem Sünder das Gesetz begegnen, damit er lernt sich nach der Gnade auszustrecken.

Die scholastische Theologie ging hinter Augustins Unterscheidung von Gesetz und Gnade nicht einfach zurück. Spricht man jetzt von Christus als dem Geber der nova lex, so bleibt festgehalten, daß dieses neue Gesetz dadurch von dem alten unterschieden ist, daß es „lex indita", nicht mehr von außen vorgeschrieben, sondern durch die Wirksamkeit der Gnade in die Herzen eingeschrieben ist. Aber diese Gnade wird verstanden als Ausrüstung des *Menschen* mit einer Kraft, die ihn instandsetzt, das Gesetz, das ihn als altes nicht zum Heil führen konnte, als neues nunmehr zu erfüllen. Und diese Gesetzeserfüllung, gewiß allein durch die Gabe der Gnade ermöglicht, kann zugleich als Befähigung und Verpflichtung des Menschen verstanden werden, zu seiner Erhaltung und Vollendung im Heilsstand verdienstlich mitzuwirken. Da kehrt dann im Verständnis des Heilsweges unter dem Vorzeichen der Gnade die Struktur des Gesetzes nochmals wieder. Das ist in den scholastischen Schulrichtungen nicht in gleicher Weise ausgeprägt, am wenigsten bei Thomas, der im engen Anschluß an Augustin dachte, deutlicher in der Spätscholastik.

1.3. Luther

Man könnte diese Wiederkehr der Struktur des Gesetzes unter der Prämisse der Gnade verstehen als den Versuch, sowohl dem paulinischen Sola gratia als auch den neutestamentlichen Worten vom Gericht nach den Werken gerecht zu werden und beides systematisch zu vereinbaren. Mußte dann die unverdiente Zuwendung der göttlichen Gnade nicht zugleich als Kraft verstanden werden, durch die Gott den Menschen befähigt, auf seinen Freispruch im Endgericht hin mitzuwirken? Aber für die Praxis gelebter Frömmigkeit war damit der Reflexion des Menschen auf sich selbst, auf das Genügen oder Ungenügen seiner Mitarbeit, und damit der Ungewißheit um sein Heil die Tür geöffnet. An dieser Praxis ist der Mönch Luther gescheitert. Ihm war geholfen, als er die paulinische Antithese neu verstehen lernte: Die Gerechtigkeit, die sein Gesetz fordert, spricht Gott in Christus dem Sünder *bedingungslos* zu. Er setzt sie als seine eigene Gerechtigkeit für den Ungerechten ein. *Das* ist seine Gnade – nicht Kraft, die uns um des einst vollbrachten Verdienstes Christi willen gegeben wird, damit wir erbringen können, was für unseren künftigen Freispruch mitbedingend ist, sondern der seinen Tod für unser Gericht und seine Auferstehung für unser neues Leben einsetzende gegenwärtige Christus, und in ihm das *gegenwärtige* Freispruchurteil Gottes.

So wurde Luther erneut zu einer radikalen Unterscheidung von Gesetz und Evangelium geführt. Beides verstand er als Urteilsakte Gottes, die durch das gepredigte Wort der Schrift den Menschen treffen. Dabei ist mit Gesetz nicht einfach der Gotteswille an sich gemeint; zum Gesetz wird er da, wo das Wort, durch das er begegnet, dem Menschen seine Sünde aufdeckt und ihm zum Gericht wird. Und Evangelium ist nicht schon die historia von Christus an sich, sondern das Wort, durch das Christus sich dem Sünder zuspricht als sein Befreier aus dem Gericht[2].

Beide Urteile Gottes sind nach Luther einander entgegengesetzt. Gericht ist nicht Gnade, sondern Verurteilung. Gnade ist nicht Gericht, sondern Aufhebung des Urteils. Der zu Recht Verurteilte wird freigesprochen; Christus tritt dem Gesetz entgegen und steht für ihn ein. Luther konnte dieses durch den Gegensatz der beiden Urteile geschehende Handeln Gottes mit dem Menschen in das biblische Wort fassen: „Gott tötet und macht lebendig; er führt in die Hölle und wieder heraus" (1.Sam 2,6). Aber Gesetz und Evangelium gehören gerade in diesem Gegensatz auch zusammen. Der Freispruch des Evangeliums setzt den Schuldspruch des Gesetzes voraus und wird als Freispruch nur von dem erfahren, den der Schuldspruch getroffen hat. Dem Selbstgerechten und auf seiner Selbstgerechtigkeit Beharrenden kann die Gnade nicht helfen; Gott muß ihn aus seiner Selbstgerechtigkeit herausstoßen, um ihn Christus in die Arme zu treiben. So wird aber auch das Gesetz nur dann recht verstanden, wenn in ihm der Wille Gottes erkannt wird, zum Glauben an Christus zu führen. Gott tötet, *weil* er lebendig machen will. Luther kann das Gesetz als Gottes „opus alienum" bezeichnen, das seinen Zweck nicht in sich selber hat; es muß geschehen, weil Gott durch das Evangelium sein „opus proprium" an uns tun will. So will Gott beides gepredigt haben, sein tötendes Gesetz und sein lebendig machendes Evangelium. Aber durch das eine wie das andere kann sein Werk nur so geschehen, daß

---

[2] Daß Luther für „Gesetz und Christus" oder „Gesetz und Gnade" vornehmlich „Gesetz und *Evangelium*" einsetzt, hat seinen Grund in diesem Verständnis von beidem als aktuell treffendem Anspruch und Zuspruch durch das Wort; an Christus glauben heißt nicht die historia Christi für wahr halten, sondern in ihm Gottes befreiendes Wort erfahren.

Gesetz und Evangelium *unvermischt* gepredigt werden. Darauf liegt für Luther das größte Gewicht: Das Gesetz darf nicht zum Evangelium und vor allem das Evangelium nicht zum Gesetz gemacht werden. Das Gesetz würde zum Evangelium gemacht, wenn es als der Weg zum Heil gepredigt würde. Das Evangelium wird zum Gesetz gemacht, wenn es als die Vorgabe einer Gnade gepredigt wird, die das Mitwirken des Menschen zu seinem Bestehen in Gottes Endgericht erfordert. Solche „permixtio legis et evangelii", die es weder zu der ganzen Selbstpreisgabe unter Gottes Gericht noch zu der ganzen Befreiung durch sein Evangelium, zum ganzen Vertrauen auf Christus kommen läßt, hat Luther der scholastischen Theologie seiner Zeit vorgeworfen und dem entgegengestellt, die höchste und schwerste Kunst des Theologen sei es, zwischen Gesetz und Evangelium recht zu unterscheiden. Wo begegnet nach Luther Gottes Wort als Gesetz, wo als Evangelium? Obwohl er gelegentlich in abkürzender Rede Mose und Christus gegenüberstellt, setzt er keineswegs das Gesetz schlechthin mit dem Alten, das Evangelium mit dem Neuen Testament gleich. Gewiß spricht im Alten Testament vornehmlich der fordernde Gotteswille, aber nicht ohne daß dort auch Gottes Verheißungen laut werden, die auf den kommenden Christus vorausweisen. Und gewiß ist das Neue Testament vor allem das Zeugnis von Christus, in dem Gott alle Verheißung erfüllt. Aber auch im Neuen Testament begegnet sein gebietender Wille, ja erst daran, wie Christus diesen Gotteswillen verkündigt und gelebt hat, wird die Sünde in ihrer Tiefe und der Mensch sich selbst als der Sünder ganz enthüllt. Gerade in der Konfrontation mit dem Gebot Christi wird so das Gesetz zu dem alle menschliche Eigengerechtigkeit tötenden Gottesurteil. Aber in demselben Christus spricht Gott dem Ungerechten *seine* Gerechtigkeit und in ihr das Leben zu. So ist Christus das Wort Gottes, in dem Gesetz und Evangelium zusammentreffen. In seinem Kreuz ist beides vereint: das Todesurteil über die Sünde, das hier vollstreckt ist, und die Annahme des Sünders, von dem das Todesurteil weggenommen ist. Christus stirbt unsern Tod und gibt uns sein Leben. Von dem Gesetz, das uns auch und erst recht durch das Gebot Christi trifft, gilt es zu dem für uns gekreuzigten Christus zu fliehen. Dann können auch die neutestamentlichen Worte vom Gericht nach den Werken verstanden werden nicht als Aufforderung, selbst zu unserer Rechtfertigung mitzuwirken, sondern als Worte, die uns vor dem drohenden Gericht zu Christus treiben wollen. Sie nötigen uns, vor Gott zu Gott selbst zu fliehen.

So hat Luther die paulinische Antithese von Gesetz und Christus verstanden und aktualisiert. Er hat sie in ihrem Sinngehalt sicher richtig verstanden. Dennoch ist hier ein Unterschied nicht zu übersehen. Sieht Paulus den Stand unter dem Gesetz und das neue Leben in Christus als zwei Zeiten in der Geschichte Gottes mit dem Menschen – Zeit und Amt des paidagôgos sind vergangen, nun ist der neue Aeon des Heils angebrochen –, so werden für Luther Gesetz und Evangelium zu den beiden stets aktuellen, auch und gerade das Christenleben bestimmenden Weisen, wie Gott uns sein Wort begegnen läßt. Freilich versteht auch er das nicht als eine in der Schwebe bleibende Dialektik. Das Gesetz treibt zu Christus hin, nicht Christus unter das Gesetz zurück. Christus ist Gottes letztes Wort, im Evangelium kommt er zu seinem eigentlichen Werk, auf das das Gesetz als sein „fremdes Werk" hinzielt. Aber immer neu muß Christus uns zum Ende des nomos werden, der immer wieder als Verkläger gegen uns ansteht. Es wird zu überlegen sein, inwiefern diese aktualisierende Auslegung der paulinischen Antithese gerechtfertigt ist.

1.4. Die altprotestantische Lehre vom dreifachen „Brauch" des Gesetzes

Luther bezeichnet das richtende Wirken des Gesetzes durch das gepredigte Wort der Schrift und vor allem der Gebote Christi als seinen „usus theologicus" oder „spiritualis". So „braucht" Gott sein Gesetz (läßt es wirksam werden) zur Aufdeckung der Sünde in den Herzen der Menschen. Das geschieht durch sein Wort und seinen Geist, der dem Wort Kraft gibt, sein Werk zu tun. Luther sah darin die eigentliche Wirkung, den „vornehmsten Brauch" des Gesetzes. Er sprach aber daneben auch von einem „usus civilis legis" und verstand darunter die weltliche Rechtsordnung in ihrer Funktion, das bürgerliche Zusammenleben durch Gesetze zu ordnen und durch die Bestrafung der Übertreter in einem Zustand äußeren Friedens zu erhalten. Luther sah auch darin eine Weise, in der Gott *sein* Gesetz begegnen läßt, und zwar so, daß jeder Mensch, ob Glaubender oder nicht, von ihm betroffen ist. Vorausgesetzt war dabei, daß alle Rechtsordnung auf die Durchsetzung der das Verhalten der Menschen zueinander betreffenden Gebote des Dekalogs zielt, und daß die verpflichtende Geltung dieser Gebote, jedenfalls soweit es das nach außen tretende Verhalten betrifft, allgemein erkennbar ist auch da, wo Gott selbst nicht erkannt und sein Wort nicht gehört wird. Hier wirkt Gottes Gesetz nicht durch sein Wort, sondern durch die Gesetzgebungs- und Strafvollmacht des politischen Regiments, und Luther kann sogar sagen: Weil die „Obrigkeit" dieses Amt im göttlichen Auftrag innehat, ist in ihrer Autorität Gottes Autorität zu ehren und in ihrer Strafe eine (freilich vordergründige) Gestalt des strafenden Handelns Gottes zu erkennen. Aber durch diesen „usus civilis" seines Gesetzes werden nur die Hände der Gewalttäter gebunden, nicht die Ungerechtigkeit und erst recht nicht die Selbstgerechtigkeit der Herzen getroffen. Gott will durch ihn inmitten von Sündern – auch wo sie noch nicht unter der geistlichen Wirkung seines Wortes sich als solche erkennen – eine äußere Ordnung menschlichen Zusammenlebens aufrechterhalten, die den gröbsten *Auswirkungen* der Sünde Schranken setzt. So will er das irdische Leben der Menschheit in und trotz ihrer Sünde erhalten, damit der Raum geöffnet bleibt, in dem sein Wort als Gesetz (im „geistlichen Brauch") und Evangelium Menschen zu Christus führen kann.

Die altprotestantische Theologie nahm Luthers Lehre von den beiden usus legis auf; dabei wurde der usus theologicus (spiritualis) auch als u. elenchticus, der usus civilis als u. politicus bezeichnet. Melanchthon und Calvin fügten einen dritten „Brauch" hinzu: Gottes Gesetz, sofern es den im Glauben an das Evangelium Wiedergeborenen zur Wegweisung eines Lebens in dankbarem Gehorsam gegen Gottes Gebote wird. Anders als Luther sah Calvin gerade darin den praecipuus usus legis. Obwohl auch Luther eine Auslegung der Gebote als Lebensweisung für die Glaubenden in Wort und Schrift durchaus geübt hatte, hatte er dies gerade nicht als einen weiteren Brauch des Gesetzes bezeichnet; dazu war dieser Begriff für ihn zu stark auf die Bedeutung des Gerichtes festgelegt, aus dem das Evangelium befreit. Aber in der altlutherischen Theologie wurde die Lehre von einem dreifachen Brauch des Gesetzes aufgenommen. Dabei variieren die Benennungen des dritten Brauches; er konnte als „usus didacticus", „usus in renatis" oder auch einfach als „tertius usus legis" bezeichnet werden. Seine Einführung in die lutherische Theologie blieb allerdings nicht unwidersprochen; seine Bestreiter beriefen sich auf Luthers Aussagen von der freien Spontaneität der Werke, die aus dem Glauben hervorgehen[3]. Und auch nachdem durch die Entscheidung der Konkordienformel (Art. VI) dieser Widerspruch abgewiesen war, lehrten die lutherischen Theologen den usus in renatis im allgemeinen mit dem Bemerken, eigentlich bedürfe der Glaube keines Gesetzes mehr – nur weil auch die Christen noch lebenslänglich den Streit mit dem Eigenwillen des „alten Menschen" in sich selbst zu führen haben,

---

[3] Vgl. dazu § 22,2, S. 477.

sei auch ihnen noch das Gesetz zur Einweisung in das dem Willen Gottes gemäße Leben gegeben. Die altreformierte Theologie war weniger von der Problematik einer Spannung zwischen Spontaneität der Glaubenswerke und Gesetzesgehorsam bewegt; sie lehrte den „Tertius usus" unbefangen und mit vollem Gewicht.

2. Streit um Gesetz und Evangelium in der Theologie des 20. Jahrhunderts

2.1. Wiederaufnahme des Themas

Das Thema Gesetz und Evangelium spielte in der nachorthodoxen Periode der protestantischen Theologie lange Zeit kaum eine Rolle. Erst im Gefolge der neueren Lutherforschung und der um 1920 einsetzenden Neubesinnung auf das reformatorische Erbe fand es erneut starke Beachtung. Es wurde dann vor allem im Zusammenhang mit dem Aufkommen der völkischen Bewegung und des NS-Staates zum Gegenstand heftigen Streites. Aber schon vor diesem aktuellen Anlaß hatten lutherische Theologen das Thema wiederaufgenommen, im Anschluß an Luther, dabei aber mit einer eigentümlichen Gewichtsverlagerung. Sie betraf vor allem die Bedeutung dessen, was Luther den „usus civilis legis" genannt hatte. Er erhält verstärktes Gewicht und wird zugleich im Verständnis ausgeweitet. War bei Luther nüchtern die äußere Ordnung gemeint („externa disciplina" ist der im reformatorischen Schrifttum immer wieder begegnende Ausdruck), die die obrigkeitliche Gesetzgebungs- und Strafgewalt auch den Widerstrebenden aufnötigt, so sah man jetzt die allgemeine, der Wort- und Christusoffenbarung vorhergehende Begegnung des Gesetzes Gottes umfassender. Sie betrifft uns in dem Anspruch der Volks-, Staats- und Rechtsgemeinschaft an unsere Hingabe, in der Beanspruchung durch den Beruf, in der Forderung der „geschichtlichen Stunde", die zu Einsatz und Opfer ruft. Damit verband sich der (erst im Neuluthertum ausgearbeitete) Begriff der „Schöpfungsordnungen", die als durch Gott unabänderlich vorgegebene Normen des menschlichen Zusammenlebens verstanden wurden. Das alles wird nun nicht mehr nur als ein Gehaltenwerden in einer „äußeren", der Sünde abgenötigten Zucht und Ordnung verstanden, sondern als innerlich bewegende Begegnung mit Gott selbst und seinem Schöpferwillen. Gott redet nicht nur in Christus, sondern auch in den Ordnungen, in der Geschichte, schließlich auch – so manche durch die Ereignisse von

1933 besonders positiv beeindruckte Theologen – im nationalen Erlebnis und seiner verpflichtenden Macht, im „Volksnomos". Diese Gedanken wurden keineswegs von allen lutherischen Theologen vertreten. Manche folgten ihnen gar nicht; andere, wie z. B. Paul Althaus, gaben ihnen zwar Raum, hielten daneben aber fest, daß der Gotteswille in seiner die Tiefe der Sünde betreffenden und richtenden Radikalität erst in der Wortoffenbarung und vor allem im Gebot Christi begegnet. Bei extremen, der sog. „Glaubensbewegung Deutsche Christen" nahestehenden Vertretern jener Gedanken konnte es nun aber auch dahin kommen, daß Gottes Forderung als Gesetz schlechthin mit dem Appell jener geschöpflichen und geschichtlichen Wirklichkeitsfaktoren identifiziert wurde und diesen dabei unter der Hand auch die Funktion des „usus theologicus legis" zufiel: Das Wissen um Gottes Gesetz haben wir aus seiner „allgemeinen Offenbarung", die uns in jenen Ordnungen und vor allem in Volk und Staat begegnet und im Gewissen ihren Appell verpflichtend werden läßt; die Christusoffenbarung bringt lediglich das Evangelium hinzu, das dann nicht als neue (gar noch in das Politisch-Gesellschaftliche eingreifende) Lebensweisung, sondern nur noch als Gewissenstrost verstanden wird. Aus der (genuin Lutherschen) Unterscheidung der beiden *geistlichen*, d. h. aus der geistgewirkten Konfrontation mit dem Wort uns treffenden Urteilsakte Gottes, seinem Gerichts- und seinem Rechtfertigungsurteil, wird so eine (angeblich lutherische) Dialektik von allgemeiner (Gesetzes-)Offenbarung und Christus- (Evangeliums-)Offenbarung. Zugespitzt gesagt: *Was* Gott will, sagt er uns durch die Ordnungen, den Staat, die Geschichte; durch das Evangelium nur, daß er für unser Versagen in diesen Anforderungen Vergebung bereit hat. Und soweit die Gesetzesoffenbarung vornehmlich im politischen Leben gesehen wird, kann nun aus dem Gegeneinander von Gericht und Gnade Gottes die Dialektik des notwendigen, angeblich gottgewollten Härtecharakters weltlicher Autorität und andererseits der in Christus erschienenen Liebe werden. Diese Liebe hat aber dann lediglich in der Innerlichkeit des persönlichen Gottesverhältnisses und persönlich-individueller mitmenschlicher Beziehungen ihren Raum.

In der *Theologischen Erklärung von Barmen* (1934) haben reformierte, unierte und lutherische Theologen Deutschlands dieser Trennung von Gesetzes- und Christusoffenbarung einmütig widersprochen. Wenn in der 1. These dieser Erklärung gesagt wird: „Jesus Christus, wie er uns in der Heiligen Schrift bezeugt wird, ist das eine Wort Gottes, das wir zu hören, dem wir im Leben und im Sterben zu vertrauen und zu gehorchen haben", so ist damit die Offenbarung wie des Evangeliums so auch des Gesetzes Gottes gemeint, und der Behauptung, was Gott fordert, sei anderswo zu vernehmen, tritt die Fortsetzung entgegen: „Wir verwerfen die falsche Lehre, als könne und müsse die Kirche außer und neben diesem einen Worte Gottes auch noch andere Ereignisse und Mächte, Gestalten und Wahrheiten als Gottes Offenbarung anerkennen." Andere lutherische Theologen haben demgegenüber freilich im sog. „Ansbacher Ratschlag" (1934), dessen Formulierung auf Werner Elert zurückgeht, darauf bestanden, Gott und vor allem sein Gesetz sei nicht nur in Christus, sondern auch in der Schöpfung und den „Ordnungen" zu erkennen.

2.2. Karl Barth: Evangelium und Gesetz in Synthese

Im Jahr darauf ließ Karl *Barth* seine programmatische Schrift „Evangelium und Gesetz" erscheinen[4]. Über den unmittelbaren Anlaß der Gleichsetzung von Gottesgesetz und „Volksnomos" hinaus wird hier die Frage des Verhältnisses von Gesetz und Evangelium grundsätzlich erörtert, und zwar in Auseinandersetzung auch mit der Tradition einer nicht erst durch jene „deutschchristliche" Ideologie entstellten lutherischen Theologie, ja letzten Endes mit Luther selbst.
Barth geht davon aus, daß Gott sich allein in Jesus Christus bekundet hat als der, der er in Wahrheit ist. Das gilt wie für das Evangelium so auch für Gottes Gesetz. In Christus will erkannt sein, was Gott von uns fordert, nicht in den ideologischen Ansprüchen geschichtlicher Mächte und Ordnungen. Dahinter steht Barths grundsätzliche Absage an alle „natürliche Theologie".
Christus aber, so fährt Barth fort, ist das *eine* Wort Gottes, in dem Evangelium und Gesetz vereint sind. Er wendet sich damit gegen das antithetische Verständnis lutherischer Theologie, nach dem Gesetz und Evangelium „widereinander" sind wie Zorn und Liebe, Gericht und Gnade, und setzt dem ein *inklusives* Verständnis entgegen. In dem einen Christus hat Gott sich *eindeutig* offenbart. In ihm sind nicht zweierlei Willen und von ihm kommen nicht zweierlei Worte, die miteinander im Streit liegen. Sein einer Wille für den Menschen ist der Wille seiner Gnade, in der er sich selbst zum Bund mit den Menschen bestimmt hat. In der Menschwerdung Christi ist dieser Bund verwirklicht, durch das Evangelium wird er uns zugesprochen. Aber dieser

---
[4] In: ThExh, Heft 32 (1935).

eine Gotteswille bedeutet zugleich Lebensweisung, Einweisung in das dem Bund, in den Gott uns in Christus aufnimmt, entsprechende Verhalten. Dies, nicht irgendwelche Appelle, die wir von anderswoher hören, ist in Wahrheit *Gottes* Gesetz. Und auch sein Gesetz ist *Gnade*, denn es steht unter dem Vorzeichen der Bundesgegenwart Gottes und ist darum nicht Anspruch an unsere eigene Kraft, unter dem wir erliegen müßten, sondern Zuspruch des Tuns, zu dem Gott uns ermächtigt und führt. Das Gesetz geht also dem Evangelium nicht vorher, es setzt vielmehr das Evangelium voraus; das Evangelium birgt in sich das Gesetz und bringt es mit. Darum kehrt Barth die lutherische Reihenfolge um. Er sagt „Evangelium und Gesetz" und behauptet anstelle der Gegensatzspannung das In- und Miteinander von beidem, für das er den Satz prägt: „Das Gesetz ist nichts anderes als die notwendige Form des Evangeliums, dessen Inhalt die Gnade ist."

Wie ist dies mit den paulinischen Aussagen über den nomos zu vereinbaren, dessen Funktion in Christus zu *Ende* kommt? Barth bezieht diese Aussagen auf den Mißbrauch des Gesetzes Gottes durch den Menschen, der es zum Werkzeug seiner Werk- und Selbstgerechtigkeit machen will. Er entzieht sich damit dem Leben in der Bundesgnade, unter deren Voraussetzung allein das Gesetz als *Gottes* Gesetz recht gehört und getan werden kann, und macht es sich selbst zu jener Unheilsmacht, die in Christus allerdings ihr Ende findet. Gegen diese Auffassung wurde und wird oft eingewandt, Barth unterschlage damit, daß nicht erst der Mensch ein mißverstandenes Gesetz sich zum Unheil werden lasse, daß vielmehr Gott ihm sein *wahres* Gesetz als das richtende Urteil seines Zornes über die Sünde widerfahren lasse – *dies* sei es, woraus Gott selbst durch die Verkündigung des Evangeliums je immer wieder befreie (und darum eben doch: Gesetz und Evangelium – nicht umgekehrt). Nun hat Barth den Zorn und das Gericht Gottes nicht einfach verschwiegen. Aber er hält dem Einwand entgegen: Gottes Todesurteil über die Menschheitssünde *ist* vollstreckt – im Kreuz Jesu Christi. Es ist dort so vollstreckt, daß Gott in der Person seines Sohnes die Verwerfung, die den Menschen treffen müßte, für sich selbst „gewählt", dem Menschen aber das Leben in seiner Bundesgnade zugesprochen hat. In Christus ist dies ein für allemal und mit universaler Geltung geschehen; Gott *hat* in Christus die Menschheit mit sich selbst versöhnt. Von dieser Wahrheit ihres Versöhntseins sind schon alle, auch die dies jetzt nicht erkennen, umfaßt, und zu ihrer Erkenntnis sind alle zu rufen. Darum Predigt des Evangeliums als des ersten und endgültigen Wortes Gottes, und in ihm eingeschlossen des

Gesetzes als Weisung zum Leben in der durch das Evangelium geschenkten Freiheit.

Man kann fragen, ob Barth damit der paulinischen Unterscheidung der „Zeiten" – die Zeit des Gesetzes ist in Christus vergangen, in ihm ist der neue Aeon angebrochen – nicht näher kommt als Luthers Verständnis von Gesetz und Evangelium als einer stets in actu bleibenden Antithese. Aber andererseits: Kann der gepredigte Gotteswille nicht immer wieder auch zum *gegenwärtigen* Widerfahrnis des richtenden Wortes werden?

2.3. Werner Elert: Gesetz contra Evangelium in Diastase

Unter den lutherischen Theologen hat vor allem Werner *Elert* Barth leidenschaftlich widersprochen. Der These von Jesus Christus als dem einen Wort Gottes hielt er unter Berufung auf Paulus und Luther entgegen: Gott hat in Gesetz und Evangelium *zwei* abgrundtief *verschiedene* Worte gesprochen. Elerts Verständnis des Gesetzes ist sehr eigentümlich geprägt. Auch er kann von seiner Wirksamkeit in den Schöpfungsordnungen sprechen, aber darin erschöpft sich noch nicht, was für ihn Erfahrung des Gesetzes bedeutet. Elert interpretiert diese Erfahrung anhand eines wiederum sehr eigentümlichen Verständnisses von „Schicksal". Er versteht darunter alles, was unserm Leben, unserer Aktivität und Selbstentfaltung Bedingungen vorgibt und Schranken setzt, die wir uns nicht selbst gewählt haben, angefangen von der Zeit und den Verhältnissen, in die wir geboren werden, über alles, was uns im Lauf des Lebens ohne und gegen unseren Willen widerfährt bis zu dem Tod, den wir zu sterben haben. In der Sicht Elerts verdichtet sich die Gesamtheit dieser Schicksalsfaktoren zu einer einheitlichen Macht, die geradezu personhaft als ein unserm Willen entgegenstehender *Wille* empfunden wird – ein *Feind*wille, der sich unserm Lebens- und Freiheitswillen entgegensetzt und dessen letzte Absicht darauf gerichtet ist, uns zur Strecke zu bringen. Denn was das Schicksal uns antut, läuft ja unweigerlich darauf hinaus, daß wir sterben müssen. Der Lebenswille des Menschen bäumt sich gegen den Tötungswillen des Schicksals auf – vergeblich. Elert sieht darin eine Erfahrung, die jeden betrifft (auch wenn der oberflächlich Lebende sie verdrängen mag, bis sie als sein Tod schließlich auch ihn einholt). Und er gibt ihr nun die theologische Deutung: Was uns als dieser Feindwille entgegensteht, das ist Gottes *Gesetz* – in seinem Sinne müßte man fast sagen: Gott *als* Gesetzesmacht. Dieses Gesetz ist alles andere als positive Lebensweisung – es ist Todesurteil. Gottes Wort als Gesetz – sofern hier überhaupt von einem Wort gesprochen werden kann – lautet: Ich will deinen Tod und ich bin der, der dich töten wird. Ein grundloser, willkürlicher Tötungswille? Auch Elert bezieht ihn auf das Sündersein des Menschen; Gott will den Tod des Sünders, und das Gesetz sagt uns, daß wir Sünder sind und *darum* sterben müssen. Aber inwiefern sind wir Sünder? Wenn der Widerspruch des Gesetzes gegen den Menschen schlechthin mit dem identisch ist, was als Schicksalsmacht der Aktivität seines Lebens- und Freiheitswillens entgegensteht, scheint die Antwort nur heißen zu können: Wir sind es insofern, als wir diesen Lebens- und Freiheitswillen in uns haben. Aber können wir als lebendige Menschen denn anders als ihn in uns zu haben? Dasselbe Schicksal, das diesem unserm Willen verneinend und vernichtend entgegentritt, läßt uns ja geboren werden als Menschen, die ihn haben *müssen*. Das heißt aber, wiederum ins Theologische übersetzt, und Elert weicht dieser Konsequenz auch keineswegs aus: Derselbe Gott läßt uns unausweichlich die Sünder *sein*, die er dann unter sein Zorngericht stellt und tötet. Er ist der Verhänger der Sünde und der Töter des Sünders zugleich. Als dieser Gott erweist er sich jedenfalls in seinem Gesetz, und darin bleibt er Deus absconditus, der *verborgene Gott*, den man nach Elerts eigenen Worten nicht lieben, dem man nicht glauben, vor dem einem nur *grauen* kann. In der Tat! Aber ist das in Wahrheit Gott?

Elert sagt: Es *ist* Gott, aber Gott ist nicht *nur* dieser Gott. In Christus, im Evangelium hat derselbe Gott seinem Gesetz ein ganz anderes Wort entgegengestellt, und dies erst ist eigentlich *Wort*, in dem Gott sich uns zuspricht und so zu erkennen gibt, daß man ihm mit Glauben antworten kann. Denn im Evangelium ist er nicht der verborgene Gott; in Christus zeigt er das Angesicht seiner Gnade, die Leben schenkt. Dabei läßt Elert aber keinen Zweifel daran, daß er auch das Gesetz nicht als eine bloße Verhüllung dessen verstanden wissen will, was je immer schon das eigentliche und wahre Wesen Gottes ist. Gott ist im Gesetz ebenso wirklich er selbst wie im Evangelium, und unter der Voraussetzung des Elertschen Gesetzesverständnisses heißt das: Er ist mit demselben Ernst der Gott, der den Sünder töten will wie der Gott, der ihm in Christus das Leben schenken will. So kommt Elert dazu, Gesetz und Evangelium als „Realdialektik" in Gott selbst zu verstehen: In ihm selbst ist Widerstreit zwischen seinem Tötungswillen und seinem Gnadenwillen. Damit will freilich auch Elert nicht sagen, daß dies für uns eine ambivalent schwebende Dialektik bleiben soll, so daß wir nicht wissen können, an welchen Willen Gottes wir uns halten sollen. Vielmehr kann nun auch er mit großem Nachdruck sagen: Wir sollen uns unter allem Schrecken des Gesetzes an das eine Wort halten, das Gott in Christus gesprochen hat; Gott will den Glauben, der ihn bei *diesem* Wort nimmt. Aber ein innerer *Zusammenhang* des Handelns Gottes in Gesetz und Evangelium – Gott tötet, *weil* er lebendig machen will – ist in dieser Konzeption, die in Gott selbst den Christuswillen mit dem Vernichtungswillen streiten sieht, kaum mehr zu erkennen. Hier sind Gesetz und Evangelium in eine Diastase geraten, die an Marcion erinnern kann, mit dem Unterschied freilich, daß bei Elert nicht von zwei Göttern, sondern von Willen contra Gegenwillen in dem einen Gott die Rede ist. An Marcion kann auch erinnern, daß Elert für das neue Leben und Handeln im Glauben jede Bedeutung des Gesetzes bestreitet. Das Gesetz ist Todesurteil, nichts als dies. Es wird auch dem Glaubenden nicht zur Lebensweisung; was aus und in Glauben getan wird, ist freies Wagnis der Liebe, nicht Gebotsgehorsam. In der Rede von einem „usus legis in renatis" sieht Elert eine ins Luthertum eingedrungene calvinistische Häresie, die er entschieden bekämpft[5].

2.4. Fortgang der Diskussion

Die Auseinandersetzung mit Barths Verständnis von Evangelium und Gesetz wurde nach 1945 zunächst intensiv fortgesetzt[6]. Sie wurde nicht einfach zu einer Auseinandersetzung zwischen lutherischer und reformierter Theologie, als die Elert sie gesehen hatte. Es gab und gibt auch reformierte Kritiker Barths und lutherische Theologen, die wesentliche Einsichten von ihm übernommen haben. Auch die Kritiker auf lutherischer Seite vertreten gegen Barth kaum die Elertsche Diastase von Gesetz und Evangelium in ihrer extremen Zuspitzung; daß der Zuspruch des Evangeliums ein Begegnen von Gebot als Lebensweisung nicht aus-, sondern in sich schließt, konnte auch von ihnen

---

[5] Zu dem in diesem Abschnitt Dargestellten vgl. vor allem W. Elert, Der christliche Glaube, Grundlinien der lutherischen Dogmatik (1940, 4. Aufl. 1956), §§ 15 und 21–24; ferner Elerts Schrift Zwischen Gnade und Ungnade. Abwandlungen des Themas Gesetz und Evangelium (1948), aber auch die Interpretation des „Urerlebnisses" Luthers in seiner Morphologie des Luthertums, Bd. 1 (1931), S. 15ff.
[6] Wesentliche Beiträge zu ihr sind z.B. die Aufsätze von H. Gollwitzer, G. Wingren und E. Schlink in der Festschrift Antwort, Karl Barth zum 70. Geburtstag (1956). Siehe auch Lit.angaben am Schluß dieses §.

aufgenommen werden. Die Kritik an Barths Auffassung richtete sich vor allem darauf, daß er das Gesetz *nur* in diesem Sinne der im Evangelium beschlossenen Lebensweisung verstehen wollte und sein aktuelles Treffen als Gericht auszuschließen schien. Die zwischen den reformatorischen Kirchen Europas abgeschlossene „Leuenberger Konkordie" erklärte zu der Differenz im Verständnis des Verhältnisses von Gesetz und Evangelium, sie gehöre zu den Themen, deren theologische Klärung diesen Kirchen weiterhin aufgegeben bleibe, es sei ihr jedoch keine kirchen*trennende* Bedeutung zuzumessen.
Ist es inzwischen zu dieser theologischen Klärung gekommen? Die Diskussion um Gesetz und Evangelium, bis etwa 1960 lebhaft geführt, ist dann eher verstummt als zu einem Ziel gelangt. Andere Themen traten in den Vordergrund, so, um nur einige zu nennen, die Frage nach den sozialen und politischen Implikationen des Evangeliums, oder von anderer Seite das Bemühen um eine Verständigung mit katholischer Theologie über Rechtfertigung, Kirche, kirchliches Amt, Eucharistie. Man darf aber nicht meinen, das aus der Diskussion zurückgetretene Thema sei auch in der Sache inaktuell, zu einem Gegenstand von nur noch historischem Interesse geworden. Unklarheit darüber, was Evangelium von Gesetz unterscheidet und daß und wie andererseits eben das Evangelium zum Grund für das Tun des Gotteswillens wird, kann sich gerade auch im Umgang mit den genannten, heute aktuellen Themen verwirrend auswirken. Die Klärung des Verhältnisses von Gesetz und Evangelium bleibt eine wesentliche Aufgabe dogmatischer Besinnung. Im folgenden Abschnitt soll dazu ein Beitrag gegeben werden.

3. *Überlegungen zur Klärung*

Eine Sichtung des Problemfelds, das die mehr abgeebbte als zu einer Übereinkunft gelangte Auseinandersetzung hinterlassen hat, zeigt folgende Teilaspekte:
Unter dem einen Begriff „Gesetz" ist bei den Kontrahenten dieser Auseinandersetzung zumindest mit Schwerpunkt offenbar Verschiedenes gedacht. Das scheint vor allem da der Fall zu sein, wo um die Reihenfolge „Gesetz und Evangelium" oder „Evangelium und Gesetz" gestritten wurde. Einer Neubestimmung stellt sich zunächst die Aufgabe der terminologischen Klärung, eventuell auch begrifflichen Differenzierung dessen, was mit „Gesetz Gottes" gemeint sein kann. Sachlich umstritten war die Frage, *wo* Gottes Gesetz zu erkennen ist:

Aus Schöpfungsordnungen, aus den Anforderungen der geschichtlichen Lebenswirklichkeit an unser verantwortliches Handeln schon abgesehen von Gottes Offenbarung in Jesus Christus? *Allein* aus dem in Christus gesprochenen Wort Gottes? Sowohl aus jenen allgemein vorgegebenen Strukturen und allgemein wirksamen Anforderungen als auch (und dann tiefer) aus dem Begegnen des Gotteswillens in seiner Auslegung durch Christi Gebot?

Sachlich umstritten blieb vor allem, *wie* sich Gottes Gesetz – wo und wie immer es zu erkennen ist – zu der Christusbotschaft als *Evangelium* verhält: Einheit von Evangelium und Gesetz? Gegeneinander von Gesetz und Evangelium? Etwa gar Widereinander von Willen und Gegenwillen in Gott selbst? Was würde eine Klärung dieser Fragen für Verkündigung und Seelsorge, für den Auftrag der *Predigt* von Gesetz und Evangelium bedeuten?

Die folgende Untersuchung wird sich nach einer terminologischen Klärung des Gesetzesbegriffs diesen beiden strittigen Fragekomplexen zuwenden.

3.1. Zur Terminologie

Zu fragen ist zunächst nach den verschiedenen Bedeutungen, die sich im theologischen Sprachgebrauch mit dem Begriff des Gesetzes Gottes verbinden können bzw. verbunden haben („Gesetz" als Begriff menschlicher Rechtsordnung und seine eventuelle theologische Zuordnung zu Gottes Gesetz soll vorerst ausgeklammert bleiben). Man kann davon ausgehen, daß wo immer theologisch von Gesetz gesprochen wird, damit sowohl der *Inhalt* des Gotteswillens in Bezug auf das Verhalten des Menschen als ineins damit auch das Begegnen dieses Willens als Gottes *Gebieten* gemeint ist. Dies liegt ineins, denn man kann vom Gebieten Gottes nicht reden unter Absehen davon, was Gott gebietet, und von Inhalt seines Willens nicht unter Absehen davon, daß sein Tun uns geboten ist. Aber „Gesetz" als Gottes Gebieten kann hinsichtlich der Funktion und Wirkung, in der es dem Menschen begegnet, verschieden verstanden werden:

A. Gottes Gebieten in Funktion der richtenden *Anklage*, in der es den Menschen als Sünder trifft.

B. Gottes Gebieten in Funktion der *Wegweisung*, in der es dem Menschen im Glauben begegnet.

Die Differenzen, zu denen es innerhalb der evangelischen Theologie über das Gesetz und sein Verhältnis zum Evangelium gekommen ist,

hängen jedenfalls teilweise damit zusammen, welche Funktion – A oder B – vorwiegend oder ausschließlich mit „Gesetz" gemeint und bezeichnet wird. Etwas schematisierend und unter dem Vorbehalt, daß auch mit gelegentlichen Inkonsequenzen und Überschneidungen im Sprachgebrauch zu rechnen ist, wird man sagen können:
Luther gebraucht „Gesetz" ausschließlich für die Funktion des Gebietens Gottes im Sinn von A: Das Gesetz als solches ist immer „lex iudicans et damnans". Darin sieht er den usus praecipuus legis (in Unterscheidung von einem usus civilis durch das Medium der menschlichen Rechtsordnung, worauf wir hier zunächst noch nicht eingehen). Die Auslegung des Gotteswillens als Weisung für den Glaubenden (B) ist Luther in praxi nicht fremd, aber dies heißt bei ihm gerade nicht mehr „Gesetz".

In etwa entspricht das dem paulinischen Sprachgebrauch: Durch den nomos als Zuchtmeister auf Christus hin kommt Erkenntnis der Sünde; die Paraklese, die den im Glauben an Christus Lebenden gilt, nennt Paulus nicht mehr „nomos".

Calvin gebraucht „Gesetz" sowohl im Sinne von A wie von B. Auch er spricht von der den Sünder anklagenden Funktion des Gesetzes. Er denkt bei diesem Begriff aber vor allem auch an die dem Glaubenden geltende Weisung für ein Leben des Gehorsams in der Bundesgemeinschaft mit Gott. Für ihn ist *dies* der praecipuus usus legis.

Das steht in Nähe zu dem, was im Alten Testament tora bedeutet, und wie gelegentlich auch im Neuen Testament von „nomos" geredet werden kann (etwa Jak 2,8).

Barth spricht vom Gesetz durchaus im Sinne von B: Es ist Weisung zum Leben in Gottes Gnade.
Elert dagegen gebraucht, darin Luther folgend, „Gesetz" ausschließlich im Sinne von A: Es ist Todesurteil, nichts als dies. Er scheint darin über Luther hinauszugehen, daß er ein Reden von Gebot als Lebensweisung für den Glaubenden nicht nur sprachlich nicht unter den Begriff des Gesetzes einordnet, sondern auch in der Sache zurückweist.
Bleibt die Verschiedenheit dessen, was mit „Gesetz" jeweils gemeint ist, ungeklärt, so könnte das zu einem Aneinander-vorbeireden führen. Der Lutheraner denkt an die anklagend-richtende Funktion und sagt: Gesetz und Evangelium – das Evangelium wird je und je zur Aufhebung des Gesetzes für den Glauben. Der Barthianer denkt bei „Gesetz" an das Gebot, das dem Glaubenden zur Lebensweisung wird und sagt: Evangelium und Gesetz – das Evangelium schließt das

Gesetz in sich. Dabei könnte jeder der beiden Kontrahenten u. U. in der *Sache* auch das aufnehmen, was der je andere mit seiner Rede vom Gesetz zum Ausdruck bringen will, nur würde er vielleicht ein anderes Wort dafür wählen.

Paul *Althaus* hat seinerzeit, um Klarheit in die Diskussion zu bringen, folgende Sprachregelung vorgeschlagen: Man möge den Terminus „Gesetz" nur dafür gebrauchen, daß der Gotteswille uns als Sündern zum richtenden Urteil wird, dagegen „Gebot" für das neue Begegnen desselben Gotteswillens unter dem Vorzeichen des Evangeliums als Wegweisung für den Glaubenden[7]. Man könnte dann sagen: Das Gesetz wird durch das Evangelium aufgehoben, das Gebot scheint in ihm auf – am Unglauben oder Glauben an das Evangelium entscheidet sich, ob der Gotteswille dem in seiner Sünde Gebundenen zum tötenden Gesetz oder dem von seiner Sünde Freigesprochenen zum helfenden Gebot wird. Eine solche Sprachregelung wird sich kaum allgemein durchsetzen. Aber die sachliche Klärung der verschiedenen Akzentuierungen des Gesetzesbegriffes ist auf jeden Fall geboten.

Man wird indessen nicht sagen können, daß der Streit um das Verhältnis des Gesetzes zum Evangelium *nur* aus einem je verschiedenen Verständnis von Gesetz entstanden und darum zu einem bloßen Streit um Worte geworden sei, der durch eine einfache Sprachregelung zu beheben wäre. Sicher ist in der Luhter folgenden Tradition, die von der Antithese von Gesetz und Evangelium redet, an eine andere Situation des Menschen vor Gott und damit an eine andere Begegnungsweise des Gebietens Gottes gedacht als wenn Barth von der Einheit von Evangelium und Gesetz spricht. Insofern müßte hier kein unmittelbarer Widerspruch entstehen. Aber damit ist ja noch nicht gesagt, daß auf beiden Seiten auch das, worauf die jeweils andere in ihrer Rede vom Gesetz das Gewicht legt, in der Sache zur Geltung gebracht und nur etwa sprachlich anders ausgedrückt würde. Zumindest in der neueren Diskussion war das durchaus nicht durchweg der Fall. Wenn etwa Elert nur von Gesetz als Todesurteil und eben nicht von Gebot als Lebensweisung sprechen will und wenn andererseits Barth das Gesetz gerade vor allem als solche Lebensweisung versteht, so ist das nicht nur ein sprachlicher, sondern auch ein sachlicher Gegensatz, der jedenfalls das Verständnis des Lebens im Glauben, wenn nicht sogar das Gottesverständnis betrifft. Das gilt erst recht, wenn auf der einen Seite dieses Leben im Glauben unter der ständigen Dialektik des tötenden und freisprechenden Wortes, in immer neuem

---

[7] P. Althaus, Gebot und Gesetz. Zum Thema „Gesetz und Evangelium", BFchrTh Bd. 42 Heft 2 (1952).

Fliehen vom Gesetz zum Evangelium gesehen wird, auf der andern Seite im Raum einer Gnade, durch die das Gericht als Todesurteil vom Menschen weggenommen ist. Sachlich umstritten war aber über alledem schon die Frage, wo und durch welche Instanzen überhaupt Gottes gebietender Wille begegnet. Wir nehmen zunächst diese Frage auf.

3.2. Wo begegnet der Gotteswille?
(Zur Frage der Erkenntnis des Gesetzes)

Der Terminus „Gesetz" soll im Folgenden zunächst vermieden werden. Wenn unsere Tradition vom mehrfachen „Brauch" des Gesetzes redet, so stehen dafür in den biblischen Grundsprachen verschiedene Worte (tora, nomos, entolê, paraklêsis u. a.), die je an ihrem Ort und in dem Zusammenhang, in dem sie gebraucht werden, unterschiedliche Weisen des Betroffenwerdens durch den Willen Gottes bezeichnen. Es darf wohl trotz des Gewichtes einer langen vorreformatorischen und reformatorischen Tradition einmal gefragt werden, ob es unumgänglich und dem Verstehen dienlich ist, was in diesen verschiedenen Weisen begegnet, unter den einen Begriff „Gesetz" zu stellen, zumal dieser von seinem profan-juristischen Gebrauch her auch zu einem falschen, zumindest einseitigen Verständnis Anlaß geben kann. Wir nennen hier das Eine, von dessen zwei- oder dreifachem „Brauch" die altprotestantische Theologie gesprochen hat, den gebietenden Gotteswillen: Gottes Wille in seinem Anspruch an das Leben und Verhalten des Menschen.

Die Frage, *wo* uns dieser Anspruch begegnet, ist nicht zu lösen von der Erkenntnis, *wozu* Gott beansprucht. Gott will mit dem Menschen zusammensein, er beansprucht sein Leben zur Gemeinschaft mit ihm selbst – so hatten wir geantwortet, als wir nach der geschöpflichen Bestimmung des Menschen fragten (§ 17). Damit ist aber gesagt, daß Gottes *Anspruch* in seiner *Zuwendung* begründet ist, in der er sich selbst dem Menschen zusagt als der Gott, der mit ihm sein will. Alles, was uns zum Gebieten Gottes wird, so unterschiedlich das in der konkreten Verschiedenheit der Beziehungen und Situationen unseres Lebens sein wird, steht dann unter dem Vorzeichen dieser Selbstzusage Gottes und beansprucht uns dazu, ihr antwortend zu entsprechen. Und die Sünde in allen Sünden, die durch dieses Gebieten getroffen werden, ist die Verschlossenheit des Menschen in sich selbst, in der er Gott den Rücken kehrt.

Das heißt aber: In seinem Grund und damit in seinem wahren und eigentlichen Wollen wird, was Gott gebietet, da erkannt, wo Gott selbst sich in seiner Zuwendung uns zu erkennen gibt. Wir sind in dieser dogmatischen Besinnung von Anfang an davon ausgegangen, daß Jesus Christus das „Wort" ist, in dem Gott sich erschlossen hat. In ihm ist uns gesagt, wer Gott in Wahrheit ist und wie er mit uns sein will. In ihm ist uns zugleich der wahre Mensch vor Augen gestellt, der mit Gott in Gemeinschaft und darum im Tun seines Willens lebt. So ist uns in ihm auch Gottes Anspruch auf *unser* Leben und Tun gezeigt. Auf die Frage, wo uns Gottes Gebot erkennbar wird, ist zu antworten: in Jesus Christus. Gewiß könnten wir auch sagen: aus der Heiligen Schrift, aber wir würden damit nichts anderes sagen. Denn die Gebote des Neuen Testaments sind allenthalben in seinem Christuszeugnis begründet, und Gottes in Christus offenbarer Wille ist das Licht, in dem sich entscheidet, wo und wie wir auch aus alttestamentlichem Gebot diesen seinen Willen als uns gesagt hören und verstehen können. Der Vorstellung, als bedeute Christus nur die Offenbarung der Vergebungsbereitschaft Gottes und als sei uns der Inhalt seines Willens, unser Versagen gegenüber diesem Willen und also das, *was* Gott uns zu vergeben hat, schon aus anderer Quelle bekannt, muß widersprochen werden. Weder die allgemeine Wirklichkeitserfahrung in ihrer Zweideutigkeit, noch die ebenso zweideutige Schicksalserfahrung, noch die Erfahrung des Appells gesellschaftlicher Anforderungen oder besonderer geschichtlicher „Stunden" können diese Quelle sein. Hinter diesen Appellen können ja sehr verschiedene und problematische Ideologien und „Götter" stehen. Insoweit ist K. Barth m. E. im Recht. Im wesentlichen (von der Frage des „usus civilis" immer noch abgesehen) steht Barth aber darin auch Luther nicht fern. Denn auch Luther sah in dem Verhalten und Gebot Jesu Gottes Gesetz in seiner das Innerste und Ganze des Menschen treffenden Tiefe.

Gegen diese Antwort auf die Frage, wo der gebietende Gotteswille erkannt wird, könnte eingewandt werden: Gab und gibt es nicht auch da, wo keine Erkenntnis der Offenbarung Gottes in Christus ist, ein Wissen um Gebote, das dem in der Schrift offenbarten Gotteswillen inhaltlich entspricht, und auch ein Tun solches von Gott Gebotenen – auch extra muros ecclesiae? Wir werden das nicht bestreiten. Denn – wir greifen zurück auf das, was schon an früherer Stelle zu dieser Frage gesagt wurde (§ 1,2; § 18,1.1, 2.2) – wir sprechen *Gott* nicht die Möglichkeit ab, auch das Gewissen von Menschen, die sein Wort noch nicht oder nicht mehr hören, zu berühren und durch sie Gutes zu wirken, durch das er der Zerstörungsmacht der Sünde Grenzen setzt. Würde Gott aufhören, solches zu wirken, so könnte seine Schöpfung nicht bestehen. Wir haben aber dieses gleichsam „anonyme" Wirken Gottes verstanden aus seinem Willen, das geschaffene Leben auf seine Befreiung in Christus hin zu erhalten. Was immer dem Willen Gottes zum Leben der Menschen dient, das kann von seinem in Christus offenbar gewordenen Willen nicht getrennt werden. Sein in Christus gesprochenes Wort – und nicht etwa ein anderswo zu vernehmendes Gesetz – ist das Licht, in dem erhellt wird, was, wo und durch wen immer es geschehen mag, solches Gute ist, in dem in Wahrheit *sein* Wille geschieht. Aber hatten wir nicht gesagt, daß nur wo Gott selbst in seiner *Zuwendung* zum Menschen erkannt wird, auch sein Gebot erkannt und getan werden kann? Wie kann dann solches Gute auch dort geschehen, wo nicht in Jesus Christus sein Angesicht erkannt wird? Es wird gewiß nur dort geschehen, wo Menschen zum Tun des Guten bewegt werden durch Güte, die sie *erfahren*. Das kann die Güte von Menschen sein – es kann alles sein, was zu Freude und Dank bewegt. Wenn es aber Gott ist, der zum Guten bewegt, wo immer es geschieht – darf dann nicht auch solche Erfahrung menschlicher Güte verstanden werden als ein Geschehen, in dem er durch geschöpfliches Werkzeug Menschen etwas aus *seiner* Güte zukommen läßt, aus der Liebesmacht, deren Name Christus ist – auch wenn sie diesen Namen nicht kennen? Wo dies nicht geschieht, wo nicht aus erfahrener Güte, sondern nur aus einem selbst- oder fremdauferlegten Moralgesetz das Gute getan wird, da wird es auch nicht das Tun des Willens Gottes sein, selbst wenn die Tat in ihrem äußeren Gesicht biblischen Geboten genau entsprechen sollte.

Nun hatte die neuere, insbesondere lutherische Theologie nicht nur von einer Berührung des Gewissens einzelner durch den Gotteswillen, sondern von seiner Manifestation und Erkennbarkeit in allgemeinen Schöpfungsordnungen gesprochen, die das menschliche Zusammenleben bestimmen und denen alle unterworfen sind. Gemeint sind damit vor allem die elementaren Grundformen menschlicher Verbindung: Ehe, Familie, Volks- und staatlich verfaßte Rechtsgemeinschaft[8]. Gewiß sind dies Gestalten sozialer Einbindung, ohne die menschliches Leben nicht bestehen könnte und die darum in irgendeiner Ausformung schon immer zu ihm gehört haben und gehören. Glauben wir Gott als den Schöpfer unseres Lebens, dann werden wir auch darin, daß es nur in

---

[8] Aus der Erwägung, daß die konkrete Gestalt dieser Ordnungen auch der Begrenzung der Auswirkungen menschlicher Sünde zu dienen hat, diese also voraussetzt, sprachen manche Theologen auch von „Erhaltungsordnungen" Gottes, so z. B. W. Künneth.

diesen Gestalten, in denen wir elementar aufeinander angewiesen und aneinander gebunden sind, Bestand haben kann, seinen Willen erkennen. Aus seinem Willen, daß der Mensch für den Menschen dasein soll, verstehen wir sie als unterschiedliche Bereiche, in denen menschliches Miteinander und Füreinander konkret zu bewähren ist. Aber der Vorstellung, eine bestimmte strukturelle Verfassung dieser Gemeinschaftsformen (etwa patriarchalische Ehe- und Gesellschaftsordnung, monarchische – oder demokratische – Staatsverfassung) sei als Schöpfungsordnung ein von Gott unveränderlich vorgegebenes Gesetz, steht die große kulturelle und geschichtliche Variabilität dieser Ordnungsformen entgegen. Nicht überall und unter allen Verhältnissen können dieselben Strukturen dem Dasein des Menschen für den Menschen hilfreich sein, und solche, die es unter bestimmten geschichtlichen Verhältnissen waren, können unter geänderten Verhältnissen sich gemeinschaftszerstörend auswirken, wenn sie mit dem Anspruch metaphysischer Geltung aufrechterhalten werden.

Anstatt von vorgegebenen Ordnungs*gesetzen* sprechen wir besser von *Feldern*, in denen zu leben uns von Gott so vorgegeben ist, daß uns ihre strukturelle Gestaltung zugleich *aufgegeben* ist – zu verantwortlicher Bewahrung, aber wo das notwendig wird auch zu verantwortlicher (nicht willkürlicher oder beliebiger) Veränderung. Aber was unterscheidet hier Verantwortlichkeit und Willkür? Wo ist das Kriterium, an dem ermessen werden kann, was hier zu bewahren und warum es zu bewahren ist, oder was wann und wie zu verändern ist und warum es verändert werden soll? Wenn wir als Christen danach fragen, sehe ich auch hier keine andere Antwort als die schon gegebene: In Jesus Christus ist uns Gottes gebietender Wille kundgetan, zusammengefaßt im Gebot der Liebe. Es ist nicht einzusehen, warum dies nur für unsere persönlichen Beziehungen und nicht auch für die Frage nach rechter Gestaltung der institutionellen Ordnungsformen unseres Zusammenlebens relevant sein sollte. Die Christen sollen „in talibus ordinationibus exercere caritatem", sagt CA Art. 16. Auch wenn es nicht nur Christen sind, die in ihnen leben, und auch wenn man die Liebe selbst nicht zu einem juristisch einklagbaren Gesetz machen kann, so sollten Christen jedenfalls dafür eintreten, daß die Struktur dieser Ordnungen so gestaltet und wenn nötig umgestaltet wird, daß sie dem exercere caritatem Raum gibt, ihm zumindest nicht schon als Struktur widerspricht und zum Hindernis wird. Was das konkret und je für die verschiedenen Felder, die da zu ordnen sind, bedeuten kann – etwa für Fragen des Ehe- und Familienrechts, aber auch der Wirtschaft und Politik –, das gehört in die Überlegungen einer theologischen Sozialethik.

Eine Bemerkung zu der Lehre von einem *usus politicus legis* ist hier anzuschließen; eingehender müßte auch dieses Thema in einer Sozialethik behandelt werden. Die altprotestantische Theologie verstand darunter die Gesetzgebungs- und Strafgewalt des „weltlichen Regiments" (auch die elterliche Erziehungsgewalt konnte da zugeordnet werden) – auch dies als eine Gestalt, in der der gebietende Wille *Gottes* begegnet, freilich noch nicht in seiner den ganzen Menschen fordernden und die Sünde des Herzens richtenden Tiefe. Unaufgebbar für ein theologisches Verständnis dieses Bereiches bleibt gewiß, daß auch weltliche Rechtsordnung unter einem *Auftrag* Gottes steht und daß ihre Mandatsträger ihn in *Verantwortung* vor Gott ausrichten sollen. Dazu sind sie durch Gott beansprucht, auch wo sie dies nicht wissen und wahrhaben. Dasselbe gilt für den elterlichen Erziehungsauftrag. Aber darf man wirklich sagen, daß die Autorität derer, die in solchem „Amt" sind, eine Gestalt ist, durch die Gottes eigene Autorität begegnet, ihr Strafen eine wenngleich vordergründige Manifestation des göttlichen Strafens, sie selbst „Stellvertreter" Gottes gegenüber denen, die ihnen untergeben und zu Gehorsam verpflichtet sind? In Luthers Zeit und auch von ihm selbst konnte es so gesagt werden. Mit modernen demokratischen Vorstellungen ist das nicht zu vereinbaren. Aber bedeutet es nicht überhaupt eine metaphysische Überhöhung und auch menschliche Überforderung des politischen wie des Elternamtes, die mit dem Gottsein Gottes und dem Menschsein des Menschen, nicht nur mit modernen Vorstellungen nicht zu vereinbaren ist? Wir halten fest, daß die Menschen, die ein solches Amt wahrzunehmen haben, darin Gottes Auftrag zu einem besonderen Dienst am Wohl ihrer Mitmenschen erkennen dürfen und sollen. Aber auch wo sie darum wissen, wird ihre Anordnung doch nicht zu einer unmittelbaren Verkörperung des Gebietens Gottes. Sie ist und bleibt auch bei verantwortlichem Bemühen ein *menschlicher* und darum fehlbarer, von Menschen auch kritisierbarer Versuch, seinem Auftrag gerecht zu werden. Noch weniger sollte in den Strafmaßnahmen, die die Träger solchen Amtes treffen müssen, eine Gestalt des Strafens Gottes gesehen, das Strafrecht vielmehr unpathetisch und nüchtern als menschliche Notmaßnahme verstanden werden. Der irdische Richter hat kein Gottesurteil zu vollziehen; er hat zu tun, was im Grenzfall unumgänglich wird, um die Ordnung eines befriedeten Zusammenlebens in der Rechtsgemeinschaft zu bewahren. Aus diesen Erwägungen erscheint es geraten, hier nicht von einem usus politicus oder civilis des Gesetzes *Gottes* zu reden, sondern von *menschlichem* Recht und Gesetz, das in Verantwortung vor Gott dem *dienen* soll, daß im Mit- und Füreinander von Menschen sein Wille geschieht. Das kann in dem, was durch menschliches Recht und Gesetz ausgerichtet werden kann, nicht mehr heißen als dem zu dienen, was irdisches Leben erhält und abzuwehren, was es zerstört. Es geht darin um das Wohl, nicht um das Heil der Menschen, um den Frieden auf Erden, nicht um den Frieden mit Gott. Aber kann man den auf das Wohl der Menschen und den Frieden auf Erden gerichteten Willen Gottes von seinem in Christus offenbar gewordenen Heilswillen trennen, seine Erkenntnis aus einer anderen Quelle schöpfen wollen? – Wir berühren damit das vielumstrittene Thema der „Zwei-Reiche-Lehre". An späterer Stelle (§ 28) werden wir darauf zurückkommen.

3.3. Wie begegnet der Gotteswille?
(Zur Frage des Verhältnisses von Gesetz und Evangelium)

Antithetisches Verhältnis von Gesetz und Evangelium? Inklusives Verhältnis von Evangelium und Gesetz? Nimmt man den terminologischen Vorschlag von P. Althaus auf, so kann man sagen: Luther redet von dem Unterschied von *Gesetz* und Evangelium und vom Evangelium als der *Aufhebung* des Gesetzesurteils – K. Barth redet von der Einheit von Evangelium und *Gebot* und vom Evangelium als der *Voraussetzung* des Gebotes und seiner Erfüllung. Darin muß kein Widerspruch gesehen werden; recht verstanden sind beide Aussagen zu vertreten. In der Tat: Evangelium und Gebot gehören zusammen. Leben im Glauben hatten wir verstanden als Leben in der Liebe Gottes, aber damit auch im Hören und Tun seines Willens (§ 22,2). Und da Gott uns durch seinen Geist nicht zu Automaten macht, sondern zu Menschen, die ihm antwortend entsprechen, läßt er uns das, wozu er uns bewegen will, auch *begegnen* als seinen Willen, in den wir einstimmen können, und also als sein Gebot. Aber unter dem Vorzeichen des Evangeliums trifft Gottes Gebot nicht als Forderung, der wir aus *unserer* Kraft gerecht werden sollen, sondern als Aufgebot zu dem, wozu *seine* Macht, das Rechte zu schaffen, bewegen kann und wird – nicht damit wir uns seine Zuwendung erwerben, sondern weil wir in ihr leben dürfen. Das hat auch Barth so verstanden wissen wollen; aber eben darum ist es m. E. besser, hier nicht von „Gesetz" zu reden, sondern von dem Zusammengehören von Evangelium und Gebot[9]. Ich halte es auch darum für besser, den Begriff des Gesetzes an dieser Stelle zu vermeiden, weil das im Evangelium beschlossene Gebot nicht als starrer Vorschriftenkodex begegnet, sondern als die Stimme des Geistes, die in die konkreten Situationen des Lebens hineinspricht und Einsicht weckt, was in ihnen aus der Liebe, die das eine in allem Gebotenen bleibt, getan sein will.

Aber der eine Gotteswille begegnet nicht nur als Führung auf dem Weg des *neuen* Lebens, der durch das Evangelium eröffnet wird. Er trifft zugleich als Gottes Urteil, das die alten Wege verneint und dem Beharren auf ihnen den Tod ansagt. Gerade wo Gottes Wille an Christus erkannt wird, trifft er *auch* so: als sein Angriff auf unser Unrecht, unsere Selbstgerechtigkeit, unsere Verschlossenheit in uns

---

[9] In „Gesetz und Freiheit" (1951, 4. Aufl. 1968) hatte ich – dort allerdings im Rahmen einer Luther-Interpretation – vorgeschlagen, statt von „tertius usus legis" von einem „usus practicus Evangelii" zu sprechen.

selbst. Es kann kein Leben mit Christus geben, in dem nicht auch Aufdeckung von Sünde und Leiden an der eigenen Sünde erfahren wird, keinen Glauben ohne Erfahrung des Rufs zur Umkehr aus dem, was Gott unter sein Gericht stellt. In diesem Sinn ist Luthers Aussage, daß das Wort Gottes dem Menschen im Unterschied von Gesetz und Evangelium begegne, zu verstehen und zu bejahen. „Gesetz" wird dabei zum Ausdruck für die die Sünde treffende und richtende Kraft des Wortes, und es wäre m. E. in der Tat geraten, diesen Begriff im theologischen Zusammenhang ausschließlich in diesem Sinn zu gebrauchen. Dann kann mit Luther auch gesagt werden, daß das so verstandene Gesetz im Evangelium aufgehoben wird. Das richtende Urteil Gottes trifft ja nicht ein bloßes Fehlverhalten, das von unserm Selbst ablösbar wäre: Mit unserer Sünde trifft es *uns selbst* in unserer Abkehrung von Gott, und seine Konsequenz müßte unsere Verwerfung sein. Aber in demselben Christus, an dem wir als Sünder offenbar werden, ist uns zugesprochen, daß Gott uns *dennoch* annimmt. Dieses Dennoch Gottes ist es, womit das Evangelium dem Gesetz begegnet, und in der Zuflucht des Glaubens zu ihm kann uns das richtende zum wegweisenden Wort werden.

Daß gerade dem Christen das Wort Gottes auch als richtender, in die Umkehr rufender Angriff widerfährt, hat durchaus auch K. Barth gesagt[10]. Dennoch wollte er nicht von einem ständig aktuellen Widereinander von Gesetz und Evangelium, Gericht und Begnadigung reden, sondern von der zu unsern Gunsten *vollzogenen* Entscheidung Gottes, in deren Raum wir leben dürfen. Wir hatten gefragt, ob Barth damit nicht der paulinischen Unterscheidung der „Zeiten" – einst Sein unter dem nomos, jetzt Sein in Christus – näher gekommen ist als Luther, der dies in das Geschehen eines immer wieder aktuellen Betroffenwerdens durch Gesetz und Evangelium übersetzte. Ist diese Übersetzung in aktuelles Geschehen gerechtfertigt? Daß Gott in dem gekreuzigten und auferweckten Christus gegen den Tod und für das Leben der Sünder entschieden hat, ist sein gültiges Wort, neben und hinter dem kein anderes zu suchen ist. Das darf nicht in Frage gestellt werden. Aber diese Entscheidung Gottes versetzt uns nicht in einen über unsern Kopf hinweg wirksamen Zustand. Sie wird uns *zugesprochen*, und wir können nur so in ihr leben, daß wir sie uns gesagt sein und gelten lassen. Das hat auch Paulus so gesagt: „Gott war in Christus und versöhnte die Welt mit sich selbst – so bitten wir nun als seine Botschafter: *Laßt* euch versöhnen mit Gott" (2.Kor 5,19f). Und weil Christen dem Streit des Geistes gegen das „Fleisch" nicht entnommen sind (auch das hat Paulus gesagt, Gal 5,17), können wir das Evangelium nur so hören und uns gesagt sein lassen, daß wir auch Gottes Nein zu unserer Sünde hören. Solange

---

[10] So z. B. besonders nachdrücklich in dem Kapitel „Anfechtung" seines Spätwerks Einführung in die Evangelische Theologie (1962), S. 146ff.

sie in uns aktuell ist, bleibt mit dem Evangelium auch dieses richtende Nein aktuell, das zur Umkehr ruft. Wenn Paulus nicht in der Weise Luthers von immer wieder neuer Begegnung auch des Gesetzes spricht, so dürfte dies mit seiner Naherwartung zusammenhängen, in der zwischen dem Anbruch des „neuen Aeons" in Christus und der Vollendung in seiner Wiederkunft für die Vorstellung einer langen Zeit christlicher Geschichte – und christlicher Sünde – auf Erden noch kein Raum war. Aber auch Paulus wußte von einer Gegenwart, in der das „Schon" des Neuen mit dem „Noch" des Alten im Kampf liegt, und faktisch wird seine Paraklese gegenüber der Sünde in seinen Gemeinden auch zum richtenden Wort, obwohl er dies nicht mehr „nomos" nennt.

Einer kritischen Besinnung bedarf die Frage, *wie* sich Gesetz und Evangelium voneinander unterscheiden (wir gebrauchen „Gesetz" hier und im Folgenden stets in dem vorstehend bestimmten Sinn). Die richtende Kraft, mit der der Gotteswille zum Gesetz wird, das Erkenntnis der Sünde wirkt, ist nicht an sich schon der Zuspruch der Vergebung. Aber sein Treffen als Gesetz ist nicht zu *trennen* vom Evangelium. Das Evangelium kann nur so unser Freispruch sein, daß wir auch den Schuldspruch hören. Aber auch der Schuldspruch wird nur recht gehört, wenn er als Ruf zur Umkehr unter das Evangelium gehört wird. Dann kann aber aus der *Unterscheidung* von Gesetz und Evangelium nicht eine Dialektik zweier in ihrer Absicht einander *widersprechender* Worte Gottes gemacht werden. Das Leben des Christen darf nicht verstanden werden als ein Hin- und Hergeworfen werden zwischen der Angst vor einem Vernichtungswillen Gottes und dem Vertrauen zu seinem Rettungswillen. Von Gott darf nicht so geredet werden, als liege in ihm selbst der Rettungswille des Deus in Christo revelatus mit dem Tötungswillen eines Deus absconditus in Streit. Von der Behauptung eines solchen Dualismus in Gott selbst hat sich jedenfalls die neuere lutherische Theologie nicht durchweg freigehalten, die Tendenz dazu ist besonders bei W. Elert bemerkbar. Auch manche Aussagen Luthers könnten in dieser Richtung verstanden werden. Aber derselbe Luther hat im Evangelium das „opus proprium" Gottes erkannt, im Gesetz das „opus alienum", durch das er zu seinem opus proprium kommen will. Das heißt doch, daß Gott auch mit der richtenden Kraft seines Wortes nicht auf den Tod des Sünders zielt, sondern auf das Sterben seiner Sünde und vor allem seiner Selbstgerechtigkeit, *weil* er ihn in Christus zum wahren Leben bringen will. Was hier zu unterscheiden ist, ist nicht ein Nein und Ja in nacktem Widerspruch, sondern ein Nein, das um des Ja willen und auf das Ja hin gesprochen wird. Nur so bleibt die Rede von Gesetz und Evangelium in Entsprechung zu dem biblischen Zeugnis. Paulus hat im „nomos" nicht das Werkzeug eines göttlichen Henkers, sondern den „Zuchtmeister" auf Christus hin gesehen. Auch der geschichtliche Weg der alttestamentlichen Prophetie führt durch die Ansage eines zunächst gnadenlosen Untergangs hindurch zu der Zusage des Gottes, der in seinen Gerichten nicht auf die Vernichtung seines Volkes aus ist, sondern auf das neue Leben, das er ihm geben will. Hier kann K. Barths Insistieren darauf, daß alles christliche Reden von Gott nur auf seine in Christus offenbare Entscheidung für das Leben des Menschen sich gründen kann, einer problematischen Dialektik zum Korrektiv werden (man sollte den vieldeutig schillernden Begriff einer „Dialektik" überhaupt aus der Rede von Gesetz und Evangelium heraushalten). Gott hat in Jesus Christus sein eindeutiges Wort gesprochen. Die richtende Kraft dieses Wortes darf nicht verschwiegen werden; aber wir haben nicht den Gott eines gnadenlosen Zornes zu predigen. Damit soll der Ernst des Umkehrrufs, in dem es in der Tat um Tod oder Leben geht, nicht verhüllt werden. Denn der Mensch, der sich von Gott nicht richten und annehmen lassen, von der in Christus auch ihm zugewandten Gnade nicht leben *will*, wählt sich selbst den Tod der Gottverlassenheit.

Auch zu der Frage, in welcher *Folgeordnung* wir von Gottes Wort als Gesetz und als Evangelium getroffen werden, ist eine kritische Überlegung geboten. Die Überlieferung lutherischer Theologie neigt zu der Antwort: Zuerst muß das Gesetz in die Erkenntnis der Sünde und zur Buße treiben – dann kann das Evangelium den zerschlagenen Sünder aufrichten und zum Glauben führen. Nun muß man wohl sagen: Gottes Wort trifft den Menschen an als den Sünder, und es ruft ihn aus dem alten heraus in das neue Leben. Insofern setzt in der inneren Logik dieses Geschehens (wenn man so reden darf) der Freispruch den Schuldspruch voraus. Aber darf das im Sinn einer festgelegten *psychologischen* Erlebnisabfolge verstanden werden, als müsse immer zuerst das Erschrecken unter dem Zorngericht Gottes und könne dann erst die Freude erfahren werden, daß Gott uns bedingungslos annimmt? Kann Gott in seiner Geschichte mit einem Menschen nicht auch den andern Weg gehen, daß er gerade durch das Evangelium, in dem er ihn *zu sich ruft*, ihm das Unheil der Wege aufdeckt, von denen er ihn *abruft*? Und kann man wirklich sagen: *Zuerst* die Buße durch das Gesetz – *dann* der Glaube durch das Evangelium? Ist Buße das Zerschlagenwerden durch den Zorn Gottes und nichts als dies? Buße heißt *Umkehr* zu Gott – wie kann der zu Gott umkehren, der nicht über dem richtenden Wort auch das Evangelium hört, das ihm sagt, *daß* und *zu wem* er umkehren darf? Gewiß kann

Gott einen Menschen auch so zu sich führen, daß er ihn zuerst ein vernichtendes Zerschlagenwerden seines bisherigen Lebens erfahren läßt und ihm dann erst die Tür des Evangeliums auftut – Luther ist einen solchen Weg geführt worden. Aber zur Umkehr wird auch dieser Mensch nicht schon durch die Vernichtungserfahrung bewegt, sondern durch das Wort, mit dem Gott ihn zu sich ruft. Es kann keine Buße geben ohne Glauben, sondern nur die Umkehr *im* Glauben. Und gewiß wird auf dem Weg des Glaubens immer auch Erschrecken über uns selbst, Leiden an der eigenen Sünde erfahren werden. Aber wann und wie wir in solche Erfahrung geführt werden, das kann sehr verschieden sein; die besondere Glaubensgeschichte Luthers ist nicht ein Schema, das sich genau so in jedem Christenleben wiederholen müßte.

Diese Überlegungen haben Relevanz für Predigt und Seelsorge. Es kann nicht die Aufgabe der Predigt sein, Erfahrung von Gesetz und Evangelium methodisch als jene Erlebnisabfolge hervorzurufen – als habe sie in einem ersten Teil (oder vielleicht auch einmal eine ganze Zeit lang) Gesetz zu predigen, als ob es kein Evangelium gäbe, um dann erst den dadurch Erschütterten das andere Wort zu sagen. Ebensowenig kann es die Aufgabe der Seelsorge sein, einen „Bußkampf" zu erzeugen als psychologische Voraussetzung dafür, daß dann auch das Evangelium gehört werden kann. Das heißt nicht, daß in Predigt und Seelsorge nicht Sünde konkret beim Namen zu nennen wäre. Aber was wir zu predigen haben, ist Jesus Christus, das *ganze* Wort, das Gott in ihm gesprochen hat. Daß und wie ein Mensch, der dieses Wort hört, auch seine richtende Kraft erfährt, liegt nicht in der Hand unserer methodischen Bemühungen. Es vollzieht sich in der inneren Geschichte, in die Gott selbst ihn durch die Begegnung seines Wortes führt. Und in dieser Geschichte kann Gott mit verschiedenen Menschen verschiedene Wege gehen.

Literatur

Neben der in den Anmerkungen genannten Literatur ist besonders hinzuweisen auf den Sammelband Gesetz und Evangelium, Hg. E. KINDER und KL. HAENDLER (1968). Er enthält eine Reihe wichtiger Beiträge verschiedener Autoren zum Thema aus dem Zeitraum 1935–1960, darunter auch die in Anm. 6 erwähnten Aufsätze aus der Barth-Festschrift „Antwort". – Aus dem Sammelband Glaube und Handeln, Hg. H. H. SCHREY und H. THIELICKE (1956) vor allem die in den Abteilungen B und C enthaltenen Aufsätze.

Ferner: G. Söhngen (kath.), Gesetz und Evangelium, ihre analoge Einheit (1957) – G. Ebeling, Zur Lehre vom triplex usus legis in der reformatorischen Theologie (1950), WuG I (3. Aufl. 1967), S. 50ff. – Ders., Erwägungen zur Lehre vom Gesetz (1958), WuG I, S. 255f.

Zu Gesetz und Evangelium bei Luther: P. Althaus, Die Theologie Martin Luthers (1962), S. 218ff. – G. Heintze, Luthers Predigt von Gesetz und Evangelium (1958).

Zum Gesetzesverständnis Elerts: Fr. Duensing, Gesetz als Gericht. Eine lutherische Kategorie in der Theologie W. Elerts und Fr. Gogartens (1970).

Zum Verhältnis Luther – K. Barth: B. Klappert, Promissio und Bund. Gesetz und Evangelium bei Luther und Barth (1976) – W. Joest, K. Barth und das lutherische Verständnis von Gesetz und Evangelium (KuD 1978, S. 86ff.) – A. Peters, Gesetz und Evangelium (1981).

Dritter Teil: Die Verwirklichung der Menschheit Gottes

Im zweiten Teil dieser Dogmatik wurde von der Wirklichkeit des Menschen im Urteil Gottes gesprochen; sowohl in dieser Themaformulierung als dann auch weithin im Text war dabei von „dem" Menschen im Singular die Rede. Darin lag eine gewisse sprachliche Engführung, die nicht so verstanden sein will, als sei auch in der Sache das Gottesverhältnis primär Geschehen zwischen Gott und dem einzelnen je für sich. Denn die Selbstzusage Gottes in Jesus Christus betrifft zwar je persönlich den einzelnen Menschen – jeder von uns als er selbst ist gemeint. Sie trifft uns aber gerade so, daß sie uns aus unserm Fürsichsein herausruft und zu Gliedern der *Gemeinde* Christi macht. Gott will und wirkt die Gemeinschaft derer, die er zum Glauben ruft. Das ist nicht ein gegenüber dem je persönlichen Hören und Glauben des Evangeliums nachträgliches, sondern in ihm impliziertes Geschehen. Was in Gottes Weg mit den Menschen zusammengehört und eigentlich in einem Ineinander gesagt werden müßte, können wir freilich nur im Nacheinander entfalten. Nun hatten wir auch bisher diese Gemeinschaft wirkende Kraft und Zielrichtung des Kommens Gottes zum Menschen in Christus nicht einfach verschwiegen; als vom Wirken des Heiligen Geistes (Bd. I, § 13), von der Rechtfertigung als Bindung an Christus (§ 21,2) zu reden war, trat sie ins Licht. So wäre auch denkbar, und manche Darstellungen der Dogmatik wählen diesen Weg, zuerst von der in Christus gegründeten Gemeinde und danach erst von der Rechtfertigung zu reden, die dem Menschen widerfährt, indem er in sie gerufen wird. Daß wir hier im Nacheinander-sagen dessen, was ineinander liegt, den umgekehrten Weg eingeschlagen haben, war dadurch bedingt, daß wir in der Entfaltung der theologischen Lehre vom Menschen seine geschöpfliche Bestimmung, ihre Verkehrung in seiner Sünde und sein Eingeholt-werden in sie durch Gottes Rechtfertigungsurteil in einem ununterbrochenen Zusammenhang zur Sprache bringen wollten. Nun aber ist das schon bisher nicht Verschwiegene ausdrücklich aufzunehmen. Damit wird die Kirche zum Thema unserer Besinnung.

Wir werden dann aber einen weiteren Schritt zu gehen haben. Denn sowenig Gottes Ruf den einzelnen Menschen in einem quasi-privaten Gottesverhältnis für sich bleiben läßt, so wenig will und wirkt Gott die Kirche als eine in sich abgeschlossene Sondergruppe, die inmitten einer ihrem eigenen Lauf überlassenen Welt für sich bleiben soll. Er sendet sie vielmehr in diese Welt hinein als Zeugin seines kommenden Reiches, der in Christus begründeten Zukunft seiner ganzen Schöpfung. Gott geht in Christus auf den einzelnen *Menschen* zu und nimmt ihn auf in seinen Frieden, und gerade so wirkt er mitten in der Welt die in diesem Frieden lebende, um Christus versammelte *Gemeinschaft*. Und diese Gemeinschaft nimmt er in Dienst, um wiederum Menschen einzuholen. Das Ziel seiner Wege ist die neue, mit ihm versöhnte und geeinte *Menschheit*. So stellen wir diesen letzten Teil unserer Besinnung unter die Überschrift: Die Verwirklichung der Menschheit Gottes. Wir haben dabei zu sprechen zunächst von der in Jesus Christus lebenden Gemeinde (Ekklesiologie), sodann von der in Jesus Christus begründeten Zukunft (Eschatologie).

VIII. Kapitel: Die in Jesus Christus lebende Gemeinde

§ 24. Überlieferte Gestalten und neuere Abwandlungen des Kirchenverständnisses

Heutiges Nachdenken über die Kirche hat sich auseinanderzusetzen mit dem überlieferten Gegensatz katholischen und protestantischen Kirchenverständnisses, der auch in der Gegenwart das wohl gewichtigste Hemmnis ökumenischer Verständigung bleibt, aber ebenso mit neu entstandenen Differenzen des Verständnisses von Kirche im protestantischen Bereich. Darüber ist zunächst zu informieren. Wir verzichten hier auf eine Darstellung der älteren theologiegeschichtlichen Entwicklung bis zur Reformation und werden auch auf die neutestamentlichen Aussagen erst im Zuge der eigenen Auseinandersetzung mit dem Thema eingehen.

1. Das Kirchenverständnis der katholischen Tradition

Ein als solches formuliertes Dogma bzw. ausdrückliche lehramtliche Entscheidungen über das Wesen der Kirche hat es lange Zeit hindurch nicht gegeben. Auf katholischer Seite kam es dazu vor allem durch die Auseinandersetzung mit der Reformation und dem Anspruch der aus ihr entstandenen, von Rom getrennten christlichen Gemeinschaften, Kirche Christi zu sein. Von alters her vorgegeben waren die Attribute, in denen der dritte Artikel des Credo von der Kirche spricht: Wir glauben die eine, heilige, katholische und apostolische Kirche. Dies wurde ja auch von den reformatorischen Bekenntnissen aufgenommen, freilich in einem Verständnis, das sich in mancher Hinsicht von dem in der vorreformatorischen Tradition entwickelten unterschied. Dem gegenüber formulierte sich nun katholische Lehre von der Kirche auch in ausdrücklichen dogmatischen Entscheidungen des Lehramts. Die Ansätze dazu sind schon im Tridentinum zu erkennen. Wichtige spätere Lehrdokumente sind bezüglich des Papstamtes im I. Vaticanum (1870), in Bezug auf das Wesen der Kirche überhaupt in mehreren päpstlichen Rundschreiben, besonders in der Enzyclica „Mystici corporis" (Pius XII., 1943) und zuletzt in der Constitutio dogmatica de Ecclesia des II. Vaticanum (1964) gegeben. Wir können hier nur Grundzüge dieser in sich sehr reichhaltigen und differenzierten katholischen Lehre von der Kirche herausstellen und beziehen uns dabei vor allem auf den römischen Katholizismus. Das Kirchenverständnis der orthodoxen Ostkirche stimmt aber in diesen Grundzügen, wenn man von der Frage des Papstamtes absieht, mit dem römischen im wesentlichen überein.

1.1. Die Kirche als Institution der Heilsvermittlung

Auch nach katholischem Verständnis ist die Kirche die Gemeinschaft der mit Christus und durch ihn miteinander verbundenen Glaubenden (im II. Vaticanum wurde dies sogar besonders betont, worauf wir noch zurückkommen werden). Aber sie ist nicht *nur* dieses Zusammensein der Glaubenden selbst als Gemeinschaft. Sie ist zugleich *über*, ja in einem nicht zeitlichen, sondern logischen Sinn *vor* ihnen als die von Christus gewollte und gegründete Institution, durch die das von ihm erworbene Heil den Menschen übermittelt wird. Insofern ist die Kirche gewissermaßen ein Medium zwischen Christus und den Christen, nicht als ob Christus fern wäre; aber eben durch dieses Medium ist er gegenwärtig und regiert seine Gemeinde, so daß seine Autorität durch die Autorität der Kirche begegnet und der Gehorsam gegen ihn an den Gehorsam gegen die Kirche gebunden ist. In der neueren katholischen Theologie wird diese Vorordnung der Kirche als Institution der Heilsvermittlung vor ihren Wesensaspekt als Gemeinschaft der Glaubenden häufig so ausgedrückt, daß die Kirche selbst als das „Ursakrament" bezeichnet wird, von dem alle einzelnen Sakramente ausgehen[1]. Damit ist gesagt: Sie ist die primäre und umfassende Gestalt aller leibhaft-konkreten irdischen Realität, an die der erhöhte Christus die Zusage seiner Gegenwart gebunden hat. In diesem Sinn, als Christi irdisches Organ zur Vermittlung seines Heiles, ist sie heilig und unfehlbar, auch wenn die Menschen, die in ihr leben und ihrem Werk dienen, fehlbare Sünder sind.

Das heilsvermittelnde Werk der Kirche geschieht zunächst durch ihr *sakramentales Handeln*. Sie ist die von Christus bevollmächtigte Institution zum Vollzug der durch ihn eingesetzten Sakramente, durch

---

[1] Dieser Gedanke wurde besonders von O. Semmelroth entwickelt; vgl. seine Abhandlung Die Kirche als Sakrament des Heiles, in: Mysterium salutis, Hg. J. Feiner und M. Löhrer, Bd. IV/1 (1972), S. 308 ff.

deren Empfang Menschen in den Stand der gerechtmachenden Gnade aufgenommen bzw. in ihm erhalten und gestärkt oder (Bußsakrament) in ihn zurückgeholt werden.

Es geschieht ferner durch das *lehrende Wirken* der Kirche: Ihr sind die von Gott geoffenbarten Wahrheiten anvertraut und sie „legt sie zu glauben vor" – ein oft gebrauchter Ausdruck, kennzeichnend dafür, daß hier die (durchaus geforderte) persönliche Glaubensüberzeugung als gehorsame Einordnung in den Glauben und das Dogma der Kirche verstanden wird. Man kann der Offenbarung Gottes nur so gehorchen, daß man der lehrenden Kirche gehorcht.

Das Heilshandeln der Kirche vollzieht sich endlich als ihr *gesetzgebendes Walten* durch Gebote, die das Gemeinschaftsleben der Glaubenden ordnen und durch Bezeichnung der Grenzen, deren Überschreitung mit der Gliedschaft in der Kirche unvereinbar ist. Damit kommt der Kirche auch die Funktion des Richtens über Abweichungen des Glaubens und Verstöße des Lebens gegen göttliche und kirchliche Gebote zu. Sie übt dieses Richteramt vornehmlich in der Verwaltung des Bußsakraments, durch Zurechtweisung und Absolution derer, die sich zurechtweisen lassen, andernfalls durch Verweigerung der Absolution und im Grenzfall durch Ausschluß von der Teilhabe an den Sakramenten überhaupt (Kirchenbann).

Kraft dessen, daß Christus die Vermittlung der Heilsgemeinschaft mit ihm selbst an das Handeln der Kirche gebunden hat, galt von alters her der Satz: Extra ecclesiam nulla salus (erstmals so formuliert von Cyprian, + 258)[2]. Er wird grundsätzlich auch heute festgehalten, aber von vielen katholischen Theologen in einem weitherzigen Sinn ausgelegt: Nur der Häretiker, der sich in eigener, bewußter Entscheidung von Glauben und Leben der katholischen Kirche trennt, trennt sich damit von seinem Heil. Das gilt aber nicht ebenso für getaufte Christen, die von Kindheit an in nichtkatholischen Gemeinschaften aufgewachsen sind und mit dem Glauben und Willen, der Kirche Christi anzugehören, in ihnen leben.

1.2. Das kirchliche Amt

Die Tätigkeiten, durch die die Kirche als Institution der Heilsvermittlung ihren Gliedern übergeordnet ist, werden ausgeübt durch das

---

[2] Auf Cyprian geht auch der bekannte Satz zurück: Habere non potest Deum patrem qui ecclesiam non habet matrem.

kirchliche Amt. In seiner Vollmacht, diese Tätigkeiten wahrzunehmen, ist unbeschadet der menschlichen Fehlbarkeit seiner Träger diese Überordnung gewissermaßen repräsentiert; ja im Gegenüber des Amtsträgers zu der Gemeinde ist Christus selbst in seinem Gegenüber zu ihr repräsentiert. Christus hat das Amt der Kirche gewollt und eingesetzt. Er hat es zunächst den von ihm berufenen Aposteln verliehen. Durch sie wurde es den ersten gemeindeleitenden Bischöfen übertragen und wird nun durch die Zeiten hindurch von Bischof zu Bischof durch die Ordination mit Handauflegung weitergegeben. Nur durch den ordinierten Bischof können wiederum rechtmäßig Priester geweiht werden und empfangen so Anteil an der Vollmacht des Amtes. Diese „apostolische Sukzession", verstanden als Amtsübergabe durch die von den Aposteln her ununterbrochene Kette der Ordinationen, ist nach katholischer Auffassung nicht das einzige, aber doch ein wesentliches und unaufgebbares Element dessen, daß die Kirche die von Christus gegründete *apostolische* Kirche ist und bleibt.

In seiner Gliederung wird das Amt als dreigestufte Hierarchie verstanden: Bischof, Priester, Diakon, wobei allerdings lange Zeit der Diakonat nur noch als formale Übergangsstufe zur Priesterweihe ohne eigentliche amtliche Tätigkeit fungierte. In ihrem Inhalt ist die Vollmacht des Amtes auf die in 1.1 genannten Funktionen der Heilsvermittlung bezogen. Sie besondert sich in Weihegewalt, Jurisdiktionsgewalt und Lehrgewalt.

Die *Weihegewalt* ist die nur dem ordinierten Bischof und Priester vorbehaltene Vollmacht, gültig und mit voller Heilswirksamkeit die Sakramente zu vollziehen. Ohne geweihte Priesterschaft kein sakramentales Leben in der Kirche. (Eine Ausnahme ist die Nottaufe durch Laien.)

Die *Jurisdiktionsgewalt* ist die Vollmacht des Amtes, das Leben der Kirche gesetzgebend zu ordnen und über Verstöße gegen göttliche und kirchliche Gebote zu urteilen. Als Vollmacht der Gesetzgebung ist sie den Bischöfen (und dem Papst) als den übergeordneten Amtsträgern vorbehalten. An der urteilenden Funktion hat über das Bußsakrament auch der Priester Anteil (Sünden vergeben und behalten – die Verhängung des Kirchenbanns bleibt in der Hand der höheren Instanzen).

Die *Lehrgewalt* der Kirche, d. h. die Vollmacht, die aufgrund der göttlichen Offenbarung zu glaubende Wahrheit und ihre Bedeutung für das Ethos verbindlich zu lehren, ist im Kollegium der Bischöfe konzentriert. Sein universales Organ ist das allgemeine Konzil. Der

Priester hat an der Lehrvollmacht teil, sofern seine Verkündigung in Übereinstimmung mit der bischöflichen Lehre steht.

In der römisch-katholischen Kirche kulminieren alle diese Vollmachten, insbesondere die bischöfliche Lehr- und Jurisdiktionsgewalt, in dem „Petrusamt" des Bischofs von Rom. Ihm, dem Papst, kommt nach dem vom I. Vaticanum (1870) verkündeten Dogma Unfehlbarkeit zu, „dum ex cathedra loquitur", d. h. immer dann, wenn er eine den Glauben und das Ethos betreffende Wahrheit als in der göttlichen Offenbarung enthalten ausdrücklich zum für alle Christen verbindlichen Dogma erklärt. Auch das allgemeine Konzil der Bischöfe kann Dogmen proklamieren; sie erlangen Gültigkeit aber nur kraft päpstlicher Zustimmung, während der Papst auch „ex sese", d. h. ohne Berufung und Zustimmung eines Konzils ein Dogma verkündigen kann. In seinem Amtscharisma ist der Kirche also die Gewähr gegeben, daß sie die Lehrerin der von Gott offenbarten Wahrheit wirklich ist und durch die Zeiten hindurch bleiben wird. Vor allem aber versteht katholisches Denken die Einfügung aller kirchlichen Vollmachten unter das eine Papstamt als das sichtbare Zeichen und die unverzichtbare Garantie für die *Einheit* der Kirche. Die biblische Begründung der päpstlichen Vollmacht wird in dem Christuswort an Petrus Mt 16,18 („auf diesen Felsen will ich meine Kirche bauen") gefunden. Dabei wird dies (in der Voraussetzung, daß Petrus der erste Bischof der römischen Gemeinde war) als eine Zusage verstanden, die Christus mit Petrus selbst kraft apostolischer Sukzession auch seinen Nachfolgern auf dem römischen Stuhl gegeben hat.

Die orthodoxe Kirche des Ostens lehnt den päpstlichen Primat, jedenfalls so wie ihn die römisch-katholische Kirche versteht, ab. Sie gesteht dem Bischof von Rom einen Ehrenvorrang, aber keine die gesamte Christenheit betreffende Lehr- und Regierungsgewalt zu. Die Lehrgewalt der Kirche ist für sie allein im ökumenischen Konzil der Bischöfe konzentriert.

1.3. Neue Akzente

Das zweite vatikanische Konzil hat in seiner Dogmatischen Konstitution über die Kirche (1964) an den bisher genannten Grundaussagen katholischer Ekklesiologie durchaus festgehalten. Es hat aber in diesem Lehrdokument zugleich Einsichten ins Licht gerückt, die in der Tradition zwar nie ausdrücklich verneint, aber doch lange Zeit überschattet waren. Mit starker Betonung und biblischer Begründung wird hier die Kirche als das *Volk Gottes* bezeichnet; Priester und Laien in *Gemeinschaft* sind dieses Volk. Damit verbindet sich ein neuer Akzent im Verständnis des gottesdienstlichen Geschehens: Der Gottesdienst und in seiner Mitte die Eucharistiefeier darf nicht so verstanden werden, als sei hier nur der zelebrierende Priester aktiv, die Laiengemeinde nur Empfänger dessen, was er allein *für* sie vollzieht. Vielmehr ist auch sie in der ihr zukommenden Weise, durch Gebet und innere Hingabe, aktiv in dieses Geschehen einbezogen; Priester und Gemeinde *zusammen* vollziehen den Gottesdienst. Damit wurde ein gewisses Gegengewicht gesetzt gegen das in der Vergangenheit oft vorherrschende, heute auch von katholischen Theologen beklagte einseitige Verständnis der Kirche als über ihren Gliedern stehende hierarchische Größe. Ohne daß in Abrede gestellt worden wäre, daß sie dies *auch* ist, wurde betont, daß sie vor allem Gemeinschaft der durch und mit Christus Verbundenen ist, und daß das Amt Dienst an dieser Gemeinschaft ist. In analoge Richtung weist der durch das Konzil vertretene Gedanke, daß der Papst unbeschadet der seinem Amt zukommenden Prärogativen nicht für sich allein, sondern in Gemeinschaft mit der Gesamtheit der Bischöfe das oberste Lehramt der Kirche ausübt. Auch in der Beurteilung der nichtkatholischen Kirchen wurde durch das Konzil eine Öffnung legitimiert, die heute von vielen katholischen Theologen vertreten wird. Die von Rom getrennten christlichen Gemeinschaften werden nicht mehr als nur und schlechthin häretisch be- und verurteilt. Es wird anerkannt, daß auch in ihnen wesentliche Elemente des Christusglaubens und christlicher Frömmigkeit lebendig sind. So kann nun gesagt werden, daß auch nichtkatholische Christen der Heilswirklichkeit des Leibes Christi noch zugehören, jedenfalls zugehören können, auch wenn sie nicht mehr an der Fülle vor allem der sakramentalen Gnadenvermittlung teilhaben. Mit dieser Anerkennung der nichtkatholischen Gemeinschaften verbindet sich freilich oft der Gedanke, daß sie mit dem, was ihnen an der Gnade Christi und den Wirkungen des Heiligen Geistes gegeben ist, letztlich in die römische Kirche, aus der sie ausgewandert sind, „heimgehören" und die Hoffnung, daß sie diese Heimkehr einst auch vollziehen werden[3].

---

[3] Nicht auf förmliche Konversion der Nichtkatholiken, sondern auf Einigung in Gestalt einer „versöhnten Verschiedenheit" von Teilkirchen, die ihre je eigene Tradition behalten, jedoch die davon verschiedenen Besonderheiten anderer Teilkirchen nicht mehr ausdrücklich verwerfen, zielt der bemerkenswerte Entwurf von H. Fries und K. Rahner „Einigung der Kirchen – reale

2. Das Kirchenverständnis der reformatorischen Theologie

2.1. Kirche – die durch das Wort Gottes gezeugte Gemeinschaft der Glaubenden

Zwei Grundaussagen reformatorischer Bekenntnisse zum Wesen der Kirche seinen vorangestellt:
CA VII „Es wird gelehrt, daß alle Zeit eine heilige christliche Kirche müsse sein und bleiben, welche ist die Versammlung aller Gläubigen, bei welchen das Evangelium rein gepredigt und die heiligen Sakramente in Übereinstimmung mit dem Evangelium gereicht werden."
Schmalkald. Artikel XII „Denn es weiß Gott Lob ein Kind von sieben Jahren, was die Kirche sei, nämlich die heiligen Gläubigen und Schäflein, die ihres Hirten Stimme hören."
Die vom altkirchlichen Credo vorgegebenen Aussagen über die Kirche: una, sancta, perpetuo mansura, werden aufgenommen. Aber diese eine, heilige Kirche, der die Verheißung gegeben ist, daß sie die Zeiten überdauern soll, wird hier nicht als eine ihren Gliedern übergeordnete Größe angesprochen. Vielmehr wird der im katholischen Kirchenverständnis nur mitenthaltene (im II. Vaticanum freilich betont vorangestellte) Aspekt hier zur Bestimmung des Ganzen. Die Kirche sind die Glaubenden selbst in ihrer Vergemeinschaftung durch die Predigt des Evangeliums und die mit dem Wort des Evangeliums zusammen und in Übereinstimmung mit ihm dargereichten Sakramente. Kirche wird schlechthin gleichgesetzt mit der *Gemeinde*, die Christus selbst durch Wort und Sakrament um sich versammelt und bei sich erhält. Sie ist nicht zugleich eine hypostatische Institution, in der Christus primär repräsentiert wäre, um durch sie erst mit den Gliedern der Gemeinde in Beziehung zu sein. „Über" der Kirche als Gemeinde ist allein er selbst. Darin liegt gegenüber dem autoritärhierarchischen und zugleich verrechtlichten Bild von Kirche, das aus der mittelalterlichen Entwicklung fast alleinherrschend geworden war, so etwas wie eine „Vermenschlichung" (nicht Profanisierung!) ihres Verständnisses – bei Luther kommt das zum Ausdruck, wenn er in den Schmalkald. Artikeln sagt, auch ein Kind könne verstehen, was in Wahrheit die Kirche ist.
Auch hier werden vermittelnde Größen genannt: das gepredigte Wort des Evangeliums, die dem Evangelium gemäß dargereichten Sakra-

---

Möglichkeit" (Quaest. disput. Bd. 100, 1983. Erweiterte Sonderausgabe 1985).

mente. Aber dies wird in reformatorischer Theologie verstanden als die unmittelbare Selbstzusage Christi *in* diesem vermittelnden Geschehen. Das Wort ist sein Wort an uns, weil und wenn in ihm wirklich das Evangelium, die Gottesbotschaft der den Sündern in Christus geschenkten Gerechtigkeit laut und darin Christus selbst mit ihnen wird. Die Sakramente verbinden mit Christus, weil Christus verheißen hat, in diesen Handlungen, die seine Gemeinde vollzieht, selbst gegenwärtig zu sein und an ihr zu handeln. So wird auch der Glaube nicht als Gehorsamsbindung an die lehrende Kirche verstanden, der nur als solcher auch der von Gott geforderte Glaube sein könne. Durch das immer neue Geschehen von Wort und Sakrament ist der Glaube unmittelbar auf Christus bezogen. Glaube ist er dann, wenn er das Wort als *seinen* Ruf hört, wenn er das Sakrament als *sein* Handeln, als *seine* Selbsthingabe empfängt; und in diesem Glauben sind wir untereinander als Kirche verbunden. So kann die Kirche im reformatorischen Verständnis als „creatura verbi" bezeichnet werden. Gewiß geschieht die Verkündigung des Wortes und die Austeilung der Sakramente durch Glieder der Kirche selbst, aber in ihnen ist nicht die Kirche das Subjekt dessen, was dadurch geschieht. Die Menschen, die hier handeln, sind Werkzeuge eines Geschehens, das sie in Dienst nimmt und das doch nicht „in ihrer Hand liegt": daß Christus ihre Worte zu seinem Wort an die Hörenden macht, daß der Heilige Geist diesem Wort in den Hörenden Glauben schafft und sie so zur Gemeinde der Glaubenden macht. Kirche als Gemeinde der Glaubenden entsteht und besteht, wird erhalten und erneuert durch das, was *Gott* durch Wort und Sakrament immer neu geschehen läßt.

Katholische Theologie könnte das, besonders von den im II. Vaticanum gesetzten Akzenten her, wohl auch sagen. Auch für sie handelt ja im Handeln der Kirche Gott selbst, gibt in den Sakramenten Christus sich selbst. Aber sie müßte hinzufügen: Kriterium dafür, was zu Gottes eigenem Wort an uns wird, ist das Wort der lehrenden Kirche, und das Kriterium dafür, daß uns im Sakrament Christus selbst begegnet, ist seine Spendung durch das dazu allein bevollmächtigte Amt der Kirche. Aber gerade diese Festlegung konnte die reformatorische Theologie nicht mehr nachvollziehen. Darauf werden wir in der Darlegung ihres Amtsverständnisses zurückkommen.

2.2. Die Ordnungen und das Amt der Kirche

Die reformatorischen Bekenntnisse bestreiten nicht, daß die Kirche Ordnungen braucht. Aber diese werden nicht als Gesetze verstanden, die von Gottes wegen unabänderlich und verbindlich sind. Sie gelten „iure humano", nicht „iure divino". Nach CA VII ist das einzige, was die Einheit der Kirche begründet und woran sie überall und jederzeit gebunden bleibt, die Predigt des reinen Evangeliums und der dem Evangelium entsprechende Vollzug der Sakramente. Darüber hinaus – und nicht zuletzt, um den Vollzug dieses Wesentlichen zu gewährleisten – sind auch mancherlei Ordnungen notwendig; aber diese können zu verschiedenen Zeiten, in verschiedenen Gebieten und unter verschiedenen Verhältnissen unterschiedlich gestaltet und abgewandelt werden, so wie es jeweils der Einheit und dem Leben der Gemeinden am besten dienlich ist. Diese Gestaltungsfreiheit hat allein darin ihre Grenze, daß solche Ordnungen nicht als heilsnotwendig zu befolgendes göttliches Gesetz den Gewissen auferlegt werden dürfen, und daß sie in ihrem Sachgehalt nicht dem Evangelium widersprechen dürfen. Damit war zunächst wohl vor allem an liturgische Gesetze, Feiertags- und Fastengebote und dergl. gedacht. Im lutherischen Bereich wurden in diese Gestaltungsfreiheit dann aber auch die Fragen der Kirchenverfassung einbezogen. Obwohl sich in den Landeskirchen eine bestimmte Konsistorialverfassung mit dem Landesherrn als „Notbischof" ausbildete, galt diese keineswegs als *die* richtige Ordnung, sondern zunächst eben nur als Notbehelf, da jedenfalls im deutschen Bereich die Bischöfe sich der Reformation verweigerten. Heute gibt es lutherische Kirchen, die im Bekenntnis geeint, aber in ihrer Verfassungsstruktur durchaus verschieden sind. Im reformierten Bereich neigte man dagegen dazu, aus dem Neuen Testament eine biblisch begründete Verfassungsstruktur zu erheben und verbindlich zu machen.

Das reformatorische Verständnis des kirchlichen *Amtes* ist nicht in allem einheitlich. Einhelligkeit besteht darüber, daß es in der Kirche kein Amt geben kann, dem *Lehrunfehlbarkeit* zukommt. Auch die Lehre der Bischöfe ist am Evangelium zu messen (CA XXVIII). Einziges Kriterium dessen, daß das gepredigte Wort wirklich das Wort des Evangeliums ist, ist seine Übereinstimmung mit dem Christuszeugnis der Heiligen Schrift. Deren rechtes Verständnis ist aber nicht an ein Auslegungsprivileg des kirchlichen Lehramts gebunden. Es steht grundsätzlich – allein an das Glauben schaffende Wirken des Geistes gebunden – der Gemeinde in allen ihren Gliedern offen. Das Gewicht der Überlieferung wird damit nicht einfach beiseite geschoben, aber Lehren der Väter und Beschlüsse von Konzilien gelten nicht allein schon deshalb, weil sie Lehren und Beschlüsse dieser Autoritäten sind, sondern weil und sofern sie sich im Hören auf das Wort der

Schrift als ihm entsprechend bewähren. Auch in seiner Schriftgestalt als Bibelzeugnis steht das Wort, aus dem die Gemeinschaft der Glaubenden lebt, über den kirchlichen Instanzen: *Christus* regiert die Kirche durch das gepredigte und durch seinen Geist erhellte Wort der Schrift.

Einhellig ist auch die reformatorische Ablehnung eines *priesterlichen* Amtsbegriffs, wenn darunter verstanden wird, daß nur der geweihte Priester wirksam die Sakramente spenden könne; damit im Zusammenhang auch die Ablehnung des Verständnisses der apostolisch-bischöflichen Sukzession als quasi-ontologischer Bedingung bevollmächtigter Lehre und Sakramentsverwaltung. Die Reformation stellte dem – im Anschluß an 1.Petr 2,9f und andere neutestamentliche Aussagen – das Priestertum entgegen, zu dem alle Glieder der Gemeinde durch die Taufe geweiht sind. Vollmächtige Ausrichtung des Wortes ist nicht auf den Amtsträger im öffentlichen Gottesdienst begrenzt, sie kann auch in den Häusern, in der „mutua consolatio fratrum", durch jeden Christen geschehen.

Damit wird der Ort und Auftrag des besonderen Amtes inmitten dieses allgemeinen Priestertums nicht in Abrede gestellt. Die altreformierte Theologie vertrat nach dem Vorbild neutestamentlicher Aufzählungen von Charismen eine vierfache Gliederung dieses Amtes: Pastoren, Lehrer, Diakonen, Älteste. In den lutherischen Bekenntnissen und Kirchenordnungen wird es als das eine Pfarramt verstanden; alle anderen Dienste, auch das Bischofsamt, sind nur Besonderungen und Ausgliederungen dieses einen Amtes. Ihm obliegt die Wortverkündigung im öffentlichen Gottesdienst der Gemeinde, damit auch die Verwaltung der diesem Gottesdienst eingehörenden Sakramente; jedoch nicht, weil sie nur durch seinen Träger kraft Konsekration wirksam gespendet werden könnten, sondern um der Einheit und Ordnung des gottesdienstlichen Lebens der Gemeinde willen. Dieses Amt der öffentlichen Predigt und Sakramentsverwaltung soll nach CA XIV nur der wahrnehmen, der „rite" dazu berufen wurde; die Ordination wird als Vollzug dieser Berufung verstanden.

Aber im Verständnis dieser Berufung gehen heutige Deutungen der reformatorischen Aussagen etwas auseinander. Es gibt Äußerungen Luthers, die zu besagen scheinen, daß auch dieses Amt von Christus der Gemeinde als ganzer gegeben ist und nur um eines geordneten und die Einheit wahrenden Vollzuges willen von der *Gemeinde* an einzelne ihrer Glieder übertragen wird. Andere Äußerungen Luthers und Melanchthons können dafür angeführt werden, daß das Amt von Christus selbst gestiftet und von ihm unmittelbar, nicht erst auf dem Weg über die Gesamtvollmacht der Gemeinde, in seine besondere Vollmacht eingesetzt ist. Zur Diskussion steht in diesem Zusammenhang auch, wie die sehr knappe Aussage von CA V zu verstehen ist: „Ut fidem consequamur, institutum est ministerium docendi evangelii et porrigendi sacramenta". Daß hier nicht eine Ordnung „de iure humano", sondern die Einsetzung dieses ministerium durch *Gott* gemeint ist, ist klar. Aber was ist mit „ministerium" gemeint? Heißt das: Der *Dienst* der Verkündigung ist durch Gott eingesetzt (und der Gemeinde als ganzer befohlen, er geschehe in welcher institutionellen Ordnung und durch wen auch immer)? Oder heißt es: Das *Amt* der Verkündigung als Amt des Pfarrers in seinem Gegenüber zur Gemeinde ist durch Gott eingesetzt? Das ist bis heute eine oft umstrittene Frage – nicht nur der richtigen Interpretation von CA V, sondern eines rechten evangelischen Amtsverständnisses überhaupt.

2.3. Unsichtbare Kirche? Die notae ecclesiae

An das reformatorische Kirchenverständnis hat sich früh die Frage geheftet, ob hier nicht aus der sichtbaren eine unsichtbare Kirche gemacht werde. Wird die Kirche als Gemeinschaft der *Glaubenden* verstanden, so ist diese ja nicht einfach identisch mit der Zahl der *Getauften*. Kirche als die Gesamtheit der Getauften ist sichtbar, d. h. statistisch feststellbar und abgrenzbar. Nicht so die Zahl der Glaubenden, den Glauben der Herzen kennt Gott allein. Ist die Kirche im eigentlichen Sinn also „unsichtbar"? In der Tat konnte Luther sagen: „Abscondita est ecclesia, latent sancti." Für katholisches Kirchenverständnis stellt sich dieses Problem nicht oder jedenfalls nicht in einer das Wesen der Kirche grundsätzlich betreffenden Weise. Die Zugehörigkeit zu der Heilsgemeinschaft ist hier durch den Empfang der die Gnade vermittelnden Sakramente und durch einen Glauben, der als Gehorsam gegen die Lehre der Kirche verstanden wird, – vorsichtig gesagt – stärker objektivierbar als im reformatorischen Verständnis des Glaubens und seiner Bedeutung für einen heilsamen Empfang der Sakramente. Sichtbar ist die Kirche nach katholischem Verständnis aber vor allem in ihrer von Christus eingesetzten hierarchischen Struktur. Das reformatorische Kirchenverständnis kann hier als spiritualistische Verflüchtigung empfunden werden, der Einwand katholischer Kontroverstheologen gegen die Reformatoren lautete, sie machten die Kirche zu einer unfaßbar in den Wolken schwebenden „civitas platonica". Die lutherischen Bekenntnisschriften weisen diesen Vorwurf zurück. Sie unterscheiden zwar: Kirche im eigentlichen Sinn ist die Gemeinschaft der wahrhaft Glaubenden; unter der Zahl der Getauften sind ihr jederzeit viele „falsche Christen und Heuchler" beigemengt (CA VIII). Aber damit wird die Kirche nicht zur schlechthin ungreifbaren Größe. Denn der Heilige Geist wirkt den Glauben nicht irgendwo, sondern da, wo das Evangelium gepredigt wird und die Sakramente dem Evangelium gemäß gereicht werden. Dies aber sind konkrete, sichtbare Vorgänge, an die Christus das Leben seiner Gemeinde gebunden hat. Auch wenn die Zahl der Glaubenden nicht abgezählt werden kann, so kann doch der Ort benannt werden, an dem sie sich finden, denn man soll wissen: Das Wort Gottes ist wirksam. Wo es gepredigt wird – und auch das Sakrament ist ja in seiner Weise Predigt, Zuspruch des Evangeliums –, da wird, mitten unter allem Scheinchristentum, immer auch Gemeinde der Glaubenden gesammelt und erhalten. So sind also Wort und Sakrament die „notae ecclesiae", man könnte das übersetzen: die Ortszeichen der wahren Kirche[4]. An diesem Ort darf in der sichtbaren Kirche zugleich die Gemeinschaft der Glaubenden geglaubt, gesucht und erwartet werden.

Das gilt von der reinen Predigt des Evangeliums und den ihm gemäß dargereichten und empfangenen Sakramenten. Dennoch dachten die Reformatoren die Gemeinschaft der Glaubenden nicht auf den Bereich der eigenen Gemeinden, in dem diese Predigt erneuert war, eingegrenzt. Obwohl nach ihrer Einsicht durch die amtliche Lehre und Praxis der Papstkirche jene notae verdunkelt und entstellt waren, waren sie überzeugt, daß auch dort Glieder der wahren Kirche leben und durch die Zeiten hindurch immer gelebt haben. Denn auch dort blieb und bleibt noch die Heilige Schrift gegenwärtig, und aus ihrem Zeugnis konnte und kann das Evangelium gehört werden und der Geist ihm Glauben wirken. Das war allerdings nicht im modernen Sinn eines ökumenischen Pluralismus gedacht. Die Reformatoren dachten ja noch nicht an ein dauerndes Nebeneinander verschiedener christlicher Konfessionen. Ihnen ging es durchaus um die Reformation der einen Kirche, ihre Absicht war nicht auf Spaltung gerichtet. Die Möglichkeit wahrer Kirche auch unter dem Papsttum verstanden sie als Grenzaussage: Gott konnte und hat seine Kirche auch noch unter der verdunkelten Lehre erhalten, jetzt aber ruft er die ganze Kirche unter das reine Wort seines Evangeliums zurück.

---

[4] Die altreformierten Theologen nennen in der Regel als dritte nota noch die über die Reinheit des Lebens wachende Ausübung der Kirchenzucht.

2.4. Aufgliederung des Kirchenbegriffs in der altprotestantischen Orthodoxie

Nachdem die konfessionelle Trennung zur Tatsache geworden war, hat die altprotestantische Theologie aus dem reformatorischen Kirchenverständnis ein Gefüge von Distinktionen entwickelt, in dem dieser Tatsache Rechnung getragen wurde. Dabei wurde zum Ausgangspunkt nun eine ausdrückliche Unterscheidung von sichtbarer und unsichtbarer Kirche.

Ecclesia visibilis (e. late dicta) ist der „coetus vocatorum", d. h. die Gesamtheit der durch die Taufe und die (damals noch allgemeine) Teilnahme am Gottesdienst der Gemeinde zum Glauben Gerufenen.

Ecclesia invisibilis (e. stricte dicta) ist die Gemeinschaft derer, die durch wahren Glauben mit Christus lebendig verbunden sind[5].

Damit sind nicht zwei voneinander zu sondernde Arten von Kirche, sondern ein äußerer und ein innerer Aspekt der Kirche gemeint. Das Wirken Gottes durch Wort und Sakrament verbindet beide: Auch die Glaubenden sind, wie alle, die unter Wort und Sakrament zusammenkommen, Gerufene – sie sind nicht abseits davon durch private Erleuchtung zum Glauben gekommen. Und wenn nicht alle Gerufenen jederzeit auch Glaubende sind, so können sie es durch die Wirkung des Wortes werden – wie auch Glaubende den Glauben verlieren können.

An der ecclesia *visibilis* wird unterschieden:

Ecclesia vera – die Kirche, deren öffentlich geltende Lehre dem Wort Gottes entspricht.

Ecclesia falsa – die Kirche (bzw. Kirchen), deren öffentlicher Lehre Irrlehre beigemischt ist.

Die öffentlich geltende Lehre und entspr. Lehrverpflichtung ist eine Bestimmung der *sichtbaren* Kirche. Ecclesia vera darf also nicht einfach mit ecclesia invisibilis gleichgesetzt werden. Denn ihr können, samt unterschriebener Lehrverpflichtung, auch ungläubige Glieder beigemischt sein. Umgekehrt ist die ecclesia invisibilis nicht auf die ecclesia vera der reinen Lehre begrenzt. Denn zu ihr können auch Christen gehören, die in Kirchen mit öffentlicher Irrlehre durch das Wort der Schrift zum wahren Glauben kommen.

Die lutherische Spätorthodoxie fügte in Bezug auf die ecclesia visibilis noch die Unterscheidung hinzu:

Ecclesia repraesentativa – die Gesamtheit der Lehrenden und Amtsträger in der Kirche.

---

[5] Reformierte Theologie fügte hinzu: Die Gemeinschaft der Erwählten und *darum* auch zu wahrem Glauben Gerufenen und Erweckten.

Ecclesia synthetica – die Kirche in allen ihren Gliedern, Amtsträger und Gemeinde zusammengenommen.

Die ecclesia invisibilis umfaßt
Ecclesia militans – die mitten unter Anfechtungen lebende Gemeinde der Glaubenden auf Erden.
Ecclesia triumphans – die Gemeinschaft der Vollendeten mit Christus im Reich Gottes.
Auf die ecclesia invisibilis werden die Attribute bezogen, die das Credo der Kirche zuspricht. Sie ist
una, sancta, denn sie ist geeint und geheiligt durch Christus und seinen Geist,
apostolica, denn sie folgt in der Bindung an die Schrift dem apostolischen Zeugnis nach,
catholica, denn sie lebt in dem einen, wahren, durch Gottes Wort für alle begründeten und in diesem Sinn „katholischen" Glauben.

3. Neuere Entwicklungen

Die Aufklärungsbewegung, die sich seit der Mitte des 18. Jahrhunderts in Europa durchsetzte, brachte tiefgreifende Veränderungen der Gesellschaft und damit des Verhältnisses der Menschen zu den überkommenen institutionellen Bindungen mit sich. Dadurch wurde nicht zuletzt das Verständnis der Kirche und vor allem das praktische Verhältnis zu ihr betroffen; es wurde weithin indifferent, teilweise negativ. Andererseits suchten neue Konzeptionen von Wesen und Aufgabe der Kirche, aber auch Wiederbelebungen des überlieferten Erbes dem zu begegnen. Dies alles betrifft vor allem den protestantischen Bereich. Es soll hier nur in Stichworten darüber berichtet werden.

3.1. Mit starker Breitenwirkung in der Gesellschaft setzte die Tendenz zur Lösung von der Kirche als Gemeinschaft des Glaubens und Gottesdienstes sich durch. Soweit Frömmigkeit lebendig bleibt, wird sie individualisiert.
Die *Aufklärungsfrömmigkeit* sah im „Kirchenglauben" nur die Vorstufe zu der gereiften Religiosität eines selbständigen Vernunftglaubens. Die Bindung an die Lehre und den Gottesdienst der Kirche ist für den, der zur Selbständigkeit dieses Vernunftglaubens gekommen ist, überholt. Er lebt sein persönliches Gottesverhältnis aus dem, was ihm Vernunft und Gewissen sagen.

Richard *Rothe* (1799–1867) versuchte das Zurücktreten der Bindung an die Kirche als Institution positiv im Sinn einer zunehmenden Verchristlichung der Gesellschaft als solcher zu verstehen – eine Auffassung, der auch *Hegel* nicht fernstand: Das christliche Gottesverständnis und Ethos ist dazu bestimmt und im Begriff, das allgemeine Kulturbewußtsein zu durchdringen und in es überzugehen (wobei nach Hegel seine spezifisch-dogmatischen Vorstellungen in den philosophischen Begriff „aufgehoben" werden). Die Kirche als Sondergröße wird sich im Zug dieser Entwicklung selbst überflüssig machen und im christlichen Staat bzw. der christlichen Kultur aufgehen.
Das blieb Theorie. Praktisch war weiterhin eine immer stärkere Auswanderung des Bildungsbürgertums einerseits, seit der Mitte des 19. Jahrhunderts der Arbeiterschaft andererseits aus Gottesdienst und Gemeindeleben im Gang. Obwohl dabei die äußere Kirchenmitgliedschaft noch weitgehend festgehalten wurde, wird man diese Entwicklung sicher nicht als allmähliche Verchristlichung der Gesellschaft verstehen können. Soweit persönliche Frömmigkeit noch lebendig ist, versteht sie sich als Sache des innersten individuellen Intimbereichs, ohne Bedürfnis nach Gemeindegottesdienst und gemeinschaftlichen Ausdrucksformen. Das Handeln der Kirche wird nur noch zu kasualer Begleitung wichtiger Stationen des persönlichen Lebens (Taufe, Konfirmation, Trauung, Beerdigung) in Anspruch genommen.
Heute wird, angeregt u. a. durch Niklas *Luhmanns* Theorie über die Funktion von Religion in der Gesellschaft, von manchen Theologen die Auffassung vertreten, diese Entwicklung sei nicht nur zu beklagen. Die Kirche solle sich als Dienst an den religiösen Bedürfnissen begreifen so, wie diese in der komplexen Wirklichkeit der heutigen Gesellschaft gegeben sind. Sie solle dieser gegenüber früheren Stadien veränderten Wirklichkeit und Bedürfnislage nicht eine dogmatische Theorie ihres eigentlichen Wesens und Auftrags entgegenstellen, die praktisch nicht mehr gedeckt werden kann. Anstatt ihre wahre Identität nur in der Kerngemeinde der Gottesdienstbesucher zu sehen, solle sie auch die individualisierte Frömmigkeit in der heutigen Gesellschaft als legitime Frucht ihrer geschichtlichen Sendung und Wirksamkeit anerkennen und ihre Rolle als Kasualbegleiterin, deren Dienst nur bei besonderen Anlässen des persönlichen Lebens in Anspruch genommen wird, bewußt akzeptieren.

3.2. Es kam aber auch zu Gegenbewegungen gegen die Auflösung des christlichen Gemeinschaftslebens.
In der ersten Hälfte des 19. Jahrhunderts setzte die pietistische *Erwek-*

kungsbewegung ein. Sie ist nicht zuletzt zu verstehen aus dem Verlangen nach einer intensiveren Erfahrung von Glaubensgemeinschaft als sie die weltangepaßte Großkirche zu bieten vermag. Dabei wanderten die pietistischen Gruppen im allgemeinen nicht aus der Kirche aus, suchten vielmehr ihre Erneuerung von innen, wobei aber Fragen nach ihrer amtlichen Ordnung und Struktur sie zunächst wenig bewegten. Solche Auswanderung vollzogen dagegen die zahlreichen im Lauf des Jahrhunderts entstandenen, unter sich übrigens sehr verschiedenartigen *Sekten*; doch war auch für den Anschluß an eine Sekte vielfach das Verlangen nach religiösem Gemeinschaftserlebnis ein entscheidendes Motiv.

Die Erweckungsbewegung wurde dann aber innerhalb der Theologie zum Anstoß einer Neubesinnung auf die Bedeutung des kirchlichen Bekenntnisses. Sie führte besonders unter lutherischen Theologen zu einer lebhaften Diskussion auch über Fragen des Amtes und der Ordnungen der Kirche. Kennzeichnend dafür sind die um die Jahrhundertmitte sich häufenden Schriften zum Thema Kirche und Amt (August *Vilmar*, Adolf v. *Harleß*, Wilhelm *Löhe*, Theodor *Kliefoth*, Theodosius *Harnack*).

In ihrer Breite hat die protestantische Theologie des späteren 19. Jahrhunderts dieses Thema wieder zurücktreten lassen. Aber die gegen den „Neuprotestantismus" gerichtete Rückwendung zur reformatorischen Theologie um und nach 1920 führte erneut zu einer intensiven Besinnung auch auf Wesen und Auftrag der Kirche. Sie brachte sowohl im deutschsprachigen als im skandinavischen und angelsächsischen Bereich zahlreiche Veröffentlichungen zu ekklesiologischen Themen hervor. In Deutschland wurde dabei seit 1933 vor allem auch die Auseinandersetzung mit den Ansprüchen und Übergriffen des „totalen Staates" bestimmend.

Auf lutherischer Seite trat im Zusammenhang mit dieser Neubesinnung teilweise eine „hochkirchliche" Strömung in Erscheinung. Das war schon in der ersten Phase der Wiederbelebung des ekklesiologischen Interesses im 19. Jh. der Fall und führte schon damals zu lebhaften innerlutherischen Auseinandersetzungen über das Verhältnis von Amt und Gemeinde. Aber auch heute ist diese Strömung wenn nicht vorherrschend, so doch bemerkbar. Man nähert sich hier mehr oder weniger dem katholischen Verständnis, betont das Wesen der Kirche nicht nur als Gemeinschaft, sondern als „Heilsanstalt" und sieht im Gegenüber des Amtes zur Gemeinde das Gegenüber Christi zu ihr repräsentiert, sucht hie und da auch den Wiederanschluß an die bischöfliche Sukzession. Innerhalb der anglikanischen Kirche entspricht dem, schon vor der hochkirchlichen Strömung im Luthertum entstanden und einflußreicher und geschlossener als sie, die anglokatholische Bewegung.

3.3. Von größter Bedeutung für die Auseinandersetzung evangelischer Theologie mit dem Thema Kirche ist die *ökumenische* Bewegung dieses Jahrhunders geworden. Sie führte Theologen und Amtsträger der verschiedenen Konfessionen zu intensiver Begegnung zusammen, und zu solcher Begegnung kommt es zunehmend auch auf der Ebene der örtlichen Gemeinden. Das führte in mehrfacher Hinsicht zu einer Öffnung; zunächst zu einer Öffnung des je konfessionellen Bewußtseins für die Erkenntnis des Christlich-Gemeinsamen. Die Spaltung der einen Kirche Christi in Konfessionen, die sich gegenseitig die Gemeinschaft am Tisch des Herrn verweigern, wird nicht mehr als unveränderliche Gegebenheit hingenommen, das Verlangen nach ihrer Überwindung ist stark geworden. Es ist kaum mehr denkbar, nur die eigene Konfession als die ecclesia vera, alle anderen als ecclesia falsa zu verstehen und den Weg zur Einigung nur im Übertritt zu der eigenen Konfession zu sehen.

Die ökumenische Bewegung führte aber besonders in ihrer neueren Entwicklung auch zu einer Öffnung des Blicks für die aus der Mission entstandenen „jungen Kirchen". Sie entfalten unter ihren der europäischen Kultur und Denkweise gegenüber andersartigen Bedingungen ihr eigenes Leben, das sich nicht in die bei uns fest gewordenen Formen pressen läßt. Da kann von der Ökumene her der Vorwurf laut werden, die abendländischen Kirchen seien zu introvertiert mit der Pflege ihrer eigenen Tradition beschäftigt, die nicht verabsolutiert werden dürfe. Dieser Vorwurf trifft allerdings auch auf Widerspruch: Sind etwa die Bekenntnisse unserer Väter nur eine europäische Angelegenheit, an deren Stelle anderswo anderes treten könnte?

Dazu kommt ein Drängen auf Öffnung des kirchlichen Handelns und theologischen Denkens für die politischen und sozialen Probleme der Gegenwart. Es geht von maßgebenden Persönlichkeiten der ökumenischen Bewegung aus und richtet sich hier vor allem auf ein stärkeres kirchliches Engagement für politisch bedrückte, rassisch benachteiligte und sozial verelendete Volkgruppen in der „Dritten Welt". Damit konvergiert in den europäischen Kirchen eine Bewegung, die auf Öffnung der Kirche zur Welt überhaupt gerichtet ist, auf Veränderung ihrer autoritär und patriarchalisch wirkenden Strukturen, die heutige Menschen abstoßen, anstatt sie einzuladen; auch hier verbunden mit der Forderung nach entschiedener Stellungnahme für die politisch und sozial Benachteiligten. Darin dürfte eine gewisse Reaktion auf die bis zur Jahrhundertmitte herrschende Rückwende zum kirchlichen und theologischen Vätererbe zu sehen sein – kam die Kirche damit nicht in die Gefahr, sich selbstgenügsam in ein Ghetto einzuschließen und die Welt ihrem Lauf zu überlassen? Aber auch hier meldet sich Widerspruch: Darf die Kirche sich der Welt anpassen? Ist sie nicht vielmehr aus der Welt herausgerufen und *muß* darum „anders" sein? Und darf sie sich auf das Feld politischer Auseinandersetzungen begeben? Ist es nicht vielmehr einzig und allein ihr Auftrag, das Evangelium zu verkündigen?

Bei alledem wirkt die ökumenische Bemühung um interkonfessionelle Anerkennung der Ämter und Zulassung zum Abendmahl zunehmend in Richtung einer Annäherung nichtkatholischer Theologie an katholisches Amts-, Sukzessions- und Sakramentsverständnis, freilich zugleich in Richtung einer Auflockerung traditionell katholischer Positionen in diesen Fragen. Ob das zu einer Einigung in der „Mitte" führen kann, bleibt abzuwarten. Aber man könnte fragen, ob die Tendenz zu solcher Annäherung der Konfessionen in der Amtsfrage nicht in einer latenten Spannung steht zu dem Streben nach stärkerer Öffnung zu der Welt von heute, und ob daraus *innerhalb* der evangelischen Kirchen nicht auch eine Vertiefung bestehender Gegensätze resultieren könnte.

Eine dogmatische Besinnung auf die Kirche hat sich den Fragen zu stellen, die von dem überkommenen Gegensatz katholischen und reformatorischen Kirchenverständnisses her anstehen, aber ebenso den in heutigen Auseinandersetzungen um Wesen und Auftrag der Kirche aufgebrochenen Fragen, wie sie soeben angedeutet wurden. Das soll hier so geschehen, daß zunächst die geistliche Realität und institutionelle Ordnung der Kirche in sich selbst bedacht wird. Dabei wird vor allem auf das Verhältnis zu katholischem Kirchenverständnis, insbesondere in der Frage des Amtes, und im Zusammenhang damit auf die ökumenische Problematik einzugehen sein. Unmittelbar an diese nach innen auf den Grund und die Gestalt des Lebens der Kirche gerichtete Besinnung anschließend sollen Taufe und Abendmahl besprochen werden. In einem weiteren § werden wir uns dem Thema des Verhältnisses der Kirche zur Welt und ihres Auftrags in der Welt zuwenden. Dabei werden die Fragen, die die Zuwendung der Kirche zu politischen und sozialen Gegenwartsproblemen betreffen, aufzunehmen sein.

Literatur

Zur katholischen Lehre von der Kirche:
Mysterium salutis, Grundriß heilsgeschichtlicher Dogmatik, Hg. J. Feiner und M. Löhrer, Bd. IV/1 (1972 – Beiträge von H. Fries, O. Semmelroth, Y. Congar u. a.) – *Zweites Vatikan. Konzil. Konstitution über die Kirche*. Authentischer lateinischer Text mit deutscher Übersetzung, Einleitung von J. Ratzinger (1965).
Zur Lehre von der Kirche in den lutherischen Bekenntnissen: *Lutherisches Bekenntnis*. Eine Auswahl aus den Bekenntnisschriften der evang.-lutherischen Kirche. Mit Einleitung und Erläuterungen hg. von E. Kinder und Kl. Haendler (1962), Kp. X und XIV.
Zur altprotestantischen Theologie die die Kirche betreffenden Abschnitte bei H. Schmid, Die Dogmatik der evang.-lutherischen Kirche (9. Aufl. 1979), und H. Heppe, Die Dogmatik der evang.- reformierten Kirche, neu hg. von E. Bizer (2. Aufl. 1958).

§ 25. Geistliche Realität und institutionelle Ordnung der Kirche

Dogmatische Aussagen darüber, was die Kirche ist und tut, können manchmal einen allzu vollmundigen Eindruck hinterlassen; ist und tut sie denn wirklich alles das, was die großen Worte von ihr sagen? Ist ihr tatsächliches Aussehen nicht irdischer und menschlicher, oft nur zu menschlich? Man kann verstehen, daß manche sagen: Laßt uns bescheidener und pragmatischer von der Kirche reden. Anstatt hoher dogmatischer Postulate, die von der Wirklichkeit nicht einlösbar sind, schlichte empirische Analyse der Funktion, die die Kirche in unserer Gesellschaft tatsächlich wahrnimmt oder doch in ihr und für sie wahrnehmen kann. Aber das wäre ein Ausweichen; die Aufgabe der dogmatischen Besinnung kann es nicht sein, kirchliche Faktizität zu analysieren und als gerechtfertigt zu begreifen. Sie hat normativ und kritisch zu fragen: Wie und als was ist die Kirche gewollt und gemeint in dem Geschehen, in dem allein sie den *Grund* ihrer Existenz hat: in dem Wort, das Gott in Christus gesprochen hat und unter dem er durch seinen Geist Menschen zusammenführt. Halten wir damit der wirklichen Kirche etwas Unwirkliches, ein bloßes Ideal ihres Wesens entgegen? Nein. Denn Gott hört nicht auf, dieses Wort zu sprechen, und sein Geist hört nicht auf, Menschen durch dieses Wort zu bewegen. Darum darf inmitten aller faktischen und oft fragwürdigen Kirchlichkeit Kirche geglaubt werden als geistliche, geistgewirkte Realität. Von dieser Realität haben wir zu reden. Einer Realität freilich, die unter kirchlicher Faktizität oft verborgen ist und mit ihr ebenso im Streit liegt wie in jedem Christen der Geist mit dem „Fleisch".

1. Das Leben der Kirche als Gemeinde Jesu Christi

Unser deutsches Wort „Kirche" und seine Entsprechung in andern germanischen Sprachen kommt von dem griechischen „kyriakê" = dem Herrn zugehörig; Haus oder Hausgenossenschaft des Herrn. Im Neuen Testament kommt dieser Ausdruck noch nicht vor, obwohl sein Sinn den neutestamentlichen Aussagen von der Kirche durchaus entspricht. Sie wird dort vor allem als *ekklêsia*, oft auch als die ekklêsia tou theou oder tou Christou bezeichnet. Ekklêsia bedeutet zunächst, im profanen Sprachgebrauch, „Volksversammlung", hier also: die durch Gott um ihn selbst Versammelten, sein „Volk"; die Bedeutung des Herausgerufen-seins (ek-kaleô) mag dabei mitschwingen. Dabei kann im Neuen Testament als ekklêsia sowohl die einzelne Orts- oder sogar Hausgemeinde als auch die Gesamtheit der Christen bezeichnet werden. Damit wird die alttestamentliche Selbstbezeichnung Israels als qahal (Versammlung) Gottes übernommen, und dies ist mehr als bloße sprachliche Entlehnung; ein besonderer Zusammenhang zwischen Israel und der Christusgemeinde kommt darin zum Ausdruck. Diese Gemeinde versteht sich als das endzeitliche Gottesvolk, das aus Juden und Heiden versammelt in der Erfüllung der Verheißung lebt, die Israel gegeben war. Gott hat sie erfüllt in der Sendung seines Sohnes und in der Ausgießung seines Geistes. So kann die ekklêsia auch das „Israel kata pneuma" genannt werden, nicht in der Meinung, daß durch sie das alte Gottesvolk nun ersetzt und abgetan wäre, sondern in der Hoffnung, das auch das Israel, das Christus jetzt den Glauben verweigert, einst in die Mitte seiner Gemeinde eingeholt werden wird (Röm 11,25ff).

Daneben spricht Paulus von der Kirche als dem *sôma Christou*, und im Epheser- und Kolosserbrief wird gerade diese Bezeichnung nachdrücklich aufgenommen. Sie besagt, daß diese Versammlung mehr, ja etwas anderes ist als der Zusammenschluß von Individuen um ein gemeinsames Anliegen, und sei es das der Erinnerung an Jesus Christus und der Weitergabe seiner Lehre. Sie ist *Lebenseinheit* mit dem durch seinen Geist *gegenwärtigen* Christus. Das Leben der Kirche als Gemeinschaft ist sein Leben in ihren Gliedern, ihr zugehören heißt teilhaben an seinem Leben. So sieht Paulus das koinônia-(Gemeinschaft-)Sein der Gemeinde ineins mit der Koinônia (Anteilgabe) des Leibes und Blutes Christi, die im Herrenmahl geschieht (1.Kor 10,16f). Und weil sie Lebenseinheit ist mit dem Einen, der für alle gekreuzigt und auferstanden ist, werden für *diese* Gemeinschaft alle Unterschiede, die Menschen gegeneinander besondern, bedeutungslos: nicht nur der religiöse Unterschied zwischen Juden und Heiden, sondern auch der kulturelle zwischen Griechen und „Barbaren", der soziale zwischen Herren und Sklaven, ja auch der biologische zwischen Mann und Frau – sie sind alle „einer in Christus" (Gal 3,28).

Soweit Grundzüge der Aussagen des Neuen Testaments von der Kirche. Unter ihrer Anleitung versuchen wir, sie als geistliche Realität zu begreifen und folgen dabei zunächst auslegend den vier Prädikaten, die ihr im Credo zugesprochen werden[1].

Sie ist die *eine* Kirche – wie ist das zu verstehen? Sicher nicht als

---

[1] Gemeint ist das nizänische (richtiger: nizäno-konstantinopolitanische) Credo. Im Apostolikum werden nur zwei Prädikate genannt: sancta catholica ecclesia.

Einheit im Sinn organisatorischer Einheitlichkeit und Gleichförmigkeit. In dieser Hinsicht zeigt sich schon im Neuen Testament nicht Einheitlichkeit, sondern Vielfalt. Das ist auch auf dem geschichtlichen Weg der Kirche so geblieben. War in der westlichen Kirche des Mittelalters organisatorische Einheit in relativ hohem Maß verwirklicht, so war damit schon damals nicht die ganze Christenheit umfaßt; und heute, wo christliche Gemeinden nicht nur unter sehr veränderten geschichtlichen Verhältnissen, sondern auch in kulturell und sozial sehr unterschiedlichen Bereichen leben, kann Einheit als zentralistische Vereinheitlichung noch weniger zu erstreben und zu verwirklichen sein. Die Einheit der Kirche als geistlicher Realität will von innen heraus verstanden sein; von daher, was über das Wirken des Heiligen Geistes als Kraft der Vergemeinschaftung zu sagen war (Bd. I, § 14, 2.3). Durch den einen Geist werden Menschen mit dem einen Christus verbunden, sodaß er in ihnen zur Veränderung und Erneuerung ihres Lebens mächtig wird. Durch den einen Christus verbindet Gott sie mit sich selbst, überwindet ihre Gottesferne und Gottesfeindschaft und macht sie zu seinen Kindern und Hausgenossen. So wird auch, was den Menschen vom Menschen trennt, die Feindschaft zwischen Mensch und Mensch überwunden. Die Kirche ist eine als der Anfang einer neuen, durch Gott mit ihm selbst und untereinander versöhnten und geeinten Menschheit, versammelt um den „neuen Adam" Jesus, den wahren Menschen, in dem Gott selbst in ihrer Mitte ist. Die Kirche ist eine als Gemeinschaft des Friedens der Menschen mit Gott und untereinander. Die Kraft, die sie vereint, ist die Liebe, die die Kraft Gottes ist.

Ist sie als solche nur die „unsichtbare" Kirche, oder ein noch unverwirklichtes Ideal? Was Christen eint, wird sichtbar in ihrem Bekenntnis zu dem einen Jesus als dem Herrn. Gemeinschaft im Glauben an ihn bleibt auch nicht unerfahrbar, das Bekenntnis zu dem einen Herrn keine bloße Lehre ohne Leben. Daß Christen im Glauben an diesen Herrn einander zu Brüdern und Schwestern werden, kann erfahren werden und wird erfahren – nicht nur in der eigenen Kirchengemeinschaft, sondern auch über die Grenzen der Konfessionen hinweg. Aber sichtbar wird auch der Widerspruch zwischen der geistlichen Einheit der Kirche und dem faktischen Zustand der Christenheit. Ihre Teilung in Konfessionen kann eben nicht nur als einander ergänzendes Beieinander und Füreinander verschiedener Glieder an dem einen Leib verstanden werden. Sie ist zur *Spaltung* geworden. Das wird am schmerzlichsten darin offenkundig, daß die Konfessionen einander die Abendmahlsgemeinschaft versagen. Die faktische Spaltung widerspricht der geistlichen Einheit. Wir berühren damit die ökumenische Frage, auf die wir noch zurückkommen werden.

Die Kirche wird bekannt als die *heilige* Kirche. Das entspricht dem neutestamentlichen Zeugnis; vom heiligen Gottesvolk wird dort gesprochen (1.Petr 2,9), und Paulus kann seine Gemeinden anreden als die Heiligen in Christus Jesus. Aber das ist nicht zu verstehen als Feststellung einer sittlichen Vollkommenheit, die die Christen in sich selbst trügen. Gerade die Briefe des Paulus zeigen, mit wieviel unheiliger Fehlsamkeit er sich auseinandersetzen muß in seinen Gemeinden, die er gleichwohl als die Heiligen anspricht. Heilig-sein ist ein Gottesprädikat; *er* ist der Heilige, und geheiligt wird, was er mit sich verbindet. Die Kirche heißt heilig, weil sie die Gemeinschaft der Menschen ist, die Gott in Christus mit sich versöhnt und angenommen hat. Sie heißen die Heiligen, weil er sie ihrer Fehlsamkeit nicht überläßt, sondern ihnen den Geist gibt, der Heiligung ihres Lebens wirkt.

Auch das ist nicht bloße dogmatische Behauptung, sondern geistliche Erfahrung. Aber sichtbar wird am faktischen Leben der Kirche und ihrer Glieder auch vieles, was dem Wirken des Geistes Gottes widerspricht und sich ihm entzieht: Kirchliches Machtstreben, geistlicher Hochmut, christliche Selbstgerechtigkeit und auf der anderen Seite Leichtsinn, Gleichgültigkeit, Unordnung des Lebens und Ungehorsam gegen das im Evangelium beschlossene Gebot der Liebe. So steht in der Kirche der Geist Christi, durch den sie lebt und geheiligt wird, im Streit mit dem Unheiligen, das in ihr sein Wesen treibt; mit ihren Gliedern ist auch sie „simul iusta et peccatrix". Sie ist als Kollektiv so wenig unfehlbar, wie es ihre Glieder sind, denn sie ist ja kein von dem Leben und Aufeinander-wirken ihrer Glieder *ablösbares*, „an sich" existierendes Kollektiv. Unfehlbar ist der Herr allein, der sie nicht ihrer weltlichen Faktizität überläßt. Bekennen wir die heilige Kirche, so ist das also keine triumphale Selbstbeschreibung dieser Kirche. Es ist das Bekenntnis ihres Glaubens, daß dieser Herr sie nicht preisgeben wird, daß sein Geist überwinden wird, was ihm in ihr widerstreitet.

Die *apostolische* Kirche – dieses Prädikat weist auf den geschichtlichen Ursprung der Kirche hin und bezeichnet die Kontinuität ihrer Verbindung mit diesem Ursprung durch die Zeiten hindurch. Weil sie ihren Lebensgrund hat in der einmaligen Geschichte Jesu, der als Mensch auf dieser Erde lebte, der sein Leben für das Leben der Menschen hingab und den Gott auferweckt hat von den Toten, darum ist die Existenz der Kirche daran gebunden, daß diese Geschichte in ihr gegenwärtig bleibt. Sie wird ihr vergegenwärtigt durch das apostolische Christuszeugnis, die Verkündigung der ersten Zeugen, denen der Gekreuzigte sich selbst als der auferstandene Herr bezeugt hat. Das apostolische Zeugnis tritt nicht an die Stelle eines zur Vergangenheit gewordenen Christus; er selbst ist in ihm gegenwärtig und bewahrt die Kirche in ihrer Identität als seine Gemeinde durch die Zeiten hindurch. Aber er spricht zu ihr durch das Wort, das ihn bezeugt, und sein Geist wirkt da Glauben, wo dieses Wort gehört wird. Darum lebt die Kirche als geistgewirkte Christusgemeinschaft nur so, daß das Wort, das in ihr und durch sie verkündigt wird, mit dem apostolischen Zeugnis identisch, in seiner Nachfolge bleibt, und dies ist der wesentliche und legitime Sinn der „apostolischen Sukzession", an die ihre Existenz gebunden ist. Kann das Bleiben der Kirche in dieser Nachfolge formal durch eine auf die Apostel zurückführbare Vollmachtübertragung ihrer Amtsträger gesichert werden? Darauf wird später zurückzukommen sein. In seinem Inhalt bleibt das apostolische Christuszeugnis durch die Heilige Schrift in ihrer Mitte präsent, und ihre Verkündigung bleibt dann in seiner Nachfolge, wenn sie „schriftgemäß" bleibt.

Kirchliche Faktizität steht freilich auch hier vielfach im Widerspruch zu der Einmütigkeit in der Bindung an das apostolische Zeugnis. Denn obgleich diese Bindung von allen Konfessionen im Grundsatz anerkannt wird, ist das rechte Verständnis der Schrift umstritten, und Streit um die schriftgemäße Verkündigung und Lehre gab und gibt es nicht nur zwischen den Konfessionen, sondern gerade auch innerhalb der aus der Reformation hervorgegangenen Kirchen.

Die *katholische* Kirche – im Credo wird auch dieses Prädikat der einen Kirche zugesprochen, heute und seit langem ist es im üblichen Sprachgebrauch zur Bezeichnung einer Konfession im Unterschied zu anderen geworden und damit geradezu in Gegensatz zu seiner eigentlichen Bedeutung geraten. Man kann diese mit „allumfassend" wiedergeben[2]. Dabei sollte aber nicht nur an die räumliche Ausbreitung der Kirche über alle Länder und Völker gedacht werden. Faktisch ist keine der Konfessionskirchen in diesem Sinn allumfassend, aber als geistliche Realität ist es die Christusgemeinde in einem tieferen Sinn. Sie transzendiert alle Grenzen menschlicher Gruppenzugehörigkeit, seien es nationale, rassische, soziale Grenzen oder solche der Bildung und des Standes. Sie überschreitet damit alles, was sonst einen Unterschied macht zwischen solchen, die „dazugehören" und solchen, die

---

[2] „Allgemein", womit die früher im deutschsprachigen Protestantismus gebrauchte Textfassung des Apostolikums „Catholica" übersetzt, ist zu blaß.

Fremde sind, weil sie „anders" sind. Denn was Christen miteinander verbindet, ist kein innerweltlicher Vergemeinschaftungsfaktor, weder Blutszusammenhang noch Sprachgemeinschaft noch irgendeine materielle oder ideelle Interessengemeinschaft; darum können solche Faktoren sie auch nicht voneinander distanzieren und gegeneinander stellen. Was sie zusammenschließt, ist der Gemeinschaftswille Gottes, der sie in Christus durch den Geist mit sich selbst und *dadurch* auch untereinander vereint. Die Kirche ist die katholische Kirche, weil sie der Anfang der neuen, zur Bruderschaft des Friedens versöhnten Menschheit Gottes ist. So verstanden schließt sich das Bekenntnis zu ihr als der katholischen mit dem Bekenntnis zu ihr als der einen Kirche zusammen.

Noch einmal darf gesagt werden: Dies ist nicht nur ein vorderhand noch unwirkliches Ideal. Bruderschaft von Christen als Gliedern der Gemeinde Jesu über alles hinweg, was sie weltlich unterscheidet, kann erfahren werden und wird erfahren. Aber Vieles in der Geschichte der Kirche und in heutigen Zuständen und Vorgängen steht in Widerspruch zu dieser ihrer katholischen Realität; so etwa die Besonderung in je vom eigenen Volkstum her geprägte nationale Kirchentümer, und dann gar die nationalistische Beanspruchung Gottes für den Sieg der eigenen Waffen und die Vernichtung des Feindes in den Kriegen der Vergangenheit; oder die Distanzierung von Kirchen und Gemeinden aus Gründen des Rassenunterschieds; oder in unserm Bereich die von niemand gewollte, aber faktisch eingetretene Entwicklung, daß die Teilnahme am Gottesdienst und Leben der Gemeinde so weitgehend zu einer Sache bürgerlicher Mittelschicht geworden ist, der die Arbeiterschaft fern steht.

Es bleibt nur ein Unterschied zwischen Menschen und Menschen, der für die Gemeinde Christi nicht bedeutungslos werden kann: das Bekenntnis zu Jesus als dem Herrn, oder seine Ablehnung. An dieser Grenze unterscheidet sich die Kirche von der Welt; sie kann nicht auch die Verweigerung des Glaubens mitumfassen. Aber ihr Auftrag ist gerade nicht, sich hinter diese Grenze zurückzuziehen, sondern sie mit ihrem Wort- und Lebenszeugnis, mit der Einladung zum Glauben zu überschreiten. So dient sie dem Willen des Herrn, zu dem sie sich bekennt, Menschen zu gewinnen, die ihm jetzt verschlossen sind. Dies sollte auch das Verhältnis der Kirche zu Israel bestimmen; ihre Teilnahme an der Diffamierung und Verfolgung der Juden in der Vergangenheit gehört zum Schlimmsten, womit die faktische Kirche sich gegen ihre katholische, grenzüberschreitende Sendung vergangen hat.

In Kürze ist nun zu einigen umstrittenen Fragen der Ekklesiologie Stellung zu nehmen.

Unsichtbarkeit oder Sichtbarkeit der Kirche? Aus dem, was zum Verständnis der Aussagen des Credo gesagt wurde, wurde bereits deutlich, wie wenig diese Begriffsalternative hier anwendbar ist. Jedenfalls kann man nicht sagen, als geistgewirkte Realität sei und bleibe die wahre Kirche unsichtbar – was als Kirche empirisch sichtbar werde, sei etwas *anderes* als diese Realität. Gewiß ist der Geist Gottes, ist Christus als das Haupt der Glaubensgemeinschaft nicht sichtbar. Aber das Wort der Verkündigung, durch das der Geist Glauben wirkt, das Mahl, in das Christus seine Gegenwart hineingibt, ist hörbares, sichtbares Geschehen im Raum der empirischen Kirche. Und in ihrem Raum wird die durch dieses Geschehen begründete Gemeinschaft von Glaubenden konkret erfahrbar. Sie wird in der Bezeugung und in den Werken des geistgewirkten Glaubens auch „nach außen" sichtbar, wenngleich sie für den, der außerhalb des Glaubens steht, verwechselbar bleibt mit einer Gestalt menschlicher Ideologie neben anderen. Auch die institutionelle Ordnung der empirischen Kirche darf nicht als etwas der Kirche als geistlicher Realität gegenüber schlechthin Anderes verstanden werden; ist sie doch dazu bestimmt, dienstbares Gefäß ihres geistlichen Lebens zu sein. Wohl muß man sagen: Das wahre Leben der Kirche ist vielfach *verborgen* unter dem, was ihm in der kirchlichen Faktizität widerspricht. Aber diese Verborgenheit und Verstellung kann nicht theologisch legitimiert werden (und indirekt würde das geschehen, wenn man sagen würde: Die wahre ist wesenhaft die unsichtbare Kirche); ihr muß kritisch begegnet werden.

Strittig war und ist zwischen katholischer und evangelischer Theologie, z. T. aber auch innerhalb der letzteren, die Frage, ob die Kirche *nur* als die Gemeinschaft der Glaubenden und nicht vielmehr auch als die ihren Gliedern vor- und übergeordnete „Heilsanstalt" zu verstehen ist. Gemeint ist mit diesem Begriff: Institution, die das durch Christus erworbene Heil auf dem Wege ihres lehrenden und sakramentalen Handelns denen vermittelt, die eben dadurch erst zur Gemeinschaft der Glaubenden werden. Als Vollzugsorgan der Kirche qua Institution der Heilsvermittlung wird dann das kirchliche Amt verstanden, das dabei vor allem in seinem Gegenüber zu der Gemeinde gesehen wird. In den reformatorischen Bekenntnissen kommt eine solche Unterscheidung von Heilsanstalt und Gemeinschaft nicht zur Sprache. Sie setzen die Kirche mit der durch das Evangelium und die Sakramente gesammelten Gemeinschaft der Heiligen bzw. Glaubenden gleich, und ich sehe keinen Anlaß, dieses Verständnis von Kirche für defizitär und ergänzungsbedürftig zu halten. Es ist begründet in dem neutestamentlichen Namen der Kirche als der ekklêsia bzw. des Volkes Gottes – nirgends wird dort gesagt, daß die Kirche noch etwas anderes, ihrem Sein als diese ekklêsia Vor- und Übergeordnetes sei. Auch wenn sie der Leib Christi genannt wird, ist sie als die Gemeinschaft der Glieder dieses Leibes verstanden; über ihnen ist nur Christus selbst als das Haupt.

Man wird also jedenfalls nicht sagen können: Die Kirche ist nicht *nur* Gemeinde, sondern *außerdem* und darüber hinaus auch Heilsanstalt. Gewiß lebt sie als Gemeinde von dem Wort Gottes, das in ihr verkündigt wird, und von dem Handeln Gottes, der Gegenwart Christi in Taufe und Abendmahl, und gewiß sind Predigt und Sakramente Handlungen, die die Kirche vollzieht. Sie vollzieht diese Handlungen aber in Gemeinschaft und als Gemeinde; die Menschen, deren besonderer Dienst zu ihnen gebraucht wird, sind Glieder der Gemeinde, nicht „Kirche" in einem von ihr abgehobenen Sinn. Ihr Dienst ist auch nicht als eine exklusiv nur ihnen gegebene Sondervollmacht zu verstehen (auf die damit berührte Frage des Amtsverständnisses werden wir zurückkommen). Und daß durch ihre menschlichen Worte Gottes Wort Menschen trifft und Glauben wirkt, daß durch ihr „Handeln" der Sakramente Christus selbst sich gibt, daß also hier wirklich *geschieht*, was die Gemeinde sammelt und erhält, ist *Gottes* Handeln – nicht das Werk der Kirche.

Wohl aber kann im Blick auf unser je persönliches Christsein in gewissem Sinn von einer Vorordnung der Kirche gesprochen werden. Die Gemeinde Christi ist da, bevor ich, der einzelne, ihr Glied werde. Gemeinde war da, bevor sie heute besteht. Sie entsteht nicht je neu aus einem leeren Raum heraus. Daß sie heute lebt, ich heute ihr zugehören kann, ist Frucht des Weges, den unsere Väter und Mütter im Glauben geführt wurden. Wort und Sakrament wird uns nicht anders zu Gottes Wort und zur Gemeinschaft mit Christus als so, daß Gott durch dieses Wort und Sakrament schon zuvor und durch die Zeiten hindurch Kirche gesammelt und erhalten hat und daß uns dies durch die Kirche, die vor uns war, bezeugt und überliefert wird. Insofern kann man, wenn man diesen Begriff überhaupt gebrauchen will, sagen, Kirche ist auch „Heilsanstalt" und das heißt dann: der Raum, in dem und das Werkzeug, durch dessen Dienst mir je meine Zugehörigkeit zu Christus geschenkt wird. Sie ist dies aber *als* Gemeinde, nicht als eine Hypostase zwischen Christus und seiner Gemeinde.

Auf der andern Seite ist ebenso eine „neuprotestantische" Auffassung zu bestreiten, nach der der Glaube und das Gottesverhältnis des einzelnen das Primäre und die Kirche als gewissermaßen nachträglicher (je nach Veranlagung vielleicht auch mehr oder weniger entbehrlicher) Zusammenschluß von Individuen zur gemeinsamen Pflege ihrer Frömmigkeit zu verstehen wäre. Gottes Wort geht jeden einzelnen Menschen persönlich an; es geht ihn aber so an, daß es ihn aus seiner Vereinzelung herausnimmt in die Gemeinschaft mit Christus und damit auch in seine Gemeinde. Man kann nicht mit Christus zusammensein und zugleich abseits bleiben von der Bruderschaft der Menschen, die durch denselben Glauben mit demselben Christus verbunden sind. Zum Glauben kommen und Glied der Gemeinde werden, im Glauben bleiben und Glied der Gemeinde bleiben liegt also ineinander als ein und dasselbe Geschehen. Das wird vor allem darin deutlich, daß im Neuen Testament die Glaubenden der „Leib Christi" genannt werden, in dem von dem Haupt her ein Glied mit dem andern verbunden ist. Und darum ist die unverzichtbare Mitte der Lebenseinheit dieses „Leibes" die gottesdienstliche Versammlung, in der die Glaubenden immer wieder *als* Gemeinde unter dem Wort Christi zusammenkommen und in seinem Mahl seine Gemeinschaft mit ihnen und ihre Gemeinschaft miteinander konkret erfahren, um sie aus dieser Quelle auch im Alltag zu leben.

Diese Einsicht hat Bedeutung für die Frage, wie das individualisierte, den Dienst der Kirche nur noch kasual zu wichtigen Ereignissen der persönlichen Lebensgeschichte in Anspruch nehmende Christsein vieler Menschen in unserer heutigen Gesellschaft zu beurteilen ist. Soweit sie nicht ausdrücklich ihren Unglauben bekunden, sondern sich selbst als Christen verstehen, wird man dies nicht pauschal als ein Scheinchristentum aburteilen dürfen. Es kann unter ihnen mehr Glauben an Gott, auch mehr Bindung an Jesus lebendig sein als nach außen hin in Erscheinung tritt – ein Glaube, der sein Leben, auf weite Zusammenhänge gesehen, ja auch nicht hat ohne die geschichtliche Vermittlung durch die christliche Glaubensgemeinschaft, auch wenn er nun im wesentlichen abseits der Gemeinde bleibt, die sich unter der Wortverkündigung und um das Abendmahl versammelt. Dennoch kann man nicht sagen, man könnte christlichen Glauben ebensogut im Abseits von dieser Gemeinde als in ihrer Mitte leben. Es kann manche psychologisch begreifliche Gründe für solches Abseitsbleiben geben, Gründe, an denen das Faktische am Aussehen der Kirche und am Verhalten mancher ihrer Vertreter nicht unschuldig ist. Aber in dogmatischer Besinnung darauf, was die Kirche von ihrem Lebensgrund her sein soll, muß ihre Aufspaltung in „Kerngemeinde" und „Randsiedler" als ein defizienter Zustand bezeichnet werden.

2. Die institutionelle Ordnung der Kirche

Institutionelle Ordnung der Kirche, damit ist ein weiter Bereich umschrieben. Er umfaßt Einrichtungen, die in ihrer Eigenart und theologischen Bedeutung recht verschieden sind. In einer exemplarischen, nicht erschöpfenden Aufzählung kann man hier nennen:

den *öffentlichen Gottesdienst*, seine liturgische Ordnung und in weiterem Zusammenhang damit die Ordnung eines „Kirchenjahrs" mit bestimmten Zeiten und Festtagen;

die Einrichtung bestimmter *Ämter und Dienste* und die strukturelle Ordnung ihres Verhältnisses zueinander, ihrer Kompetenzen und Funktionen;

die Zusammenfassung der einzelnen Ortsgemeinden in *regionalen* Gliederungen und Untergliederungen und die damit gegebene Einrichtung übergemeindlicher *Kirchenleitung*;

die Aufstellung einer diesen ganzen Ordnungsbereich in seinen Grundlinien bestimmenden *Kirchenverfassung*;

die Entwicklung eines *Kirchenrechts*, durch das er im Detail geregelt wird und insbesondere für die Entscheidung von Konfliktfällen Normen gesetzt werden;

nach außen schließlich auch: *Kirchenverträge* (Konkordate), die die Stellung der Kirche gegenüber dem Staat und in der Gesellschaft regeln.

In der theologischen Beurteilung und Gewichtung solcher institutionellen Ordnung bestehen erhebliche Differenzen. Zu erinnern ist hier zunächst an den Unterschied zwischen katholischem und reformatorischem Kirchenverständnis (dazu vgl. § 24). Nach katholischer Überlieferung ist die Kirche als Heilsanstalt selbst eine Institution, zu deren eigenstem Wesen es gehört, rechtlich geordnet zu sein. Geistliche Realität und institutionelle Ordnung liegen hier ineinander. Das Kanonische (= Kirchen-)Recht ist konstitutiver Faktor des Lebens der Kirche; im Codex Iuris Canonici ist es zusammengefaßt. Dabei wird unterschieden zwischen göttlichem und (im engeren Sinn) kirchlichem Recht. Die göttlichen Rechtssetzungen werden als in der Offenbarung enthalten und mit der Stiftung der Kirche durch Christus selbst ihr eingestiftet verstanden. Sie gelten darum unveränderlich und für alle Zeiten, ihre Aufhebung würde die Aufhebung der Kirche bedeuten. Zu dieser Ordnung göttlichen Rechts gehört nach katholischer Auffassung nicht nur, aber vor allem die hierarchische Struktur des kirchlichen Amtes in seiner sakramentalen, iurisdiktionellen und Lehrgewalt. Die (im engeren Sinn) kirchlichen Rechtssetzungen sind die vom obersten Amt der Kirche kraft seiner Iurisdiktionsgewalt erlassenen Gesetze. Sie können von eben diesem Amt auch aufgehoben oder abgeändert werden, wenn die Umstände es erfordern. Sie sind aber, solange dies nicht geschieht, für die gesamte Kirche ebenso verbindlich wie das göttliche Recht. (In diesen Bereich gehört z. B. die Zölibatsverpflichtung der Priester.)

Die Reformatoren wandten sich gegen die Unterwerfung der Gewissen unter die Satzungen des kanonischen Kirchenrechts. Sie bejahten die Notwendigkeit kirchlicher Ordnungen, verstanden diese aber als menschliche Einrichtungen, die nicht überall in der Kirche und zu allen Zeiten dieselben sein müssen und nicht zu einem Gesetz gemacht werden dürfen, an dessen Befolgung das Heil gebunden ist. Unabdingbar für die Einheit und Identität der Kirche ist allein die Übereinstimmung in der Predigt des Evangeliums und in der dem Evangelium gemäßen Spendung der Sakramente. So jedenfalls CA VII.

Aber auch innerhalb des evangelischen Bereichs kam es in neuerer Zeit zu unterschiedlichen theologischen Wertungen des Institutionellen in der Kirche, vor allem sofern es in der Gestalt von Kirchen*recht* erscheint. Der Kirchenrechtslehrer Rudolph *Sohm* (1841–1917) vertrat die berühmt gewordene und viel umstrittene These: „Das Wesen des Kirchenrechts steht zu dem Wesen der Kirche im Widerspruch." Gemeint war damit: Ordnung durch Recht und Gemeinschaft der Liebe sind etwas ihrem Wesen nach völlig Verschiedenes; die rechtlich verfaßte und organisierte Kirche ist nicht die Kirche als geistgewirkte Gemeinschaft. Einen ähnlichen Gedanken vertrat Emil *Brunner* mit seiner scharfen Unterscheidung dessen, was im Neuen Testament ekklēsia heißt, von dem, was sich geschichtlich als Kirche entwickelt hat. Die ekklēsia des Neuen Testamentes ist Liebesbruderschaft. „Diese aber ist etwas von der Kirche Verschiedens. Denn was wir Kirche nennen, ist nicht eine Bruderschaft, *sondern* eine Institution, nicht der Leib Christi, *sondern* eine Körperschaft im juristischen Sinne."[3] Diese Auffassung ist der katholischen Ineinssetzung von pneumatischem Leben und institutioneller Ordnung der Kirche diametral entgegengesetzt. Sie fand allerdings in dieser Zuspitzung auch innerhalb evangelischer Theologie kaum Nachfolge. K. *Barth* vertrat sogar, freilich in einem vom katholischen durchaus verschiedenen Verständnis, die Einheit von Christusleben und Rechtsgestalt in der

---

[3] E. Brunner, Dogmatik Bd. III (1960), S. 37 (Hervorhebungen von mir). Vgl. auch Brunners programmatisches Werk „Das Mißverständnis der Kirche" (1951).

Kirche – ein geistliches Kirchenrecht, das nicht nach dem Modell weltlichen Rechts, sondern ganz aus dem Evangelium heraus, aus ihm aber auch notwendig zu gestalten ist.

Die dogmatische Besinnung auf das Verhältnis von geistlichem Leben und institutioneller Ordnung der Kirche wird die Vielschichtigkeit der Elemente solcher Ordnung zu beachten haben; nicht alles liegt da auf einer Ebene, so daß es in gleicher Weise theologisch beurteilt werden könnte. Hier sollen nur die Grundlinien einer solchen Besinnung skizziert werden. Die Frage des kirchlichen Amtes stellen wir dabei zunächst noch zurück.

Eine grundsätzliche *Entgegensetzung* von Kirche als Geistgemeinschaft und institutioneller Ordnung kann jedenfalls nicht behauptet werden. Es läge darin so etwas wie der Versuch, für das geistliche Leben der Kirche das Eschaton vorwegzunehmen. Die Gemeinde Jesu Christi ist in dem, was ihr Leben als Gemeinschaft der Glaubenden begründet und trägt, nicht *von* der Welt. Sie lebt aber, solange sie noch die Zukunft der Vollendung des Reiches Gottes erwartet, *in* der Welt, ist in die Welt gesendet und soll in ihr handeln. Darum bedarf sie organisierter Ordnungen dieses Lebens und Handelns, wie überhaupt ein gemeinschaftliches Leben und Wirken von Menschen in dieser Welt ohne solche Ordnungen nicht möglich ist. Gewiß sind sie insofern etwas „Weltliches", als sie auch als kirchliche eine Analogie haben zu dem, wie sonst in der Welt Gemeinschaften sich formen und organisieren. Sie sind aber für die Kirche zugleich eine geistliche Notwendigkeit, weil ohne sie ihr Leben in der Welt nicht konkret und ihre Sendung nicht wirksam werden könnte. „Ungeistlich" und zum Hindernis dieser Sendung können institutionelle Ordnungen werden durch die Art, wie sie sich geschichtlich entwickelt haben oder aktuell gehandhabt werden; aber das ist nicht schon damit gegeben, daß es in der Kirche überhaupt zu solchen Ordnungen kommt. Der These E. Brunners, die ekklêsia des Neuen Testaments sei etwas durchaus anderes als die institutionell verfaßte Kirche, ist entgegenzuhalten, daß schon im Neuen Testament mit der ekklêsia zugleich auch institutionelle Elemente von Gemeindeordnung sichtbar werden.

Freilich ist nicht alles, was Element kirchlicher Ordnung ist, in gleicher Unmittelbarkeit auch Ausdruck ihres geistlichen Lebens. Um das an einer etwas extrem gewählten Gegenüberstellung zu verdeutlichen: Der *Gottesdienst* ist eine Institution; aber er ist als solche eine Gestalt, in der sich dieses geistliche Leben unmittelbar ausdrückt und deren es aus seinem eigenen Wesen heraus bedarf. M. E. kann man das aber nicht ebenso sagen vom *Kirchenrecht*, jedenfalls von ihm nicht in jeder Hinsicht. Denn gewiß ist auch dieses für das

Bestehen von Kirche in der Welt unverzichtbar. Aber als Rechtsinstitution hat es teil an der auch dem Unwillen gegenüber einklagbaren Verbindlichkeit, mit der Gesetze gelten, und muß darum auch Verfahrensnormen zur Regelung von Konflikten und zur Behebung von Störungen und Verstößen im kirchlichen Leben enthalten. Insoweit ist es nicht unmittelbarer Ausdruck der Kirche als Bruderschaft der Glaubenden in der Liebe, sondern eher ein Hinweis auf ihre menschliche Gebrechlichkeit und die Möglichkeit ihres Versagens.
Ich bestreite damit nicht, daß dem Kirchenrecht die Aufgabe zukommt, in dem, was es durch Gesetze ordnet, dem geistlichen Leben und Auftrag der Kirche zu dienen, und daß es dementsprechend gestaltet werden soll. Aber ich habe doch Bedenken, Barths These, daß zur Christusgemeinde als solcher und aus ihrem eigensten Wesen heraus die Rechtsgestalt gehört, in globo zu übernehmen.

Daß institutionelle Ordnungen dem wahren Leben der Kirche nicht entgegengesetzt, ihm vielmehr notwendig sind, besagt aber nicht, daß eine *bestimmte* Gestalt dieser Ordnungen kraft göttlicher Setzung unveränderlich wäre. Daß der irdische Jesus nicht die Kirche als Institution mit festgelegter Struktur „historisch" gestiftet hat, wird heute auch von katholischen Theologen gesehen; was ihnen an dieser Struktur als unveränderliches göttliches Recht gilt, kann dann als Wirken des Geistes des erhöhten Herrn im geschichtlichen Werden der Kirche verstanden werden. Aber die neutestamentliche Urkunde dieses Werdens läßt jedenfalls noch keine einheitliche institutionelle Verfassung erkennen; da entstehen verschiedene Gestalten von Gemeindeordnung, z. B. in den palästinischen Gemeinden andere als in den paulinischen Missionsgemeinden. Wohl wissen diese Gemeinden um ihre Zusammengehörigkeit als die eine ekklêsia des einen Herrn und lassen dieses Wissen auch zur Tat werden, so etwa in der Kollekte der Gemeinden in Griechenland für die Urgemeinde in Jerusalem. Aber es gibt noch keine gesamtkirchliche Organisation. *Daß* sie sich dann herausgebildet hat, war geschichtliche Entwicklung und wohl auch geschichtliche Notwendigkeit, so daß man diesen Vorgang nicht an sich schon als geistwidrig beurteilen darf. Aber kann aus der speziellen Form, *wie* sie sich in der Frühzeit der Kirche gebildet hat, eine für alle Zeiten und Bereiche der Kirche verbindlich bleibende *dogmatische* Notwendigkeit gemacht werden? Dem steht die geschichtliche Veränderung der Welt, in der die Kirche lebt, entgegen. Was einmal sprechender Ausdruck und hilfreiches Gefäß ihrer Sendung war, kann in einer veränderten Welt und Gesellschaft zum Hemmnis werden. Und kann man fordern, Ordnungsformen, die als kirchliches Recht grundsätzlich durch die Kirche geändert werden

können, müßten jedenfalls solange dies nicht durch eine zentrale kirchliche Autorität geschieht, für die ganze Christenheit gleichmäßig verbindlich sein? Dem steht entgegen, daß diese Christenheit nicht nur im zeitlichen Nacheinander, sondern auch im räumlichen Nebeneinander in sehr verschiedenen Bereichen, unter kulturell und sozial sehr verschiedenen Verhältnissen lebt. Was ihrem Leben in dem einen Bereich dienlich ist, muß dies nicht auch in jedem andern sein.
Indem wir festhalten, daß institutionelle Ordnung um des geistlichen Lebens der Kirche in der Welt willen notwendig ist, gilt m. E., was in einem früheren Zusammenhang (§ 23,3.2) zur Frage der „Schöpfungsordnungen" gesagt worden war, analog auch für diese Ordnungen: Sie sind der Kirche nicht in einer fixierten Gestalt *vorgegeben*, sondern zu verantwortlicher Gestaltung und u. U. auch Abwandlung *aufgegeben*. Verantwortlich, nicht beliebig und willkürlich, das heißt: Was immer hier gestaltet, bewahrt oder verändert wird, das muß daran ausgerichtet bleiben, wie das Zeugnis des Evangeliums von Jesus Christus, das der Kirche zu jeder Zeit und unter allen Umständen aufgetragen bleibt, unter jeweiligen Verhältnissen am deutlichsten bekundet und gelebt werden kann.

Dabei ist auch hier zu beachten, daß nicht alle Elemente institutioneller Ordnung in gleicher Weise als veränderbar beurteilt werden können. So z. B. kann der Gottesdienst hinsichtlich des Aufbaus und Wortlauts seiner liturgischen Ordnung in verschiedenen Zeiten und Orten durchaus verschieden sein (vor einem uferlosen und individuellen Experimentieren, das jede Ordnung und Kontinuität zum Zerfließen bringt und damit die gottesdienstliche Gemeinschaft in Frage stellt, ist allerdings zu warnen). Aber daß die Gemeinde sich überhaupt und regelmäßig zum Gottesdienst versammelt, ist unaufgebbares Element ihres Lebens. Und unaufgebbar sind damit auch Grundelemente, ohne die der Gottesdienst nicht Gottesdienst wäre: Verkündigung, Gebet, Lobpreis – wie immer dies im einzelnen gestaltet sein mag. Unaufgebbar ist auch der dem biblischen Zeugnis entsprechende Vollzug von Taufe und Abendmahl.
Um noch ein anderes Beispiel solcher Unterscheidung zwischen Wandelbarem und Unverzichtbarem anzuführen: Wie der übergreifende Zusammenhang der einzelnen Gemeinden verfaßt ist (episkopal, kollegial, synodal, in einer irgendwie geordneten Verbindung solcher Elemente), das konnte in der Geschichte der Kirche und kann in verschiedenen Bereichen der Kirche verschieden sein. Aber daß solcher Zusammenhang bewahrt sein will und darum wie auch immer institutionelle Gestalt finden muß, ist um der Einheit der Kirche willen unverzichtbar.
Sicher ist auch der Dienst besonderen Amtes in der Kirche unverzichtbar. Ist damit auch eine unwandelbare Gestalt dieses Amtes gegeben? Dieser Frage wenden wir uns im folgenden Abschnitt zu.

3. Das Amt in der Kirche

Das Verständnis des kirchlichen Amtes ist im ökumenischen Dialog mit den katholischen Kirchen eines der wesentlichen Probleme, heute vielleicht das entscheidende Problem, das einer Einigung im Weg steht. Aber auch innerhalb evangelischer Theologie sind über das Amtsverständnis in neuerer Zeit und bis in die Gegenwart immer wieder Differenzen aufgebrochen.
Wir fragen auch hier zunächst nach Grundlinien des biblischen Zeugnisses. Aus den neutestamentlichen Schriften wird deutlich, und das wird grundsätzlich auch von keiner Seite bestritten: Der Gemeinde des neuen Bundes als ganzer ist Vollmacht und Auftrag gegeben, das Evangelium von Jesus Christus in der Welt durch Wort und Tat zu bezeugen, und alle ihre Glieder haben an diesem Auftrag teil. In ihr ist das Wirken des Geistes Gottes nicht mehr auf die besondere Berufung einzelner beschränkt; alle sind pneumatikoi. Im Pfingstgeschehen wird die Erfüllung der Verheißung von Joel 3,1 ff erkannt: „Es soll in den letzten Tagen geschehen, daß ich meinen Geist ausgieße auf alles Fleisch", und eure Söhne und Töchter und eure Mägde werden wie Propheten reden (Apg 2,16 ff). Allen gilt nach 1.Petr 2,9: „Ihr seid die königliche Priesterschaft, das heilige Volk, damit ihr die Kraft dessen verkündigt, der euch aus der Finsternis herausgerufen hat zu seinem wunderbaren Licht." Jedem, der an ihn glaubt, verheißt Christus nach Joh 14,12: „Die Werke, die ich tue, wird er auch tun." Es gehört entscheidend zum Neuen des neuen Bundes der Versöhnung, daß in ihm der Unterschied von solchen, die unmittelbaren Zugang zum Heiligtum haben und solchen, die nur durch deren vermittelnden Dienst vor Gott treten, aufgehoben ist. Man muß sich klarmachen, welch tiefgreifende Veränderung und Entschränkung das bedeutete gegenüber allem religiös-kultischen Herkommen. Was immer über die Bedeutung des Amtes in der Christusgemeinde zu sagen ist, muß unter dem Vorzeichen dieser Entschränkung gesagt werden und sollte nicht so gesagt werden, daß ihre Bedeutung abgeschwächt wird.
Aber allerdings gehört nach dem neutestamentlichen Zeugnis die Gabe und Wirksamkeit besonderer Dienste von Anfang an ebenso zum Leben der ekklêsia wie das königliche Priestertum, an dem alle ihre Glieder teilhaben. Das Neue Testament spricht zwar nicht von *einem* Amt, sondern von einer Mehrheit und Vielfalt solcher Dienste, und es wird zu überlegen sein, was das für Theologie und Praxis des Amtes heute bedeuten kann. Aber deutlich wird, daß die Gemeinde, damit sie in Einheit die Sendung, an der alle Glieder teilhaben, erfül-

len kann, des Wirkens solcher besonderen Dienste bedarf, und besondere „Charismen" werden dazu in ihrer Mitte gegeben. Man trägt an das neutestamentliche Verständnis dieser Dienste eine falsche Alternative heran, wenn man fragt: Sind sie von Christus eingesetzt *oder* sind sie Funktionen, die die Gemeinde aus ihrer Gesamtvollmacht auf einzelne ihrer Glieder überträgt. Gewiß, die Gemeinde ordnet solche Dienste und ordnet Menschen aus ihrer Mitte dazu ab, sie wahrzunehmen (so z. B. das Amt der Diakone Apg 6,1 ff; die Aussendung von Paulus und Barnabas zur Mission Apg 13,2ff). Und sicher kann nicht von einer historischen Einsetzung der Ämter oder des Amtes der Kirche durch den irdischen Jesus gesprochen werden[4].

Aber es ist der allen gegebene Geist des Herrn, der auch die Gaben zu solchem besonderen Dienst gibt, Bereitschaft weckt, ihn zu übernehmen, und in der Gemeinde Bereitschaft wirkt, ihn anzunehmen. So kann dann auch gesagt werden: „Er – der erhöhte Herr – hat gegeben die einen zu Aposteln, die andern zu Propheten, andere zu Evangelisten, Hirten, Lehrern . . ." (Eph 4,11). Die Berufung durch den Herrn und die Beauftragung durch die solche Berufung erkennende und anerkennende Gemeinde gehören zusammen. Die Gemeinde „delegiert" nicht aus sich heraus etwas ab; sie nimmt wahr, was in ihrer Mitte ebenso von oben gegeben wird wie ihr das königliche Priestertum in allen ihren Gliedern von oben gegeben ist. Und ganz gewiß ist das Verhältnis der Träger besonderen Dienstes zu der Gesamtheit der Gemeinde nicht so zu verstehen, als wären sie kraft der Beauftragung durch die Gemeinde einer jeweiligen Gemeinde*mehrheit* verpflichtet und an deren Voten gebunden. Wie die Gemeinde als ganze, so sind auch sie in der Ausrichtung ihres Dienstes allein dem Herrn verantwortlich und an seinen Willen gebunden.

Die geschichtliche Entwicklung führte zur Bildung eines kirchlichen Amtes, das sich nach seinem theologischen Begriff und seiner Struktur von den neutestamentlichen Anfängen entfernte. Die strukturelle

---

[4] Die Berufung der Jünger durch Jesus kann m. E. nicht als Stiftung eines kirchenleitenden Amtes verstanden werden. Sie waren nicht in quasi-amtliche Funktionen eingesetzt, sondern als Verkündiger der Botschaft vom kommenden Gottesreich ausgesandt und sind darin Vorgänger des Zeugendienstes, zu dem nicht nur das Predigtamt, sondern die ganze Gemeinde berufen ist. Die besondere Stellung, in der sie später (aber nicht nur die von dem irdischen Jesus berufenen Zwölf) zu den apostolischen Zeugen des Auferstandenen wurden, aus deren Predigt die Kirche entstand, ist geschichtlich einmalig und kann also ebensowenig als Stiftung eines übertragbaren Amtes verstanden werden.

Veränderung mußte an sich keinen inneren Widerspruch zu diesen Anfängen bedeuten; eine Entfaltung zu neuen Gestaltungen war notwendig gegeben damit, daß die Kirche überhaupt nun den Weg einer Geschichte durch den Wechsel der Zeiten hindurch geführt wurde. Urchristliche Gemeindeordnungen konnten nicht in starrer Gleichförmigkeit festgehalten und können heute nicht in solcher Gleichförmigkeit kopiert werden. Aber was sich vollzog, war nicht nur Entfaltung innerhalb des Rahmens jener neutestamentlichen Grundlinien, die wir vergegenwärtigt haben. Es bedeutete ihnen gegenüber eine Veränderung von grundsätzlichem theologischen Gewicht. Denn nun entstand ein Priestertum, das durch sakramentale Weihe von allen anderen Christen so abgehoben ist, daß die Vollmacht heilsvermittelnden Handelns, insbesondere die Spendung der Sakramente, aber auch die Entscheidung über wahre und falsche Lehre in der Wortverkündigung, ihm exklusiv vorbehalten bleibt. Es entstand innerhalb der Kirche die grundsätzliche Unterscheidung von „Klerus" und „Laien", und das Gegenüber des Amtes zum „Volk" konnte nun verstanden werden als die Gestalt, in der das Gegenüber Christi selbst zu seiner Gemeinde sich repräsentiert und wirksam ist. Das betrifft zunächst den katholischen Amtsbegriff; er wurde durch das II. Vaticanum zwar in Betonung der Gemeinschaft von Amt und Gemeinde interpretiert, jedoch im Fundament der dem geweihten Priester vorbehaltenen Vollmachten nicht verändert. Aber auch im evangelischen, besonders im lutherischen Kirchentum hat sich teilweise eine Sonderstellung des ordinierten Amtsträgers durchgesetzt (oder müßte man sagen: aus katholischem Erbe fortgesetzt?). Sie wird hier zwar nicht mehr als auf sakramentaler Vermittlung einer priesterlichen Weihegewalt beruhend verstanden, kann aber theologisch mit der besonderen Berufung der Apostel durch Christus begründet werden, wobei im Amt der Kirche die Fortsetzung des apostolischen Amtes gesehen wird[5]. Dabei kann auch hier der Gedanke aufgenommen werden, im Gegenüber von Amt und Gemeinde repräsentiere sich das Gegenüber Christi zur Gemeinde. Doch bleibt dieses Amtsverständnis innerhalb evangelischer Theologie Gegenstand einer offenen und bisweilen erregten Diskussion.
In diese Diskussion kann hier nur ansatzweise eingetreten werden. Die Sonderstellung des Amtes gegenüber der Gemeinde, jedenfalls insofern sie mit dem *exklusiven* Vorbehalt bestimmter geistlicher Vollzüge für den Amtsträger verbunden wird, muß m. E. trotz ihrer alten

---

[5] Zur Kritik dieses Gedankens vgl. Anm. 4.

und langen Tradition als eine Fehlentwicklung beurteilt werden. Durch sie wurde die grundsätzliche Aufhebung des Unterschieds zwischen „Geistlichen" und „Laien" in der Gemeinde des neuen Bundes wenn nicht bestritten, so doch sehr verdunkelt. Ihr gegenüber ist daran zu erinnern, daß die Sprache des Neuen Testaments in Bezug auf die besonderen Dienste in der Gemeinde den Begriff des Priesters (hiereus) gerade nicht gebraucht, wie sie überhaupt für den Gottesdienst der Gemeinde überkommene Kultterminologie vermeidet. Das ist in seinem grundsätzlichen Gewicht zu bedenken. Wegweisend ist auch die Fortsetzung des vorhin zitierten Wortes Eph 4,11: „Der Herr hat gegeben die einen zu Aposteln, andere zu Propheten, Evangelisten . . .", gerade nicht, um zu tun, was ihnen jeweils allein vorbehalten ist, sondern „damit die Heiligen (alle Christen) ausgerüstet werden zum Werk des Dienstes" (4,12). Gerade die *besonderen* Dienste sollen also dem geistlichen Wirken *aller* Glieder des einen Leibes zu seiner Aktivierung dienen. Ihr Wirken soll wiederum von dem Mitwirken aller umgeben und weitergetragen werden. Damit stellt sich aber die Frage, worin denn nun das unterscheidende „Proprium" des besonderen Amtes oder Dienstes zu erkennen ist.

Die Frage dieses „Proprium" wurde und wird in den Diskussionen evangelischer Theologie über das Amt immer wieder erörtert. Liegt es in der Vollmacht der Wortverkündigung? Sie geschieht im öffentlichen Gottesdienst durch die dazu Berufenen, aber sie kann und soll doch auch durch das persönliche Zeugnis nicht ordinierter Christen weitergetragen werden – hätte sie da einen grundsätzlich geringeren Grad von Vollmacht? Sind die Jünger, die Jesus aussandte unter der Zusage „Wer euch hört, der hört mich" nur die Urgestalt des späteren Kollegiums der Amtsträger? Gilt dieses Wort Jesu nicht jedem, der zu seinem Zeugen wird?

Oder ist jenes Proprium des Amtes in der Vollmacht zu erkennen, von Sünden loszusprechen? Aber kann, was im Zusammenhang einer allgemeinen oder persönlichen Beichte durch den Amtsträger geschieht, nicht u. U. auch in einer Aussprache von Bruder zu Bruder geschehen, und ist der Zuspruch der Vergebung Gottes, wenn er in solcher „mutua consolatio fratrum" geschieht, weniger gewiß? Dreimal wird in den Evangelien berichtet, daß Jesus bevollmächtigt, zu lösen und zu binden, aber dabei ist der Kreis der so Bevollmächtigten jedesmal ein anderer: in Mt 16,19 der eine Petrus; in Joh 20,22 f die Jünger insgesamt; in Mt 18,18 gar keine derartige Begrenzung. Durch eine Stiftung Jesu ist es also nicht festgelegt, wem in der Gemeinde diese Vollmacht gegeben ist und wem nicht.

Liegt das Proprium des Amtes im Wachen über der Reinheit des Evangeliums und der Lehre, im „Unterscheiden der Geister"? Gewiß ist diese Sorge besonderem Dienst besonders aufgetragen. Aber Paulus kann für solche geistliche Urteilsfähigkeit ebenso die ganze Gemeinde kraft des pneuma, das in ihr wirkt, in Anspruch nehmen (z. B. 1.Kor 10,14f); und kann man nach zweitausend Jahren Kirchengeschichte sagen, die tiefere, dem Evangelium entsprechende Einsicht sei immer „oben", beim offiziellen Amt der Kirche gewesen? Und schließlich findet sich im ganzen Neuen Testament kein Hinweis darauf, daß Sakramente gültig und wirksam nur durch dazu besonders Geweihte gespendet werden können.

Zweifellos gibt es im institutionellen Leben der Kirche zahlreiche mehr auf sachlicher, verwaltungsmäßiger Ebene liegende Aufgaben, für die eine eindeutige Verteilung und Abgrenzung der Kompetenz natürlich und notwendig ist. Aber ich sehe nicht, für welche *geistlichen* Vollzüge dieses Lebens man begründen kann, sie seien aus ihrem eigenen Wesen heraus *exklusiv* an den dazu berufenen Amtsträger gebunden. Fragt man nach dem Proprium des besonderen Dienstes, so kann aber m. E. geantwortet werden: Es liegt in dem *Verantwortungsbereich*, dem er zugeordnet ist. Besonderer Dienst ist Dienst an der Gemeinde als ganzer. Seine Träger sind beauftragt, in der Verantwortung für das Leben und die Einheit der Gemeinde zu tun, was grundsätzlich jeder Christ unter den Menschen seines persönlichen Verantwortungsbereiches auch tun kann und je nach Gabe und Situation auch tun darf und soll. Unter diesem Gesichtspunkt, nicht unter dem einer quasi-ontologisch notwendigen sakramentalen Befähigung, kann man begründen, daß die Leitung des öffentlichen Gottesdienstes und damit auch der Abendmahlfeier, zu der ja die Gemeinde als solche zusammenkommt, im Regelfall in der Hand des zu diesem Dienst an der Gemeinde berufenen Pfarrers liegt. Aber auch in der Verantwortung für die Gemeinde als ganze sollte dieser nicht allein bleiben. Die Frage nach dem Proprium des Amtes scheint mir falsch gestellt zu sein, wenn sie meint: Was ist seinen Trägern *ausschließlich vorbehalten*? Richtig gestellt muß sie lauten: Was ist ihnen *besonders aufgetragen*, ohne daß damit die Mitverantwortung und das Mittun anderer ausgeschlossen wird. Darf man dann aber das Verhältnis von Amt und Gemeinde schlechthin als Repräsentanz des Gegenübers Christi zur Gemeinde bezeichnen? Gewiß darf gesagt werden: Durch die Verkündigung seines Wortes, im Zuspruch der Vergebung, in seinem Mahl begegnet Christus selbst; aber dann doch auch in der „außeramtlichen" Bezeugung seines Wortes, in der „mutua consolatio fratrum", und im Abendmahl in Brot und Wein, nicht in der Person des Darreichenden.
In diesem Zusammenhang ist die Frage aufzunehmen, ob es der in der ekklêsia des Neuen Testaments erscheinenden Vielfalt besonderer Dienste überhaupt entspricht, von dem *einen* Amt der Kirche zu

reden. Sicher entspricht dies dem monarchischen Gemeindeepiskopat, der sich in der frühen Kirche herausgebildet hat und der, nachdem das Bischofsamt längst übergemeindliche Bedeutung gewonnen hatte, auch im lutherischen Kirchentum eine gewisse Analogie fand: Der eine Pfarrer als Hirte seiner Gemeinde. Das ist geschichtlich gewachsene Struktur, und man kann durchaus fragen, ob sie nicht unter gegebenen Zeitverhältnissen sinnvoll und notwendig war, wenn die Einheit von Kirche und Gemeinden bewahrt und durchgetragen werden sollte. Aber ist diese quasi-monarchische Struktur ein göttliches Ordnungsgesetz? Hat die neutestamentliche Bezeugung der Mehrheit von besonderen Diensten nicht gerade dahingehend normative, d. h. vorbildliche und wegweisende Bedeutung, daß sie von der Vorstellung eines solchen Gesetzes befreit? Wir müssen und können gewiß nicht ein Kollegium mit genau denjenigen Ämtern rekonstruieren, die sich im Neuen Testament aufgezählt finden. Aber auch das eine Pfarramt, verstanden als *das* Amt der Kirche, dem alle übrigen Dienste, wenn sie sich überhaupt entfalten, streng untergeordnet sind, ist kein unabdingbares Gesetz. Es ist, jedenfalls so wie es sich weithin gerade auch im evangelischen Kirchentum entwickelt hatte, keine besonders sprechende Darstellung der Gemeinde als eines lebendigen Leibes in der Gegenseitigkeit des Dienstes seiner Glieder. Und unter den heute und bei uns gegebenen Verhältnissen (allgemeine gesellschaftliche Entwicklung, aber auch ganz praktisch: Überlastung der Pfarrer) ist es auch für die Ausrichtung des Auftrags der Kirche nicht sehr förderlich. Das heißt nicht, daß man auf das Gemeindepfarramt verzichten könnte; ihm bleibt die Verantwortung für die Gemeinde als ganze, für ihren Gottesdienst und vor allem für die Wortverkündigung, besonders aufgetragen (und entsprechendes gilt analog für die übergemeindlichen Ämter). Besonders aufgetragen, aber nicht exklusiv vorbehalten: Die Träger anderer Dienste sollten mit dem Pfarrer in seiner Verantwortung für die Gemeinde zusammenwirken; und dies wiederum so, daß sie als besondere Dienste nicht eine exklusive Führungsaristokratie bilden, sondern auch das Mitwirken anderer Glieder ermutigen.

Wird das Verhältnis von Amt und Gemeinde so verstanden, so kann die Gabe des besonderen Dienstes als Gabe des Herrn bejaht und in ihrer Bedeutung wahrgenommen werden, ohne daß die grundsätzliche Aufhebung des Unterschieds von „Geistlichen" und „Laien" in der Christusgemeinde verdunkelt wird.

4. Die ökumenische Frage und Aufgabe

Die ökumenische *Frage* ist gestellt durch den Widerspruch zwischen der Einheit der Kirche, die wir bekennen und dem Getrenntsein der Konfessionen, in denen wir leben. Zwar müßten regional verschiedene Ausprägungen etwa in der Gestaltung des Gottesdienstes, der Gemeindeordnung, ja auch der begrifflichen Mittel, mit denen die eine Wahrheit der Christusbotschaft zur Sprache gebracht wird, nicht an sich schon die Einheit der Christenheit infragestellen. Solche Verschiedenheiten werden ja schon im Neuen Testament sichtbar. Was aber der Einheit widerspricht, ist die Tatsache, daß es zu Spaltungen kam mit der Folge, daß Kirchen sich gegenseitig die gottesdienstliche Gemeinschaft und damit die Gemeinschaft am Herrenmahl aufsagten.

Herkömmlich wird dabei zwischen *Schisma* und *Häresie* unterschieden. Unter Schisma versteht man eine Spaltung über Fragen der Kirchenordnung, unter Häresie eine Abspaltung, die das Dogma und die Lehre betrifft. Über beidem kam es im Lauf der Geschichte zu Aufhebungen der Kirchengemeinschaft. Beides wird auch nicht immer scharf zu trennen sein; wird eine Abweichung in Fragen der Ordnung als so schwerwiegend empfunden, daß es zur Exkommunikation kommt, so in der Regel doch wohl darum, weil man in ihr auch ein wesentliches Element des Glaubens und der Lehre infragegestellt sieht.

Solche Spaltungen sind vielfach schon in der Geschichte der alten Kirche entstanden. Seit 1054 kam dazu das große Schisma zwischen östlichem und römischem Katholizismus, und seit dem 16. Jh. die Spaltung der abendländischen Christenheit in römische Kirche und reformatorische Kirchen – der Plural, den wir hier gebrauchen müssen, besagt, daß auch diese untereinander sich spalteten.
Lange Zeit hindurch wurde dieser Zustand, wenn man von den protestantischen Unionen des 19. Jh. in Deutschland und vereinzelten früheren Bestrebungen absieht, mehr oder weniger fraglos hingenommen; man verstand die jeweils eigene als die wahre Kirche und sah einen Weg der Einigung, wenn überhaupt, nur im Übertritt der Häretiker zur eigenen Konfession. Erst in unserm Jahrhundert entstand eine durch die ganze Christenheit hindurch wirksame ökumenische Bewegung, in der der Zustand der Gespaltenheit als Frage an *alle* Kirchen erkannt und seine Überwindung als eine Aufgabe verstanden wurde, in der alle gefordert sind, aufeinander zuzugehen. Diese Bewegung hat sich 1949 im Ökumenischen Rat der Kirchen (ÖRK) ein zentrales Organ geschaffen, das den Kirchen auf dem Weg zur Einigung konkrete organisatorische Hilfe bieten will. Von großer Bedeu-

tung ist, daß auch die römisch-katholische Kirche, die sich zunächst ganz ferngehalten hatte, sich seit dem II. Vaticanum der ökumenischen Bewegung geöffnet hat und an ökumenischen Lehrgesprächen intensiv beteiligt ist, freilich ohne den Anspruch aufzugeben, die eigentliche Vollgestalt der Kirche Christi zu sein. Allerdings trifft diese Tätigkeit des ÖRK, vor allem seit sie sich in den letzten Jahrzehnten stark auch auf soziale und politische Probleme konzentriert hat, auch auf Kritik. Aber ein grundsätzliches Zurück hinter die Frage nach dem Einswerden der gespaltenen Christenheit und das Verlangen nach Überwindung der Spaltungen ist kaum denkbar und angesichts der Früchte, die diese Neubegegnung der Konfessionen bisher gebracht hat, auch nicht vertretbar.
Aber wie kann die *Aufgabe*, die damit gestellt ist, verstanden werden, und unter welchen konkreten Zielvorstellungen kann an ihr gearbeitet werden?
Zu Kirchenspaltungen kam es vielfach auch unter Mitwirkung politischer und kultureller Faktoren, in erster Linie aber doch durch Gegensätze, die im Bereich von Bekenntnis und Lehre aufbrachen. Diese Gegensätze können nicht vergleichgültigt werden. Kirchengemeinschaft ist nicht denkbar ohne Gemeinschaft im Bekenntnis des Glaubens an den einen Herrn, dessen Wort und Werk die Einheit der Kirche begründet, ja dessen lebendige Gegenwart das Fundament ihrer Einheit ist. Das Einswerden der Kirchen kann also nicht *allein* auf dem Weg einer wachsenden Gemeinschaft in der Praxis ihrer diakonischen und sozialen Dienste gesucht werden. Gewiß darf und muß auch dieser Weg beschritten werden und kann sich rückwirkend für ein Wachsen der Gemeinsamkeit in der Glaubenserkenntnis als fruchtbar erweisen. Aber am Bekenntnis des Glaubens, der solchen Dienst begründet, kann er nicht vorbeiführen, und darum auch nicht an dem Bemühen, in den Fragen, die dieses Bekenntnis in der Vergangenheit gespalten haben und z. T. auch heute noch zwiespältig machen, zur Übereinstimmung zu kommen. Das leitende Interesse kann dabei nicht die Identitätsbewahrung der eigenen Konfession um jeden Preis sein – nicht die lutherische, nicht die römische Wahrheit als solche ist zu behaupten, sondern nach der *christlichen* Wahrheit ist zu fragen in der gemeinsamen Bemühung, das Christuszeugnis der Heiligen Schrift zu hören und recht zu verstehen. Aber man darf auch nicht allgemein voraussetzen, diese christliche Wahrheit liege immer und bei allen im Lauf der Geschichte entstandenen Lehrgegensätzen in der Mitte zwischen den entgegenstehenden Positionen und sie sei dann gefunden, wenn eine die Positionen entschärfend aufeinander zu in-

terpretierende Kompromißformel gelungen ist. Das kann in manchen Streitfragen ein gangbarer Weg sein; aber es ist auch mit fundamentalen Gegensätzen zu rechnen, in denen uns im Hören auf das biblische Zeugnis kein vermittelndes Sowohl-als-auch erlaubt, sondern eine Entscheidung pro und contra geboten ist.

Dabei kann die Zielvorstellung nicht absolute Lehreinheit im Sinn einer überall gleichförmigen Einheitstheologie sein. Zwischen dem Bekenntnis des Christusglaubens und der Entfaltung seiner Inhalte in theologischer Reflexion ist ein Unterschied; die theologische Reflexion kann je nach der Zeit und Situation, in der sie geschieht, eine unterschiedliche Sprache reden, ohne daß unkenntlich werden müßte, daß es in dieser Verschiedenheit um das Bekenntnis des gemeinsamen Glaubens zu dem einen Herrn geht. Soll dies aber kenntlich werden, so muß die Einmütigkeit in allem, was den Grund und den fundamentalen Inhalt dieses Glaubens betrifft, gefunden und als solche auch aussagbar werden. Dies allerdings muß das Ziel der ökumenischen Bemühung bleiben, soll sie sich nicht selbst aufgeben. Es ist noch ein Fernziel, und der Weg dahin ist dadurch erschwert, daß gerade die Frage, was zum Fundamentalen des Glaubens gehört und was „offen bleiben" oder verschieden gesehen und gesagt werden kann, von den Kirchen verschieden beurteilt wird.

Ebensowenig wie eine absolute Einheitstheologie wird eine Einheitskirche im organisatorischen Sinn zu verwirklichen sein, und ein solches Ziel wird in der ökumenischen Bewegung auch nicht verfolgt. Auch wenn eine Übereinkunft in den Grundfragen des Glaubens gelingen sollte, werden nach menschlichem Ermessen verschiedene Kirchenkörper mit ihrer je eigenen Organisation und ihren besonderen, geschichtlich gewachsenen Traditionen bestehen bleiben. Als eine mögliche und nun auch wirklich anzustrebende Zielvorstellung wurde in letzter Zeit der Gedanke einer „versöhnten Verschiedenheit" entwickelt, daneben der Gedanke einer „konziliaren Gemeinschaft", in der die Kirchen zu gemeinsamen Beratungen und Beschlüssen zusammenkommen. Beide Zielvorstellungen stehen m.E. in keinem Widerspruch zueinander; in einer wirklich *versöhnten* Verschiedenheit müßte den Kirchen ein solches gemeinsames Beraten und Beschließen ja möglich werden. Aber was kann das bedeuten – wann wären die christlichen Glaubensgemeinschaften, auch wenn sie in unterschiedlichen institutionellen Prägungen von Kirche leben, miteinander versöhnt?

Sie wären es dann, wenn sie in der Tat in den fundamentalen Glaubensaussagen, um deren willen es zur Spaltung gekommen war, zu einem Konsensus gelangt wären, den alle Teile als dem biblischen Christuszeugnis entsprechend erkennen können und der dann auch öffentlich zu erklären wäre. Das würde die Aufhebung der gegenseitigen Anathematismen (dogmatischen Verwerfungsurteile) und damit die gegenseitige volle Anerkennung als Kirche Jesu Christi bedeuten. Es würde die gegenseitige Zulassung zum Abendmahl ermöglichen und die gegenseitige Anerkennung der Rechtmäßigkeit der Ämter und ihres Dienstes in sich schließen.

Aber bis zu einer öffentlichen, von den jeweiligen Kirchen*leitungen* vollzogenen Vereinigung in diesem Sinn ist m. E. noch ein weiter Weg[6]. Er wird für die katholischen Kirchen besonders erschwert durch das Fehlen des nach ihrer Lehrüberlieferung unabdingbaren sakramentalen Amtes und Amtsverständnisses auf evangelischer Seite. Er wird – um nur eines der gravierendsten Momente zu nennen – für alle nichtrömischen Kirchen erschwert durch den Anspruch des Papstamtes nicht nur auf einen Ehrenvorsitz, sondern auf dogmatische Unfehlbarkeit und allgemeine Jurisdiktionsgewalt über die Christenheit. Wir wissen nicht, ob, wann und wie den Kirchen in dieser Weltzeit eine solche offizielle Vereinigung möglich sein und gegeben wird. Aber wir wissen, daß Christus seine Gemeinde hat auch über die Grenzen unserer Konfessionen hinweg. Wir dürfen gewiß sein, daß es seinem Willen entspricht, wenn wir alles tun, was zur Überwindung dieser Grenzen geschehen kann, soweit es in der Bindung an ihn und der klaren Bezeugung seines Evangeliums geschehen kann. Und in allem, was auf diesem Weg bisher von Christen aus verschiedenen Kirchen an Gemeinschaft in Christus und im Glauben erfahren wurde, dürfen wir das Wirken seines Geistes erkennen.

Literatur

W. Pannenberg, Thesen zur Theologie der Kirche (1970, 2. Aufl. 1974) – J. Moltmann, Kirche in der Kraft des Geistes (1975) – W. Huber, Kirche (TT Ergänzungsband, 1979) – U. Kühn, Kirche (Handbuch systematischer Theologie, Hg. C. H. Ratschow, Bd. 10, 1980) – *Volkskirche – Kirche der Zukunft?* Eine Studie des Theol. Ausschusses der VELKD, Hg. W. Lohff und L. Mohaupt (1977) – *Kirche als „Gemeinde von Brüdern"*, (Barmen III), Votum des Theol. Ausschusses der EKU, Hg. A. Burgsmüller (1981).

---

[6] Er führte bis jetzt in der „Leuenberger Konkordie" zwischen den reformatorischen Kirchen Europas zu einem partiellen Ergebnis, das aber nicht unumstritten ist.

Zusätzlich zu der in § 24 angegebenen katholischen Literatur: H. KÜNG, Die Kirche (1967) – Zur ökumenischen Problematik der Ekklesiologie: *Taufe, Eucharistie und Amt,* Konvergenzerklärungen der Kommission für Glauben und Kirchenverfassung des Ökumenischen Rates, hg. von U. und G. Gaßmann (7. Aufl. 1982) – H. FRIES und K. RAHNER, Einigung der Kirchen – reale Möglichkeit (Quaest, disput. Bd. 100, 1983. Erw. Sonderausg. 1985).

§ 26. Die Taufe

In CA VII wird mit der Predigt des Evangeliums zusammen die dem Evangelium gemäße Darreichung der Sakramente genannt als das Geschehen, von dem die Kirche lebt. „Wort und Sakrament" ist von daher vor allem in lutherischer Theologie zu einer feststehenden Formulierung geworden. Das sollte nicht als Nebeneinander zweier je für sich stehender und wirksamer Größen verstanden werden, so daß man fragen könnte: Was geschieht „nur" durch das Wort, was wird „darüber hinaus" durch die Sakramente gegeben. Das Wort Gottes ist und gibt nicht weniger als das Sakrament, denn in beidem begegnet und gibt sich uns Christus selbst. Das Wort des Evangeliums ist ja nicht nur Bericht und Belehrung *über* Gott und seine Zuwendung zum Menschen in Jesus Christus, sondern in ihm *geschieht* diese Zuwendung: Gott spricht uns zu, daß er in Christus für und mit uns ist. So ist das gepredigte Wort Gottes nach reformatorischem Verständnis (aber auch in katholischer Theologie wird das heute stärker aufgenommen) selbst schon „sakramentales" Geschehen. Und auch das Sakrament als besondere Gestalt dieser Christusgegenwart kann dies nur sein kraft des Wortes, mit dem Christus selbst sich an dieses leibhaftige Geschehen bindet. Es wird darum auch nur im Hören und Glauben dieses Wortes recht empfangen.

Mit dem Gewicht, das die reformatorische Theologie auf die Bindung der Sakramente und ihres heilsamen Empfangs an das verheißende Wort Christi legte, hängt die Reduzierung ihrer Zahl zusammen. Die katholische Theologie sowohl der West- wie der Ostkirche kennt sieben Sakramente: Taufe, Eucharistie, Firmung, Buße, Ehe, Krankensalbung (in der Regel erst am Sterbebett vollzogen), Priesterweihe. Wenn die Reformatoren den Sakramentsbegriff auf Taufe und Eucharistie beschränkt haben, so war dabei der Gedanke maßgebend, Sakrament im eigentlichen Sinn sollte nur eine Handlung genannt werden, die Christus selbst ausdrücklich eingesetzt und in der er mit einem leiblichen Element das Wort seiner Verheißung verbunden hat. In der Schrift fand man das nur für Taufe und Abendmahl, nicht aber für die übrigen katholischen

Sakramente bezeugt. Nach anfänglichem Schwanken, ob auch die Buße (Beichte und Absolution) als Sakrament zu bezeichnen sei, entschied man anders; hier war zwar die Einsetzung durch Christus bezeugt (Worte von den „Schlüsseln"), nicht aber die Verbindung mit einem leiblichen Element gegeben. Dessen ungeachtet hat besonders Luther die persönliche Beichte und Lossprechung sehr hoch geschätzt. Er verwarf nur einen Beichtzwang und die im katholischen Bußsakrament mit Beichte und Absolution verbundene Auferlegung von Satisfaktionen.

Mehr soll zum Sakramentsbegriff im allgemeinen hier nicht gesagt werden. Zur Entfaltung einer abstrakten Lehre vom Wesen des Sakraments in genere gibt uns das Neue Testament keinen Anhalt. Es spricht konkret von der Taufe und vom Abendmahl des Herrn. Wir wenden unsere Besinnung zunächst der Taufe zu.

1. Die überlieferte Lehre von der Taufe

Zum Gemeinsamen der Lehrtradition aller Konfessionen – von den gegen die Tauftheologie der Großkirchen kritischen Gemeinschaftsbildungen abgesehen – gehört:
Das Taufsakrament ist durch Jesus Christus eingesetzt (Mt 28,18ff; Mk 16,15f). Die Taufe ist die Begründung des Christenstandes, durch sie wird ein Mensch Glied der Kirche Christi. Als solche ist sie einmaliges, nicht zu wiederholendes Geschehen. Zu ihrem gültigen Vollzug gehört das Besprengen des Täuflings mit Wasser (in alter Zeit auch das völlige Untertauchen), verbunden mit seiner Unterstellung unter den Namen des dreieinigen Gottes.
Nach *katholischer* Lehre wird durch die Taufe die Rechtfertigungsgnade verliehen, in scholastischer Terminologie verstanden als die „Eingießung" übernatürlich-geistlicher Qualität, durch die der Mensch für Gott annehmbar und die Erbsünde aus seiner Seele getilgt wird. Zurück bleibt ein Hang zum Sündigen, der freilich zu Todsünden und damit zum Verlust der Taufgnade führen kann. Sie kann dann nur durch das Bußsakrament im Menschen erneuert werden.
Auch Luther und die *lutherische* Lehrtradition verstehen die Taufe „exhibitiv", d. h. als grundlegendes Geschehen der Heilsvermittlung. Durch ihren Vollzug nimmt Gott einen Menschen in seine Gnade auf, in ihr wird ihm Vergebung seiner Sünden und Wiedergeburt zum neuen Leben zu teil. Das wird hier nicht als zuständliche Tilgung der Erbsünde verstanden – auch der Getaufte bleibt simul peccator. Aber in der Taufe „verbündet" sich Gott dem Menschen, ihm seine Sünde

nicht zuzurechnen, sondern durch die Kraft seines Geistes gegen sie zu streiten und ihn endlich im Sterben ganz von ihr zu erlösen[1]. So wird hier die in der Taufe anhebende Wiedergeburt als ein lebenslanges Geschehen verstanden, das sich erst durch unsern Tod hindurch in der Auferweckung zur Ganzheit des neuen Lebens vollendet. Aber durch die Taufe gibt Gott der Gewißheit festen Grund, daß er den, den er angenommen hat, zum Ziel des Lebens bringen wird. So wird sie zum Trost gegen alle Anfechtung durch eigene Sünde, und Buße ist nicht der Gang zur Wiedererlangung einer verlorenen, sondern die Umkehr des Glaubens zu der von Gott her beständig bleibenden Taufgnade. Lutherische und besonders Luthers eigene Tauftheologie versteht so auch das leibliche Taufgeschehen im Licht der schöpferisch gerechtsprechenden *Zusage* Gottes: Nicht das Wasser an sich ist heilswirksam – die Wassertaufe ist es kraft des *Wortes*, das diese Wirksamkeit in sie hineinspricht[2]. Darum kann die Taufe zum Heil auch nur empfangen werden im *Glauben*, der sich an dieses Wort hält. Aber andererseits wird das Wasser nicht nur als äußerliches Zeichen verstanden. Es ist in der Taufe eben nicht mehr Wasser an sich, sondern Wasser „ins Wort gefaßt" und darum ineins mit dem Wort Träger der neuschaffenden Gotteskraft, die sich dem Menschen zusagt. Ja gerade um der Gewißheit des Glaubens willen konnte Luther in starken Worten von der Heilskraft dieses Wassers reden, an das Gott sein Wort objektiv – aller unserer eigenen Befindlichkeit zuvorkommend – gebunden hat.

Wie der katholischen gilt auch der lutherischen Lehrtradition die Taufe als heilsnotwendig[3]. Der Ungetaufte bleibt unter der Schuld und Macht der Erbsünde und damit vom Heil ausgeschlossen (es sei denn, die Taufe werde begehrt, könne aber aus äußeren Gründen – Krankheit, vorzeitiger Tod u. a. – nicht erlangt werden). Die *Nottaufe* Neugeborener, mit deren baldigem Sterben gerechnet werden muß, ist daher berechtigt und, wenn kein Amtsträger zur Stelle sein kann, auch durch Laien zu vollziehen.

Die etwa seit dem 3. Jh. allgemein üblich gewordene *Kindertaufe* wurde von Luther gegen den Angriff der Wiedertäufer mit großer Entschiedenheit verteidigt. Es war für ihn und blieb für die ihm folgende Lehrtradition schwierig, dies zu vereinbaren mit der ebenso entschieden vertretenen Einsicht, daß Taufe und *Glaube* zusammengehören und die Taufe nur im Glauben heilsam empfangen werden

---

[1] So vor allem *Luther* im Sermon von der Taufe, WA II, S. 727 ff.
[2] Kl. Kat. IV, 9 f.
[3] CA Art. 9.

kann. Gerade dies war ja das Argument der Wiedertäufer *gegen* die Taufe Unmündiger. Man begegnete dem z. T. mit der These, Gott könne durch die Taufe auch in den kleinen Kindern Glauben wirken, auch wenn wir uns von der Art dieses Glaubens keine Vorstellung machen können. So zunächst auch Luther im Gr. Katechismus; er stellte diesen Gedanken aber dann zurück und fuhr fort: Unser Glaube *macht* nicht, sondern *empfängt* die Taufe, und wer im Augenblick ihres Vollzugs noch nicht glauben konnte, der darf und soll später seinen Glauben auf sie gründen. Dabei war natürlich vorausgesetzt, daß die getauften Kinder christlich erzogen und zum Glauben geführt werden.

Die lutherische Orthodoxie bestimmte das Wesen des Sakraments generell anhand des aristotelischen Schemas von forma und materia. Danach ist die *forma* des Sakraments, die ihm sein Wesen *als* Sakrament aufprägt, die Verbindung des Wortes der Einsetzung mit dem leiblichen Vollzug der Handlung. In Bezug auf die materia wird unterschieden *materia terrestris* (das jeweilige irdisch-stoffliche Element) und *materia coelestis* (die „in, mit und unter" diesem Element präsente geistliche Realität). Dieses Schema ist wohl primär am Modell des Abendmahls gebildet; da konnten Brot und Wein als m. terrestris, Leib und Blut Christi als m. coelestis bestimmt werden. Das Schema wurde nun aber auch auf die Taufe übertragen. Hier konnte man im Wasser die m. terrestris sehen, worin aber die m. coelestis? Die altlutherischen Dogmatiker schwanken in ihrer Bestimmung: Der Heilige Geist? Das von der Sünde reinigende Blut Christi? Die Einwohnung der Trinität? Aber ist auf dies alles der Begriff einer himmlischen „materia" überhaupt sinnvoll anwendbar? – Es zeigt sich daran exemplarisch, wie wenig es geraten ist, von einer *allgemeinen* Wesensbestimmung von Sakrament auszugehen, in die dann die beiden konkreten Sakramente, Taufe und Abendmahl, gewissermaßen begrifflich eingezwängt werden müssen.

Nach *reformierter* Lehrüberlieferung ist die Wassertaufe nicht ein Geschehen, durch dessen leiblichen Vollzug die Aufnahme des Menschen in den Gnadenbund Gottes *bewirkt* wird. Insbesondere inhäriert nicht etwa dem Wasser diese geistliche Wirkung – das wird sowohl gegen die scholastische wie gegen die lutherische Auffassung geltend gemacht. Die Taufe ist vielmehr nur bestätigendes *Zeichen* dessen, was Gott allein durch sein Wort und den Heiligen Geist bewirkt; sie ist dem Wort gleichsam als das „Siegel" beigegeben, das seine Gültigkeit bekräftigt. Sie hat also „signifikative" (bezeichnende), nicht „exhibitive" (bewirkende, darreichende) Bedeutung. Als solches Bekräftigungszeichen ist sie freilich durch Christus selbst eingesetzt und geboten zur Stärkung unseres Glaubens und zugleich als

Mahnzeichen der Verpflichtung zu einem christlichen Leben. Auch kann reformierte Theologie, besonders der Heidelberger Katechismus, betonen, so gewiß wir das Zeichen empfangen, so gewiß wirke Gott das, was es bezeichnet. Da scheint der Unterschied zu Luthers Verständnis der in der Taufe festgemachten Gotteszusage sehr gering zu werden: Wenn das eine *so gewiß* geschieht wie das andere, kann dafür nicht ebensogut gesagt werden, *im* einen geschieht auch das andere? Aber so sagt es die altreformierte Lehre eben nicht; die Taufe bleibt für sie das äußere, leibliche Zeichen für ein anderes, das Gott in geistlicher Weise wirkt. Dazu kommt, daß es nach ihr nur für die von Gott zum Heil *Erwählten* dieses Zeichen sein kann; *ihr* Glaube wird durch die Taufe bestätigt und gestärkt, für die Nichterwählten bleibt sie ein bedeutungsloser Ritus.

Da die Taufe nach reformierter Lehre nicht als solche heils*vermittelnd* ist, ist sie auch nicht heils*notwendig*. Notwendig zu vollziehen ist sie deshalb, weil wir nicht unterlassen sollen, was Christus uns zu tun geboten hat, aber wo sie einer Notlage wegen nicht geschehen kann, ist deswegen nicht das (ohnehin durch die Erwählung bedingte) Heil des Menschen in Frage gestellt. Die Nottaufe sterbender Kinder ist zu unterlassen. Obwohl mit dem Gedanken der Heilsnotwendigkeit ein wesentliches dogmatisches Motiv für das Gebotensein der Kindertaufe wegfiel, hat aber die altreformierte ebenso wie die lutherische Theologie an dieser entschieden festgehalten. Abgelehnt wurde und wird die Kindertaufe von den aus der Täuferbewegung des 16. Jhs. entstandenen baptistischen Gemeinschaften. Sie taufen erst den Erwachsenen oder doch Herangewachsenen, der im Glauben unterwiesen sich bewußt zu ihm bekennt und daraufhin die Taufe begehrt. In unserem Jh. wurde die Taufe unmündiger Kinder aber auch in den evangelischen „Großkirchen" zum Thema einer kritischen Diskussion. Problematisch wurde sie vielen Christen, weil sie zu einem allgemeinen Brauch geworden ist, der weithin den für die Reformatoren noch selbstverständlichen Zusammenhang mit christlicher Erziehung und Hinführung zum Glauben verloren hat. Von säkularisierter Seite wird sie kritisiert, weil man in ihr eine Beschlagnahmung des Unmündigen durch die Kirche sieht, die seiner eigenen späteren Entscheidung, ob er ihr überhaupt zugehören will, zuvorkommt.

Innerhalb der evangelischen Theologie wurde vor allem K. *Barth* zum Sprecher der Kritik an der Unmündigentaufe. In seiner Schrift „Die kirchliche Lehre von der Taufe" (1947) verstand er die Taufe, wesentlich im Anschluß an Calvin, noch als ein Handeln Gottes am Menschen, dieses aber nicht exhibitiv als sakramentale Heilsvermittlung, sondern signifikativ: Gott gibt uns in ihr den „authentischen Bescheid" über seine in Christus ein für allemal vollzogene Entscheidung zu unserm Heil. Zugleich ist die Taufe aber auch Bekenntnis und Entscheidung des Menschen, sich diesen göttlichen Bescheid gesagt sein zu lassen und ihm sein Leben zu unterstellen. Barth forderte folgerichtig als *sinngemäßen* Vollzug die Taufe von Menschen in einem Alter, in dem sie das, was Gott ihnen durch die Taufe sagt, aufnehmen und sich bewußt dazu bekennen können. Er beurteilte damit die Kindertaufe zwar nicht als ungültig, wohl aber als eine schlechte Ordnung, die durch eine bessere ersetzt werden sollte. Noch einen Schritt weiter ging Barth in der Tauflehre, die er in KD IV/4 (1967) entwickelte. Er unterscheidet hier grundsätzlich Geisttaufe und Wassertaufe, versteht unter Geisttaufe das Geschehen, daß Gott durch sein Wort und seinen Geist in einem Menschen Glauben wirkt und sieht allein darin das Handeln *Gottes*, in der Wassertaufe dagegen das Tun des *Menschen*, der sich zu diesem Handeln Gottes bekennt, den ersten Schritt auf dem Weg seines Glaubensgehorsams. Damit war erst recht der Sinn der Unmündigentaufe infragegestellt.

2. Theologische Überlegungen

2.1 Zur Frage der Einsetzung

Eine ausdrückliche Einsetzung der Taufe durch den irdischen Jesus ist historisch nicht greifbar. Bedeutsam für das Entstehen der christlichen Taufpraxis ist wohl die nicht zu bezweifelnde Tatsache, daß Jesus sich selbst der Taufe des Johannes zur Buße und Vergebung der Sünden unterzog. Er ist damit stellvertretend unter die Last der Sünder getreten, und dieser Weg in die Tiefe hat ihn zu der „Taufe" (Mt 20,22) seines Todes am Kreuz geführt. Dazu steht das Verständnis der christlichen Taufe als ein Mitsterben mit Jesus (Röm 6) sicher in einer inneren Beziehung. Aber von einer Gleichheit der Taufe Jesu durch Johannes mit unserer Taufe und damit von einer unmittelbaren Einsetzung unserer Taufe durch Jesu Taufe wird man nicht sprechen können. Wir werden ja nicht getauft zum Mitvollbringen seines Opferwegs, sondern aufgrund seines *vollbrachten* Weges und seiner Auferstehung zu einem Ihm-nachsterben, das umfaßt und getragen ist von der Zusage, daß wir mit ihm leben werden.

Die kirchliche Lehrüberlieferung hat denn auch die Einsetzung der Taufe durch Jesus stets in dem in Mt 28 und Mk 16 berichteten „Taufbefehl" des Auferstandenen gesehen. Zwar ist dieser in seiner liturgisch-trinitarischen Formulierung kaum eine wörtliche Wiedergabe von Christusworten, die bei einer der Ostererscheinungen gehört wurden. Aber schon die ältesten Teile des Neuen Testamentes zeigen, daß die Taufe auf den Namen Jesu in den christlichen Gemeinden von Anfang an geübt wurde. Das konnte nur geschehen in der Gewißheit, darin nicht eigenmächtig, sondern im Gehorsam gegen den Willen des Herrn zu handeln, und diese Gewißheit wird durch Mt 28 jedenfalls bezeugt. Fragen wir also nach der Einsetzung der Taufe durch Jesus, so darf sie wohl so verstanden werden, daß der erhöhte Herr seiner Gemeinde durch seinen Geist die Gewißheit gab, sie vollziehen zu sollen. Die Kirche könnte nur dann Anlaß haben, das Recht dieser Gewißheit und damit das Recht ihres eigenen Taufens zu bezweifeln, wenn der Sinn der Taufhandlung beziehungslos neben oder gar im Widerspruch zu dem Evangelium stünde, das im Christuszeugnis des Neuen Testamentes begegnet. Damit sind wir auf die Frage verwiesen, welcher Sinn der Taufe in dem Verständnis zukommt, in dem die neutestamentlichen Schriften von ihr reden.

2.2 Zum Verhältnis von Zeichen und Geschehen in der Taufe

Die Taufe ist zunächst eine Zeichenhandlung. Das in der frühen Kirche übliche Untertauchen des Täuflings unter Wasser (Immersionstaufe) bzw. das später üblich gewordene Besprengen mit Wasser (Aspersionstaufe), verbunden mit den Worten „Ich taufe dich im Namen Jesu" oder „im Namen des Vaters und des Sohnes und des Heiligen Geistes", will etwas bezeichnen[4]. Diese Feststellung ist noch keine Vorentscheidung der Frage, ob das Bezeichnete in der Taufe selbst auch geschieht oder ob es durch sie „nur" bezeichnet wird.
Was wird durch die Wassertaufe bezeichnet? Dazu finden sich im Neuen Testament unterschiedliche Aussagen:
Christus „anziehen" Gal 3,27;
Mit Christus in seinen Tod begraben werden, um mit ihm aufzuerstehen Röm 6,4, vgl. Kol 2,12 – darauf deutet (sprechend freilich nur bei der Immersionstaufe) das Untergetauchtwerden und wieder Hervorkommen aus dem Wasser;
Reinigung, Abwaschung der Sünde Eph 5,26 – darauf deutet die reinigende Wirkung des Wassers;
den Empfang eines „guten Gewissens" (freien Zugangs) zu Gott 1.Petr 3,21;

---

[4] Die Taufe „im Namen Jesu" war offenbar der ursprüngliche Brauch. Aber die trinitarische Erweiterung der Formel, die heute in allen Kirchen üblich ist, steht dazu in keinem sachlichen Gegensatz.

Wiedergeburt und Erneuerung durch den Heiligen Geist Tit 3,5; vgl. Joh 3,5.
Sieht man diese Aussagen in ihrem inneren Zusammenhang, so kann gesagt werden: Die Taufe bezeichnet die Übereignung eines sündigen Menschen an den gekreuzigten und auferstandenen Christus, kraft der er von der Schuld seiner Sünde losgesprochen, ihre Macht über ihn dem Tod übergeben und ihm selbst das neue Leben in der Macht Christi und seines Geistes zugesprochen ist. Das heißt aber: Was die Taufe bezeichnet, ist nichts anderes als das Rechtfertigungsurteil Gottes, wobei zu erinnern ist, daß wir dieses nicht als bloße Amnestie, sondern als Gottes Gerechtigkeit wirkendes Schöpferwort verstanden haben.
Muß nun die Taufe als Zeichenhandlung von dem Geschehen, das hier bezeichnet wird, unterschieden werden? Oder darf gesagt werden: Durch die Taufe geschieht, was sie bezeichnet? Mit den traditionellen sakramentstheologischen Begriffen formuliert: Ist sie als signifikatives (dies ist sie auf jeden Fall) zugleich ein exhibitives Geschehen, oder *nur* signifikatives Geschehen?
Die soeben angeführten Taufaussagen des Neuen Testaments können nicht so verstanden werden, als wollten sie sagen, durch die Taufe werde nur ein Vorgang versinnbildlicht, der nicht in ihr selbst, sondern abseits von ihr auf einer andern Ebene geschieht. Die Präpositionen, die in diesen Aussagen gebraucht werden, sagen ausdrücklich: *Durch* die Taufe (Röm 6,4; Kol 2,12; Eph 5,26; Tit 3,5) bzw. *in* der Taufe (1.Petr 3,21) geschieht dies. Denn wenn das, was das Zeichen der Taufe uns *sagt*, der Zuspruch unserer Rechtfertigung ist, so wird uns dies eben damit, *daß* es uns gesagt wird, auch *gegeben* und zuteil.
Wir werden mit Christus zusammengesprochen und so in die Gemeinschaft der durch ihn mit Gott und untereinander Verbundenen hineingesprochen. So ist die Taufe als eine Zeichenhandlung zu verstehen, in deren Vollzug das, was sie bezeichnet, zugleich geschieht. Sie ist nicht *entweder* signifikativ *oder* exhibitiv, sondern beides in einem. Denn sie ist ein sprechendes Zeichen, und was sie sagt, ist als das Rechtfertigung zusprechende *Wort* Gottes auch seine ein neues Leben eröffnende *Tat*.

2.3. Taufe, Wort und Glaube

Das heißt aber, daß die Taufe ganz und gar in den Zusammenhang des *gepredigten* Evangeliums gehört. Nur darum, weil das Wort, dem sie zum sprechenden Zeichen wird, schon ihr zuvor, über ihr und wiederum ihr nachfolgend verkündigt wird, kann auch sie in dieser besonderen, zeichenhaften Weise zum Zuspruch dieses Wortes werden. Von dem verkündigten Evangelium isoliert könnte sie, ja könnten auch die in ihrem Vollzug gesprochenen Worte des Taufbefehls Christi dieser Zuspruch nicht sein. Und damit ist zugleich gesagt, warum Taufe und Glauben zusammengehören. Wie das Wort des Evangeliums uns nur so zum Heil wird, daß es den Glauben wirkt, mit dem wir uns auf dieses Wort und in ihm auf Gott selbst *verlassen*, so kann auch die Taufe als besondere Gestalt dieses Wortes uns nur so der Zuspruch unserer Verbindung mit Christus sein, daß wir sie im Glauben als diesen Zuspruch annehmen und uns an ihn halten.

Man hat in theologischen Auseinandersetzungen über das Verhältnis von Wort und Sakrament bisweilen gefragt, welche besondere, von dem, was Gottes Wort uns gibt, zu unterscheidende Gabe durch die Taufe vermittelt wird[5]. Manche Theologen wollten diese besondere Gabe darin erkennen, daß – während wir das Wort in unserem Bewußtsein aufnehmen – durch den leiblichen Vorgang der Taufe auch in unsere leibliche Natur der Keim des Auferstehungslebens eingesenkt wird. Ist aber die Taufe der in ein besonderes Zeichen gefaßte Zuspruch der Rechtfertigung, durch die Gott uns in die Gemeinschaft mit Christus hineinspricht, dann ist sie nicht nur von Wort und Glauben nicht ablösbar, sondern es darf dann gesagt werden: Was durch sie geschieht, ist *dasselbe*, was auch durch das Glauben wirkende Wort des Evangeliums geschieht: Christus selbst wird mit uns, und dies allein ist der Grund der Hoffnung, daß wir auch durch den Tod hindurch mit ihm leben werden. Nirgendwo im Neuen Testament wird gesagt, daß durch die Taufe eine besondere Heilsgabe hinzukäme, die nicht auch in der glaubenden Aufnahme des Wortes gegeben würde. Auch die Gabe des Heiligen Geistes wird nicht in einen exklusiven Zusammenhang mit der Taufe gebracht, als ob sie nur durch sie vermittelt würde; neben Aussagen, daß Getaufte den Geist empfangen, stehen ja solche, daß Menschen, die im Hören der Botschaft Glauben und Geist empfingen, daraufhin erst getauft werden.

Zu fragen ist also nicht nach der besonderen *Gabe*, die durch die Taufe vermittelt wird. Wohl aber kann gefragt werden, warum uns die *eine* Gabe nun nicht nur durch das gepredigte Wort, sondern auch in dieser besonderen *Gestalt*, durch das sprechende Zeichen unserer Taufe

---

[5] Diese Frage wurde besonders von lutherischen Theologen der Erlanger Schule (Thomasius, Hofmann, Frank u. a.) erörtert.

zuteil wird. Sie wird hier, so kann geantwortet werden, in mehrfacher und wesentlicher Hinsicht *verdeutlicht*. Zunächst: Durch die Taufe geschieht der Zuspruch des Evangeliums dem bei seinem persönlichen Namen gerufenen und dem Christusnamen unterstellten einzelnen; so wird deutlich, daß dieser Zuspruch *je mir* gilt. Sodann: Durch die Taufe geschieht er in einer einmaligen und das Leben als Glied der Christusgemeinde ein für allemal begründenden Gestalt. Dadurch wird das Wort, das je immer wieder begegnet und je neu zum Glauben ruft, verdeutlicht als die Zusage, daß Gott in Jesus Christus sich unserm eigenen Verhalten *zuvorkommend* und in *verläßlicher Treue* für unser Heil entschieden hat. Und schließlich begegnet die Zusage des Evangeliums durch die Taufe nun in der Tat auch in einer unsere Leiblichkeit betreffenden Weise. Dadurch wird (nicht etwa dem Leib für sich eine quasi leibliche Komponente der Heilswirklichkeit mitgeteilt, sondern) verdeutlicht, daß Gott sich in Christus des *ganzen* Menschen annimmt mit seiner Liebeskraft, die auch die unterbewußten Bereiche unseres Lebens umfaßt und die wiederum den ganzen Menschen nicht nur in seinem Denken, sondern in seiner leibhaftigen Existenz und damit auch in seinem Handeln in Anspruch nimmt. Dies alles sagt uns auch das Wort des Evangeliums; durch die Taufe aber wird es verdeutlicht.

Der Glaube ist nicht in dem Sinn an die Taufe gebunden, daß er nur und allein durch sie *gewirkt* würde; ein Mensch kann durch das Wort zum Glauben kommen, auch wenn er noch nicht getauft ist, und auf keinen Fall kann er durch die Taufe *ohne* das Wort des Evangeliums zum Glauben kommen. Dennoch ist es gerade für den Glauben nicht gleichgültig, sondern wesenstlich, daß uns dieses Wort auch in dieser einmaligen und unmittelbar uns selbst „in Person" treffenden Gestalt der Taufe zugesprochen ist. Wir werden damit befreit von der Vorstellung, durch die seelische Leistung des Glaubens müßten wir selbst unsere Anteilhabe an der Zusage Gottes erst bewirken und selbst uns in ihr erhalten, und damit von der Angst, sie durch die Schwankungen und Anfechtungen unseres Glaubenslebens zu verlieren. Durch unsere Taufe ist uns gesagt, daß wir uns an die allem eigenen Bemühen zuvorkommende Entscheidung *Gottes* zum Heil unseres Lebens wirklich *halten* dürfen. Von ihm her steht sie fest über dem ganzen Lebensweg und seinen Schwankungen, und Glauben heißt nichts anderes als sich nicht auf die eigene Glaubenskraft, aber auf diese Verläßlichkeit Gottes immer wieder verlassen.

2.4. Zur Frage der Unmündigentaufe

Das nahezu einhellige Ergebnis *exegetischer* Untersuchungen zu dieser Frage ist, daß aus dem Neuen Testament die Möglichkeit, auch unmündige Kinder zu taufen, nicht widerlegt, die Notwendigkeit, dies zu tun, nicht bewiesen werden kann[6]. Ein *dogmatisches* Argument für die Notwendigkeit wäre dann gegeben, wenn wir annehmen müßten, daß jeder ungetaufte Mensch durch Gott der Verdammnis überliefert wird. Aber zu dieser Annahme sind wir m. E. nicht genötigt und nicht berechtigt. Gott hat in Christus zum *Leben* der Menschen entschieden, er will, „daß allen geholfen werde und sie zur Erkenntnis der Wahrheit kommen" (1.Tim 2,4). Wer die Lebenszusage Gottes hört und bewußt ablehnt, stellt sich damit selbst an den Ort des Todes. Aber dies gilt doch nicht ebenso für Menschen, denen das Evangelium nie wirklich begegnet ist, noch weniger für eben geborene Kinder. Dürfen wir nicht hoffen, daß der Rettungswille Gottes Wege haben kann, auch solche Menschen, auch ungetauft sterbende Kinder zu erreichen? Von einer unabdingbaren Heils*notwendigkeit* der Taufe sollte man also nicht sprechen, und von ihrer *Heilsamkeit* kann man nur sprechen in Verbindung mit dem Glauben, der sich an die Zusage des Evangeliums hält, die durch die Taufe spricht. Das heißt nicht, daß wir die Taufe überhaupt auch unterlassen könnten; wir vollziehen sie in der Gewißheit, daß es der Wille des Herrn ist, uns seine Zusage auch in dieser besonderen Gestalt zu geben. Aber es besteht keine dogmatische Notwendigkeit, sie *deshalb* schon den unmündigen Kindern zu spenden, weil diese, wenn sie ungetauft sterben sollten, von Gottes Heil ausgeschlossen bleiben müßten.

Für die Ordnung der Unmündigentaufe kann gesagt werden, daß gerade durch sie das unbedingt Zuvorkommende der Zusage Gottes besonders sprechend zum Ausdruck kommt. Für sie spricht auch, daß ein generelles Verlassen dieser Ordnung zu der Reflexion führen kann: Wann bin ich gläubig genug geworden, daß ich getauft werden darf – und damit zu einer wirklichem Glauben gerade entgegengesetzten geistlichen Selbstbeschau. Und für die Beibehaltung dieser Ordnung spricht natürlich auch, daß sie die lange und fast allgemeine Tradition der Christenheit für sich hat, und daß ihr Verlassen die

---

[6] Die neutestamentlichen Erwähnungen von Taufen eines ganzen „Hauses" lassen vermuten, daß da auch die Kinder dieses Hauses eingeschlossen waren. Sie sind aber kein Beleg dafür, daß die Taufe von Kindern im Säuglingsalter unbedingt geboten ist.

Preisgabe eines bedeutsamen Stücks ökumenischer Gemeinsamkeit bedeuten würde.

Gegen die Taufe von Kindern im Säuglingsalter kann eingewandt werden, daß durch diese Art des Vollzugs das Taufgeschehen und die vom Täufling selbst zu hörende und zu glaubende Zusage, von der der Sinn dieses Geschehens grundsätzlich nicht zu trennen ist, zeitlich auseinandergerissen werden. Und wird durch die Gestalt, in der Gottes Zusage im Taufgeschehen begegnet, ihre tragende Kraft besonders verdeutlicht, so kann man wohl fragen, ob dies für einen Menschen, der sich seiner Taufe wirklich erinnern kann, nicht sprechender sein und sein Leben als Christ stärker begleiten könnte als wenn er nur durch seinen Taufschein davon Kunde hat. Vor allem aber: So wahr es ist, daß der Getaufte auch in einem später erwachten Glauben sich an die Taufzusage halten kann, so setzt dies jedenfalls eine wirkliche Berührung des Heranwachsenden mit der Verkündigung des Evangeliums und dem Leben der Gemeinde voraus. Daß dies in unserer heutigen „volkskirchlichen" Situation sehr oft nicht mehr gegeben ist, die Taufe der Säuglinge aber dennoch fast allgemein verlangt und gespendet wird, macht diese Praxis in der Tat fragwürdig. Notwendig ist jedenfalls vor der Taufe das Gespräch mit den Eltern. Und Eltern, die ihre Kinder aus erkennbar christlicher Motivation erst in einem Alter taufen lassen wollen, in dem diesen selbst nahegebracht werden kann, was ihre Taufe bedeutet, sollte dies ohne kirchenzuchtartige Diskriminierung zugestanden werden.

Literatur

P. Althaus, Was ist die Taufe? (1950) – P. Brunner, Die evangelisch-lutherische Lehre von der Taufe (1951) – *Begründung und Gebrauch der heiligen Taufe* (Aufsätze mehrerer Autoren), Hg. O. Perels (1963) – E. Schlink, Die Lehre von der Taufe (1972).
Zu K. Barths Taufverständnis vgl. die Angaben im Text S. 568f.
Zur ökumenischen Diskussion:
Taufe, Eucharistie und Amt, Konvergenzerklärungen der Kommission für Glauben und Kirchenverfassung des Ökumenischen Rates der Kirchen (7. Aufl. 1982).

§ 27. Das Abendmahl

1. Die Abendmahlslehre im Streit der Konfessionen

Das Abendmahlsgeschehen ist Zeichen und Vollzug der Gemeinschaft, zu der Christus uns verbindet. Aber die Abendmahls*lehre* ist zu einem besonderen Brennpunkt konfessioneller Auseinandersetzungen und Scheidungen geworden. Es gibt heute im ökumenischen Dialog intensive Bemühungen, diese Scheidungen zu überwinden, sie haben aber bis jetzt nur teilweise zu Ergebnissen geführt. Wir stellen eine Information über die ererbten konfessionellen Gegensätze in der Abendmahlslehre voran. Dabei ist zunächst auf die katholisch-reformatorische, sodann auf die innerprotestantische, lutherisch-reformierte Differenz einzugehen.

1.1. Die katholisch-reformatorische Differenz

In der katholischen Tradition hatte sich ein Verständnis der Eucharistie[1] herausgebildet, wonach diese zwar stets auch und grundlegend Gabe Gottes bzw. Christi an die Kirche, zugleich aber eine Darbringung ist, die die Kirche durch ihr geweihtes Priestertum vor und für Gott vollzieht. Genauer gesagt: Christus gibt sich im eucharistischen Opfer der Kirche dazu dar, daß sie wiederum ihn und von seinem Opfer getragen sich selbst Gott darbringe. Damit verband sich die Vorstellung, daß durch diese Darbringung von Gott Vergebung von Sünden, erneute und vermehrte Zuwendung von Gnade erlangt werde. „Messen" konnten schließlich auch ohne kommunizierende Gemeinde zelebriert und ihre Gnade entbindende Wirkung für bestimmte Anliegen eingesetzt werden – z. B. um für Verstorbene eine Milderung der Fegfeuerstrafen zu erwirken („Seelenmessen")[2]. Katholische Theologie hat stets betont, daß dieses eucharistische Opfer nicht so zu verstehen ist, als solle dem einmaligen Selbstopfer Jesu am Kreuz ein anderes hinzugefügt werden, weil jenes ungenügend wäre und ergänzt werden müßte. Vielmehr ist es ja Christus selbst *als* der am Kreuz Geopferte, der sich der Kirche gibt, um in der Eucharistie dargebracht

---

[1] Das ist die im katholischen Bereich übliche Bezeichnung.
[2] Gehäuft war dies im Spätmittelalter der Fall. Heute ist der Brauch von Privatmessen ohne Gemeinde zurückgetreten, jedoch nicht grundsätzlich ausgeschlossen.

zu werden. Auch die Bezeichnung des Meßopfers als unblutige „Wiederholung" des Kreuzesopfers wird in der neueren katholischen Theologie vermieden, z. T. ausdrücklich abgelehnt; sie spricht von der „Gegenwärtigsetzung" des einmaligen Opfers am Kreuz – der Tod seines Sohnes wird vor Gott vergegenwärtigt, ihm gleichsam erinnernd vorgehalten. Dabei wird heute auch betont: Nicht die Kirche bzw. der Priester ist das eigentliche Subjekt dieses Tuns, der Sohn selber vergegenwärtigt durch das eucharistische Geschehen dem Vater seine Lebenshingabe stets aufs neue und trägt damit vor ihn auch das Opfer, in dem die Gläubigen sich Gott darbringen.

Die Reformatoren haben die im katholischen Eucharistieverständnis enthaltene Komponente einer Darbringung an Gott entschieden abgelehnt, vor allem sofern damit der Gedanke verbunden war, die Kirche vollziehe hier etwas, wodurch bei Gott bestimmte Zuwendungen von Gnade erwirkt werden können. Aber auch in der Fassung, Christus selbst sei es, der in der Eucharistie sein einmaliges Opfer vor Gott für die Kirche immer wieder geltend mache, würden sie dieses Verständnis abgelehnt haben. Sie verstehen das Abendmahl ausschließlich als Handeln Gottes an der Gemeinde. *Er* hat seinen Sohn für uns dahingegeben und uns damit seine ganze Gnade zugewandt; das kann weder wiederholt werden, noch muß es Gott erinnernd vorgehalten werden, um etwas zu erwirken, was uns durch das Opfer seines Sohnes nicht schon in ganzer Fülle zugesagt wäre.

Die Ablehnung des Meßopfergedankens ist die dogmatisch gewichtigste Differenz des reformatorischen Abendmahlsverständnisses gegenüber dem der katholischen Tradition. Eine zweite dogmatische Differenz entstand in Bezug auf das Verhältnis der konsekrierten „Elemente" (Brot und Wein) zu Leib und Blut Christi. In der mittelalterlichen Theologie war dieses Verhältnis durch die Transsubstantiationslehre definiert worden (zum Dogma erklärt durch das IV. Laterankonzil 1215). Sie besagt: Durch die Konsekration – die vom Priester über den Elementen gesprochenen Einsetzungsworte – werden die irdischen Substanzen von Brot und Wein in den Leib und das Blut Christi verwandelt; sie behalten nur den äußeren Anschein des Brotes und Weines. Und zwar bleibt die Hostie vom Augenblick der Konsekration an ihrer Substanz nach der Leib Christi auch außerhalb der Mahlfeier und kann als solcher im Tabernakel verehrt, auch zur Verehrung und Segnung durch die Straßen und Felder getragen werden (Fronleichnamsprozession).

Für das reformierte Abendmahlsverständnis wurde die Transsubstantiationslehre damit gegenstandslos, daß hier überhaupt keine ontische

Verbindung des Leibes und Blutes Christi mit den Elementen angenommen wurde. Luther und die lutherische Theologie hielten diese Verbindung fest, lehnten aber die Transsubstantiationstheorie ebenfalls ab: Brot und Wein bleiben dies auch im Abendmahl, Leib und Blut Christi werden „in, mit und unter" den Elementen gegenwärtig auf eine schlechthin geheimnisvolle Weise, die sich jeder theoretischen Definition entzieht. Und zwar ist diese Gegenwart nur für die Abendmahlshandlung selbst und in ihrem Vollzug gegeben. Die Vornahme religiöser Handlungen mit den konsekrierten Elementen außerhalb der Abendmahlsfeier ist zu unterlassen. – Heute wird auch in katholischer Theologie die Transsubstantiationslehre vielfach nicht als eigentliche Definition, sondern eher als umschreibende Andeutung eines letztlich jedem Begreifen entzogenen Geheimnisses beurteilt.

Die römische Kirche (nicht die orthodoxe Ostkirche) hat im Lauf des Mittelalters den Kelch den Laien entzogen und dem Priester vorbehalten. Die Reformatoren haben dies als einen einsetzungswidrigen Vollzug des Sakraments abgelehnt und die Spendung in beiderlei Gestalt für alle Kommunikanten wieder eingeführt. Doch ist dies keine eigentlich dogmatische Differenz; der Entzug des Kelches für Laien gilt als ein kirchliches Ordnungsgebot, das durch die Kirche grundsätzlich aufgehoben werden kann. In einzelnen, besonders begründeten Fällen wird auch in der römisch-katholischen Kirche seit dem II. Vaticanum der Laienkelch gewährt.

1.2. Die lutherisch-reformierte Differenz

Die Lösung vom katholischen Eucharistieverständnis hat sehr bald auch innerhalb der reformatorischen Bewegung zu einer Spaltung im Verständnis des Abendmahls geführt, die schließlich die Trennung dieser Bewegung in lutherische und reformierte Kirche herbeiführte. Die innerreformatorische Differenz entstand an der Frage, wie sich im Abendmahl die reale Gegenwart Christi zu den leiblichen Elementen und wie sich die Speisung mit seinem Leib und Blut zum mündlichen Empfang dieser Elemente verhält.
Zwingli, an dessen Abendmahlstheorie die Auseinandersetzung sich entzündete, verstand die Abendmahlsfeier nur als einen Akt der Gemeinde, in dem sie sich des Kreuzesopfers Christi erinnert, sich öffentlich dazu bekennt und durch dieses Gedächtnismahl in ihrem Glauben und ihrer Gemeinschaft gestärkt wird. Wie in jedem Gottes-

dienst, so ist auch hier Christus im *Geist* gegenwärtig, das hat Zwingli nicht bestritten. Aber von einer besonderen *leiblichen* Gegenwart Christi in den Elementen kann nach ihm nicht die Rede sein; Brot und Wein „bedeuten" (versinnbildlichen) nur seinen einst für uns dahingegebenen Leib und sein für uns vergossenes Blut. Das mündliche Essen und Trinken ist ein Sinnbild dessen, daß uns durch seine Lebenshingabe Vergebung und Leben zuteil wird.

Calvin hat diese Vorstellung vertieft, und seinem Abendmahlsverständnis haben sich im Consensus Tigurinus (1549)[3] auch die aus der Wirksamkeit Zwinglis entstandenen reformierten Kirchen der Schweiz im Wesentlichen angeschlossen. Auch nach Calvin ist das Essen und Trinken von Brot und Wein im Abendmahl nicht als solches die Speisung mit Leib und Blut Christi. Christus ist nicht leiblich in diesen leiblichen Elementen gegenwärtig. Und doch geschieht hier mehr als nur eine Gedächtnisfeier der Gemeinde. Mit dem – als solchem in der Tat nur symbolisch „bedeutenden" – leiblichen verbindet sich ein geistliches Geschehen: Die Seele der Glaubenden wird durch den Heiligen Geist zu Christus erhoben und auf geistliche Weise mit seinem himmlischen Leib und Blut gespeist. Auch hier wie bei der Taufe kann reformierte Theologie betonen: *So gewiß* das eine geschieht, geschieht auch das andere, sodaß, was wir mit dem Mund irdisch empfangen, zwar nicht das Gefäß, aber doch ein vergewisserndes Unterpfand dessen ist, was die Seele geistlich empfängt. Aber dieses geistliche Empfangen geschieht *nur* dem Glaubenden – wer ohne Glauben und unwürdig kommuniziert, empfängt nichts als Brot und Wein.

Motivierend für diese Unterscheidung des geistlichen vom leiblichen Geschehen im Abendmahl war die durch manche Mißbräuche der damaligen Zeit provozierte Abneigung gegen eine Verdinglichung der Christusgegenwart und einen an magische Praktiken erinnernden Umgang mit den Elementen – man wollte den Abstand dazu so groß wie möglich machen. Hinzu kam aber wesentlich auch ein christologisches Argument. Die der reformierten Theologie eigene Bestrebung, wie überhaupt so auch innerhalb der Person Jesu Christi göttliches und kreatürliches Wesen streng zu unterscheiden, führte zu der These: Auch der erhöhte Christus kann nur in seiner göttlichen Natur an Gottes Allgegenwart teilhaben. Seine menschliche Natur bleibt als solche ortsgebunden – an einem „himmlischen „Ort" zur Rechten des Vaters. Darum kann Christus wohl im Geist, nicht aber in seinem Leib

---

[3] Züricher Konsensus.

und Blut zugleich auf den vielen irdischen Altären präsent werden[4].
Luther hat gegen Zwingli – und die ihm folgenden lutherischen Theologen dann auch gegen Calvin – an der Gegenwart des Leibes und Blutes Christi *in* den leiblichen Elementen festgehalten. Maßgebend dafür war ihm zunächst der Wortlaut der Einsetzungsworte: „Das *ist* mein Leib." Wenngleich er räumliche Vorstellungen dieser Realpräsenz abwehren konnte („nicht so darin wie das Korn im Sack"), wollte er sie doch als eine Gegenwart verstanden wissen, in der sich Christus unauflöslich an diese irdischen Elemente gebunden hat, so daß er in ihnen selbst, nicht irgendwo „darüber" gesucht sein will. *Im* Essen und Trinken von Brot und Wein geschieht also die Speisung mit Christi Leib und Blut, ja lutherische Theologie konnte unterstreichen: In Brot und Wein wird im Abendmahl auch der Leib und das Blut Christi mit dem *Mund* empfangen (manducatio oralis). Und dies gilt für *jeden*, der kommuniziert, auch für den Glaubenslosen und Unwürdigen (manducatio indignorum), so gewiß Christus seinen Leib und sein Blut objektiv, ohne Vorbehalt in die Elemente hineingibt. Auch der Ungläubige empfängt Christus – er aber sich zum Gericht.

In Luthers Insistieren auf der leiblichen Gegenwart Christi in den leiblichen Elementen ist ein Motiv zu erkennen, das mit der Grundrichtung seiner gesamten Theologie in engem Zusammenhang steht. Ihm ging es auch an dieser Stelle um Gottes Kondeszendenz in unser Fleisch. Er gehorchte hier nicht *nur* einem biblischen Wortlaut, weil er eben so dasteht („das *ist* . . ."), sondern einem Wortlaut, in dem er die Grundaussage des Evangeliums erkannte: Gott, der seine Gottheit in der Niedrigkeit der Menschheit Jesu festgemacht hat, um ganz zu uns herabzukommen in unsere Tiefe – Christus, der seine leibhaftige gottmenschliche Gegenwart nun an Brot und Wein festgemacht hat, um so auch als der Erhöhte immer wieder ganz bei uns in der Tiefe zu sein, und zwar bedingungslos und objektiv *gerade* um des Glaubens willen. Denn Glaube ist nicht seelischer Akt, der sich zu der Begegnung mit Christus aufschwingen müßte, sondern nichts als sich halten an den Christus, der uns sein Kommen zu uns schlechterdings *vorgibt*. Dem Einwand der himmlischen Ortsgebundenheit Christi nach seiner menschlichen Natur begegnete Luther mit dem Verweis auf die unlösbare Verbundenheit von Gottheit und Menschheit in Christus, kraft

---

[4] Die Vorstellung, daß die göttliche Natur Christi nur an jenem „himmlischen Ort" mit der an ihn gebundenen menschlichen Natur vereint, außerhalb seiner aber ohne sie gegenwärtig sei, wurde von den Lutheranern als „Extra calvinisticum" bezeichnet und bekämpft.

der der Erhöhte auch in seiner menschlichen Natur an der Allgegenwart Gottes teilhabe, die an keinen „himmlischen Ort" gebunden ist (Ubiquitätslehre).

Luther greift damit zurück auf die schon in der altkirchlichen Theologie entwickelten Lehre von der communicatio idiomatum (vgl. dazu Bd. I, § 9,3.1). Mehr oder weniger bewußt hat bei seiner Abwehr des reformierten Arguments wohl auch die Einsicht mitgesprochen, daß es eine Grenzüberschreitung ist, die Ortsgebundenheit unserer irdischen Daseinsform durch die Auferstehung hindurch auch in das eschatologische Leben hinein zu projizieren und überhaupt von „himmlischen Orten" zu reden.

Auf die Frage nach dem Besonderen der Realpräsenz Christi im Abendmahl gegenüber seiner Gegenwart auch im Wort antwortete lutherische Theologie: Nicht nur er in Person ist hier gegenwärtig, sondern dazu auch die quasi-materielle Substanz seines Leibes und Blutes in Brot und Wein, freilich als die „materia coelestis" seines mit irdischen Sinnen nicht faßbaren *verklärten* Leibes und Blutes[5]. Mit Spekulationen darüber, welche besondere Wirkung mit dem Empfang dieser Substanz verbunden ist, war man aber im allgemeinen zurückhaltend: Es ist auch in dieser Gestalt seiner verklärten Leiblichkeit der *ganze* Christus, der sich uns gibt, und die „Frucht", die wir damit empfangen, ist Vergebung der Sünden und Stärkung des Glaubens. Jedoch vertraten einige lutherische Theologen des 19. Jhr., die nach der über das Wort hinausgehenden Wirkung des Sakramentes fragten, den Gedanken, durch die Gabe des Leibes und Blutes Christi werde in unserer Leiblichkeit der durch die Taufe eingepflanzte Keim des Auferstehungslebens genährt und gestärkt[6].

Die innerprotestantische Diskussion um das Verständnis des Abendmahls, durch die Unionen des 19. Jhs. mehr zurückgestellt als geklärt, wurde seit dem deutschen Kirchenkampf, der Lutheraner und Reformierte zusammengeführt hatte, und dann vor allem im Zusammenhang weltweiter ökumenischer Bemühung um die Überwindung kirchlicher Spaltungen intensiv wiederaufgenommen. Ihr kommt darum eine besondere Bedeutung zu, weil dies zwar nicht der einzige Unterschied zwischen lutherischer und reformierter Lehrtradition überhaupt, aber die einzige dogmatische Differenz ist, wegen der es zu

---

[5] H. G. Pöhlmann (Abriß der Dogmatik 1973, S. 217) brachte das auf die Formel: Hier werde die *Real*präsenz nicht nur als Personalpräsenz, sondern zugleich als *Res*präsenz verstanden.

[6] So etwa die in § 26, Anm. 5 genannten Theologen der älteren Erlanger Schule.

einem ausdrücklichen, Kirchengemeinschaft ausschließenden „Damnamus" gekommen war. Die Auseinandersetzung über das Abendmahl ist sowohl durch exegetische wie durch dogmatische Arbeit auf beiden Seiten gegenüber der Diskussionsebene des 16. Jhs. in ein neues Stadium getreten. Das hat nach der Vorarbeit der „Arnoldshainer Thesen" in der sog. „Leuenberger Konkordie" (1971) zu einer Lehrerklärung geführt, auf die führende Theologen beider Seiten sich vereinigen konnten. Sie bietet zusammen mit dem in dieser Konkordie formulierten gemeinsamen Grundverständnis des Evangeliums m. E. ein ausreichendes Fundament für die Aufnahme von Kirchengemeinschaft. Diese Auffassung ist allerdings besonders auf lutherischer Seite bis heute nicht unumstritten.

2. Theologische Überlegungen

Die dogmatische Besinnung hat Fragestellungen zu berücksichtigen, die in der exegetischen Arbeit an den Abendmahlstexten erörtert werden. Da ist zunächst die Frage nach der Einsetzung des Abendmahls durch Jesus – geben die Texte, die diese Einsetzung berichten, ein tatsächliches Geschehen wieder? Sodann stellt sich die weitere Frage nach dem mutmaßlich ursprünglichen Wortlaut der Einsetzungsworte, die ja in den vier Berichten nicht völlig gleichlautend wiedergegeben werden. Erst dann kann gefragt werden, wie diese Worte zu verstehen sind.

2.1. Zur Frage der Einsetzung

Daß Jesus in der Nacht vor seinem Tod des Abendmahl selbst eingesetzt hat, war in den Auseinandersetzungen der Vergangenheit über das Abendmahlsverständnis unumstritten. Hier liegen ja die Berichte der drei ersten Evangelien und der des Paulus in 1.Kor 11 vor, deren Geschichtlichkeit vor dem Aufkommen historischer Kritik und auch danach noch nicht in Zweifel gezogen wurde. Erst in der religionsgeschichtlichen Schule seit etwa 1900 wurde die These vertreten, die Einsetzungsberichte seien als „ätiologische Kultsage", d. h. als nachträgliche Zurückführung eines in der Urgemeinde entstandenen kultischen Brauches auf Jesus zu verstehen. Anlaß dafür war einerseits die Beobachtung, daß die Berichte liturgische Gestaltung und Bearbeitung erkennen lassen, andererseits, daß man in der Erforschung hellenistischer Kulthandlungen jener Zeit gewisse Parallelen zu der christlichen Mahlfeier entdeckte oder zu entdecken meinte. Das führte zu der Hypothese, die Gemeinde habe aus ihrer hellenistischen Umgebung einen solchen Brauch übernommen und auf Jesus umgedeutet, dann auch seine Einsetzung ihm selbst zugeschrieben. Heute wird von den meisten Exegeten zwar nicht bestritten, daß an den Abendmahlsberichten liturgische Stilisierung bemerkbar ist, aber dennoch angenommen, daß ihnen ein wirkliches Abschiedsmahl Jesu mit seinen Jüngern zugrundeliegt, bei dem Jesus ihnen im Hinblick auf seinen bevorstehenden Tod und im Ausblick auf die Zukunft des Gottesreiches Brot und Wein zusammen mit deutenden Worten gereicht hat. Das kann m. E. vor allem aufgrund des Paulusberichtes nicht bestritten werden. Der erste Korintherbrief wurde ja Jahrzehnte vor der Endredaktion der synoptischen Evangelien, im Jahr 51 geschrieben, und den Abendmahlsbericht in seinem 11. Kapitel führt Paulus ausdrücklich auf eine Überlieferung zurück, die er wiederum lange zuvor, vermutlich bei seinem Eintritt in die Gemeinde, also wenige Jahre nach dem Geschehen selbst empfangen hatte. Es ist kaum zu verstehen, wo da die Zeit für eine freie Erfindung dieses Geschehens bleibt, das dann noch dazu behauptet worden wäre zu einer Zeit, da Petrus und andere aus dem ersten Jüngerkreis noch lebten, die dem Paulus persönlich bekannt waren und eine derartige Erfindung jederzeit hätten widerlegen können. Die dogmatische Besinnung kann hier in der Tat davon ausgehen, daß die Mahlfeier der Gemeinde auf eine bestimmte Handlung des irdischen Jesus zurückgeht[7]. Zu fragen bleibt nach dem Wortlaut und Sinn der deutend Worte, die die Berichte als von Jesus bei dieser Handlung gesprochen überliefern.

2.2. *Wortlaut und Sinn der Einsetzungsworte*

Sie werden in den vier Berichten des Neuen Testaments etwas verschieden wiedergegeben, wobei sich der Wortlaut bei Markus und Matthäus einerseits, bei Lukas und Paulus andererseits jeweils bis auf geringe Abweichungen entspricht, beide Gruppen voneinander aber etwas stärker abweichen. Ich zitiere hier für die eine Gruppe

---

[7] Damit ist freilich noch nicht über die Frage entschieden, ob der irdische Jesus mit dieser Handlung das Abendmahl im Sinn einer von der Kirche durch die Zeiten hindurch zu *wiederholenden* Feier eingesetzt hat.

den Markuswortlaut, für die andere Gruppe den Pauluswortlaut, lasse aber die griechischen Worte sôma und haima zunächst unübersetzt:

Mark 14,22 ff: „Nehmet, esset, das ist mein sôma"
„Das ist mein haima des neuen Bundes, das für viele vergossen wird."
1. Kor 11,23 ff: „Das ist mein sôma für euch."
(Desgleichen gab er ihnen nach der Mahlzeit den Kelch und sprach:)
„Dieser Kelch ist der neue Bund in meinem haima."

Es gibt einleuchtende Argumente dafür, daß die durch Paulus vertretene Überlieferung der verba testamenti dem ursprünglichen Wortlaut näher steht als die durch Markus vertretene Fassung. Die Markusfassung formuliert symmetrisch: Das ist mein sôma – das ist mein haima. Die Paulusfassung formuliert unsymmetrisch: Das ist mein sôma – das ist der neue Bund in meinem haima. Es liegt näher anzunehmen, daß ein ursprünglich nicht genau gleichgestalteter Wortlaut im Zuge der liturgischen Wiederholung der Mahlfeier symmetrisch stilisiert wurde als daß das Umgekehrte geschehen wäre.

Dazu kommt bei Paulus die auffallende Bemerkung, daß Jesus ihnen den Kelch mit dem deutenden Wort „nach der Mahlzeit" reichte. Das deutet darauf hin, daß in der frühen Gemeinde, vielleicht schon im ersten Abendmahl das Brotwort am Anfang stand, danach die Mahlzeit gehalten wurde und erst an deren Ende das Kelchwort gesprochen wurde. Trifft dies zu, so wird die Vermutung bestärkt, daß beide Worte ursprünglich nicht parallel formuliert waren. In der liturgischen Entwicklung wurde die Darreichung von Brot und Kelch zusammengenommen und ans Ende der Mahlzeit gerückt (die dann später als eine eigentliche Mahlzeit überhaupt wegfiel), und dabei legte sich dann auch der Übergang zur parallelen Formulierung der Deuteworte nahe.

Darf man diesen Argumenten folgen, die heute von der Mehrheit der Exegeten (allerdings nicht von allen) vertreten werden, so ist der wahrscheinlich ursprüngliche *Wortlaut* also bei der Darreichung des Brotes: „Das ist mein sôma für euch", bei der Darreichung des Kelches: „Das ist der neue Bund in meinem haima". Die synoptischen Evangelien berichten zusammen mit dem Hinweis auf die Lebenshingabe Jesu, der in den verba testamenti zweifellos gegeben ist, noch ein Wort, das auf das eschatologische Mahl im Reich Gottes vorausweist: „Ich werde von nun an nicht mehr von dem Gewächs des Weinstocks trinken bis auf den Tag, da ich es neu mit euch trinken werde in meines Vaters Reich" (Mt 26,29 parr.). Auch dies dürfte, obwohl in dem Paulusbericht nicht erwähnt, Erinnerung an ein wirkliches Wort Jesu beim ersten Abendmahl sein. Als eine spätere Gemeindebildung wäre dieser eschatologische Sinnbezug der Mahlfeier schwer begreifbar,

denn gerade er trat im Abendmahlsverständnis der Folgezeit stark zurück.
Die konfessionelle Auseinandersetzung über den *Sinn* dieser Worte war weitgehend auf die Vorstellung festgelegt, Jesus habe mit ihnen die Substanzen des Brotes und Weines zu Fleisch und Blut als substantiellen Elementen seines Leibes in Beziehung setzen wollen (wobei nur an den „verklärten" Leib das Erhöhten gedacht werden konnte). Die Frage war dann: Wie ist diese Beziehung gemeint – Setzung von Identität, das Brot *ist* der Leib, oder Inkraftsetzung einer symbolischen Relation: Das Brot *bedeutet* den Leib? Aber ist die Vorstellung, es gehe hier um das Verhältnis von Substanz zu Substanz, wirklich adäquat? Wollte Jesus in den Deuteworten des ersten Abendmahls mit Brot und Kelch die beiden Grundelemente seiner Leibessubstanz identifizieren und darreichen? Mehrere Überlegungen sprechen dagegen. Jesus konnte „in der Nacht, da er verraten ward," weder seinen irdischen Leib darreichen wollen, in dem er ja noch gegenwätig war, noch seinen verklärten Leib – denn er war noch nicht verklärt. Dazu kommt, daß ein Trinken von Blut, im eigentlichen Sinn verstanden, für Juden eine religiös unmögliche, geradezu tabuisierte Vorstellung war; ist es denkbar, Jesus habe gerade diese Vorstellung gewählt, um seinen Jüngern zu sagen und zu geben, was er ihnen in dieser letzten Stunde geben wollte?
Was meinen dann aber die hier zunächst unübersetzt gelassenen Worte „sôma" und „haima"? Sôma kann ebenso das Fleisch des Körpers wie die leibhaftige Person des ganzen Menschen bedeuten. Dasselbe gilt für das aramäische Wort „guf", das Jesus hier wohl gebraucht haben dürfte. Gibt er den Jüngern das Brot mit den Worten „den gufi" (dies mein Leib – eine Kopula, die unserm „ist" entspricht, kennt das Aramäische nicht), so kann das also verstanden werden: Dies ist mein leibhaftiges Leben, das für euch gegeben wird. Heutige Exegese vertritt weithin diese Deutung; wären Leib und Blut als Substanzelemente des Körpers gemeint, so wäre statt sôma eher die in diesem Sinn sonst übliche Gegenüberstellung von *sarx* und haima zu erwarten. Im Zusammenhang mit den zuvor genannten Bedenken gegen das substantielle Verständnis ist diese Deutung einleuchtend. Auch mit dem haima kann dann nicht das Blut im wörtlichen Sinn gemeint sein, sondern das Vergießen des Blutes, m. a. W. das Sterben. In der paulinischen Fassung des Kelchwortes kann es jedenfalls m. E. nur diese Bedeutung haben: Der neue Bund, der in meinem Sterben begründet ist.
Dann kann der Sinn der Abendmahlsworte so verstanden werden:

Jesus gibt seinen Jüngern in der letzten Stunde seines irdischen Zusammenseins mit ihnen mit der Darreichung dieses Brotes und Kelches *sich selbst* zu einer Gemeinschaft, die durch seinen Tod nicht zerbrochen werden, in der *sein* für sie hingegebenes Leben *ihr* Leben tragen und durchdringen wird. Daß es die elementaren Mittel zur Nahrung des Lebens sind, mit deren Darreichung Jesus diese Zusage verbindet, weist auf die Kraft dieser Gemeinschaft hin, die mehr ist als ein bloßes Beieinander: Nicht nur mit ihm, sondern *durch* ihn und *von* ihm werden sie leben.

2.3. *Dogmatische Fragen*

Wir sind mit den Überlegungen zum Sinn der Einsetzungsworte vom letzten Mahl Jesu mit seinen Jüngern ausgegangen. Dürfen wir voraussetzen, daß was Jesus mit jenem einen Mahl verbunden hat, auch für seine Wiederholung im Abendmahl der Kirche gilt? Hat der irdische Jesus überhaupt an eine durch Jahrtausende bestehende Kirche gedacht und nicht vielmehr den alsbaldigen Anbruch des Gottesreiches erwartet? Kann der „Wiederholungsbefehl" des Paulusberichts („Das tut, so oft ihrs trinket, zu meinem Gedächtnis") auf Jesus selbst zurückgehen? Andererseits steht fest, daß in der Urgemeinde von Anfang an das Mahl gehalten und als in Jesu letztem Mahl begründet verstanden wurde. Das wird durch 1.Kor 11 ebenso bezeugt wie durch Apg 2,42 „Sie blieben aber beständig in der Gemeinschaft und im Brotbrechen und im Gebet" – daß mit dem „Brotbrechen" die Mahlfeier gemeint ist, dürfte nicht zu bezweifeln sein. Was gab der Gemeinde das Recht zu dieser Wiederholung? Auch wenn es fraglich ist, ob ein Wiederholungsbefehl von Jesus selbst gesprochen wurde – sein Wort, das über die bevorstehende Trennung hinausweist auf das neue Essen und Trinken mit den Seinen im Reich Gottes, verbindet das, was hier geschieht, mit dem Ziel, zu dem hin es geschieht. Was Jesus hier tut, besagt: In meiner irdischen Gegenwart werde ich von euch genommen, aber ich gebe euch das Unterpfand meiner bleibenden Gemeinschaft mit euch in einer neuen Gestalt. Als der für euch Geopferte werde ich mit euch sein auf die Zukunft des Reiches hin. Das ist unabhängig davon, ob Jesus eine jahrtausendelange Dauer der Kirche oder einen sehr baldigen Anbruch dieser Zukunft erwartet hat. Die Auferweckung des Gekreuzigten ist Gottes Siegel auf diese Zusage seiner zur Vollendung hin bleibenden Gemeinschaft mit den Seinen. Ohne Ostern wäre die Wiederholung des Mahles sinnlos gewesen; von Ostern her durfte und darf die Gemeinde sie vollziehen.

Blicken wir nun auf die Fragen zurück, die von den konfessionellen Differenzen her anstehen.

Kann das Abendmahl in irgendeinem Sinn als Opfer verstanden werden? Seine Beziehung auf die Selbsthingabe Jesu für das Leben der Menschen steht außer Frage. Aber weder das erste Abendmahl noch seine Wiederholung im Mahl der Gemeinde kann als ein Geschehen aufgefaßt werden, in dem Jesus sich mit den Jüngern bzw. dann mit der Gemeinde zusammenschließt, um seine und mit der seinigen auch ihre Lebenshingabe *Gott* darzubringen. Sondern als der, der allein sein Leben für ihr Leben Gott hingibt, bringt er sich *ihnen* dar. Daran, daß wir im Abendmahl ganz allein die Empfangenden des Lebensopfers Jesu sind, darf nichts abgebrochen werden. Was in der Mahlfeier geschieht, *kommt* aus Gottes Gnade und *ist* die Fülle seiner Gnade, es *bewirkt* nicht Gnade – auch nicht in dem dezenten Sinn, daß Gott an das erinnert wird, was er einmal für uns getan hat, damit man des Beharrens seiner Gnade gewiß sein kann. Nicht wir erinnern Gott, auch nicht Christus, indem er sich mit uns zusammenschließt, erinnert Gott, sondern Gott erinnert *uns* in dem Christus, der sich im Mahl mit uns zusammenschließt, damit wir im *Glauben* beharren. Wohl könnte man sagen, das Opfer, das Gott in der Mahlfeier dargebracht wird, sei nicht als ein Opfer, das bei Gott etwas entbinden will – nicht als sacrificium propitiatorium –, sondern als Lob- und Dankopfer der von Gott Beschenkten zu verstehen. Aber das gilt von jedem Gottesdienst und vom Christenleben im ganzen, und um der Zweideutigkeit willen, die dem Opferbegriff von der Geschichte her in diesem Zusammenhang anhaftet, wäre es m. E. besser, ihn in der Abendmahlstheologie überhaupt zu vermeiden.

Die innerprotestantische Differenz über den Modus der Realpräsenz ist, wenn man von dem in 2.2 dargelegten Verständnis der verba testamenti ausgehen darf, auf der Ebene, auf der sie einst formuliert wurde, überholt. Es ist dann nicht zu fragen, ob die Substanzen von Brot und Wein Leib und Blut Christi enthalten oder nur bedeuten, denn nicht darum geht es, wie sich hier Substanz zu Substanz verhält, sondern darum, daß Christus als Er-selbst – in seiner personalen Identität mit dem Jesus, der auf Erden war – im *Geschehen* dieses Essens und Trinkens gegenwärtig ist und sich mit uns verbindet.

Gegen die substantielle Vorstellung des verklärten Leibes und Blutes spricht auch folgende Überlegung: Der verklärte ist der auferstandene Christus, uns vorangegangen in das eschatologische Leben der Zukunft. Fleisch und Blut als materielle Elemente unseres Körpers gehören zu der Struktur unseres irdischen Daseins, in dem wir auf den Tod hin unterwegs und noch nicht im Eschaton sind. Kann man sich das eschatologische Leben überhaupt, und so nun auch das Leben des auferstandenen Christus, in einer quasi linear verlängerten, wenn auch in Verklärung gewandelten Fortexistenz der Elemente denken, die jetzt unsere irdische Daseinsform strukturieren[8]? Kann man also von „Leib" und „Blut" des erhöhten Christus überhaupt sprechen – wenn damit etwas anderes gemeint sein soll als: Er selbst in seiner personalen, aber in keinen irdischen Strukturbegriffen mehr faßbaren Identität mit dem Jesus, der einst in Leib und Blut auf Erden war?

Das bedeutet keine Leugnung der Realpräsenz Jesu im Abendmahl. Auch wenn die Weise seiner Gegenwart nicht in der Vorstellung jener Identität von materia terrestris und coelestis gedacht wird, gegenwärtig wird wirklich der Herr selbst; *er* gibt sich uns darin, daß wir das Brot und den Wein empfangen. In diesem konkreten, leiblichen Geschehen kommt er zu uns in unser Erdendasein, nicht wir müssen seelisch zu ihm aufsteigen. Dieses Mahl bedeutet nicht nur, es ist sein Kommen zu uns. In diesem Sinn ist Luthers Anliegen im Kampf um die Realpräsenz festzuhalten. Es ist auch festzuhalten, daß die Gegenwart Jesu im Mahl nicht unter dem Vorbehalt steht: nur für die Gläubigen und Würdigen. Denn gewiß wird sie recht aufgenommen nur in dem Glauben, der sich auf Jesus richtet und an seine Zusage hält. Aber die Zusage Jesu gilt hier wie im Wort des Evangeliums vorbehaltlos jedem, und gerade dies ist Glaube: Sich ohne Reflexion auf die eigene Gläubigkeit und Würdigkeit an sie zu halten. Insofern und in diesem Sinn kann auch das hinter der lutherischen Behauptung der „manducatio indignorum" stehende Interesse an der Objektivität der Realpräsenz Christi im Mahl verstanden und bejaht werden.

Wenn in der „Leuenberger Konkordie" gesagt wird: Christus „gibt sich vorbehaltlos allen, die Brot und Wein empfangen", und die Gemeinschaft mit ihm „können wir nicht vom Akt des Essens und Trinkens trennen", so sind darin m. E. die genannten lutherischen Anliegen aufgenommen in einer Formulierung, der auch reformierte Theologen zustimmen konnten.

Fragen wir zuletzt, was uns Christus damit gibt, daß er uns im Abendmahl sich selbst gibt, oder wie man früher formulierte, nach der „Frucht", die wir hier empfangen. Da gilt es zusammenzuhalten, was zusammengehört; unsere Abendmahlsfeiern standen in der Vergan-

---

[8] An der Formulierung „Realpräsenz als *Res*präsenz" (vgl. Anm. 5) kann das Problematische dieser Vorstellung besonders deutlich werden.

genheit oft unter einem zu einseitigen Akzent – in der Gegenwart hat das z. T. entgegengesetzte Einseitigkeiten provoziert.

Christus gibt uns im Abendmahl sich selbst als den für uns Gekreuzigten, und er gibt uns damit die Gewißheit der Vergebung unserer Sünden. Aber er gibt uns im Abendmahl auch sich selbst als den Auferstandenen, der uns vorausging in das Leben der Zukunft, und er gibt uns damit die Hoffnung und das Unterpfand, daß wir mit ihm leben werden in der Freude des Reiches Gottes. In der protestantischen Abendmahlsfrömmigkeit war oft nur das erste betont. Das Abendmahl ist keine Trauerfeier; es ist ein Freudenmahl, auch und gerade weil uns Vergebung zugesprochen wird, und erst recht, weil wir aufgerichtet werden zur Hoffnung auf das Kommen des Reiches. Darum ist es gut, daß es heute auch bewußt als Freudenmahl gefeiert wird; aber es darf nicht vergessen werden, daß dieses Mahl in der Lebenshingabe Jesu für uns seinen Grund hat, und daß seine Freude die Freude derer ist, denen ihre Sünden vergeben sind.

Christus gibt uns im Abendmahl Gemeinschaft mit sich selbst, aber er verbindet uns eben dadurch auch untereinander zur Gemeinschaft. So wird das Mahl zu dem Geschehen, in dem in besonderer, durch das Zusammensein um den Altar und das gemeinsame Essen und Trinken geradezu sinnenfällig werdender Weise Christsein als Sein in der Gemeinde Jesu erfahren wird. In der Vergangenheit war auch dies oft verdunkelt, zumal wenn die Feier vom Gottesdienst der Gemeinde abgehoben war und nur wenige zu ihr zurückblieben; da konnte das Mahl als individuelle Begegnung zwischen Jesus und je mir verstanden werden. Es *ist* die Begegnung, in der Jesus je mir sich gibt, aber mir nicht je für mich, sondern mir als Glied seiner Gemeinde. Es ist gut, daß gegenwärtig das Abendmahl wieder stärker und bewußter als Gemeinschaftsmahl gefeiert wird. Aber dabei soll nicht vergessen werden, daß es – unterschieden von jeder Mahlgemeinschaft, die wir nur unter uns veranstalten – das Mahl *Christi* mit den Seinen ist, zu dem *er* uns ruft und zusammenschließt.

Literatur

P. Althaus, Die lutherische Abendmahlslehre in der Gegenwart (1931) – H. Gollwitzer, Coena Domini (1937) – H. Grass, Die Abendmahlslehre bei Luther und Calvin (1940, 3. Aufl. 1954) – Ders., Die evangelische Lehre vom Abendmahl, Quellen zur Konfessionskunde H. 11 (1961) – W. Kreck, Die reformierte Abendmahlslehre angesichts der heutigen exegetischen Situation,

Ev. Th. 14 (1954), S. 193 ff. – P. Jacobs, E. Kinder, F. Vierig, Gegenwart Christi, Beitrag zum Abendmahlsgespräch in der EKiD (1959) – A. Peters, Realpräsenz. Luthers Zeugnis von Christi Gegenwart im Abendmahl (1960) – O. Koch, Gegenwart oder Vergegenwärtigung Christi im Abendmahl (1968) – H. Feld, Das Verständnis des Abendmahls (1976) – Gemeinsame röm.-katholische und ev.-lutherische Komission, Das Herrenmahl (6. Aufl. 1979).

§ 28. Weg und Dienst der Kirche in der Welt

Die Gemeinschaft der Glaubenden lebt in der Erwartung des kommenden Reiches Gottes. Aber sie findet sich auf diesem Weg inmitten einer Welt, die noch nicht Reich Gottes ist, in der noch nicht „alle Zungen bekennen, daß Jesus Christus der Herr ist, zur Ehre Gottes des Vaters" (Phil 2,11). In dieser Welt herrschen private, öffentliche und globale Gegensätze und Interessenkonflikte. In ihr müssen Ordnungen und Regelungen gefunden werden, die Christen wie Nichtchristen umfassen und durch die solche Gegensätze gewiß nicht im tiefen Sinn dieses Wortes versöhnt, aber doch in etwa kontrollierbar werden, so daß dem Chaos gewehrt und eine Erhaltung des Lebens in „weltlichem" Frieden ermöglicht wird. Aber sie bleibt auch unter der eindämmenden – und immer wieder brüchig werdenden – Wirksamkeit solcher Ordnungen eine Welt, in der Sünde wirkt, und als solche reicht sie auch in die Kirche und ihre Ordnungen hinein.

Die Kirche ist von dieser Welt betroffen und muß sich in ihr und zu ihr verhalten. Das kann im einzelnen verschieden sein je nach dem, wie da, wo christliche Gemeinden leben, ihre gesellschaftliche, politische, kulturelle Umwelt jeweils aussieht. Aber auch in den Ländern mit alter christlicher Tradition ist dies heute jedenfalls eine „säkulare" Welt geworden, in der die allgemeine Denk- und Lebensweise sich in vielem von dem einst festen Gefüge dieser Tradition entfernt hat. Unter dem Eindruck dieser Situation, und zugleich unter dem Druck weltweit gewordener sozialer und politischer Spannungen und Gefährdungen, ist es heute zu einer umstrittenen Frage geworden, welches Verhalten zu dieser Welt der Kirche von ihrem eigenen Auftrag her geboten und zu verantworten ist. Das gilt nicht nur für die theologische Fachdiskussion, sondern auch und fast noch mehr für gegensätzliche Einstellungen in der Praxis kirchlichen Lebens.

In § 24,3 wurden einige Positionen genannt, die hier gegeneinanderstehen: Im Blick auf die Kluft, die zwischen moderner Denk- und Lebensweise und kirchlicher Tradition entstanden ist, einerseits der

Ruf nach *Öffnung* der Kirche zu der Welt und Gesellschaft von heute – andererseits die Mahnung zur *Nichtanpassung* der Kirche, zur Konzentration auf ihr Proprium, das sie von der Welt unterscheidet. Im Blick auf jene globalen Spannungen und Gefährdungen des irdischen Lebens der Menschheit auf der einen Seite die Forderung nach *sozialem und politischem Engagement* der Kirche – und dagegen die Mahnung zur *Beschränkung auf den Verkündigungsauftrag* als ihre eine und eigentliche Sache. Dabei ist es keineswegs immer so, daß die Stellungnahmen in diesen beiden Alternativen sich jeweils seitengleich decken. Das *kann* der Fall sein: Wer die stärkere Öffnung zur Welt vertritt, kann auch das stärkere Engagement in den politischen Problemen dieser Welt vertreten; wer die Distanz zur Welt betont, kann dies mit dem Votum für die Beschränkung auf den Verkündigungsauftrag verbinden. Die Haltungen können sich aber auch gewissermaßen überkreuzen: Der Ruf zum Engagement der Kirche in den sozialen und politischen Fragen kann in dem Bewußtsein begründet sein, daß sie sich an gegebene gesellschaftliche Zustände und Wertungen nicht anzupassen, sondern ihnen gerade um ihres eigenen Auftrags willen kritisch zu begegnen habe; und umgekehrt kann das Eintreten für Öffnung zur Welt hin mit der Tendenz zu einer gesellschaftlichen Einpassung der Kirche Hand in Hand gehen, in der sie sich von kritischer Einwirkung zurückhält. Dabei wird natürlich die Position des einzelnen Theologen meist differenzierter sein als es in dieser idealtypischen Umrißzeichnung von Standorten eingefangen werden kann. Dennoch dürfte mit ihr das Spannungsfeld angedeutet sein, in dem sich die gegenwärtige Auseinandersetzung über den Weltbezug der Kirche bewegt. Und im sachlichen Durchdenken dieses Spannungsfeldes wird zu fragen sein, ob das, was hier gegeneinander zu stehen scheint: Öffnung zur Welt oder Nichtanpassung an die Welt, kritische Mitsprache in den Problemen und Gefährdungen der Weltgesellschaft oder Verkündigung der Christusbotschaft, wirklich als Entweder/Oder gesehen werden darf; ob nicht vielmehr hier jeweils beides erst dann recht verstanden ist, wenn es in seinem Zusammengehören verstanden wird.

Wir werden im folgenden zunächst auf die allgemeinere Frage eingehen, ob und wie sich die Unterscheidung der Kirche von der Welt mit einer Öffnung zur Welt hin vereinbart und was diese Öffnung bedeuten kann. Danach ist als speziellere Frage zu bedenken, ob und in welchem Sinn der Verkündigungsauftrag der Kirche ihre Mitsprache auch in politischen und sozialen Problemen einschließt. In diesem Zusammenhang wird auch auf die Problematik der „Zwei-Reiche-

Lehre" einzugehen sein. Unsere dogmatische Besinnung betritt damit nochmals, wie dies schon in § 22 geschehen war, den Bereich der Grundfragen christlicher Ethik – hier nun in einem weiteren, insbesondere sozialethischen Zusammenhang. Vorangestellt sei aber eine Orientierung über das in sich sehr differenzierte (und darum bei einseitiger Auswahl zum Beleg sehr verschiedener Standpunkte mißbrauchbare) Reden von „Welt" im Neuen Testament.

1. „Kosmos" im Neuen Testament

Das Alte Testament kennt kein Wort, das unserm abstrakten Begriff „Welt" entspricht. Das Ganze der Schöpfung heißt dort etwa „Himmel und Erde", das Ganze der Menschheit „alle Völker", „alles Fleisch" u. ä. Erst im Griechischen des Neuen Testaments finden wir „kosmos" als Allgemeinbegriff, hier aber in verschiedener Bedeutung und damit auch in verschiedener Beziehung zu Christus und dem Leben seiner Gemeinde.
Kosmos kann hier zunächst, in etwa unserm „Weltall" entsprechend, die *Gesamtheit alles Geschaffenen* bedeuten: Himmel und Erde, irdische und überirdische Kräfte und Kreaturen. In diesem Sinn spricht z. B. Apg 17,24 vom „kosmos und allem, was darinnen ist" – Gott ist dieses Ganzen Schöpfer und Herr. In diesem Sinn kann auch positiv von einer Christusbezogenheit des Kosmos gesprochen werden: Joh 1,10 „durch ihn (den Logos, der im Anfang bei Gott war) ist er geworden." In der Sache entspricht dem Kol 1,16: „In ihm ist das All (ta panta) erschaffen, alles, was in den Himmeln und auf der Erde ist, das Sichtbare und Unsichtbare." Vom Ursprung her ist der kosmos dazu bestimmt, in Christus seinem Schöpfer untergeben – man könnte sagen: sein „Reich" zu sein. Eine Spannung zwischen der Bestimmung der Welt und dem Leben der Gemeinde Christi ist hier zunächst nicht zu erkennen.
Daneben stehen aber auch Aussagen, die auf eine Begrenzung der geschaffenen Welt hinweisen. Sie hat ihren Anfang in Gottes Schöpfertat und sie wird, jedenfalls in ihrer gegenwärtigen Gestalt, auch ein Ende haben: „Himmel und Erde werden vergehen" (Mt 24,35 parr.), die Christen „warten auf einen neuen Himmel und eine neue Erde" (2.Petr 3,13, vgl. Off 21,1). Auf solche Begrenzung weist auch der der apokalyptischen Tradition entstammende Begriff „Aiôn", der sich ebenfalls auf das Weltall beziehen kann, nun aber so, daß zwei Welt*zeiten* unterschieden werden (Mt 12,32; Eph 1,29 u. a.): Der gegen-

wärtige Aiôn wird vergehen, Leben und Hoffnung der Christen ist auf den kommenden, neuen Aiôn ausgerichtet. Ist damit ein Ende der Schöpfung überhaupt und ihre Ersetzung durch eine ganz andere, neue *Welt* gemeint (aber wie wäre damit zu vereinbaren, daß Gott *diese* Welt, in der wir leben, durch Christus und auf ihn hin geschaffen hat)? Diese Frage sei hier nur angedeutet, sie wird uns vor allem im folgenden, der Eschatologie geltenden Kapitel beschäftigen müssen.
In einer spezielleren Bedeutung kann mit kosmos die *Menschenwelt*, die Gesamtheit aller Menschen und Völker der Erde angesprochen sein. So etwa in der Markusfassung der Aussendungsworte des Auferstandenen: „Geht hin in den ganzen kosmos und predigt das Evangelium aller Kreatur" (Mk 16,15). Die Gesamtheit der Menschen ist auch gemeint in dem Wort Jesu an seine Jünger Mt 5,14 „Ihr seid das Licht des kosmos". Die Beziehung der Christusgemeinde zur Welt ist hier positiv angesprochen als ihre Sendung, durch die der Ruf Christi alle Menschen erreichen will. Auf die Gesamtheit der Menschen bezieht sich auch Joh 3,16 „Also hat Gott den kosmos geliebt, daß er seinen eingeborenen Sohn gab", und dem kann 2.Kor 5,19 zur Seite gestellt werden: „Gott war in Christus und versöhnte den kosmos mit sich selbst." Hier erscheint die Menschenwelt – und zwar eine Welt der Sünder – als Gegenstand des Liebes- und Rettungswillens Gottes.
Aber sehr oft wird kosmos im Neuen Testament auch in eindeutig negativer Bedeutung gebraucht: „Welt" als der Inbegriff des Widerspruchs gegen Gott, als das *Reich der in der Menschheit herrschenden Sünde*. Da wird dann dem „Geist des kosmos" der den Christen gegebene „Geist aus Gott" entgegengesetzt (1.Kor 2,12). Die „Weisheit des kosmos" wird von Gott zur Torheit gemacht (ebda. 1,20), und umgekehrt erscheint ihr die Weisheit Gottes als Torheit. „Der ganze kosmos liegt im Bösen befangen" (1.Joh 5,19), sein „Fürst" ist der Satan (Joh 12,32), Christus hat den kosmos, in dem die Seinen von Angst bedrängt sind, überwunden (ebda. 16,33). In diesem Sinnzusammenhang wird das Verhältnis der Christusgemeinde zum kosmos als Gegensatz bestimmt: Sie hat mit ihm nichts mehr zu schaffen und soll sich ihm nicht angleichen. So Paulus Gal 6,14 „Die Welt ist mir gekreuzigt und ich der Welt." So 1.Joh 2,15 „Habt nicht lieb die Welt und was in der Welt ist. Wenn jemand die Welt lieb hat, in dem ist nicht die Liebe des Vaters". So in äußerster Schärfe Jak 4,4 „Wenn jemand ein Freund der Welt sein will, wird er zum Feind Gottes".
Die starke Spannung, die die neutestamentlichen Aussagen über das Verhältnis Gottes und das Verhalten der Gemeinde zur Welt durchzieht – hält man etwa Joh 3,16 und 1.Joh 2,15 nebeneinander – ist nur

zu verstehen, wenn man den verschiedenen Sinn beachtet, in dem das eine Wort „kosmos" hier jeweils gebraucht wird. Für die dogmatische Besinnung auf das Verhältnis von Kirche und Welt ist das von großer Bedeutung.

2. Kirche von Welt unterschieden

Wenn wir in diese Besinnung eintreten, sei nochmals darauf hingewiesen, daß es sich in dem, was dabei von der Kirche zu sagen sein wird, nicht einfach um Beschreibung dessen handeln kann, wie die Kirchen als geschichtlich gewordene und rechtlich organisierte Körperschaften in der Welt faktisch wirken; auch nicht um eine Beschreibung dessen, wie das Leben christlicher Gemeinden faktisch aussieht. Wir haben vielmehr danach zu fragen, wozu Kirche als Gemeinschaft der Glaubenden in dieser Welt *gerufen* ist durch das Wort, das ihren Glauben begründet und von dem sie lebt, sofern in ihr wirklich Gemeinschaft der Glaubenden lebendig wird. Was im folgenden von der Kirche zu sagen ist, wird also vielfach auch kritisch gegen den gegebenen Zustand von Kirchen und Gemeinden zu sagen sein. Dennoch ist damit nicht die Vorhaltung eines nur als Gedankengebilde entworfenen Ideals gemeint. Denn Gottes Wort und Geist kann kirchliche Zustände in Bewegung bringen und aus Erstarrungen neues Leben wecken. Das wurde in der Vergangenheit erfahren und darf auch heute und in Zukunft erwartet werden.

Kirche als geistgewirkte Realität ist die Gemeinschaft derer, die in Jesus Christus ihren Herrn erkennen und durch ihn ihr Leben bestimmt sein lassen. Als solche ist sie gerufen, sich von der Welt zu unterscheiden. Dabei ist mit „Welt" die Gottesferne des Lebens in dieser Welt gemeint; die Verschlossenheit des Menschen in der Selbstsorge, die Gleichgültigkeit des Menschen gegen den Menschen, seine Sucht nach „Haben" – dieses innere Wesen der Sünde, aus dem alles Tun von Sünde entspringt und das in der Verschlossenheit gegen Gott seine Wurzel hat[1]. Das ist ein Verhaltenszusammenhang, in dem eins das andere bedingt und mit sich bringt. Er kann ebenso den einzelnen im Verhalten zu seinen Nächsten wie Gruppen in ihrem Verhalten zu andern Gruppen bestimmen. Er herrscht im privaten und ebenso auch im öffentlichen Leben bis hinein in die Weltpolitik. Er kann ebenso

---

[1] Wir nehmen damit die Begriffe auf, mit denen in § 18,2.2 versucht wurde das Wesen von Sünde zu umschreiben.

die Gestalt manifester Gesetzlosigkeit wie die verborgenere Gestalt einer überheblichen und unbarmherzigen Gesetzlichkeit annehmen. Gewiß gibt es inmitten dieser Welt auch ein Wissen und Tun von Gutem. Wir haben das von der erhaltenden Geduld Gottes her verstanden, in der er seiner Schöpfung trotz der menschlichen Sünde gegenwärtig bleibt[2], und solches „weltliche" Wissen und Tun von Gutem wird durch die neutestamentlichen Mahnungen zur Unterscheidung der Gemeinde von der Welt nicht getroffen. Sie beziehen sich auf jenen Verhaltenszusammenhang der Verschlossenheit gegen Gott, in dem die Mächte der Eigensucht und Entzweiung herrschen. Davon hat Jesus selbst sich in seinem Leben und seiner Verkündigung so radikal unterschieden, daß er von dieser Welt ausgestoßen und gekreuzigt wurde. Die Kirche kann nur so seine Gemeinde sein, daß sie an dieser Unterschiedenheit teilhat und den Anfechtungen, die das auch für sie bedeuten kann, nicht aus dem Weg geht. Das Andere, Neue, das durch Jesus in diese Welt gekommen ist, soll an ihrem Leben kenntlich werden. In diesem Sinn wollen die neutestamentlichen Worte vom Gegensatz zwischen Christusgemeinde und Welt verstanden sein. Es geht darin nicht um Abwendung von der Welt schlechthin, sondern darum, daß das *Unheil* dieser Welt, ihre Gottesferne, die Bindung der Menschen an lebenszerstörende Zwänge durch die Mächte, die sie zu ihren Ersatzgöttern machen, konfrontiert wird mit Gottes Wahrheit und Gegenwart in Jesus und dem Leben in der Macht seiner Liebe. Das ist gemeint, wenn Paulus sagt: „Gleicht euch dem Schema dieser Welt nicht an, sondern laßt euch umwandeln in einem neuen Geist" (Röm 12,2).

In der faktischen Erscheinung der Kirche ist diese Unterscheidung ihres geistlichen Lebens als Gemeinde Jesu Christi von dem „Schema dieser Welt" vielfach verdeckt gewesen und auch heute verdeckt. Das Neue dieses Lebens konnte und kann oft nur im Widerspruch gegen faktisch Gewordenes und Herrschendes ans Licht treten. So war die Kirche des Mittelalters in ihrer offiziellen Gestalt weitgehend zu einem klerikalen Herrschaftssystem, einer die weltlichen Mächte sich unterordnenden Supermacht geworden, und sie war dadurch als Christusgemeinde unkenntlich geworden. Indem sie sich als geistliche Macht verstand, wurde sie in ihrer Struktur und in den Mitteln ihrer Selbstbehauptung, übrigens auch in ihrem materiellen Reichtum dem ungeistlichen Machtwillen weltlicher Gewalten gleichförmig. Franziskus und andere haben gegen diese Weltanpassung der Kirche ihrer

---

[2] Dazu § 18,2.2.

Zeit reagiert und versucht, ein „alternatives" Leben in der Nachfolge der Armut Jesu zu führen.
Die mittelalterliche Gestalt dieser Weltanpassung ist zur Vergangenheit geworden, auch in der katholischen Kirche. Aber in ganz anderen Gestalten kann die Tendenz zu solcher Anpassung auch in der Gegenwart wirksam werden. Sie kann zu einer Theologie und Predigt führen, die es angesichts des Säkularismus modernen Denkens nicht mehr wagt, wirklich von Gott und von *seinem*, sich in die Immanenzverschlossenheit dieses Denkens *hereinrufenden* Wort zu reden, sondern dieses Wort umdeutet in solches, was Menschen sich selbst sagen, Theo-logie *umsetzt* in Psychologie oder Gesellschaftskritik (so Beherzigenswertes – auch für den Theologen – dabei gesagt werden mag). In ganz anderer Weise kann die Tendenz zur Anpassung akut werden, wenn die Kirche, vielleicht durchaus unter Wahrung der überlieferten Gehalte ihrer Theologie, sich dazu hergeben würde, die in der Industriegesellschaft herrschende Ideologie des wirtschaftlichen Erfolges, die Tendenz zur finanziellen Expansion auf Kosten der sozialen Gerechtigkeit kritiklos zu sanktionieren, anstatt ihr in ihrer Verkündigung entgegenzutreten und in ihrem eigenen Verhalten und dem ihrer Glieder eine andere Ausrichtung des Lebens kenntlich werden zu lassen.
Fragwürdig ist überhaupt, daß die offizielle Kirche durch so lange Zeit mit einer gewissen Selbstverständlichkeit als Stütze der jeweiligen politischen und wirtschaftlichen Oberschicht erscheinen konnte, als die geistliche Legitimation der weltlich Mächtigen und ihrer Besitzstandswahrung – auch dies eine nun allerdings sehr alte, als Bündnis von „Thron und Altar" schon bald nach der konstantinischen Wende sich einspielende Tendenz zur Weltanpassung, gegen die es freilich in der Kirche immer wieder auch Gegenbewegungen gab. Wäre der „natürliche" Ort der Gemeinde Jesu nicht eher an der Seite der jeweils Ärmeren, Machtlosen und Benachteiligten?

In diesen Zusammenhang würde auch eine Auseinandersetzung mit dem Begriff der „Volkskirche" gehören, die hier nur angedeutet werden kann. Dieser Begriff ist überaus schillernd und vieldeutig. Es könnte gemeint sein: Kirche *für* das Volk – eine Kirche, die nicht nur als die Sache einer politischen oder intellektuellen Elite erscheint, sondern sich auch und gerade denen zuwendet, die „unten" sind. Kirche *für* das Volk – damit könnte auch gemeint sein: Gemeinde, die sich nicht selbstgenügsam und gleichgültig gegen den Lauf der Welt um sie herum in ihren religiösen Besitz einschließt, sondern ihre Tür öffnet, mit ihrer missionarischen und diakonischen Sendung in das Volk hineingeht. In diesem Sinn könnte der Gedanke der Volkskirche positiv aufgenommen werden. Er konnte aber auch anders verstanden werden: Kirche, die die Eigenart und die nationalen Belange des Volkes, „dessen" Kirche sie jeweils ist, religiös sanktioniert – eine *national* angepaßte Kirche. Das mag in unserm Land heute kaum mehr akut sein. Aber gegenwärtig ist eine Tendenz bemerkbar, den Volkskirchengedanken im Sinn einer *gesellschaftlich* integrierten Kirche zu vertreten: Sie soll ihre Funktion als Vertretung der religiös-ethischen Bedürfnisse dieser Gesellschaft begreifen. Sie soll damit auch die moderne Individualisierung dieser Bedürfnisse, deren weitgehende Auswanderung aus dem gottesdienstlichen Leben der „Kerngemeinde" und ihre eigene Rolle als weithin nur noch „kasual" beanspruchte Begleiterin des Lebens akzeptieren. So richtig es ist, daß Kirche *für* die Gesellschaft und ihre Probleme da sein soll, so problematisch wird dieses Verständnis von Volkskirche, wenn es zur Legitimierung des bestehenden Zustandes der Teilung in „praktizierende" Gemeinde und eine auf Gemeinde verzichtende Kirchenzugehörigkeit gebraucht wird. Die Kirche ist von ihrem Daseinsgrund her weder die Kirche der Nation, noch die Kirche der Gesellschaft, sondern die Gemeinde Jesu Christi. Sie kann und soll offene Türen haben und „alles Volk" zu ihrer Gemeinschaft herzurufen. Sie kann aber nicht sich selbst *als* Gemeinschaft relativieren. Sie kann sich nicht gewissermaßen unauffällig machen wollen. Von einer mehr oder weniger unbestimmt und entscheidungslos gewordenen Religiosität muß sie sich unterscheiden.

3. Kirche zur Welt hin geöffnet

In der Unterscheidung, von der bisher zu sprechen war, ging es um „Welt" im Sinn der Gottesferne des Lebens, das in ihr gelebt wird. Aus der Welt im Sinn dieser Lebensgestalt ist die Gemeinde Christi herausgerufen. Sie wird damit auch zur Umkehr gerufen aus den faktischen Angleichungen an dieses „Schema der Welt" in ihrer eigenen Geschichte und Gegenwart.
Aber mit „Welt" können auch die *Menschen* gemeint sein, die außerhalb der Gemeinde leben, ob mit oder ohne formale Kirchenzugehörigkeit, ob religiös fragend oder gleichgültig oder erklärtermaßen atheistisch. *Unterscheidung* der Gemeinde Christi von der Gottesferne des in der Welt herrschenden *Lebensverhaltens* darf nicht gleichgesetzt werden mit *Abwendung* von den in der Welt lebenden *Menschen* und ihren Geschicken. Solche Abwendung kann die Gestalt einer Frömmigkeit haben, der es genügt, in der Gemeinschaft der Gleichgesinnten um das eigene Heil zu wissen, und für die die „Weltmenschen" und ihre Probleme ein fremder Bereich werden – ein Draußen, von dem man sich abschließt. Das war und ist wohl weniger eine Tendenz der offiziellen Kirche als eine Versuchung am Weg derer, die sich

innerhalb der Kirche zu besonderen Gemeinschaften zusammenschließen. Aber mit solcher Weltabwendung gerät die Gemeinde nicht weniger in Widerspruch zu ihrem Herrn als mit ihren Anpassungen an das, was in der Gottesferne der Welt gängig und herrschend ist. Jesus hat sich ja nicht in den Kreis der Frommen Israels eingeschlossen, sondern ist – so gewiß er auch die Frommen gerufen hat – gerade den „Zöllnern und Sündern" nachgegangen. In seinem Gleichnis vom großen Gastmahl sind es schließlich die auf den Landstraßen und an den Zäunen, zu denen der Herr seine Diener ausschickt, „damit sein Haus voll werde" (Lk 14,23). „Die Welt" – nicht nur die Kirche, sondern diese ganze Menschenwelt von Sündern – „hat Gott so geliebt, daß er seinen Sohn dahingab". Für alle, nicht nur für eine Sondergruppe ist Christus gestorben, und alle sollen gerufen werden: „Geht hin in alle Welt" (Mk 16,15). Gottes Kommen zum Menschen in Jesus Christus zielt auf eine neue, mit ihm versöhnte und als sein Reich mit ihm geeinte *Menschheit*. Darf die mit Jesus verbundene Gemeinde als der durch seinen Geist gewirkte Anfang dieser neuen Menschheit geglaubt werden, so kann sie gerade als dieser Anfang sich nicht als Selbstzweck verstehen, nicht mit sich allein bleiben wollen. Als die um Christus *gesammelte* ist sie auch die durch ihn in die Welt hinein *gesendete* Gemeinde.

Damit ist zunächst der *missionarische* Auftrag der Kirche angesprochen. Mit dem Wort des Evangeliums soll sie in die Welt hineingehen. Das kann sich nicht auf den Vollzug ihres öffentlichen Gottesdienstes beschränken (zu dem zwar jedermann eingeladen ist, zu dem heute aber nur wenige kommen). Das Wort Christi will hinausgetragen werden auch zu denen, die es bisher nicht hören, wo und wie immer das geschehen kann. Nicht nur der zum öffentlichen Predigtamt Bestellte, sondern jeder Christ ist dazu berufen. Die missionarische Sendung der Kirche ist nicht zuletzt auch die Sache des „allgemeinen Priestertums" ihrer Glieder.

Daß der Gemeinde Christi dieser missionarische Auftrag gegeben ist, ist im Neuen Testament so eindeutig gesagt, daß dies von niemand bestritten werden kann. Aber seine Ausrichtung ist in der Welt von heute, vielleicht noch mehr und jedenfalls in anderer Weise als in früheren Zeiten und Verhältnissen zum Problem geworden. Es ist schwer, die Kluft zu überschreiten, die zwischen der Sprache und den Formungen kirchlicher Tradition und dem durch Säkularisierung geprägten Denken und Leben der modernen Industriegesellschaft entstanden ist. Die Kirche erscheint vielen, die ihr entfremdet und in dieser Entfremdung bereits aufgewachsen sind, als ein nur *noch* in die

Gegenwart hineinragender Block der Vergangenheit. Ungewollt wird sie damit tatsächlich zu jener Sondergruppe, die hinter verschlossener Tür ihr Eigenleben führt. Sie kann sich damit nicht beruhigt abfinden wollen. Hier hat der Ruf nach einer Öffnung der Kirche zur Welt hin seinen rechtmäßigen Grund und Sinn. Solche Öffnung darf gewiß nicht Anpassung ihrer Verkündigung bedeuten an das, was allgemein gesagt und gedacht wird, und Verschweigung dessen, was Anstoß und Widerspruch erregen kann. Aber der echte, notwendige Anstoß entsteht in der Konfrontation der gottfernen Lebenspraxis dieser Welt mit der Gegenwart Gottes in Jesus und dem *Neuen* der Zukunft, die er uns zuspricht – nicht in der Konfrontation einer Welt, die nicht mehr die des 16. Jahrhunderts ist, mit einer Kirche, die einen „Stil" der Vergangenheit pflegt. Öffnung der Verkündigung zur Welt hin bedeutet auch, daß sie auf die Verhältnisse und Fragen der Gegenwart eingeht und das Neue, das zu bezeugen ihr aufgetragen ist, in diese Verhältnisse und Fragen hinein-, nicht an ihnen vorbeispricht[3]. Öffnung der Verkündigung zur Welt hin bedeutet vor allem, daß aus ihr nicht nur die Verurteilung des „Weltmenschen" der Gegenwart und seiner Gottlosigkeit hörbar wird, sondern auch und als erstes Wort die *Einladung*, mit der Gott in Jesus diesen Menschen zu sich ruft.

Mit der missionarischen gehört die *diakonische* Sendung der Kirche zusammen, mit der Einladung zum Glauben der Dienst am leiblich-seelischen Leben der Menschen. Mit diesem Dienst ist die Christusgemeinde ebenso wie mit ihrem Glaubenszeugnis über ihre Grenze hinausgerufen. Sie tritt mit ihm in die Nachfolge des *heilenden* Wirkens Jesu ein, das mit seiner Heilszusage unablösbar verbunden war. Christliche Diakonie dient dem Willen Gottes, die Schöpfung und das Leben der Menschen zu *erhalten*, damit der Raum offenbleibt, in dem sein zum Glauben rufendes Wort ihnen begegnen kann. Sie darf zugleich verstanden werden als Zeichen der Hoffnung auf das Kommen des Reiches, mit dem Gott seine Schöpfung *befreien* wird von allen Mächten des Verderbens.

Mit dem missionarischen ist auch dieser diakonische Auftrag im neutestamentlichen Zeugnis begründet. Er war in der Kirche nie ganz vergessen. Auch in Zeiten, in denen sie sich in ihrer amtlichen Repräsentanz als Macht neben oder sogar über den weltlichen Mächten darstellte, wurde er von einzelnen ihrer Glieder und auch von Gruppen (z. B. Ordensgemeinschaften) oft mit großer Hingabe wahrge-

---

[3] Eingehendere Ausführungen zu diesem Fragenbereich im ersten Band, § 4,3 unter dem Thema „Vermittlung".

nommen. Das geschah in der Vergangenheit vorwiegend als *individuelle* Diakonie an Armen, Kranken, Witwen und Waisen, und dieser Dienst darf auch nie geringgeschätzt oder gar unterlassen werden. Die diakonische Sendung ist aber auch als *gesellschaftsbezogene* Diakonie wahrzunehmen. Der Dienst am Leben der Menschen sollte nicht nur und erst an den Nöten der einzelnen tätig werden; er sollte sich auch auf die sozialen und politischen Verhältnisse richten und seine Stimme gegen gesellschaftliche, institutionalisierte Unrechtszustände erheben, die solche Nöte hervorbringen. Er muß zum Dienst an den Lebens*bedingungen* werden, ohne aufzuhören, auch Dienst am Leben der einzelnen zu sein. Öffnung der Kirche zur Welt hin besagt in diesem Zusammenhang: Kritische Wahrnehmung der in dieser Welt herrschenden Verhältnisse und Beziehung der der Kirche aufgetragenen Christusbotschaft auch auf die Verbesserung dieser Verhältnisse. Das wird je nach den Gegebenheiten der Zeit und der Gesellschaft, in der Christen leben, in verschiedener Weise konkret werden.
Auch die Wahrnehmung dieser gesellschaftlichen Dimension ihrer diakonischen Sendung hat in der Vergangenheit der Kirche nicht ganz gefehlt. Sie trat neben der individuellen Diakonie aber doch sehr zurück, war wohl auch oft gehemmt durch eine zu enge Verbindung der kirchlichen Führung mit den politisch führenden Schichten und ihren Interessen. Es ist auch nicht zu bestreiten, daß aus neutestamentlichen Texten keine unmittelbare Begründung dieses gesellschaftlichen Aspekts von Diakonie zu erbringen ist. Eine kritische Beziehung des Christuszeugnisses der Gemeinde auf die institutionellen Ordnungen ihrer Umwelt wird dort ja nicht sichtbar. Man kann von daher verstehen, daß manche christlichen Gruppen auf die Betonung des gesellschaftsdiakonischen Auftrags, der heute vor allem auch innerhalb der ökumenischen Bewegung vertreten wird, mit Unbehagen und Ablehnung reagieren. Was kann zur theologischen Begründung dieses Auftrags gesagt werden? Auf zwei Tatsachen ist hier hinzuweisen:
Wir leben heute in einer Welt, in der die weitgehende Abhängigkeit des Einzellebens und seines Schicksals von gesellschaftlichen Verhältnissen und Strukturen, die jenseits der Beeinflußbarkeit durch individuelle Hilfeleistung liegen, viel stärker *sichtbar* und bewußt geworden ist, als das in früheren Zeiten der Fall war. Sie ist in manchem wohl auch faktisch stärker geworden als in einer Zeit, in der überregionale organisatorische Zusammenhänge und Verflechtungen noch nicht so entwickelt waren wie in der modernen Welt. Was wir aber als Christen an Ursachen für menschliches Leiden zu sehen bekommen, das sollten

wir uns angehen lassen, auch wenn unsere Väter dazu nichts oder wenig sagten, weil sie es so noch nicht sehen konnten.

Und sodann: Die Kirche, aber auch Christen als Bürger haben heute – jedenfalls in unserm Bereich – die Möglichkeit, durch öffentliche Kritik auf gesellschaftliche Verhältnisse und Ordnungen *einzuwirken* (auch wenn diese Möglichkeit für den einzelnen oft nur sehr schmal sein mag); eine Möglichkeit, die den neutestamentlichen Gemeinden in den politischen Verhältnissen ihrer Zeit gar nicht offenstand und auf deren Wahrnehmung sie darum auch noch nicht angesprochen sein konnten. Was uns aber in unserer Zeit und Umwelt möglich wurde zu tun, um dem Leben benachteiligter Menschen zu helfen, das sollen wir nicht unterlassen. Grundsätzlich ist diese Hilfeleistung in der diakonischen Sendung der Gemeinde Christi begründet, *wo immer* Not sichtbar begegnet und *wie immer* Hilfe möglich wird.

Wir haben damit bereits das heute so umstrittene Thema des Verhältnisses von Kirche und Politik berührt. Ihm ist im Folgenden eine besondere Überlegung zuzuwenden.

4. Zur Frage des politischen Diakonats der Kirche

Das Verhältnis der Kirche zu der politischen Macht ist ein wesentlicher Faktor ihrer Existenz in der Welt, damit auch ein besonderes Feld ihres Dienstes am Wohl der Menschen. Das ist unbestreitbar; umstritten ist die Frage, wie dieses Verhältnis zu verstehen und dieser Dienst auszurichten ist – insbesondere auch, welche Grenzen ihm gezogen sind. Die eingehende Erörterung des Problembereichs Kirche und Staat, Kirche und Politik ist Sache einer theologischen Sozialethik, aber Grund- und Ansätze dazu müssen auch in der dogmatischen Besinnung über den Weg und Auftrag der Kirche in der Welt zur Sprache kommen.

Das Neue Testament sagt wenig zu diesem Fragenbereich. Ihm ist zu entnehmen, daß die Staats- und Rechtsordnung von Gott gewollt ist, von ihm ihren Auftrag hat und daß Christen sich darum dieser Ordnung nicht entziehen, sondern ihr gerecht werden und für ihre Träger beten sollen (Röm 13,1 ff; 1.Tim 2,1 ff; 1.Petr 2,13 ff). Aber auch die Distanz wird sichtbar zwischen Gewaltübung und Herrschaftsdruck im politischen Bereich und der in der Christusgemeinde geltenden Bruderschaft (Mt 20,25 ff), zwischen dem in der Rechtsordnung vorgesehenen Rechtsstreit und dem unter Christen möglichen Verzicht auf Durchsetzung des eigenen Rechts (1.Kor 6,1 ff). Auch daß die politische Macht zu dämonischer Tyrannei werden kann (Off 13) und daß der politische Gehorsam der Christen im Gehorsam gegen Gott sein Maß und seine Grenze hat (Apg 5,29), wird deutlich. Aber dies bleiben im Neuen Testament sozusagen Bemerkungen am Rande; eine grundsätzliche, zusammenhängende und diese verschiedenen Momente zueinander ins Verhältnis setztende Darlegung finden wir nicht.

Auch in der vorkonstantinischen Geschichte der Kirche wird eine theologische Theorie über das Verhältnis von Kirche und Staat noch kaum sichtbar. In der Praxis zeigt sich eher Distanz zum politischen Bereich; die Übernahme von Staatsämtern wird gemieden, dem Militärdienst bleiben Christen fern. Das ist sicher mitbedingt durch die Tatsache, daß mit dem Eintritt in solche Dienste die für Christen unmögliche Beteiligung an staatlichen Kulthandlungen verbunden gewesen wäre. Wegen ihrer Verweigerung solcher Handlungen erschienen sie den politischen Machthabern ja gerade als ein die religiösen Grundlagen des Staates gefährdendes Element und waren Verfolgungen ausgesetzt.

Durch die konstantinische Wende wurde das Verhältnis grundlegend verändert. Das Christentum wurde erlaubte Religion, im weiteren Verlauf dann die öffentliche, allein legitimierte Religion des römischen Staates, das christliche Dogma seit 381 zum Reichsgesetz. Die Kirche selbst wurde damit zu einem Machtfaktor im Bunde mit der politischen Macht – eine Entwicklung, die ihr eine bis dahin ganz verschlossene Einflußnahme auf das politische Gebiet eröffnete, die aber für ihr eigenes Wesen und Selbstverständnis auch neue Probleme mit sich brachte. Nunmehr mußten sich auch theologische Theorien über das Verhältnis von Kirche und Staat entwickeln.

4.1. Theologische Modelle des Verhältnisses von Kirche und Staat

Die Geschichte dieser Theorien soll hier nicht im einzelnen verfolgt werden. Wir beschränken uns auf das, was in der aktuellen Diskussion wirksam geblieben bzw. neu hervorgetreten ist. Das ist zum einen Luthers Konzeption der zwei zu unterscheidenden „Regimente" Gottes[4]; sie wurde in der älteren lutherischen Theologie verhältnismäßig

---

[4] Luther kann auch, ohne in der Sache etwas anderes zu meinen, von „zwei Reichen" Gottes sprechen. Der Ausdruck „Regimente" scheint mir das von ihm Gemeinte besser zu treffen.

wenig erörtert, aber in den Auseinandersetzungen über Kirche und Politik seit dem Ende des ersten Weltkriegs griff man sehr betont und teilweise in fragwürdiger Deutung und Anwendung auf sie zurück. Und das ist zum andern die These von der „Königsherrschaft Jesu Christi", die K. Barth und ihm folgende Theologen solcher Deutung und Anwendung der Zwei-Regimenten-Lehre entgegengestellt haben. Die Auseinandersetzung über das Recht dieser Konzeptionen und ihr Verhältnis zueinander ist auch in der gegenwärtigen evangelischen Theologie keineswegs abgeschlossen.

Luthers Unterscheidung der beiden Regimente ist zu sehen auf dem Hintergrund der mittelalterlichen Zwei-Schwerter-Theorie[5].
Nach ihr hat Gott zwei Schwerter verliehen (=Regierungsgewalten eingesetzt), der im Papst repräsentierten Kirche das geistliche, dem im Kaiser repräsentierten Staat das weltliche Schwert, wobei das weltliche Schwert dem geistlichen untergeordnet und nach seinen Weisungen („ad nutum sacerdotis") zu führen ist. Darin kam ein Anspruch der Kirche auf universale, auch den politischen Bereich umfassende Herrschaft zum Ausdruck; zugleich auch die Verpflichtung der Staatsgewalt, ihre Machtmittel zur Erhaltung der Rechtgläubigkeit und Bekämpfung der Ketzerei einzusetzen. Denkbar war das nur in einer Gesellschaft, die sich als „Corpus christianum" verstand, in der also Staatsbürgerschaft und Kirchenmitgliedschaft sich deckten.

Auch Luther lebte noch in diesem Corpus christianum, eine weltanschaulich pluralistische Gesellschaft und ein religiös neutraler Staat waren nicht in seinem Gesichtsfeld. Aber nach seinem Verständnis des Evangeliums kann weder Glauben noch Liebe durch Gesetz befohlen und auf Gesetz hin geleistet werden. Der Glaube wird gewirkt durch das Wort und den Geist Gottes, aus ihm erwächst das Tun der Liebe in Freiheit und ist darin von allen durch Gesetz ernötigten Werken verschieden. Hier dürfte Luthers entscheidendes Motiv für seine *Unterscheidung* der beiden Regimente zu suchen sein. Er versteht weltliches und geistliches Regiment als zwei Mandate Gottes, die aber in ihrem Ziel und den Mitteln ihrer Ausrichtung durchaus verschieden sind und nicht miteinander vermengt werden dürfen. Weder hat die Obrigkeit den Auftrag, über den Glauben der Gewissen zu gebieten, noch hat die Kirche das Recht, die Sache Gottes und des Glaubens mit weltlichen Machtmitteln zu betreiben. Verschieden ist,

---

[5] Kaum auf dem Hintergrund von Augustins thematisch wesentlich anders gerichteter Gegenüberstellung von „civitas Dei" und „civitas terrena" in seinem geschichtstheologischen Werk De civitate Dei.

was Gott hier jeweils wirken will: durch den Dienst im weltlichen Regiment die Erhaltung des irdischen Lebens der Menschen in einer Ordnung, die den zerstörenden Auswirkungen der Sünde wehrt – in seinem geistlichen Regiment durch den Dienst der Predigt den Glauben an Christus, die Rettung von Menschen aus der Herrschaft der Sünde zum ewigen Leben. Verschieden sind auch die Mittel, *wodurch* dieses je verschieden bewirkt werden soll: Dem weltlichen Regiment ist zur Durchsetzung der ihm aufgetragenen Ordnung die Gewalt verliehen, die Einhaltung der Gesetze zu ernötigen und ihre Übertretung zu strafen – im geistlichen Regiment wirkt Gott durch das Wort, das wehrlos unter die Menschen geht und dem allein er selbst durch seinen Geist die Kraft gibt, Glauben zu wecken. Dabei hält Luther fest, daß auch das weltliche Regiment, gerade in seiner Unterschiedenheit vom geistlichen, *Gottes* Regiment ist, von ihm gewollt, beauftragt und ermächtigt. Und er setzt voraus, daß die Gesetze, die die Obrigkeit erläßt und über deren Einhaltung sie wacht, in Übereinstimmung sind mit Gottes Gesetz, insofern sie zwar nicht den Glauben und die Liebe der Herzen gebieten können, wohl aber die Hände an die äußere Einhaltung der zweiten Tafel der Zehn Gebote binden; daß also durch das Gesetz der Obrigkeit das Gesetz Gottes in seinem „usus politicus" wirksam wird.

Soweit Luther. Wenn die Unterscheidung der Regimente in unserm Jahrhundert teilweise im Sinn einer jeder theologischen Beurteilung entzogenen „Eigengesetzlichkeit" von Politik, Wirtschaftsleben usw. verstanden wurde und zum Beleg der Parole herhalten mußte, die Kirche habe sich nur um das Heil der Seelen und nicht um die Politik zu kümmern, so ist leicht zu erkennen, daß Luther damit mißverstanden ist. Eine dem Gebot Gottes entzogene Gesetzmäßigkeit des politischen Handelns war für ihn undenkbar, und er hat darum auch keineswegs ausgeschlossen, daß der Prediger des Wortes – verbo, non vi! – auch die Träger des obrigkeitlichen Amtes an ihre Verantwortung vor Gott für die rechte Ausrichtung dieses Amtes zu mahnen hat, hat solche Mahnung auch selbst geübt.

Innerhalb der Theologie wurde eine auf den Gotteswillen unbezogene Eigengesetzlichkeit des Politischen denn auch im allgemeinen nicht behauptet. Aber manche Theologen, die in unserm Jahrhundert auf die Zwei-Regimenten-Lehre zurückgriffen, taten dies in der (nun allerdings auch in gewissen Äußerungen Luthers selbst schon angelegten) Tendenz, die *Unterschiedenheit* der Regimente als von Gott selbst gewollte *Gegensätzlichkeit* zu verstehen: In der äußeren Ordnung des weltlichen Regiments die Autorität, die Härte, das Gesetz der Vergeltung, das „Schwert", Christus und die Bergpredigt haben hier nicht das Wort – allein in der Herzensgesinnung und den persönlichen Beziehungen der im geistlichen Regiment lebenden Glaubenden Bruderschaft, Liebe, Bereitschaft zu vergeben. Als gottgewollte Dialektik verstanden konnte das zur theologischen Rechtfertigung autoritärer Macht- und Gewaltpolitik geraten. Dabei wirkte auch die in kirchlichen Kreisen Deutschlands z. T. verbreitete Abneigung gegen „westliche" Demokratie und Vorliebe für den Obrigkeitsstaat mit. Der politische Dienst der Kirche drohte damit auf die Erziehung zum Untertanengehorsam reduziert zu werden.

Geradezu verhängnisvoll wurde dann, daß Theologen wie W. Stapel, aber auch Fr. Gogarten u. a. unter dem berauschenden Eindruck des nationalen „Aufbruchs" von 1933 das Gesetz Gottes in seinem usus politicus geradezu mit dem „Volksnomos", mit dem in der Autorität des NS-Staates verkörperten Anspruch der Nation an die Hingabe ihrer Bürger gleichsetzten. Schließlich kam es dabei zu einer Identifizierung der Dialektik von weltlichem und geistlichem Regiment mit der von Gesetz und Evangelium überhaupt[6], wobei nun das Gesetz des Staates und seiner Ordnungen auch noch in die Funktion des „usus elenchticus" geriet: Hier trifft uns Gottes Forderung und sein Zorneswalten (darum *muß* hier Autorität und Härte herrschen), und dieses Gestelltsein unter die Zucht des Gesetzes, dem eine falsche, liberale Humanität ausweichen will, ist die Voraussetzung dafür, daß überhaupt wieder das Evangelium, das andere Wort, das Gott in Christus gesprochen hat, recht verstanden werden kann. Was Luther mit Gottes tötendem und lebendig machendem Wort in Gesetz und Evangelium gemeint hatte, war damit allerdings erheblich umgedeutet.

K. *Barth* hat diesem Verständnis der Zwei-Regimenten-Lehre eine Konzeption entgegengestellt, die oft durch das Stichwort „Königsherrschaft Jesu Christi" gekennzeichnet wird[7]. Sie ist nicht als Gegenmodell gegen die Unterscheidung der Regimente an sich verstehen – diese ist auch bei Barth gewahrt, einer klerikalen Herrschaft der Kirche im politischen Bereich redet er nicht das Wort. Auch im V. Artikel der Theologischen Erklärung von Barmen wird jene Unterscheidung ausdrücklich festgehalten. Barths Konzeption richtet sich aber gegen ihre dualistische Auslegung durch lutherische Theologen, insbesondere gegen die Behauptung, es sei ein von Gottes Wort in

---

[6] Vgl. § 24,2.1.
[7] Sie ist programmatisch dargelegt in Barths Abhandlung „Christengemeinde und Bürgergemeinde" (1946).

Christus verschiedenes, in seiner Art und Wirkungsweise ihm geradezu entgegengesetztes Gesetz, das Gott durch die politische Macht aufgerichtet haben wolle. Barths Ausgangspunkt ist hier wie in seiner ganzen Theologie, daß Jesus Christus das *eine* Wort ist, in dem Gott sich selbst offenbart hat (vgl. Barmen I), und daß in diesem Wort mit dem Evangelium zusammen und von ihm umschlossen auch allein sein Gesetz in Wahrheit erkannt wird. Es kann also keinen Lebensbereich geben, in dem Christen einer andern Weisung als der in Christus offenbaren zu gehorchen hätten (vgl. die Verwerfung in Barmen II). Dazu tritt bei Barth das vor allem an Aussagen wie Kol 1,16 orientierte Verständnis der Herrschaft Christi als alle Mächte umfassend. Er ist nicht nur das Haupt seiner Gemeinde, sondern der Herr der Welt, denn wie in ihm alles geschaffen wurde, so hat Gott in ihm, dem Gekreuzigten und Erhöhten, über allem die Wirklichkeit der Versöhnung aufgerichtet. Von *dieser* Wirklichkeit – nicht von der einer unversöhnten Welt, die von Christus und seinem Wort her nicht geordnet werden könnte – hat die Christengemeinde auszugehen, wenn sie fragt, in welcher Richtung ihre politische Diakonie sich einsetzen soll. Die Christen werden dann zwar den Unterschied zwischen der Gemeinde, in der man um die Versöhnung der Welt in Christus weiß und ihn als den Herrn über alles bekennt, und dem Staat, in dem sie mit vielen zusammenleben, die darum noch nicht wissen, nicht übersehen. Sie werden die relative, vorläufige, äußerliche Ordnung des Staatlichen nicht mit der geistlichen Ordnung des Reiches Gottes ineins setzen. Aber wie es ihre missionarische Sendung ist, in jenen äußeren Bereich hinein von der Gnadenherrschaft Christi, die auch ihn schon umfaßt, „Bescheid zu geben", so werden sie es als ihre Aufgabe erkennen, in den politischen und sozialen Fragen für Ordnungen einzutreten, die dem Leben, das uns in Christus gewiesen ist, im Äußeren und Vorläufigen jenes Bereiches *entsprechen*. Sie werden ihre Stimme erheben gegen alles, was diesem Leben in den politischen Verhältnissen *widerspricht*. Und sie werden sich darin nicht irremachen lassen durch die Behauptung, daß dies wegen einer der Königsherrschaft Christi sich noch entziehenden „Weltlichkeit" der Welt nicht möglich wäre.

Hier wird also die als solche festgehaltene Unterscheidung der Regimente nicht als eine von Gott selbst gewollte und darum theologisch zu bestätigende *Gegensatzdialektik* verstanden; sie wird vielmehr im Licht einer in der Christusherrschaft begründeten und von ihr her zur Gestaltung aufgegebenen *Analogie* gesehen. Damit ist dem politischen Diakonat der Kirche, anstatt daß es sich auf bloße Unterweisung zum Untertanengehorsam beschränken sollte, eine positive, auf die faktischen Verhältnisse auch kritisch einwirkende Aufgabe gewiesen.

4.2. Kritische Überlegungen

Wir gehen davon aus, daß die beiden „Regimente" in der Tat unterschieden werden müssen. Darin kann reformatorische Theologie hinter Luther nicht zurückgehen wollen; heute umso weniger, als wir von dem Staat einer religiös pluralistisch gewordenen Gesellschaft nicht fordern können, er solle den Geltungsanspruch der christlichen Kirche oder gar einer bestimmten Konfession zur Sache seines Gesetzes machen. Aus viel tieferem Grund kann evangelische Theologie das aber auch deshalb nicht wollen, weil sie weiß, daß es im Glauben um den Geltungsanspruch nicht der Kirche, sondern des Wortes Gottes geht, und daß dieser durch menschliche Machtmittel nicht durchgesetzt werden kann und darf. Über diese grundsätzliche Unterscheidung zwischen dem Ordnungsauftrag des Staates und dem Verkündigungsauftrag der Kirche besteht ja zwischen den beiden in 4.1 dargestellten Konzeptionen keine Differenz, auch katholische Theologen würden ihr heute wohl zustimmen. Man könnte allerdings fragen, ob da, wo sich in der Gegenwart politisch-revolutionäre Aktivität von Christen unmittelbar als Anbahnung des Reiches Gottes versteht, nicht in ganz neuer Weise, nun sozusagen von unten statt von oben, eine Vermischung der „Regimente" im Gang ist. Aber auf diese Frage werden wir im Zusammenhang der Eschatologie zurückkommen.

Die festgehaltene Unterscheidung schließt kritische Bedenken gegen bestimmte Vorstellungen, die sich mit der Zwei-Regimenten-Lehre verbunden haben, nicht aus. Sie betreffen zunächst die metaphysische Überhöhung des obrigkeitlichen Amtes als Stellvertreter Gottes. Dieses Motiv begegnet schon bei Luther; in der autoritätsbetonten Aktualisierung der Zwei-Regimenten-Lehre durch manche Theologen unseres Jahrhunderts erscheint es eher noch verstärkt, besonders da, wo das Verhältnis der beiden Regimente mit Gottes Wirken in Gesetz und Evangelium gleichgesetzt wird. Darin ist das strikte Gegenüber von Obrigkeit und Untertan vorausgesetzt; für Luther war das selbstverständliche Gegebenheit, auch Paulus kannte es in den politischen Verhältnissen seiner Zeit nicht anders. Aber die Gliederung der Gesellschaft in Obrigkeit, deren Trägern allein die politische Verantwortung zukommt, und zum Gehorsam verpflichtete Untertanen, denen

keine Mitwirkung zusteht, kann so wenig wie andererseits die Demokratie als ein für alle Zeiten und Verhältnisse gültiges *göttliches* Ordnungsgesetz verstanden werden. Beides sind geschichtlich bedingte und veränderbare *menschliche* Einrichtungen politischer Ordnung. Der überwiegende Teil der Christenheit lebt heute in einer Gesellschaft, in der politische Mitverantwortung der Bürger möglich wurde, und es ist kein theologischer Grund einzusehen, warum man dieser Entwicklung widersprechen und eine Rückkehr in den für uns zur Vergangenheit gewordenen Obrigkeitsstaat fordern sollte. Weil politische Mitverantwortung möglich wurde – und soweit sie möglich ist – kann das nach Röm 13 den Christen gebotene Ja zur Staats- und Rechtsordnung nicht mehr nur in einem Gehorsam bestehen, dem im Grenzfall des Gewissenskonfliktes nur der Weg bleibt, sich zu verweigern und leidend die Folgen auf sich zu nehmen. Dieses Ja bedeutet nun auch, die möglich gewordene Mitverantwortung wirklich wahrzunehmen. Und wie auch immer der Staat verfaßt sein mag, einst obrigkeitlich, heute bei uns demokratisch: Kann wirklich in der Autorität, mit der einst die Obrigkeit gebot, heute die verfassungsgemäß durch gewählte Repräsentanten zustandegekommenen Gesetze gebieten, eine mittelbare Gestalt der Autorität Gottes, *seines* Gesetzes in einem „usus politicus" gesehen werden? Ja kann man hier überhaupt weltliches Regiment so unmittelbar, wie das einst geschah, mit Regiment Gottes gleichsetzen? Mit dieser Frage soll keineswegs der Behauptung seiner „Eigengesetzlichkeit" das Wort geredet sein; es ist für christliche Theologie unaufgebbar, von dem *Auftrag* Gottes zu sprechen, unter dem die Staats- und Rechtsordnung steht und vor dem sie Verantwortung hat. Aber die Gesetze, die sie schafft, bleiben ein menschlicher und von Menschen auch kritisierbarer Versuch, diesem Auftrag gerecht zu werden, und die Strafen, die sie verhängen muß, sind keine Gottesurteile. Dazu wurde in dem Kapitel über Gesetz und Evangelium schon einiges gesagt, auf das hier zurückverwiesen werden kann (vgl. § 23,3.2, S. 510f.).
Das politische Diakonat der Kirche kann also nicht auf die Ermahnung zur Anerkennung gegebener Ordnung beschränkt werden. Es ist auch wahrzunehmen in kritischer Stellungnahme *für* Veränderungen in Richtung besserer menschlicher Gerechtigkeit und *gegen* ungerechte politische Zustände und Vorgänge. Das wird zunächst darin konkret werden, wie Christen als Glieder der Kirche und zugleich Bürger ihres Staates persönlich ihre politische Mitverantwortung wahrnehmen. Es kann aber ebensowenig ausgeschlossen werden, daß die öffentliche Vertretung der Kirche zu bestimmten Fragen auch öffent-

lich Stellung nimmt. Damit ist nicht ein beständiges, gewissermaßen „Rezepte" zur Problemlösung erteilendes kirchliches Mitreden in politischen Tagesfragen gemeint – dagegen könnte mit Recht das Argument des geringeren Sachverstands vorgebracht werden. Aber es können auch Situationen eintreten, in denen politisches Unrecht gemessen an dem Willen Gottes, dem auch das „weltliche Regiment" untersteht, so offenkundig wird, daß es keines politischen Sachverstands im Detail bedarf, um zu erkennen: Dies *ist* Unrecht, und ihm muß um Gottes willen und um des Lebens der Menschen willen widersprochen werden. Dem kann nicht entgegengehalten werden, dadurch geschehe bereits Vermischung der Regimente, klerikale Bevormundung des Staates durch die Kirche. Denn hier handelt es sich ja nicht um die Forderung, der Staat solle seinen Bürgern christlichen Glauben oder kirchliches Verhalten zur gesetzlichen Pflicht machen, sondern um die Erinnerung an den dem Staat als solchem zukommenden Auftrag weltlicher Ordnung – dies allerdings im Hinweis auf Gott als den Geber dieses Auftrags. Und solche Erinnerung geschieht „non vi, sed verbo"; die Kirche hat auch für ihr politisches Diakonat keine Machtmittel zu beanspruchen, ihr ist nur das Wort gegeben. Dieses Wort aber soll sie auch in den Fragen der weltlichen Ordnung nicht verschweigen.

An *welchem* Willen Gottes kann das Wort der Kirche zu diesen Fragen, kann die politische Mitverantwortung von Christen sich orientieren? Zu widersprechen ist der Tendenz, das Verhältnis des der Staats- und Rechtsordnung geltenden Auftrags zu dem, was Gott durch das Wort des Evangeliums wirkt, in erster Linie als Gegensatzdialektik zu verstehen: Dort der Druck und das Gesetz der Vergeltung – hier Freiheit und Liebe. Dahinter steht eine Sicht des „weltlichen Regiments", für die die *koerzitive* Funktion der Polizeigewalt und des Strafrechts im Zentrum steht. Aber nach dem, was jedenfalls heute auch außerhalb der Kirche als Aufgabe und Zielvorstellung staatlicher Wirksamkeit verstanden wird, ist diese gewiß unverzichtbare koerzitive Funktion doch vielmehr der im Grenzfall eintretende Notbehelf im Dienst der *konstruktiven* Bestrebung, unter jeweils gegebenen Umständen soweit möglich eine gerechte, befriedete Ordnung menschlichen Zusammenlebens zu verwirklichen. Das kann und wird nicht die Verwirklichung der Gottesgerechtigkeit und der Friede des Reiches Gottes sein. Aber kann es dazu in Gegensatz gestellt werden? Oder kann es die Sache der Kirche sein, dieses positive Verständnis als humanistisches Erweichen und Verkennen des göttlichen Willens zu beklagen? Das stünde im Widerspruch nicht nur dazu, wie heute auch außerhalb der Kirche die Aufgabe der Staats- und Rechtsordnung verstanden wird, sondern auch dazu, wie sie im Sinn der Zwei-Regimenten-Lehre Luthers zu verstehen ist. Gott will durch ihren Dienst irdisches Leben *erhalten*, trotz der menschlichen Sünde und ihren sozial zerstörenden Auswirkungen entgegen[8]. Erhaltung ist nicht Erlösung, das irdische Leben ist nicht ewiges Leben, das Wohl der Menschen ist nicht schon ihr Heil. Aber kann man die erhaltende Geduld Gottes in einen Gegensatz bringen zu seinem in Christus offenbaren Heilswillen? Darf man wirklich sagen: Was Gott durch das „weltliche Regiment" bewirkt haben will, hat mit Christus durchaus nichts zu tun? Warum und woraufhin will Gott Leben erhalten, wenn nicht auf die Rettung aus seiner Verkehrung in die Wahrheit seiner geschöpflichen Bestimmung hin – auf Christus hin! Von woher könnten wir überhaupt von einer erhaltenden Geduld Gottes wissen und sprechen, wenn nicht von Christus und dem Evangelium her! In ihm ist uns Gottes Wille für unser Leben in der Gemeinschaft mit ihm selbst und darum auch in mitmenschlicher Gemeinschaft offenbart: Gemeinschaft des Friedens, weil Menschen, die Gott in den Frieden mit sich selbst aufnimmt, dazu befreit werden, nicht gegeneinander, sondern mit- und füreinander dazusein. Das gilt für die Gemeinde Christi, ihr inneres Lebensgesetz ist das durch kein äußeres Gesetz herbeizuführende Geschenk der Liebe. Aber was als äußere Ordnung eines gerechten und befriedeten Gemeinwesens trotz menschlicher Sünde und ihren zerstörenden Auswirkungen entgegen der Erhaltung menschlichen Lebens dienen soll, das kann – wenn wirklich nach *Gottes* erhaltendem Willen gefragt wird – nicht ohne Beziehung sein zu der wahren Gemeinschaft, als die dieses Leben von Gott gewollt, auf die hin es geschaffen ist und zu der es in Christus befreit wird. Das Wissen um *diese* Gemeinschaft wird uns dann vielmehr zur Richtungsweisung werden auch für den Einsatz in den Fragen jenes äußeren Ordnungsbereiches. Die mit politischen Mitteln zu schaffende Rechts-

---

[8] Darum ist es völlig abwegig, die Unterscheidung des Auftrags der beiden Regimente mit Luthers Unterscheidung von Gesetz und Evangelium als der tötenden und lebendigmachenden Kraft des Wortes Gottes gleichzusetzen. *Diese* Unterscheidung, die Luther allerdings als Entgegensetzung versteht, gehört durchaus in den Bereich des „geistlichen Regiments" – dessen, was allein Gott durch sein Wort und seinen Geist im Menschen wirkt. Es kann nicht die Sache der Rechtsordnung sein, die menschliche Selbstgerechtigkeit zu „töten" und so, mit Luthers Begriff gesprochen, zum Gesetz Gottes in seinem „usus spiritualis" zu werden; ihr Auftrag ist, der Erhaltung des irdischen Lebens zu dienen.

ordnung ist nicht als solche schon Liebesgemeinschaft. Wenn wir aber als Christen nach Gottes Willen im Bereich weltlicher Ordnung fragen, werden wir danach fragen, was bei aller Vorläufigkeit und Gebrochenheit des hier Möglichen jener einen Richtungsweisung jeweils am ehesten entspricht, zumindest am wenigsten widerspricht. Was das konkret bedeutet, wird in der Konfrontation mit konkreten Problemen und Notständen immer wieder neu zu erfragen sein. Es kann aber jedenfalls nicht heißen: In der Gesinnung der Christen die Brüderlichkeit – in Politik und Wirtschaft der Machtkampf, in dem die Stärkeren sich rücksichtslos durchsetzen. Vielmehr: In der Gemeinde Christi die Bruderschaft – im Staat die Gerechtigkeit, die sich gerade um das Recht der Schwachen kümmert. Nicht: In der Innerlichkeit der Christen die Vergebungsbereitschaft nach dem Gebot der Bergpredigt – in der Politik das Gesetz von Schlag und Gegenschlag. Vielmehr: In uns die Bereitschaft zu vergeben – in den innerstaatlichen wie internationalen Konflikten die Bereitschaft, miteinander zu reden und Wege der Verständigung zu suchen. Anstelle der Aufheizung von Feindbildern die Anerkennung auch des politischen Gegners in seinem Recht zu leben, die Bereitschaft zur Koexistenz mit ihm.

Damit ist in einem freilich sehr allgemeinen Umriß angedeutet, was ein politisches Diakonat der Kirche in einer von tödlichen Konflikten zerrissenen, heute vom atomaren Selbstmord bedrohten Welt bedeuten, an Mahnung und Warnung einbringen könnte. Man mag fragen, ob das, was Christen von der Voraussetzung ihres *Glaubens* her zu politischen Fragen einbringen, in unserer säkularisierten Gesellschaft denn *allgemein* überzeugen kann. Wir sollten es dennoch einbringen in der Hoffnung, daß Gott auch „extra muros ecclesiae" Menschen bewegen kann, sich einzusetzen für das, was seinem Willen zur Erhaltung des Lebens dient.

Wir haben in diesen Überlegungen mit der Unterscheidung der „Regimente" den Grundgedanken der Barthschen Konzeption verbunden: Entsprechung, nicht Entgegensetzung des Willens Gottes in den Fragen weltlicher Ordnung zu seinem in Christus offenbaren Heilswillen, aus dem die Gemeinde lebt. Aber eine Frage ist auch an diese Konzeption zu stellen. Sie betrifft nicht ihren Grundgedanken, aber die m. E. etwas kurzschlüssige Argumentation, mit der er zuweilen vertreten wird. Kann man wirklich sagen: *Weil* die Königsherrschaft Jesu Christi bereits die ganze Weltwirklichkeit umfaßt, weil diese Welt faktisch schon die durch Gott mit ihm selbst versöhnte Welt *ist, darum* ist solche Entsprechung ihrer politischen Ordnung zur geistlichen Ordnung der Gemeinde Christi möglich? Kann man von der Herrschaft

Christi reden auch abgesehen von dem Glauben, der sich diesem Herrn untergibt? Kann man von der Wirklichkeit des Versöhntseins reden auch abgesehen von dem Glauben, der das Wort der Versöhnung sich gesagt sein läßt? Christus ist das Haupt seiner Gemeinde, er herrscht im Leben derer, die ihn als ihren König glauben und bekennen. Gott hat ihn eingesetzt auch zum Herrn der Welt, ihm sollen sich einst „alle Knie beugen, und alle Zungen bekennen, daß er der Herr sei" (Phil 2,10f). Aber das ist Ansage des Eschaton, zu dieser Vollverwirklichung der neuen, in Christus mit ihm selbst geeinten Menschheit ist Gott noch auf dem Weg, zur universalen Verwirklichung seiner Herrschaft ist Christus im Kommen. Noch aber lebt seine Gemeinde in einer Welt, in der viele ihn nicht ihren Herrn sein lassen. Noch ist dies eine Welt, in der das allen *geltende* Wort der Versöhnung weithin nicht gehört und Versöhntsein weder mit Gott noch unter Menschen *gelebt* wird. Noch geschehen in dieser Welt unerhörte Gewalttaten, in denen Christus tausendfach aufs neue gekreuzigt wird. Das alles ist bei Barth und den ihm folgenden Theologen gewiß nicht vergessen, aber in jener allzu direkt von der Vollendung ausgehenden Argumentation könnte es als triumphalistisch überblendet oder illusionär verdrängt erscheinen. Wir werden darum besser sagen: *Obwohl* dies alles noch so ist, obwohl die Königsherrschaft Christi in dieser Welt noch verborgen und angefochten ist und obwohl gemessen an dem Leben in ihrer Liebesmacht alles, was durch politischen Einsatz von Menschen in Richtung einer gerechteren und befriedeten Ordnung geschehen kann, vorläufiges und gebrechliches Stückwerk bleibt, an dem uns und der Welt in Christus *zugesprochenen* Leben richten wir uns aus, wenn wir fragen, was schon jetzt – wie vorläufig und gebrechlich auch immer – in dieser Welt, ihrer Ungerechtigkeit und ihrem Unfrieden entgegen, für das Leben der Menschen getan werden kann und soll.

Literatur

Zum Thema Kirche und Welt im allgemeinen kann auf die zu § 25 angegebene Literatur verwiesen werden. Ferner auf den Sammelband *Zum politischen Auftrag der christlichen Gemeinde, Barmen II,* Votum des Theol. Ausschusses der Ev. Kirche der Union (1974).
Die Literatur zur Zwei-Reg.-Lehre ist unübersehbar. Eine erste Einführung in ihre Ausprägung bei Luther kann geben: P. ALTHAUS, Die Ethik Martin Luthers (1965), S. 49ff. – Zur heutigen Diskussion die beiden Sammelbände Zur Sache, Kirchl. Aspekte heute, Heft 19 u. 20: *Gottes Wirken in seiner Welt,* Zur Diskussion um die Zweireichelehre, Hg. N. Hasselmann (1980).

IX. Kapitel: Die in Jesus Christus begründete Hoffnung

Die Verwirklichung der Menschheit Gottes – im Leben der Gemeinde Jesu Christi fängt dieses Gotteswerk an, aber es ist noch nicht vollendet. Gott ist in seiner Geschichte mit der Menschheit wie mit der Kirche noch auf dem Weg. Zum Glauben kommen heißt auf den Weg mit Gott gerufen werden. Auf einem Weg kann man nur sein in der Ausrichtung auf das Ziel, zu dem er führen soll. In einer Geschichte mit Gott kann man nur leben in der Erwartung dessen, worauf Gott sie hinausführen wird. Das gilt für den Weg der Kirche in der Welt ebenso wie für den Glaubensweg jedes Christen. Darum gehört zum Glauben Hoffnung, Erwartung von Zukunft. Ja man kann sagen, der Glaube selbst *ist* auch Hoffnung. Ohne diese Hoffnung, die nicht nur auf dies und jenes, sondern auf das Ganze und Letzte geht, wäre er nicht wirklich Glaube an Gott.

Die Zukunft, auf die die Hoffnung des Glaubens sich richtet, ist das Thema der Eschatologie, die in der älteren Theologie als die Lehre „von den letzten Dingen" („De novissimis") bezeichnet wurde. Aussagen über die Zukunft sind ein Wagnis. Sie greifen ja aller Erfahrung und als Aussagen des Glaubens auch aller gegenwärtigen Glaubenserfahrung voraus in das, was noch nicht „gegeben" ist. Von woher können und müssen in der Theologie eschatologische Aussagen gewagt werden? Was gibt uns den Grund zu ihnen und damit auch den Maßstab und die Grenze für das, was mit ihnen gesagt werden kann? Bleiben wir bei dem Fundament, von dem wir für alle Aussagen über Gott, seinen Willen und sein Wirken von Anfang an ausgegangen sind, dann kann nur geantwortet werden: Grund und Kriterium auch der eschatologischen Aussagen der Dogmatik, weil Grund aller Gewißheit und Hoffnung des Glaubens, ist Gottes Kommen zum Menschen in Jesus Christus. Allein aufgrund von Christus dem *Gekommenen* und in seinem Geist und Wort *Gegenwärtigen* reden wir von dem, was letztendlich kommen wird. Das werden nicht diese oder jene phantastischen „Dinge" sein – Er selbst wird auch der *Kommende*, zum Ziel der Geschichte Gottes mit den Menschen Kommende sein. Dieses christozentrische Kriterium bedeutet für die dogmatische Eschatologie eine doppelte Abgrenzung: einmal gegen einen formalen und abstrakten Biblizismus, der sich für verpflichtet halten würde, alles einzelne und Verschiedenartige, was in der Bibel an apokalypti-

schen Vorstellungen und Bildern enthalten ist, zu einem Gesamtgemälde von Endereignissen zu kombinieren. Das zentrale Thema, auf das hin die Bibel gelesen und befragt sein will, ist ihr Christuszeugnis. Wir fragen also, inwiefern in jenen Vorstellungen und Bildern die Hoffnung eines Glaubens spricht, der in ihm seinen Grund hat. Dabei könnte manches in ihnen auch kritisch zu hinterfragen sein. Auf der andern Seite grenzt das christozentrische Kriterium eine dogmatisch zu verantwortende Eschatologie ab gegen utopische Spekulationen und Wunschvorstellungen menschlicher Zukunftsbewältigung, die ihre Zuversicht anderswoher nehmen als aus dem Gekommensein dieses Einen, und ebenso gegen alle Versuche, an ihm und seinem Wort vorbei in die jenseits unseres Todes liegenden Geheimnisse einzudringen.
Im biblischen Christuszeugnis ist mit dem Glauben an den Gekommenen die Hoffnung auf seine „Wiederkunft", die Erwartung des Reiches, in dem er als der Herr über alle Mächte sich erweisen wird, aufs engste verbunden. Nichts, was im Neuen Testament von Christus, von der in ihm offenbarten Gottesgerechtigkeit, von der Rechtfertigung der Sünder, vom Glauben und seinen Werken, vom Wirken des Heiligen Geistes gesagt wird, kann von der Erwartung dieser Zukunft gelöst werden. Im Unterschied dazu ist in der theologiegeschichtlichen Entwicklung die Eschatologie weithin zu einem Anhang der Dogmatik geworden, der zu Zeiten mehr ihre Verlegenheit als ihr abschließendes Wort darstellte. Sie ist besonders in der neueren und gegenwärtigen Theologie auch ein umstrittenes und sehr verschieden behandeltes Thema. Das hängt mit Problemen der Denk- und Aussagemöglichkeit des Eschaton zusammen, die sich in der Geschichte der Kirche zum Teil schon früh, dann aber vor allem mit der Entwicklung des neuzeitlichen Weltbildes einstellten. Darüber und über die von diesen Problemen beeinflußte eschatologische Lehrentwicklung ist zunächst zu berichten.

§ 29. Eschatologie als Thema der kirchlichen Lehrüberlieferung Ihre Umformungen in der neueren Theologie

1. Von der urchristlichen Naherwartung zur Lehre von den letzten Dingen

Die Urgemeinde lebte in der Erwartung, daß dem in der Auferweckung Jesu Christi schon angebrochenen Eschaton alsbald seine Parusie zur Aufrichtung der Gottesherrschaft des neuen Aeons folgen werde. Dann werden alle Toten auferweckt und mit Christus als ihrem Richter konfrontiert werden, die jetzt Lebenden und im Glauben mit ihm Verbundenen aber werden unmittelbar in das neue Leben aufgenommen werden. Da lag die Hoffnung auf das Kommen des Reiches noch ineins mit der Hoffnung auf die eigene Lebenszukunft.
Daß diese zeitliche „Naherwartung" sich nicht erfüllte, führte in Fragen, deren erste Anzeichen schon im Neuen Testament sichtbar werden (Sterben von Christen der ersten Generation vor dem Anbruch der Parusie)[1]. Das allmähliche Schwinden der Naherwartung mußte sich dann auch in der kirchlichen Frömmigkeit und Lehrentwicklung auswirken. Nahe blieb jederzeit die Erwartung des eigenen Todes und damit die Frage nach der persönlichen Zukunft des Sterbenden. Das Ende dieser Weltzeit, die allgemeine Totenauferweckung und die Aufrichtung des Gottesreiches in der Wiederkunft Christi dagegen rückten in die Ferne. Gewiß erwachte, besonders in Zeiten der Krise, in einzelnen Christen (z. B. Luther) und christlichen Gruppen Naherwartung aufs neue. Aber aufs Ganze gesehen entstand eine Aufteilung der eschatologischen Thematik in *individuale* und *universale* Erwartung. Das existentielle Glaubensinteresse konzentrierte sich mehr und mehr auf die individual-eschatologische Frage nach dem postmortalen Geschick des einzelnen. Die universal-eschatologischen Aussagen über die die Welt und Menschheit im ganzen betreffenden Endereignisse wurden daneben, der biblischen Tradition folgend, dogmatisch weiterüberliefert. Sie konnten nun aber in der Tat in die Stellung eines Zusatzthemas geraten, dessen innere Verbindung mit dem persönlichen Glauben und Hoffen sich lockerte.
Zum besonderen Problem mußte dabei die Frage nach dem „Zwischenzustand" werden, in dem der Abgeschiedene sich zwischen dem Zeitpunkt seines Todes und dem im allgemeinen als fern empfundenen „jüngsten Tag" befindet. Die leibliche Auferweckung konnte

---

[1] Vgl. 1.Thess 4,13ff; 2.Thess 2,1ff.

nach der biblischen Überlieferung erst mit der Wiederkunft Christi am jüngsten Tag erwartet werden. Gibt es für die glaubend Verstorbenen bis dahin noch kein Heil, darf man nicht hoffen, durch den Tod unmittelbar ins Leben zu Christus einzugehen? Sicher hat der Druck dieses Bedürfnisses, sich die Toten in dieser „Zwischenzeit" nicht einfach ausgelöscht denken zu müssen, dazu mitgewirkt, daß die Kirche die Lehre von der Unsterblichkeit der Seele übernahm: Der Mensch existiert als Seele weiter, auch wenn sein irdischer Leib tot und der Auferstehungsleib ihm noch nicht gegeben ist. Aber welches ist das Geschick dieser Seelen zwischen Tod und Auferstehung? Es gab Theorien, die diese Frage als gegenstandslos erweisen wollten. So die Lehre vom „Seelenschlaf": Die Seelen schlafen im Tode ein und wachen am jüngsten Tage auf, so daß sie die Zeit des Zwischenzustands gar nicht als Wartezeit erfahren. So im wesentlichen auch Luther; gelegentlich konnte er aber sagen: Für das, was jenseits unseres Todes ist, muß man überhaupt „die Zeit aus dem Sinne tun", d. h. die Frage nach einem zeitlich sich erstreckenden Zwischenzustand wird müßig, weil die Zeitkategorie auf dieses Jenseits gar nicht mehr angewandt werden kann. Das blieben aber Gedanken einzelner am Rand der kirchlichen Lehrentwicklung. Diese hielt – später dann auch in der altprotestantischen Dogmatik – an der zeitlichen Vorstellung des Zwischenzustandes fest. In der römisch-katholischen Kirche erhielt diese Vorstellung zusätzliches Gewicht durch die (der Ostkirche fremde) Lehre vom Fegfeuer, in dem die Seelen der zum Heil Bestimmten von dem, was ihnen im Tod an Sünde noch anhaftet, durch läuternde Strafen gereinigt werden.

Das Gesamtgefüge des unter diesen Voraussetzungen entstandenen eschatologischen Lehrsystems soll im Folgenden, unter Angabe der von der katholischen Lehrtradition abweichenden Punkte, an dem entsprechenden Locus der altprotestantischen Orthodoxie veranschaulicht werden.

2. Der Locus „De Novissimis" in der altprotestantischen Theologie

Die eschatologischen Themen erscheinen hier im allgemeinen in folgender Reihenfolge: Der Tod des einzelnen, die Wiederkunft Christi zum Ende der Welt, die Auferweckung der Toten, das Endgericht, ewige Seligkeit und Verdammnis.

2.1. Die Lehre vom Tod unterscheidet geistlichen, leiblichen und ewigen Tod.
Unter dem geistlichen Tod wird das Geschiedensein von Gott verstanden, dem der Mensch schon im irdischen Leben durch die Herrschaft der Sünde unterworfen ist, sofern er nicht durch Taufe und Glauben neu geboren wird.
Im leiblichen Tod geschieht die Trennung von Seele und Leib. Für die Seele des Glaubenden, der schon im Leben aus dem geistlichen Tod zu geistlichem Leben gekommen ist, bedeutet er die völlige Befreiung von der Sünde und den Eingang zum ewigen Leben. Für die Seele des geistlich Toten bedeutet er den Eingang zum ewigen Tod. Denn jede Seele erfährt schon im Augenblick des Todes ein Gericht, das als *iudicium particulare* über ihr persönliches Endgeschick entscheidet. Sie wird unmittelbar zu Christus in die Seligkeit aufgenommen oder aber der Hölle überliefert, zunächst ohne mit dem Leib vereinigt zu werden. Abgelehnt wird von der altprotestantischen Theologie die katholische Lehre von den Läuterungsstrafen des Fegfeuers, weil im Widerspruch zu der Rechtfertigung allein um des für alle Sünden genugtuenden Leidens Christi willen.

Die scholastische Theologie kannte außer Himmel, Hölle und Fegfeuer noch einen „limbus infantium" als Ort der ungetauft sterbenden kleinen Kinder, denen zwar als Ungetauften der Eingang zum Himmel verschlossen bleiben muß, die aber auch nicht den Qualen der Hölle anheimfallen sollen; und außerdem einen „limbus patrum", der bis zu ihrer Befreiung durch den auferstandenen Christus der Aufenthaltsort der verstorbenen Frommen des Alten Bundes war. Auch diese Vorstellungen wurden von der altprotestantischen Theologie als das Schriftzeugnis überschreitende Spekulation zurückgewiesen.

2.2. Mit der *Wiederkunft Christi* am jüngsten Tage tritt das *Ende der Welt* ein. Es wird von den altprotestantischen Theologen im allgemeinen als eine wirkliche Vernichtung dieser irdischen Welt (nach 2.Petr 3,10ff durch Feuer) verstanden. Mit Ausnahme der Engel und der Seelen der Menschen wird darin alles Geschaffene vergehen. An die Stelle dieser Welt wird das Reich Gottes als eine völlige neue Schöpfung treten.

2.3. Ineins mit dem Weltende geschieht am jüngsten Tag die *Auferweckung aller Toten*, verstanden als die Wiedervereinigung der Seelen mit ihrem aus dem Grab herausgerufenen Leib, der aus seiner irdischen in eine neue Gestalt verwandelt wird. Der Auferstehungsleib wird unzerstörbar sein, der Leib der zur Seligkeit Bestimmten zugleich

clarificatus (verklärt, verherrlicht) und impassibilis (keines Leidens mehr fähig), der Leib der Verworfenen aber nicht verklärt und vor allem nicht leidensunfähig, vielmehr zu ewiger Qual bestimmt.
Abgelehnt wird die Lehre des *Chiliasmus* von einer zweifachen Auferweckung: Christus werde wiederkommen zu einer ersten Auferweckung der Frommen, die dann während tausend Jahren, in denen der Satan „gebunden" sein wird, mit ihm auf Erden herrschen werden. Danach werde der Satan nochmals Macht haben und die Drangsale der Endzeit über die Menschheit bringen. Dann erst werde die Auferweckung aller Toten zum Endgericht geschehen, die irdische Welt vergehen und das ewige Gottesreich anbrechen.

Der Chiliasmus beruft sich auf entsprechende Aussagen in Off 20. Sein Name erklärt sich aus gr. chilioi = tausend, seine Anhänger werden oft auch als „Milleniumschristen" (millenium = Zeitraum von tausend Jahren) bezeichnet. Die Ursprünge der chiliastischen Gedanken liegen in der jüdischen Apokalyptik, von wo sie in Off 20 übernommen sind. Sie wurden von vielen altkirchlichen Theologen vertreten und traten erst allmählich aus der Lehre der Kirche zurück. Vor allem in sektierenden Bewegungen lebten sie immer wieder auf, wurden aber teilweise auch im Pietismus übernommen.

2.4 Die Auferweckten werden vor das Jüngste Gericht gerufen. Es wird (im Unterschied zu dem judicium particulare über den einzelnen im Augenblick seines Todes) ein *judicium universale et publicum* sein, durch das alle Menschen gleichzeitig und öffentlich ihr endgültiges Urteil empfangen. Christus wird in ihm der Richter sein. Die Werke und Sünden aller – auch die Sünden der Glaubenden – werden offenbar werden. Die Entscheidung des Richters fällt daran, ob ein Mensch dem Evangelium geglaubt und im Glauben Vergebung seiner Sünden empfangen hat, oder ob er Glauben und Vergebung abgewiesen hat. Aber als Gericht nach dem Glauben wird es zugleich das Gericht nach den Werken sein. Denn wo wahrer Glaube war, werden mit ihm auch die Werke des Glaubens offenbar werden und ihr Lob empfangen, wer nicht geglaubt hat, wird in seinen unvergebenen Sünden vor dem Richter stehen und verurteilt werden. Im Grunde bedeutet dieses universale und öffentliche Gericht aber für beide, Glaubende und Nichtglaubende, nur die Bestätigung der Entscheidung, die bereits durch das judicium particulare über den einzelnen im Augenblick seines Todes gefallen war. An der gedanklichen Nötigung zur Aufspaltung der Lehre vom Gericht in die Rede von zwei verschiedenen Gerichtsakten, wobei der erste die Entscheidung des zweiten vorwegnimmt, zeigt sich symptomatisch die Problematik des Auseinandertretens von individualer und universaler Eschatologie.

2.5. Durch das jüngste Gericht hindurch gehen die einen zum *ewigen Leben* ein und werden die andern *ewiger Verdammnis* überliefert. Der einstweilige Ort, in dem die Seelen der Verstorbenen entweder im Himmel bei Christus geborgen waren oder in der Hölle weilten, wird nun zum endgültigen Zustand einer Seligkeit oder Pein, die auch den wiedererweckten und mit der Seele vereinigten Leib betrifft. Ewige Seligkeit wird verstanden als vollkommene, unauflösliche und unendlich beglückende Gemeinschaft der Erlösten mit Gott und Christus in unmittelbarer Schau seiner Herrlichkeit. Ewige Höllenpein besagt ein unendlich qualvolles Bewußtsein unwiderruflichen Geschiedenseins von Gott, verbunden mit dem Zwang, Gott zu hassen, dazu mit unaufhörlichen leiblichen Qualen.

Ausdrücklich verworfen werden von der altprotestantischen Theologie die Versuche, eine zeitliche Begrenzung der Hölle und ihrer Qualen zu denken, sowohl in der Vorstellung, alle, auch die im Gericht Verworfenen, würden von Gott letztendlich angenommen werden (apokatastasis pantôn = Wiedereinbringung aller), als auch in der Vorstellung, Gott werde der Pein schließlich durch *Auslöschung der Hölle* und der in sie Verworfenen ein Ende machen.

3. Wandlungen der eschatologischen Thematik seit dem 18. Jahrhundert

Durch die tiefgreifende Veränderung des äußeren Weltbildes, die die neuzeitliche Wissenschaft mit sich brachte und mit der eine innere Wandlung im Selbst- und Geschichtsverständnis der abendländischen Menschheit Hand in Hand ging, wurde die Eschatologie der kirchlichen Lehrtradition in Frage gestellt. Davon wurden vor allem die universal-eschatologischen Aussagen über das Welt- und Geschichtsende betroffen. Man muß sich zunächst klarmachen, wie einschneidend sich hier die mit Kopernikus einsetzende und im Fortschreiten der Naturwissenschaft radikalisierte Umwandlung des Weltbildes auswirken mußte. Das alte, geozentrische Weltbild hatte eine *begrenzte* Welt vor Augen. Sie war räumlich nach oben begrenzt durch den als Gewölbe vorgestellten Fixsternhimmel. Was ihre zeitliche Begrenzung betraf, so konnte jedenfalls ihr Anfang in Gottes Schöpfungstat als Zeitpunkt vorgestellt und anhand der biblischen Chronologie annähernd errechnet werden. Die Erde, auf der sich das Leben und die Geschichte der Menschen vollzieht, erschien als die Mitte dieser begrenzten Welt, der Himmelskosmos von Gott um die Erde herum erbaut, die Geschichte des Kosmos mit der des Menschen auf der Erde kommensurabel. Im Rahmen dieses Weltbildes war wie die Schöpfertat am Anfang so auch eine abschließende Gottestat, ein „jüngster Tag", an dem Gott mit der Geschichte der Menschheit zugleich dieser ganzen Welt ihr zeitliches Ende und Ziel setzen wird, gedanklich durchaus vorstellbar (wenn auch gegenüber der urchristlichen Naherwartung in relative Ferne gerückt). Nun aber entstand das Bild eines Universums, in dem die Erde nur als ein verschwindend kleines Element und auf dieser Erde wiederum die Geschichte der Menschheit nur als verschwindend kurze Phase erscheint, vor der und möglicherweise auch nach der mit unermeßlichen Zeiträumen von kosmischem Prozeß ohne Menschen zu rechnen ist. Natürlich war dieses veränderte Weltbild, dessen Ansätze bereits im 16. Jh. liegen (Kopernikus, Giordano Bruno), nicht sofort auch im allgemeinen Bewußtsein präsent. Aber zumindest hinsichtlich der räumlichen Ausdehnung des Kosmos war es seit dem 18. Jh. in der europäischen Bildungsschicht durchgedrungen; hinsichtlich der zeitlichen Ausmaße des kosmischen Geschehens wurde es durch die Naturwissenschaft des 19. Jh. ausgeweitet. Im Verhältnis zu unserer Erde erschien nun der Weltraum und im Verhältnis zu der Geschichte der Menschheit auf der Erde auch die Weltzeit als *unendlich*[2]. Dazu kam im 19. Jh. der Leitgedanke einer „natürlichen" Entwicklung, nach dem alle Veränderung innerhalb dieses unermeßlichen Ganzen aus der kausalen Wirksamkeit der ihm *immanenten* Kräfte zu erklären ist. Durch all dies geriet die Erwartung eines mit dem Ende der Menschheitsgeschichte zusammenfallenden Endes dieser Welt überhaupt durch eine von oben eingreifende Gottestat, die eine völlig neue Welt schafft, nicht nur in unabsehbare Ferne, sondern ins Unvorstellbare.

Damit war nicht die auf die Zukunft gerichtete Erwartung überhaupt verschwunden. Im Unterschied zu der in der Antike vorherrschenden zyklischen Vorstellung, die die geschichtlichen Wandlungen nach Analogie des Naturgeschehens als in sich zurückkehrende Kreisläufe dachte, blieb das neuzeitliche Geschichtsdenken, auch soweit es sich

---

[2] Zwar rechnen neuere naturwissenschaftliche Theorien mit einem endlichen und seit ca. 13 Milliarden Jahren aus einem „Nullpunkt" heraus expandierenden Universum. Aber auch dies bleibt ein den Rahmen menschlicher Geschichte auf der Erde unermeßlich transzendierender Kosmos.

vom kirchlichen Dogma emanzipierte, an der quasi-linearen Vorstellung einer Zielrichtung orientiert. Man kann darin vielleicht eine Fortwirkung biblisch-christlichen Erbes sehen. Aber in ihrer säkularisierten Gestalt erscheint diese zielgerichtete Erwartung tiefgreifend umgewandelt – eine Wandlung, die sicher nicht einfach durch die Veränderung des äußeren Weltbildes verursacht wurde, aber doch wohl mit ihr in einem geistesgeschichtlichen Zusammenhang steht. Der Gedanke eines Zieles der Menschheitsgeschichte löste sich nicht nur von der Vorstellung eines Endes des Naturkosmos. Er löste sich vor allem von der Erwartung, durch ein Eingreifen *Gottes* werde dieses Ziel verwirklicht. An ihre Stelle tritt die Erwartung eines Fortschreitens der *Menschheit* zu immer größerer Selbstvervollkommnung, sowohl in der Beherrschung der Naturkräfte als in der sittlichen Reife des menschlichen Geistes und Gemeinschaftslebens bis hin zu einer Weltgesellschaft und Völkergemeinschaft, in der es keine Kriege mehr geben wird. Das steht durchaus im Gegensatz zu der Erwartung apokalyptischer Tradition, es werde sich zuletzt die Macht des Bösen in katastrophalen Ausbrüchen steigern, bis Gott ihr in der Aufrichtung seines Reiches ihr Ende bereitet und eine neue, von allem Unheil befreite Schöpfung verwirklicht.
Dieser Fortschrittsgedanke war vom 18. Jh. an bis in den Anfang dieses Jhs. hinein die vorherrschende Gestalt säkularisierter Zukunftserwartung. Dabei wurde Vollendung zumeist als ein ideales Fernziel empfunden, der „Sinn" der Geschichte als Fortschritt in der Bewegung stetiger Annäherung an dieses Ideal gesehen. Aber dies blieb nicht die einzige Ausprägung säkularisierter Eschatologie. Sie fand eine zweite Gestalt in Bewegungen, die die Geschichte nicht als ins Unendliche kontinuierendes Fortschreiten, sondern als einen Kampf der Kräfte verstehen, der endlich – und zwar in naher Zukunft – durch den Sieg der Wahrheit über die ihr widersprechende Wirklichkeit entschieden werden muß. Man könnte darin eine säkularisierte Gestalt apokalyptischer Naherwartung sehen, die sich nun aber erst recht nicht auf ein Eingreifen Gottes, sondern auf die Herbeiführung durch menschliches Handeln richtet. Nicht evolutionäre *Annäherung* an ein abstrakt bleibendes Ideal, sondern konkrete, u. U. auch revolutionäre *Verwirklichung* eines Stadiums, in dem die menschliche Gesellschaft zur Erfüllung ihrer Bestimmung kommt, ist hier das leitende Motiv. Solche Programme einer Verwirklichung des Zieles der Geschichte *in* der Geschichte sind in der Vergangenheit in verschiedenen Erscheinungsformen, seit dem 19. Jh. vor allem in der Gestalt des Marxismus, aufgetreten. Sie haben heute, nicht zuletzt unter dem

Druck globaler Gefährdungen beim Weiterbeschreiten der bisher begangenen Wege, für viele eine stärkere Anziehungskraft als der angesichts dieser Gefährdungen brüchig gewordene Gedanke des allmählichen Fortschritts.

Innerhalb der *Theologie* des 19. Jhs. war die Reaktion auf dieses säkularisierte Verständnis von Geschichte und Zukunft verschieden. Konservative Theologen hielten die überlieferte Lehre von den letzten Dingen in ihren Grundzügen fest, übten aber im allgemeinen eine gewisse Zurückhaltung von spekulativer Entfaltung der bildhaften biblisch-apokalyptischen Vorstellungen[3]. Weniger zurückhaltend war hierin eine vom württembergischen Pietismus beeinflußte „heilsgeschichtliche" Theologie, vertreten etwa durch Carl August *Auberlen* (1824–1864), Joh. Tobias *Beck* (1804–1878) und Johannes *von Hofmann* (1810–1877). Ihr besonderes Interesse galt dem Geschichtsplan und Geschichtshandeln Gottes. Sie betonte darum gerade den universalen, das Ziel von Schöpfung und Geschichte betreffenden Gehalt der Eschatologie und erarbeitete aus den dahin zielenden biblischen Aussagen ein Gesamtbild der Endereignisse, in das z.T. auch das chiliastische Motiv wieder eingeordnet wurde. Der Chiliasmus war auch pietistischen Erweckungsbewegungen nicht fremd. Sehr massiv wurde und wird er von manchen im 19. Jh. entstandenen Sekten vertreten, verbunden mit Datumsberechnungen der Endereignisse und einer radikalen Kritik der säkularisierten Gesellschaft, in der man eine gottlos gewordene Welt zum Endgericht herangereift sieht. Neben diesen der allgemeinen Zeitströmung gegenüber kritischen Wiederaufnahmen des eschatologischen Themas stand aber mit größerer Breitenwirkung eine „neuprotestantische" Theologie, in der man die Hoffnungsgehalte des christlichen Glaubens im Einklang mit dem veränderten Weltbild und Geschichtsverständnis zu interpretieren suchte. Bei ausgesprochen rationalistischen Theologen um und nach 1800, aber auch bei Vertretern der späteren liberalen Theologie führte das zu entschlossener Preisgabe des universal-eschatologischen Überlieferungsgehaltes. Übrig blieb als Gegenstand eschatologischer Aussage die Frage nach einer den Tod überdauernden Zukunft des individuellen Menschenlebens. Sie wurde beantwortet durch die mit theologischen und teilweise auch philosophischen Argumenten gestützte Behauptung einer unzerstörbaren Fortdauer der geistigen Persönlichkeit. Die Vorstellung einer leiblichen Totenauferweckung dagegen

---

[3] Eine Vorstellung von dieser Weise, das Thema zu behandeln, kann der von M. Kähler verfaßte Artikel „Eschatologie" in RE 3. Aufl. vermitteln.

wurde preisgegeben. Auch in der theologisch unreflektierten Frömmigkeit, soweit sie nicht vom Pietismus berührt war, spielte die Erwartung des Reiches Gottes als Zukunft der Geschichte kaum eine Rolle; die Hoffnung des einzelnen war darauf gerichtet, daß seine Seele – besser vielleicht: er selbst *als* Seele – nach dem Tod „in den Himmel" kommt.

Dagegen wurde durch Albrecht *Ritschl* (1822–1889) und die an ihn sich anschließende theologische Richtung im Rückgriff auf die Verkündigung Jesu der Gedanke des *Reiches Gottes* wieder ins Zentrum gerückt. Aber auch Ritschl und seine Schüler dachten dabei nicht an eine welt- und geschichtstranszendente Zukunft. Sie verstanden unter dem Reich Gottes vielmehr die Verwirklichung eines sittlich-religiös gereiften, von Frieden und Liebe gestalteten Gemeinschaftslebens auf dieser Erde. Die allgemeine Fortschrittserwartung fand hier ihre christlich-religiöse Interpretation. Gewiß dachte man dabei das Kommen des Reiches Gottes nicht als rein menschliche Verwirklichung, sondern als die Wirkung der immer mehr die Kultur durchdringenden ethischen Botschaft Jesu von der Gottesliebe, die aber menschliches Mitwirken zum Werden dieses Reiches nicht ausschließt, sondern gerade motiviert und in Anspruch nimmt. So wurde in dieser Konzeption das Reich Gottes in einem als der Endzweck des göttlichen Weltplans wie als die Aufgabe und das Ziel der durch Gott bewegten sittlichen Aktivität des Menschen verstanden.

4. Eschatologische Neuansätze in der Theologie des 20. Jahrhunderts

4.1. Ritschl und seine theologischen Nachfolger waren der Überzeugung gewesen, mit diesem Verständnis des Reiches Gottes dem zu entsprechen, was auch in Jesu eigener Predigt vom Reich letztlich und eigentlich gemeint war. Dieser Vorstellung wurde um die Jahrhundertwende von seiten der neutestamentlichen Forschung der Boden entzogen. Joh. *Weiß* und vor allem Albert *Schweitzer* stellten heraus, daß die Reichsverkündigung des wirklichen Jesus keineswegs eine ethische Entwicklung der Menschheit meinte, sondern mit der jüdischen Apokalyptik seiner Zeit ganz und gar von der Naherwartung eines übernatürlichen Eingreifens Gottes, des Endes der Welt und der Aufrichtung seines *überweltlichen* Reiches geprägt war. Man bezeichnete diese These als „*konsequente Eschatologie*", womit ihre Vertreter[4] aber keine von ihnen selbst vertretene dogmatische Position, sondern lediglich einen exegetischen Erkenntnisgewinn in bezug auf die wirkliche Lehre des „historischen" Jesus meinten. Als Theologen beurteilten sie vielmehr die apokalyptische Vorstellungswelt Jesu als durch das Ausbleiben der Naherwartung definitiv widerlegt; man muß sich entschließen, sich *darin* von Jesus zu trennen, sollte dies aber auch offen zugeben. Wegweisend bleibt der Ernst und die Dringlichkeit des ethischen Appells, der von der Reichsverkündigung Jesu ausgeht.

4.2. Durch die Schockwirkung des Ersten Weltkriegs geriet der Kultur- und Fortschrittsoptimismus überhaupt, damit auch die Vorstellung des Reiches Gottes als Ziel einer ethischen Entwicklung der Menschheit in die Krise. Das gilt jedenfalls für die deutschsprachige evangelische Theologie. Hier erwachte, vertreten vor allem durch K. *Barth* und die „dialektische Theologie", ein neues Verständnis für die welt*kritische* Stoßrichtung der biblischen Botschaft: Das eschatologische Handeln Gottes, das Kommen seines Reiches bedeutet Gericht über alles, was der Mensch in sich selbst ist und aus sich selbst hervorbringt. Aber dieses Gericht wird vor allem als je *gegenwärtiges*, aktuelles Geschehen verstanden. Das Eschaton trifft nicht erst in einem zukünftigen „chronos" ein, sondern betrifft uns je immer in dem „kairos", in dem der Anruf des Wortes Gottes trifft. Christus selbst ist dieses Eschaton, Gottes eigenes und letztes Wort, das unseren Worten und Werken, auch unsern religiösen Worten und Werken ihr Ende setzt. Barth und andere Theologen, die dieses aktuelle Verständnis des Eschaton vertreten, haben aber in der Folgezeit auch den futurischen, auf das Ende von Welt und Geschichte bezogenen Aspekt der Eschatologie wieder aufgenommen, ohne den präsentischen aufzugeben[5].

4.3 Anders R. *Bultmann* und mit ihm die Theologie der „existentialen Interpretation". Hier führte das präsentische Verständnis zur ausdrücklichen Preisgabe des futurischen Aspektes, damit aber auch zurück zu einer Individualisierung, in der der universale Bezug des eschatologischen Themas verloren ging. Zum begrifflichen Instru-

---

[4] Neben A. Schweitzer u. a. vor allem der Systematiker Martin Werner.
[5] So P. Althaus. In den ersten Auflagen seines Buches „Die letzten Dinge" (1922ff) hatte er mit einer gewissen Einseitigkeit die je gegenwärtige (von ihm „axiologisch" genannte) Bedeutung des Eschaton betont. In den späteren Auflagen (6. Aufl. 1956) brachte er ausdrücklich auch den „teleologischen" Zukunftsbezug eschatologischer Aussagen zur Geltung.

mentarium wurde dafür die von Bultmann eingeführte Unterscheidung von „historisch" und „geschichtlich". Das „Historische" ist der äußere, objektive Ablauf der Ereignisse in der Zeit. „Geschichtlich" aber ist – nach einer eigenartigen Neubestimmung dieses Begriffs – ein Geschehen insofern und nur insofern, als es uns aktuell in unserer Existenz betrifft und unser Existenzverständnis verändert. In Anwendung dieser Unterscheidung kann dann gesagt werden: Das Eschaton ist nicht historisch, sondern geschichtlich zu verstehen. D. h. es geht darin nicht um ein Ende oder Ziel der Weltgeschichte als solcher – was einmal aus der Menschheitsgeschichte oder gar dem Naturkosmos wird, ist vielmehr eine theologisch ganz irrelevante, weil uns in unserer eigenen Existenz nicht betreffende Fragestellung. In dem „geschichtlich" verstandenen Eschaton geht es um die Entscheidungssituation, in die der einzelne je aktuell durch das Wort Gottes gestellt wird: ob er im Glauben aus diesem Wort sein wahres Leben gewinnen oder sich an das welthaft „Verfügbare" halten und daran verlieren wird. In dieser Sicht wird auch die Frage eines Lebens nach dem Tod gegenstandslos; wer im Glauben aus dem Wort Gottes lebt, empfängt darin je jetzt schon, was in Wahrheit „ewiges Leben" heißt.

Solche radikal ins je Gegenwärtige der inneren Begegnung des einzelnen mit dem Wort Gottes übersetzte Eschatologie hat zweifellos den gedanklichen Gewinn, daß für sie Konflikte mit dem modernen Weltbild restlos entfallen. Aber kann sie noch als wirkliche Interpretation dessen verstanden werden, was in den biblischen Hoffnungsaussagen „eigentlich" gemeint ist?

4.4. Im Fortgang der theologischen Diskussion stieß diese präsentisch-existentiale Interpretation des eschatologischen Themas auf scharfe Kritik. Im Zusammenhang der Forderung nach sozialem und politischem Engagement der Christen und der Kirche wandte sich ein durchaus existentielles Interesse gerade der dort für theologisch irrelevant erklärten Frage zu, was aus dem Ganzen von Welt und Geschichte wird. Das Thema des Reiches Gottes als Zukunft dieses Ganzen wurde erneut aufgegriffen. Ein bahnbrechender Wortführer dieses Neuansatzes wurde Jürgen *Moltmann* mit seinem Buch „Theologie der Hoffnung"[6]. Er legt darin alles Gewicht auf die Zukunftsausrichtung biblisch-christlicher Heilserwartung: Das Christusgeschehen ist nicht Begründung einer Heilsgegenwart, in der der Glaube je immer schon geborgen und am Ziel wäre, sondern – und zwar gerade kraft

---

[6] 1964, 11. Aufl. 1980.

der Auferweckung des Gekreuzigten – die Verheißung von Heilszukunft, deren Verwirklichung noch aussteht und auf die hin der Glaube auf den Weg geschickt ist. Zugleich reklamiert Moltmann für die Eschatologie ihren universalen Bezug zurück: Es geht um eine Zukunft, in der die Wirklichkeit der Welt zu ihrer Wahrheit und Gott zum Ziel seiner Schöpfung kommen wird. Darum können gerade die Christen sich nicht in eine Innerlichkeit zurückziehen wollen, in der ihnen das Weltliche gleichgültig wird, sie sind vielmehr zu aktiver Teilnahme an diesem Veränderungs- und Zukunftswillen Gottes, zum „Exodus" (Aufbruch) aus allem zufriedenen Verweilen im jeweils Gegebenen aufgerufen. Das bedeutet für Moltmann nicht, daß die Herbeiführung des Reiches einfach zur Sache des Menschen würde; Gott selbst in Christus ist der Verheißende und so auch der Verwirklicher dieser Zukunft, und als Überwindung des *Todes* bleibt sie allem, was durch menschliche Verwirklichung vorstellbar ist, voraus. Die Glaubenden aber sind gerufen, mit dem, was durch Menschen für mehr Gerechtigkeit und Freiheit in dieser Welt getan werden kann, auf diese Zukunft in aktiver Hoffnung zuzuleben.

4.5. Andere gegenwärtige Interpretationen der Hoffnung auf das Reich Gottes haben eindeutiger eine Heilsverwirklichung *in* der Geschichte durch menschliches Handeln im Blick. Hier wird das Kommen des Reiches in eins gesehen mit der Verwirklichung politischsozialer Ziele; Gott will es *durch* verändernde, befreiende Aktivität von Menschen herbeiführen, er ist und wirkt immer da, wo Menschen gegen die bestehende ungerechte Wirklichkeit kämpfen[7]. Diese Einstellung eschatologischer Hoffnung auf innerweltliche Verwirklichung hat heute eine große Anziehungskraft, vor allem da, wo das Leiden unter akuten Unrechtszuständen stark ist. Als universal zielgerichtete Eschatologie ist sie der auf den einzelnen und sein Selbstverständnis eingeengten der „existentialen Interpretation" diametral entgegengesetzt; dabei ist sie aber ebenso wie diese von dem Druck der Unvorstellbarkeit eines transzendenten Weltendes befreit, da sie konkrete, innerweltliche Zielvorstellungen zu bieten hat. Dem steht aber gegenüber, daß dann eine Teilhabe derer, die vor der Verwirklichung dieses Zieles gestorben sind und noch sterben werden, an dem so verstandenen Reich Gottes unvorstellbar wird – die Toten bleiben zurück auf

---

[7] Damit ist eine Tendenz angedeutet, die u. a. in der „Theologie der Befreiung" bemerkbar ist, aber nicht unterschiedslos allen ihren Vertretern unterstellt werden darf.

dem Schlachtfeld der Geschichte. Kann die Hoffnung der Christen sie da liegen lassen?

5. *Das Problemfeld*

Wir versuchen, die Probleme zu sichten und zu ordnen, die in diesem Überblick über die eschatologische Lehrentwicklung hervortraten; alte Probleme, die schon immer in die Lehre von den „letzten Dingen" einwirkten, und Fragen, die aus der neueren und gegenwärtigen Diskussion des Themas entstanden sind. Die dogmatische Besinnung wird sich mit diesen Problemen, den alten wie den neuen, auseinandersetzen müssen. Sie sollen hier zunächst nur in Gestalt eines Fragenkatalogs angemeldet werden.

1. *Präsentische oder futurische Eschatologie?* Ist es theologisch möglich, das Eschaton ausschließlich als je gegenwärtig Betreffendes zu verstehen und sein Verständnis als die den Lauf der Zeit (der Weltzeit – je unserer Lebenszeit) betreffende Zukunft auszuschalten – wie das vor allem durch die „existentiale Interpretation" geschehen ist? Muß nicht gerade dieser Zukunftsbezug festgehalten werden, wenn anders es sich wirklich um die *Hoffnung* des Glaubens handeln soll? Wie kann damit ein berechtigtes Wahrheitsmoment präsentischer Eschatologie vereinbart werden?

2. *Personal oder universal gerichtete Eschatologie?* Ist es möglich, die eschatologische Thematik auf die dem Leben des einzelnen zugesprochene Hoffnung zu beschränken und die auf das Ziel des Ganzen von Welt und Geschichte bezogenen Aussagen der biblischen und kirchlichen Überlieferung preiszugeben – wie das z. T. in der älteren liberalen Theologie und von anders gearteten Voraussetzungen her auch wieder in der „existentialen Interpretation" geschah? Das Gewicht der Ansage des *Gottesreichs* im biblischen Zeugnis und besonders in der Verkündigung Jesu steht einer Preisgabe universaler Eschatologie entgegen. Wie aber können die auf das Ganze bezogenen mit den auf das persönliche Leben bezogenen Hoffnungsaussagen in Zusammenhang und Einklang gebracht werden?
Auf das *Kommen des Reiches Gottes* bezogen stehen folgende Fragen an:

3. *Weltvernichtung oder Welterlösung?* Ist die Neuschöpfung im Anbruch des Reiches als das Abtun und die Ersetzung der alten durch eine neue, sprich *andere* Schöpfung zu verstehen – wie weithin in der älteren Theologie? Oder bedeutet das Kommen des Reiches die Heilung, Erlösung und damit auch Vollendung *dieser* Schöpfung, der Welt, in der wir leben und als deren Schöpfer wir Gott glauben? Heutige Theologie, soweit sie eine universale Eschatologie vertritt, neigt weithin zu diesem zweiten Verständnis, das Erlösung nicht auf den Menschen allein, sondern auch auf die Welt bezieht. Aber gerade wenn mit dem Menschen auch die Welt in die Hoffnung auf das Kommen des Reiches einbezogen wird, entsteht eine weitere Frage:

4. *Geschichtstranszendente oder geschichtsimmanente Verwirklichung?* Wird Gott das Reich aufrichten *jenseits* dessen, was jetzt in der Zeit als Geschichte erfahren wird, durch einen Akt, der aller menschlichen Zeiterfahrung, Welterfahrung und Geschichte ihr Ende setzt? Wird das Eschaton als Ziel der Geschichte auch ihr Ende, ihr „Jenseits" sein? So die Überlieferung. Aber bedeutet die (im neuzeitlichen Horizont gesteigerte) Unfaßlichkeit eines Endes und Jenseits der Geschichte, die Unmöglichkeit, biblische Vorstellungen dieses Jenseits „wörtlich" zu nehmen, nicht den Verlust jedes konkreten Gehaltes der Hoffnung auf das Reich? Wird dieses dann nicht so sehr zum „Totaliter aliter", daß jede Beziehbarkeit dieser Zukunftshoffnung auf die Welt unseres jetzigen Lebens zum Verschwinden kommt? Oder darf das Kommen des Reiches als ein Geschehen verstanden werden, das Gott (durch menschliche Aktivität) *innerhalb* der Geschichte heraufführt – Ziel der Geschichte *in* der Geschichte und *als* Geschichte? Dahin tendieren manche gegenwärtige Entwürfe und gewinnen damit konkrete Hoffnungsziele sozialer und politischer Utopie, auf die Menschen „hinarbeiten" können. Aber verloren geht dabei die eschatologische Hoffnung auf Leben für die Toten, auf ihre Teilhabe am Reich – denn *dies* ist innerhalb der Geschichte nicht vorstellbar. Eine vor dem biblischen Zeugnis zu verantwortende Theologie wird die Hoffnung auf Leben für die Toten nicht preisgeben und darum auch nicht einfach von einer geschichtsimmanenten Verwirklichung des Reiches Gottes reden können. Sie wird aber dann die Frage zu bedenken haben, inwiefern die Erwartung der unser geschichtliches Handeln transzendierenden Gottestat menschliche Aktivität nicht lähmt, sondern zu begründen vermag.

5. Dazu kommen Fragen, denen eine theologische Auslegung der auf *Leben und Tod des einzelnen* bezogenen eschatologischen Aussagen sich stellen muß; sie sollen hier nur kurz genannt werden:
Wie verhalten sich individuelle Todesstunde und jüngster Tag zueinander? („Zwischenzustand"?)
Wie kann Auferstehung der Toten verstanden werden? („Leibliche" Auferstehung?)
Was bedeutet das Gericht nach den Werken, und wie verhält es sich zu der Rechtfertigung allein aus Gnade?
Was heißt das: Ewiges Leben – und ewiger Tod?
Wir behandeln im Folgenden zunächst die universale, danach die personale Dimension der in Christus begründeten Hoffnung.

Literatur

Außer den in den Anmerkungen genannten Werken R. BULTMANN, Geschichte der Eschatologie (1958, 2. Aufl. 1964).

§ 30. Gottes Reich – die Zukunft seiner Schöpfung

Aus der Sichtung des Problemfelds hatten sich zunächst die Fragen ergeben: Präsentisches oder futurisches Eschaton? Und wenn die Beziehung auf Zukunft festzuhalten ist: Personal auf das Lebensziel des einzelnen oder universal auf das Ganze von Welt und Geschichte bezogene Eschatologie? Aber sind dies wirklich Alternativen, zwischen denen die Theologie zu wählen hätte? Muß eine theologische Auslegung des biblischen Hoffnungszeugnisses nicht vielmehr je mit dem einen auch das andere zur Geltung bringen?
Wir waren von dem Grundsatz ausgegangen, daß diese Auslegung ihre Aussagen weder formal-biblizistisch, noch spekulativ, sondern christozentrisch zu gewinnen und zu begründen hat. Ihr Gegenstand kann allein die Hoffnung sein, die in der Person und Verkündigung Jesu Christi ihren Grund hat – nicht mehr, aber auch nicht weniger als dies. Im Mittelpunkt der Verkündigung Jesu steht das *Kommen des Reiches Gottes*. Mit diesem Thema setzen wir darum ein und versuchen, im Nachdenken darüber die vorstehend formulierten Fragen zu klären.

1. Was heißt Reich Gottes?

Zum Sprachlichen ist vorweg zu bemerken: Das Wort basileia, das im Luthertext mit „Reich" wiedergegeben wird, bedeutet nicht den Bereich, sondern die Ausübung der Königsherrschaft Gottes. Wenn neben basileia tou theou bei Mt auch basileia tôn ouranôn erscheint, so ist die Bedeutung dieselbe; das Matthäusevangelium folgt hier dem jüdischen Brauch, anstelle des direkten Redens von Gott den umschreibenden Ausdruck „die Himmel" zu setzen. Auch damit ist also kein überirdischer Bereich, sondern die Wirklichkeit und Herrschaft Gottes selbst gemeint.

Erwartung der kommenden Gottesherrschaft war im Judentum zur Zeit Jesu, besonders in der jüdischen Apokalyptik, lebendig. Ihr Anbruch wurde erwartet als das den Lauf der Geschichte beendende Gottesgericht: Mit der Aufrichtung seines Reiches wird Gott den Reichen der heidnischen Machthaber und ihrer Gewaltherrschaft über Israel ein Ende machen. Z. T. war damit auch die Vorstellung einer kosmischen Verwandlung verbunden: Mit den politischen Mächten wird auch die bisherige Gestalt dieser Welt vergehen, Gott wird einen neuen Himmel und eine neue Erde schaffen. In diese universal gerichtete Zukunftserwartung war zugleich die Erwartung des Endgeschicks der Individuen einbezogen: Die Toten werden auferstehen und empfangen, was sie verdient haben, die jetzt leidenden und verfolgten Gerechten ewigen Lohn, die Gottlosen und Verfolger der Frommen ewige Strafe. Innerhalb des Alten Testaments kommt solche Enderwartung vor allem im Danielbuch zur Sprache. Die irdischen Reiche werden hier mit *Tieren* verglichen, die einander in der Herrschaft ablösen, eines immer gewalttätiger als das vorherige. Dann aber wird Gott durch die vom Himmel kommende Gestalt eines *Menschen* („Menschensohn" = Mensch), dem er das Gericht übergibt, die Weltmächte entmachten und sein ewiges Reich aufrichten.

Wenn Jesus das Reich Gottes und seine Nähe verkündigt, bezieht er sich auf diese in dem Israel seiner Zeit lebendige Erwartung. Deutlich wird das vor allem in seinen Worten vom Kommen des Menschensohns. Auch er verkündigt also das Reich als *Zukunft*, die Gott heraufführen wird, und zwar als eine ebenso das Ganze der Schöpfung wie das Leben jedes Menschen betreffende Zukunft. Weder ein nur präsentisches noch ein auf das Thema individueller Hoffnung sich beschränkendes theologisches Verständnis des Eschaton würde dem gerecht werden, was Jesu Botschaft vom Kommen des Reiches besagt. Aber zugleich wird die Erwartung des Reiches Gottes durch Jesus neu und anders ausgerichtet als in der Apokalyptik seiner Zeit. Während diese (wie auch später die immer wieder innerhalb der Kirche und in Sekten auflebende apokalyptische Spekulation) an Berechnungen des Zeitpunktes der zu erwartenden Endereignisse interessiert war, weist Jesus die Frage seiner Jünger nach dem Zeitpunkt zurück (Apg 1,6f; vgl. Mt 24,36.42ff, 25,13); vielmehr gilt es jetzt und jederzeit auf sein Kommen in wachsamer Bereitschaft sich auszurichten.

Vor allem aber ist nun im neutestamentlichen Zeugnis das, *was* als Reich und Herrschaft Gottes erwartet wird, an Jesus selbst gebunden und inhaltlich durch ihn und seine Sendung qualifiziert. Auch dies hat Anhalt schon in der Verkündigung des irdischen Jesus. Ob er selbst sich so unverhüllt, wie das z. T. in der Logienüberlieferung der Evangelien erscheint, als den Menschensohn bezeichnet hat, ist eine unter den Exegeten umstrittene Frage, aber unbestritten ist, daß er das Urteil des Menschensohns und damit die Teilhabe am kommenden Reich auf das Verhalten der Menschen zu ihm und seinem Wort bezogen hat (Mt 8,13; Lk 12,8f). Die Welt hat ihn und seinen Anspruch verworfen. Aber durch die Auferweckung des Gekreuzigten hat Gott ihn bestätigt. So wird nun der auferstandene Christus für seine Gemeinde zum Grund und seine Herrschaft zum Inhalt ihrer Erwartung. In ihm erkennt sie den Anbruch des Reiches, dem die Vollendung folgen wird. Denn an ihm als dem „Erstling aus den Toten" (1.Kor 15,20; Kol 1,18) hat Gott seine neuschaffende Lebensmacht erwiesen, und ihn hat er erhöht zu dem Kyrios, dem „alle Knie sich beugen und den alle Zungen als Herrn bekennen werden" (Phil 2,10f). Darum kann nun die Königsherrschaft Gottes gleichgesetzt werden mit der Königsherrschaft Christi (Eph 5,5, Kol 1,13 und an vielen anderen Stellen).

Was heißt „Reich Gottes"? Wie kann eine christozentrisch bestimmte Eschatologie diesen Begriff verdeutlichen? Wir sehen hier zunächst von allen Problemen ab, die sich auf das Wie des Reiches und der in den neutestamentlichen Bildern geschilderten Endereignisse beziehen – auf die Frage, *wie* das Reich Gottes kommt, wird noch einzugehen sein. Wir fragen, *was* der auf Jesus als den von Gott auferweckten und erhöhten Herrn gegründete Glaube hoffen darf, wenn er das Kommen des Reiches erwartet. Als erstes: Wir erwarten den Sieg dessen, was in und durch Jesus in diese Welt hereingekommen ist, über alles, was dem jetzt in der Wirklichkeit der Welt und in uns selbst widerspricht; den endlichen Sieg der *Wahrheit* Gottes über alle ihr widersprechenden und einander gegenseitig widersprechenden, miteinander streitenden menschlichen Behauptungen und Ideologien; den endlichen Sieg der *Gerechtigkeit* Gottes über allen menschlichen

Streit um Recht und Unrecht, über alle Ungerechtigkeit, mit der Menschen durch Menschen unterdrückt werden, und über alle Selbstgerechtigkeit, mit der Menschen sich über Menschen erheben. Wir erwarten, daß Jesus Recht behalten wird mit seinen Seligpreisungen, die jetzt und angesichts dessen, was in dieser Welt erfolgreich ist, als illusionäre Behauptungen erscheinen. Aber in alledem erwarten wir nicht nur den quasi-sachlichen Wahrheitserweis für das, was ein vergangener Jesus einst auf dieser Erde gelehrt und vertreten hat, sondern ihn selbst als den König und Herrn, dem sich niemand und nichts mehr entziehen wird. Denn die „Sache" Jesu ist von seiner lebendigen Gegenwart nicht zu trennen, weil sie eins ist mit dem Kommen Gottes zum Menschen in ihm selbst[1]. Darum wird auch im Sieg seiner Sache, im Sieg der Wahrheit und Gerechtigkeit Gottes über alles, was ihr jetzt widerspricht, Jesus selbst als der Sieger gegenwärtig sein.

Wir versuchen damit zu sagen, wie „Wiederkunft Christi" verstanden werden kann. Auch hier stellen wir alle Wie-Fragen zurück; an die Vorstellung eines Herabkommens vom Himmel an einen bestimmten Ort dieser Erde sind wir so wenig gebunden wie an die schon von Luther zurückgewiesene Vorstellung, der auferstandene und erhöhte Christus befinde sich einstweilen an einem himmlischen „Ort". Parousia, das neutestamentliche Wort, auf das sich die Rede von der Wiederkunft Christi bezieht, bedeutet Gegenwart. Wie Jesus auf Erden sichtbar gegenwärtig war, wie der Auferstandene jetzt in seinem Wort und Mahl verborgen gegenwärtig ist, so wird er dann so gegenwärtig werden, daß alle ihn erkennen und anerkennen, daß aller Unglaube und alles Vorbeileben an ihm ein Ende hat. Um ihn wird die vollendete Menschheit Gottes versammelt, durch ihn wird Gott in ihrer Mitte sein.

Wir haben vom Reich Gottes als dem Sieg des auferstandenen und erhöhten Christus gesprochen. Aber nun muß hinzugesagt werden: Es ist der *gekreuzigte* Jesus, den Gott auferweckt und zum Herrn der Zukunft erhöht hat. Auch als der erhöhte Herr bleibt er der Gottesknecht, der in der Hingabe seines Lebens zum Diener aller Menschen wurde. Von denen her gesehen, die ihn verurteilten, besagte sein Ende in einem ohnmächtigen Sterben, daß Gott selbst ihn verworfen hat, weil er sich angemaßt hatte, Sündern die Teilhabe am Reich Gottes zuzusprechen. Aber gerade zu ihm hat Gott sich bekannt und ihn erwiesen als den Sohn, in dem er selbst die Sünder annimmt und

---

[1] Dazu vgl. das in Bd. I, S. 266 ff. zur Gegenwart des Auferstandenen Gesagte.

ihnen das Leben in seinem Reich zuspricht. Der Sieg der Gerechtigkeit Gottes ist eins mit dem Sieg seiner Gnade, und die Herrschaft des Auferstandenen ist nicht Gewaltherrschaft, sondern die Macht dieser Gnade, Menschen zu gewinnen. Das Kommen des Reiches Gottes erwarten heißt erwarten, daß „die *Liebe* Gottes, die in Christus Jesus ist, unserm Herrn" (Röm 8,39) alles erfüllen und alle Mächte der Feindschaft überwinden wird.
Damit wird deutlich, worin sich die in Jesus begründete Hoffnung auf das Reich von der Zukunftserwartung der Apokalyptik seiner Zeit *inhaltlich* unterscheidet. Dort erhoffte und erwartete man den Sieg der vergeltenden Gerechtigkeit, in der die Gerechten endlich den ihnen gebührenden Lohn und die Bösen die ihnen gebührende Strafe erhalten werden. Aber in dem Jesus, der sich für die Gottlosen kreuzigen ließ, hat Gott sich erwiesen als der Gott, der allein gerecht ist und seine Gerechtigkeit denen zuspricht, die keine eigene vor ihm geltend machen können und wollen. Er hat seine Gerechtigkeit als die Schöpfermacht seines Erbarmens erwiesen. Sein Reich wird seine Gemeinschaft mit einer durch ihn selbst mit ihm und untereinander *versöhnten* Menschheit sein. In dieser Erwartung hat ein Verlangen nach der Vernichtung von Feinden keinen rechtmäßigen Ort. Sich solche Vernichtung mit Genugtuung vorzustellen stünde im inneren Widerspruch dazu, daß wir für uns selbst nur auf Gottes Barmherzigkeit hoffen können. Wollen wir uns hier überhaupt etwas vorstellen, dann steht uns Christen vielmehr die Hoffnung zu, daß wir denen, die jetzt unsere Gegner sind, im Reich Gottes als unsern versöhnten Brüdern begegnen werden. Auch den Feinden Gottes können wir nicht gnadenlosen Untergang wünschen. Hoffen dürfen wir aber, daß Gott sich finden lassen wird von vielen, die jetzt nicht nach ihm fragen, und wir sollen niemand aus dieser Hoffnung ausschließen. Steht solches Hoffen im Widerspruch zu der Erwartung, daß Christus in jener Parousia, der niemand mehr ausweichen kann, der Welt auch als ihr *Richter* begegnen wird? Gerade der Sieg der Liebesmacht Gottes über alle Mächte der Feindschaft und des Hasses bedeutet ja die Verurteilung und endgültige Entmachtung dieser Mächte. Die Selbstgerechtigkeit, der Vergeltungswille, mit dem Menschen über Menschen zu Gericht sitzen, der Herrschaftswille, mit dem Menschen andere Menschen unterdrücken und Haß provozieren, dies alles wird da allerdings endgültig gerichtet und abgetan sein. Darum liegt in dem Ruf zum Glauben an diesen Herrn und zum Hoffen auf sein Reich auch der Ernst der Warnung davor, uns mit den Mächten, die er entmachten wird, zu identifizieren und sie in uns herrschen zu lassen.

An dieser Stelle ist nun auch das Wahrheitsmoment präsentischer Eschatologie aufzunehmen. Ist das Reich Gottes Wirklichkeit der Versöhnung, so ist es nicht *nur* Zukunft, deren Kommen noch aussteht. Es ist die Zukunft, deren Kommen in Jesus selbst schon angebrochen ist. Das Reich Gottes bricht an in dem Wort der Versöhnung (2.Kor 5,18ff), das Gott in diese Welt hereinruft, und im Leben von Menschen, die sich rufen lassen. Darum konnte der Jesus, in dem Gott dieses Wort aufgerichtet hat, sagen: Das Reich Gottes ist mitten unter euch (nicht, wie Luther übersetzt hat, „inwendig in euch"). Und wenn Paulus seiner Gemeinde schreibt: „Das Reich Gottes ist nicht Essen und Trinken, sondern Gerechtigkeit und Friede und Freude im Heiligen Geist" (Röm 14,17), so ist nicht nur etwas gemeint, was einmal werden soll, sondern was jetzt schon denen geschenkt wird, die durch den Glauben mit Christus verbunden sind und durch seinen Geist bewegt werden. Aber diese Gegenwart der Versöhnung ist in sich selbst auf Zukunft ausgerichtet. Denn noch wird das Wort der Versöhnung hereingerufen in eine Welt, deren Realität ihm widerspricht, in der Unrecht und Gewalt getan und erlitten wird. Und noch steht auch in den Glaubenden das Leben, das der Geist Gottes wirkt, im Streit mit dem „alten Menschen". Würde diese Welt so bleiben, wie sie ist, würden wir Christen zurückgelassen in dem, was wir jetzt sind – simul peccatores –, dann bliebe das Wort der Versöhnung ein kraftloses Wort. Glauben wir der Kraft dieses Wortes, dann hoffen wir auf seinen Sieg über *alles*, was ihm jetzt entgegensteht. Darum kann auch eine Theologie, die den Glauben und seine Hoffnung zur Sprache bringen soll, keine präsentische *ohne* futurische Eschatologie vertreten wollen.

2. Wie kommt das Reich Gottes?

Wir nehmen nun weitere in der Problemfeldsichtung formulierte Fragen auf. Sie beziehen sich darauf, *wie* die universale Verwirklichung der Gottesherrschaft zu verstehen ist. Wie verhält sich ihre Verwirklichung zu der *Welt,* in der wir jetzt leben? Bedeutet sie Vernichtung oder Erlösung und Vollendung dieser Welt? Wie verhält sich die Verwirklichung der Gottesherrschaft zu der *Geschichte* als dem Feld menschlichen Handelns? Kommt das Reich Gottes von „jenseits" der Geschichte, als ihr Ende und ihre Aufhebung? Kommt es *in* der Geschichte und *als* Geschichte? Das betrifft zugleich die Frage nach der Beteiligung menschlichen Handelns an seinem Kommen.

2.1. Wir hören heute Stimmen jüdischer Denker, die Jesus von Nazareth und seine Verkündigung sehr positiv würdigen[2]. Aber den Messias, mit dessen Kommen die eschatologische Gottesherrschaft anbricht, vermögen sie in ihm nicht zu erkennen. Wäre in Jesus der Messias gekommen – wie könnte dann diese Welt so unverändert die *unerlöste* Welt geblieben sein, die sie noch heute ist!
Es gibt eine „fromme" Antwort auf diese Frage. Sie lautet: Eine Erlösung dieser *Welt* ist uns gar nicht verheißen. Ihr ist vielmehr in der Bibel, nach äußerster Steigerung von „Kriegen und Kriegsgeschrei", der Untergang angesagt. Nicht die Welt wird gerettet, sondern die Glaubenden werden herausgerettet aus dieser bösen und zum Vergehen bestimmten Welt. Sie erwarten ihr Heil in der „Welt Gottes" – einer neuen, anderen Welt.
Eine anders geartete Antwort, die aber im Ergebnis, in der Abweisung der Frage nach Welterlösung auf dasselbe hinauskommt, hätte wohl die Theologie der „existentialen Interpretation" gegeben, wenn sie mit jenem jüdischen Argument gegen die Messianität Jesu konfrontiert worden wäre. Da wäre vielleicht gesagt worden: Die Frage, warum die Welt immer noch unerlöst die alte geblieben ist, ist eine typisch alttestamentliche Frage. Da erwartete man das Heil als wunderbare Veränderung der Welt selbst und ihrer Verhältnisse, aber gerade an dieser Weltlichkeit seiner Heilserwartung ist Israel gescheitert. Das Wort vom Kreuz sagt und wirkt etwas anderes. Indem es das wahre Leben aus der Gnade Gottes zuspricht, macht es frei von aller Verhaftung an „welthafte" Güter und aller Sorge um sie. Wer dieses Wort im Glauben aufnimmt, der erwartet nicht wunderhafte *Welt*verwandlung. Er wird in seinem *Selbst*verständnis und damit in seinem *Verhalten* zu dieser Welt verändert. Ihm ist „die Welt gekreuzigt" und das heißt hier: Sie und was aus ihr (und gar aus dem Naturkosmos) werden wird, betrifft seinen Glauben nicht.
Kann man es bei solchen Antworten auf die Frage nach der Zukunft dieser Welt bewenden lassen?
Die existentialistische Antwort geht von der Vorstellung aus, was den Menschen in seiner Existenz betreffe und woraufhin das Wort Gottes ihn angehe, sei allein das Gewinnen oder Verlieren seines eigenen Selbst als „Person" in seinem Verhältnis zu Gott, und alles Fragen nach Gottes Verhältnis zu Kosmos und Weltgeschichte sei Spekulation, die mit dem Glauben nichts zu tun habe. Aber ist das nicht eine abstrakte, gewissermaßen amputierte Vorstellung von menschlicher

---

[2] So etwa Martin Buber, Schalom Ben-Chorin, David Flusser.

Existenz? Gewiß betrifft das Wort Gottes uns in unserm eigenen Verhältnis zu Gott, und gewiß verändert es uns auch in unserm Verhältnis zu der Welt. Aber diese Veränderung kann nicht bedeuten, daß der Lauf und die Zukunft der Welt gleichgültig wird; in *diesem* Sinn kann die Welt uns nicht „gekreuzigt" sein. Der konkrete Mensch ist durch seine leibliche Organisation in die Natur und durch die sozialen Bedingungen und Bindungen seines Daseins in die Geschichte der Menschheit hineingebunden. So, nicht in einer von diesen Bindungen auch nur in Gedanken isolierbaren Personalität, hat uns Gott geschaffen. Wir leben von der Natur und gehen mit ihr um, gestalten und verunstalten sie. Was mit ihr geschieht, das betrifft uns. Wir leben in der Gesellschaft und sind damit wirkend und leidend in den Prozeß der Menschheitsgeschichte verflochten, wenn auch der einzelne meist in unscheinbarer Weise. Dieser Prozeß geht uns an. Das wird heute deutlicher als je durch die globale Verflechtung und Auswirkung alles politischen und wirtschaftlichen Geschehens, durch die Drohung globaler Katastrophen, durch die drohende Zerstörung der natürlichen Umwelt und damit der natürlichen Bedingungen für zukünftiges menschliches Leben. Das alles betrifft uns nicht nur äußerlich, sondern in unserer Verantwortung vor Gott. Die *Frage*, ob es von Gott her einen Sinn, eine Hoffnung für diese Welt gibt, an der unsere Verantwortung sich ausrichten kann, ist nicht spekulativ. Sie ist existentiell, so spekulativ manche Versuche sein mögen, sie zu beantworten. Sie *ist* eine Frage des Glaubens.

Oder sollte sie vielmehr eine Frage des *Unglaubens* sein – die Frage des Menschen, der sich nicht lösen kann von seiner Verhaftung an diese Welt, von „des Fleisches Lust und der Augen Lust", und dem von Gottes Wort her nur die Antwort wird: „Die Welt vergeht mit ihrer Lust" (1.Joh 2,16f)? Es gibt in der Tat Weltverhaftung, aus der Gott herausruft: Jenes „Haben wollen" und „Mehr haben wollen", in dem wir eine der Grundgestalten dessen erkannt hatten, was *die* Sünde in allem Sündigen ist[3]. Gerade damit greift der Mensch *zerstörend* ein in die Welt, in seine soziale Umwelt wie in die Natur.

Aber es gibt auch *Freude* an der Welt, die Gott geschaffen hat: Freude an der Natur, und Freude auch an menschlichem Miteinander in den sozialen Bindungen unseres geschöpflichen Daseins. Solche Freude kann mit dem Wort, das „des Fleisches Lust und der Augen Lust« verurteilt, nicht gemeint und getroffen sein. Und es gibt *Leid* und Trauer über die durch Menschen angerichteten Zerstörungen in dieser

---

[3] Vgl. § 18, 1.2.

Welt. Vor allem aber: die biblische Schöpfungsgeschichte spricht unüberhörbar von *Gottes* Freude an seiner Schöpfung: „Gott sah an alles, was er gemacht hatte, und siehe, es war sehr gut" (Gen 1,31). Sie spricht von dem Segen, den Gott auch auf seine nichtmenschliche Kreatur gelegt hat. In den Psalmen wird überwältigend das Lob des Schöpfers und aller seiner Werke laut (Ps 8; 19; 104). Jesus spricht von der Fürsorge Gottes auch für die geringsten seiner Geschöpfe (Mt 6,26ff; 10,29). Ist die Vorstellung, Gott wolle im Ende seiner Wege, im Kommen seines Reiches mit dem allem gleichsam tabula rasa machen, diese geschaffene Welt vernichten und eine andere an ihre Stelle setzten, die dann erst eigentlich seine, die „Welt Gottes" sein wird, damit zu vereinbaren? Ist jene Antwort, die uns gebietet, für diese Welt Vernichtung zu erwarten und verbieten will, für sie zu hoffen, wirklich fromm?

Es ist wahr, die biblischen Zukunftsworte sprechen von dem *Neuen*, das Gott schaffen wird, und von dem Alten, das dann vergangen sein wird. Sie weisen auch darauf hin, daß dieses Neue, das Leben in der Vollendung des Reiches Gottes, mit unserm an die Strukturen und Grenzen unseres jetzigen Daseins in der Welt gebundenen Vorstellungsvermögen nicht erfaßt werden kann. So Jesus in seiner Antwort auf die Sadduzäerfrage (Mt 22,23ff), so auch Paulus, wenn er vom Anderssein des „geistlichen" gegenüber dem „natürlichen" Leib spricht (1.Kor 15,42ff). „Himmel und Erde werden vergehen", damit ist sicher gesagt: Der jetzige Zustand dieser Welt wird vergehen. Muß das so verstanden werden, daß das Neue, das Gott schaffen wird, *ohne Beziehung* sein wird zu dem, was jetzt die Welt ist, in der wir leben und aus deren Zusammenhang wir unser geschöpfliches Leben nicht abstrahieren können? Jesus hat nicht nur gepredigt, sondern auch Kranke geheilt und gerade auch *so* das Nahekommen des Reiches verkündigt. Das heißt doch: dem *ganzen*, leibhaftigen und mit dem Leib der Schöpfung verbundenen Menschen wird die Zukunft des Reiches zugesprochen. Paulus spricht vom „ängstlichen Harren" der ganzen Kreatur, von ihrem Seufzen unter der Last des Verderbens, und daß auch sie erlöst werden soll von dieser Last und teilhaben wird an der Freiheit der Kinder Gottes (Röm 8,19ff). Sollte dieses Wort, auch wenn es so nur einmal im Neuen Testament begegnet, für unser Hoffen zu Gott nicht gewichtiger und für unsern verantwortlichen Umgang mit der Schöpfung wegweisender sein als ein Wörtlichnehmen der apokalyptischen Bilder vom Weltenbrand? Christus wird der prōtotokos pasēs ktiseōs genannt, zu ihm ist alles erschaffen, was im Himmel und auf Erden ist. Wenn das Reich Gottes das Reich ist, in dem Christus ganz zu seinem Recht und Sieg kommt – kann dann, was im Anfang zu ihm hin geschaffen ist, abgetan und eine *andere* Schöpfung anstelle der ersten das Reich seiner Königsherrschaft sein? Wir können uns von dem *Wie* der Teilhabe der ganzen Kreatur an der Freiheit der Kinder Gottes keine Vorstellung machen. Wir dürfen aber glauben und hoffen, *daß* das Heil des Reiches alles umfassen wird, was jetzt Gottes Schöpfung und als solche von ihm bejaht und geliebt ist. Die „Welt Gottes" ist keine andere als *diese Welt*, die er zu Christus hin geschaffen hat, und das Alte, das dann vergangen sein wird, sind die Mächte, die sie jetzt entstellen und zerstören. Das Reich Gottes – nicht die Vernichtung, sondern die *Zukunft* und Erlösung dieser Welt.

Ihre Zukunft, das heißt nun freilich nicht: ihre *Fortsetzung* in ihrer jetzigen Gestalt. Das Wie des Lebens der erlösten Schöpfung bleibt jenseits dessen, was wir vorstellen können. Da könnte sich die Frage einstellen, ob mit diesen bisherigen Überlegungen überhaupt etwas gewonnen ist. Ist die Rede von einer Zukunft dieser Welt, deren Wie durchaus unvorstellbar bleibt, nicht letztlich gleichbedeutend mit der Rede von einer andern, neuen Welt, die eben nicht mehr diese ist, die wir kennen? Was macht es dann für einen gehaltvollen Unterschied, ob man sagt: Das Reich Gottes kommt als das Ende dieser Welt, oder: Es kommt als ihre Zukunft?

Der Unterschied liegt in dem dabei jeweils mitgedachten Verhältnis Gottes zu dieser Welt. „Ende" ist ein negativer Begriff, in dem „Vernichtung" oder doch „Zunichte werden" impliziert ist: Gott wird die Welt, die einmal seine Schöpfung war, abtun, sie ist vor ihm nichtig geworden und zum Verschwinden bestimmt. „Zukunft" ist ein positiver Begriff; wie unvorstellbar diese Zukunft sein mag, die Schöpfung, der sie zugesprochen wird, wird in sie aufgenommen sein. Gott wird an der Welt, die seine Schöpfung bleibt, seinen Zielwillen zum Vollzug bringen und sein Werk vollenden. Das bedeutet dann aber einen entscheidenden Unterschied auch für *unser* Verhältnis und Verhalten zu dieser Welt. Wer sie von Gott zur Vernichtung bestimmt glaubt, dem kann sie gleichgültig werden. Er kann in Abwendung von einer Welt, die ihrem Geschick zu überlassen ist, für das Heil seiner Seele sorgen. Sehen wir in ihr die von Gott geliebte und unter der Verheißung der Zukunft seines Reiches stehende Schöpfung, dann sind wir gerufen, sie *als* seine Schöpfung zu achten und ihrer Zerstörung zu wehren, auch wenn wir uns von der Gestalt dieser Zukunft kein Bild machen können.

2.2. Wir haben bis dahin von „Welt" gesprochen im umfassenden Sinn der Gesamtheit des Geschaffenen, eingeschlossen die nichtmenschlichen Kreaturen, „Natur" in ihrem Eigenleben und als Bedingung menschlichen Lebens. Nun zu der Frage: Wie verhält sich das Kommen des Reiches Gottes zu der *Geschichte*, zu „Welt" also im spezielleren Sinn des durch menschliches Handeln gestalteten Lebensprozesses der Menschheit? Verwirklichung des Reiches von „jenseits" und als Ende der Geschichte durch einen transzendenten Gottesakt? Verwirklichung *in* der Geschichte und *als* Geschichte? Wir haben uns das Interesse vergegenwärtigt, das viele heute zu einem immanenten Verständnis der Verwirklichung drängt: das Verlangen nach konkret vorstellbarer Hoffnung und damit nach konkreten Zielen menschlichen Einsatzes auf das Kommen des Reiches hin. Entscheidend ist aber auch für diese Frage, was uns in Jesus Christus gesagt ist. Wenn wir darauf hören, können wir – ohne uns auf abstrakte ontologische Alternativen wie immanent – transzendent, „in" oder „jenseits" der Welt festlegen zu lassen – nur antworten: Das Kommen des Reiches ist *Gottes* Tat *an* dieser Welt; Gottes Tat, die allerdings alles „transzendiert", was durch Menschen gemacht werden kann. Das sagt uns die *Verkündigung* Jesu. Das Kommen des Reiches herbeiführen wollten sie ja alle, die Zeloten durch das Schwert, die Pharisäer durch peinlich genaue und vollständige Gesetzeserfüllung. Jesus setzt dem seine Gleichnisse vom Gottesreich entgegen, vom Senfkorn, vom Sauerteig, von der selbstwachsenden Saat, und was sie sagen wollen, ist deutlich: Gottes Macht fängt im Verborgenen an, läßt wachsen und wird schließlich in Herrlichkeit vollenden, was kein menschlicher Eifer hervorbringen und vollenden kann. Zu dieser Einsicht führt erst recht, was durch die Sendung Jesu *geschieht*. Gott wirkt Versöhnung, er nimmt Sünder in seine Gemeinschaft an, er holt Menschen ein in die Gerechtigkeit wirkende Macht des Geistes seiner Liebe. Das ist allein Gottes Schöpfertat, niemand kann sich selbst mit Gott versöhnen und aus der Herrschaft der Sünde befreien. Und eben dies ist ja der Anfang seines Reiches unter den Menschen, der Anfang der neuen Menschheit Gottes. So kann auch die Vollendung des Reiches, in der alle zerstörende Macht der Feindschaft überwunden sein wird, allein Gottes Tat sein; seine Tat *an* uns und unserer Geschichte, nicht eine durch Menschen machbare Vollendung dieser Geschichte. Gottes neuschöpferische Tat, die aber jetzt schon am Werk ist in Menschen, die durch das Wort der Versöhnung bewegt werden, und sie zu ihren Boten und Werkzeugen macht. Nicht diese Menschen bringen das Reich zur Vollendung, aber Gott geht so auf sein Vollenden zu, daß er sie und ihr Tun für sein Tun in Dienst nimmt.

Freilich muß auch hier gesagt werden: Das *Wie* des Lebens und der Vollendung des Reiches Gottes ist uns als ein künftiger Zustand dessen, was wir als Geschichte kennen, nicht vorstellbar. Unvorstellbar ist als innergeschichtliches Stadium ein Endgültiges, das nicht mehr in Frage gestellt werden kann, wo doch im Prozeß des Weltgeschehens kein erreichter Zustand denkbar ist, der nicht durch weiteres Geschehen überholt und verändert würde. Unvorstellbar ist innerhalb dessen, was wir als Geschichte kennen, eine Menschheit, in der keine Interessen mehr gegeneinanderstehen, keine Konflikte mehr auszutragen sind, jeder Streit überwunden sein wird. Unvorstellbar ist erst recht, als Zustand unter irdischen Lebensbedingungen gedacht, ein Leben, das keinen Tod mehr kennt und an dem alle, die zu Gott gehofft haben, auch die längst Gestorbenen, teilhaben werden. Das Leben in der Vollendung des Reiches transzendiert in der Tat nicht nur alles, was durch Menschen herbeigeführt werden kann, sondern auch alles, was als möglicher Zustand auf dieser Erde denkbar ist und geschieht. Damit stellt sich nochmals die Frage, inwiefern Hoffnung auf ein so unvorstellbar Anderes für unsern Umgang mit dem, was wir *jetzt* als Geschichte erfahren und erleiden, überhaupt eine konkrete Bedeutung haben kann. Auch hier ist zu antworten: Es geht nicht um ein zu dem, was jetzt ist und geschieht, *beziehungslos* Anderes. Gott selbst bezieht sich mit der Verheißung seines Reiches auf diese Welt, die er geschaffen hat, und damit auch auf die Menschheitsgeschichte in dieser Welt. Sein Reich ist nicht die Vernichtung seiner Schöpfung, sondern die Zukunft, die er ihr geben wird. So ist es auch die Zukunft der Menschheitsgeschichte, das Ziel, das Gott ihr geben, in dem er ihren Prozeß entscheiden wird: Sein Gericht über alle menschlichen Greuel unserer Geschichte; die Einholung alles menschlich Guten, was kraft seiner erhaltenden Treue dennoch in ihr wirksam war, und alles Neuen, was durch seinen Geist in ihr wirksam wurde, in seine Erfüllung. Darum kann denen, die auf diese Zukunft Gottes hoffen, nicht gleichgültig werden, was jetzt in der Geschichte der Menschheit geschieht, so wenig wie ihnen gleichgültig werden kann, was mit der Schöpfung geschieht. Der Geschichtsprozeß ist für sie kein schlechthin sinn- und zielloser Ablauf mehr. Ihre Hoffnung auf das Ziel, das Gott ihm geben wird, bleibt auch trotz der Unvorstellbarkeit des Wie seiner Verwirklichung nicht ohne jeden konkreten Inhalt. Was der Hoffnung auf das Kommende Richtung gibt, ist der Gekommene, Jesus selbst, das Menschsein, das er in dieser Welt gelebt hat, die Kraft der Liebe Gottes, die in ihm in diese Welt hereinkam. Was ihr Inhalt und Richtung gibt, ist auch die Erfahrung menschlicher Bruderschaft in der Gemeinde Jesu, auch wenn diese Erfahrung noch fragmentarisch und gebrechlich ist. Wird Jesus Christus, der Gekommene und durch seinen Geist seiner Gemeinde Gegenwärtige, der Herr der Zukunft sein, dann hat diese Zukunft, die Gott dem Weg der Menschheitsgeschichte geben wird, für unsere Hoffnung kein leeres Gesicht. Sie ist die Zukunft der in Christus zur Bruderschaft geeinten Menschheit Gottes. Was jetzt durch seinen Geist in seiner Gemeinde anfängt, wird dann alles umfassende Wirklichkeit sein.

Gott wirkt diese Zukunft. Heißt das, daß alles, was *wir* tun können, um in dieser Welt für Gerechtigkeit und Frieden einzutreten, zum Kommen des Reiches Gottes keinerlei Beziehung hat, weil es da ja immer nur um eine vorläufige, menschlich bewirkbare „bessere Zukunft" gehen kann und weil zudem der Erfolg solches menschlichen Bemühens immer wieder in Frage gestellt bleibt? Hoffnung, die wirklich gelebt wird, gestaltet das Lebensverhalten, so wie es umgekehrt auch durch Resignation und Sinnlosigkeitsgefühl gestaltet bzw. gelähmt wird. Hoffen wir *für* diese Welt auf die Zukunft, die Gott heraufführen wird, dann bestimmt das unser Verhalten *zu* der Welt und ihren Problemen. Die Hoffnung auf diese Zukunft bewegt dazu, uns einzusetzen für alles, was in ihre Richtung weisen kann. Sie verwehrt uns, resigniert hinzunehmen oder gar durch unser Mittun zu befördern, was dem, was wir von Gott erhoffen, widerspricht. Wir werden versuchen, das uns jeweils Mögliche zu tun, um Feindschaften zu überwinden, Leidenden zu helfen, und dies nicht nur im persönlichen Verhalten von Mensch zu Mensch, sondern auch im Einsatz gegen Ungerechtigkeit und Leidensdruck in den gesellschaftlichen Verhältnissen und gegen die Eskalation von Feindseligkeit im politischen Geschehen. Solches menschliche Tun kann und darf nicht den Anspruch erheben, das Reich Gottes zu verwirklichen. Es kann aber in diese Welt hinein Zeichen der Zukunft geben, die wir von Gott als sein Reich und seine Tat erwarten. Gerade die auf *Gottes* Sieg über das Weltelend gerichtete Hoffnung macht frei von der Resignation, daß solches Bemühen gegen die Übermacht der Weltverhältnisse ja doch nichts ausrichtet und darum sinnlos sein könnte. Aber ebenso befreit die auf Gottes Sieg gerichtete Hoffnung unsern Einsatz von der fanatischen Unduldsamkeit und Gewaltsamkeit, die Feindbilder aufrichtet, statt Frieden zu wirken, und die sich überall einstellen wird, wo der Mensch sich selbst mit der Aufgabe übernimmt, das Reich Gottes auf Erden zu schaffen.

Offen bleibt die jüdische Frage, von der wir im Anfang dieser Überlegungen ausgegangen waren: Ist in Jesus von Nazareth wirklich der Christus Gottes erschienen – warum dann nach zweitausend Jahren immer noch eine so unerlöste Welt? Das kann auch für Christen zur bedrängenden Frage werden, gerade wenn ihre Hoffnung nicht nur auf das eigene Seelenheil, sondern auf Gottes Heil für das Ganze seiner Schöpfung gerichtet ist. Warum läßt Gott, der Jesus von den Toten auferweckt und darin seinen Sieg über alle Macht des Bösen angesagt hat, es zu, daß die zerstörenden Mächte weiter am Werk sind durch die Jahrtausende hindurch bis heute? Warum geht sein Wort immer noch wehrlos unter die Menschen und in eine Welt hinein, die sich scheinbar durch dieses Wort nicht verändern läßt? Wir wagen zu antworten: Weil *seine* Macht die Macht der Liebe ist, die Menschen rufen und gewinnen, nicht vergewaltigen will. In der Geduld dieser Liebe hält Gott den Raum noch offen, gibt er noch Zeit, in der das Wort der Versöhnung, das er in Christus gesprochen hat, ausgerufen und aufgenommen werden kann. Und in der Geduld des Glaubens sollen die, die es gehört und aufgenommen haben, seinen Sieg erwarten.

Exkurs: Weltzeit und Eschaton

Wir haben vom Reich Gottes als der *Zukunft* dieser Welt gesprochen. „Zukunft" ist vom Haus aus ein Zeitbegriff. Normalerweise denkt man dabei an Geschehen, das zu einem künftigen Datum innerhalb der Zeit eintreten wird, oder an einen Zustand, der künftig eintreten wird, wiederum innerhalb der Zeit. Als Zukunft in diesem innerzeitlichen Sinn vorgestellt ist aber das Eintreten eines Eschaton kaum denkbar. Denn es meint ja auf jeden Fall (ob als Ende oder als Vollendung dieser Welt verstanden) das *End*gültige, das nicht durch weiteres Geschehen in der Zeit wieder überholt werden kann. So wurde es auch in der vorneuzeitlichen Theologie verstanden; da wurde sein Eintreten zwar als ein zeitliches Datum erwartet, aber man dachte dieses Datum als das Ende, den letzten Punkt der Zeit (wie das ebenfalls zeitlich gedachte Datum der Weltschöpfung als ihren ersten Punkt). Gott hat nicht die Welt *in* der Zeit, sondern *mit* der Welt auch die Zeit erschaffen (Augustin), so daß Anfang und Ende der Welt zugleich Anfang und Ende der Zeit bedeutet.

Auch im modernen Weltbild werden Zeit und Welt zusammengedacht. Zeit und Raum werden verstanden nicht als etwas, „worin" die Welt ist bzw. ihre Entwicklung sich abspielt, sondern als die durch das kosmische Geschehen selbst ausgespannten Maße seiner Bewegung. Oder vielleicht sollten wir vorsichtiger sagen: als die Maße, in denen dieses Geschehen menschlicher Erkenntnis wahrnehmbar wird. Welt ohne Zeit ist nicht vorstellbar, und ebensowenig Zeit ohne Welt. Aber auch ein Zeitpunkt, der als solcher zugleich das Ende des Zeitlaufs sein soll, wird in diesem Weltbild nicht mehr vorgestellt; jedes Datum erscheint als ein Punkt auf der Zeitlinie, die als unbegrenztes Kontinuum gedacht wird, das für beliebig weitere Daten offensteht (und damit konnte sich der Gedanke verbinden, die Welt selbst sei ein unendliches Kontinuum). Muß dann nicht auch jede Zukunft dieser Welt als eine Epoche innerhalb von Zeit gedacht werden, der weiteres zeitliches Geschehen folgen wird? Dann wäre sie aber gerade nicht jenes Endgültige, das mit dem Eschaton gemeint ist. Dazu kommt noch, daß angesichts des ungeheuren Überwiegens der Zeitmaße kosmischer Evolution über die der irdischen Menschheitsgeschichte, wie es uns das moderne Weltbild zeigt, die Vorstellung einer Zukunft, in der mit der Geschichte der Menschheit auf der Erde zugleich die Bewegung des ganzen Kosmos ihr Ziel finden soll, undenkbar zu werden scheint.

Eine konsequent präsentische Eschatologie war dieser ganzen Problematik entgangen, indem sie das Eschaton von seiner Beziehung auf die Zukunft von Welt und Geschichte löste und in die Innerlichkeit eines je jetzt zu gewinnenden neuen Gottesverhältnisses des einzelnen verlagerte. Wir haben diese Reduktion abgewiesen, weil sie sich an dem Kriterium der in Christus begründeten Hoffnung nicht bewähren kann, müssen also versuchen, in die Auseinandersetzung mit den hier angedeuteten Problemen einzutreten. Was ein Theologe, der nicht zugleich in der modernen Diskussion des naturwissenschaftlichen Weltbilds fachlich zu Hause ist, dazu sagen kann, bleibt freilich in allem, was dieses Weltbild betrifft, unter dem Vorbehalt, daß es besser und präziser gesagt werden müßte. Unter diesem Vorbehalt will die folgende Überlegung verstanden sein. Aber da die Fragen, auf die sie sich bezieht, im einleitenden Paragraphen dieses Kapitels (§ 29,3) angesprochen wurden, soll sie nicht unterlassen werden.

Zunächst sollte man sich klarmachen, daß die Vorstellung der Zeit als eines unendlichen Kontinuums (und dasselbe gilt für den Raum) keine empirische Feststellung über die Beschaffenheit der Wirklichkeit selbst ist, die wir als zeitlichen Ablauf erfahren. Sie besagt also nicht: Die Welt „an sich" ist unendlich; in der heutigen Naturwissenschaft scheint sich im Gegenteil die Erkenntnis durchzusetzen, daß die Evolution des Kosmos als ein endliches Geschehen zu begreifen ist. Die Vorstellung der Zeitlinie, auf der immer neue Daten eintragbar sind und für die man keinen „letzten" Zeitpunkt denken kann (zusammen mit der Vorstellung eines Raumkontinuums, für das man keine Grenze denken kann, hinter der nicht weiterer Raum wäre) ist vielmehr als formales Koordinatensystem für die *Einordnung* von empirisch Feststellbarem zu verstehen. Es hat gewissermaßen die Funktion einer Arbeitsanweisung, und zwar für einen bestimmten Teilaspekt des menschlichen Umgangs mit der Welt: für die wissenschaftliche, vor allem naturwissenschaftliche Analyse der einzelnen Phänomene in ihren kausalen Zusammenhängen. Diese Arbeitsanweisung lautet etwa: Fahre mit dieser Analyse fort von jeder Gegebenheit zur nächsten, frage bei jedem Phänomen nach seinen Ursachen zurück und nach seinen möglichen Wirkungen voraus, *als ob* es eine Unendlichkeit auszuschöpfen gälte, und mache dabei an keiner Stelle willkürlich Halt. Diese Anweisung ist für die wissenschaftliche Analyse sinnvoll. Sie treibt das Feststellen des Feststellbaren innerhalb des Ganzen, das wir „Welt" nennen, immer weiter voran.

Das Feststellen des Feststellbaren ist nützlich und notwendig. Aber es ist nicht die einzige Dimension im Umgehen des Menschen mit der Welt und seinem Leben in ihr. Wir greifen hier zurück auf einen Gedankengang, zu dem das Problem von Welt und Zeit uns schon an früherer Stelle, nämlich bei der Frage nach dem „Anfang" der Welt in Gottes Schöpfertat, veranlaßt hatte (Bd. I, S. 176f.). Dort hatten wir unterschieden zwischen der abstrakten Vorstellung der Zeitlinie als Koordinate für die Eintragung beliebig vieler Daten und unserer existentiellen, „gelebten" Zeiterfahrung. Nach einem Anfang und Ende jener Koordinate zu fragen wäre in der Tat sinnlos, würde ihrem Begriff als Koordinate widersprechen. Aber die Zeit, die wir erleben, oder besser gesagt das Erleben unseres Daseins als zeitliches ist etwas anderes als ein bloßes Nacheinander vieler Einzeldaten. Wir erleben es als den Weg und Zusammenhang einer Geschichte (nicht umsonst spricht man vom „Lebensweg" eines Menschen). Das gilt für die persönliche Lebensgeschichte, aber auch das unsern je eigenen Lebensweg umgreifende Menschheitsgeschehen wird erfahren als der Prozeß von Geschichte, als ein Weg, auf dem wir (je unser Stück weit) mit „unterwegs" sind. In der Erfahrung des Daseins als Weg ist aber die Frage nach Woher und Wohin, nach einem *Ziel* des Weges mitgegeben, und so auch in der Erfahrung des geschichtlichen Weges der Menschheit. Man kann sie auch als die Frage nach dem „Sinn" des Lebens bzw. der Geschichte bezeichnen. Naturwissenschaft als Kausalanalyse klammert diese Frage methodisch aus, obwohl auch Naturwissenschaftler heute vom geschichtlichen Charakter der Evolution sprechen und in natur*philosophischen* Erwägungen die Frage nach deren Ziel zur Diskussion stellen. Erst recht steht die Frage nach Sinn und Ziel im handelnden und leidenden Umgang mit unserm Leben und mit der Geschichte an. Sie kann verdrängt werden und wird oft verdrängt in bloßem „Dahinleben", Aber sie meldet sich im Negativen noch darin an, daß dann, wenn das eigene Leben nur noch als sinn- und zielloser Ablauf erscheint, auch die Lebensenergie zum Erlahmen kommt; und entsprechend lähmt auch der Eindruck der Geschichte als sinnloser Ablauf den Impuls, sich in ihr für Ziele einzusetzen. Freilich werden Ziele, die wir im eigenen Leben durch unser Tun erreichen oder die wir durch unsern Einsatz im Geschichtsprozeß befördern können, immer nur Stationen *innerhalb* eines Weges sein, der weitergeht und in dessen weiterem Verlauf sie wieder zunichte werden können – wenn er nicht überhaupt über unsere Zielvorstellungen hinweggeht und sie unerreichbar macht. Offen bleibt die Frage nach dem Ziel des *Ganzen*, des Ganzen je meines Lebensweges wie des Weges der Menschheit – nach einem Hoffnungsziel, auf das hin das Streben nach jenen vorläufigen Zielen innerhalb des Weges sich ausrichten kann und auch Erfahrungen des Scheiterns ohne Versinken in Resignation getragen werden können.

Wird das Wort, in dem Gott sich hereinspricht in unser Dasein in dieser Welt, gehört und geglaubt, dann lernen wir die Zeitlichkeit dieses Daseins verstehen als den Weg, auf dem der Schöpfer, der uns das Leben gab, uns geschickt hat, damit wir dem Ziel entgegengehen, das er diesem Leben geben will. Und wir lernen mit unserer eigenen Geschöpflichkeit auch den Weltprozeß, in den unser Dasein hineingebunden ist, als seine Schöpfung zu glauben. Diese Welt, in der wir im Feststellen des Feststellbaren unbegrenzt von einem Phänomen zum andern fortschreiten können, verstehen wir dann als entsprungen aus demselben Willen der Schöpferliebe, dem wir unser eigenes Leben verdanken, und gezielt durch diesen Gotteswillen auf die Vollendung zu seinem Reich. Das gilt für den Prozeß der Menschheitsgeschichte und ebenso für den des Naturgeschehens, von dem die Menschheitsgeschichte ebensowenig isoliert werden kann wie von dieser das individuelle Menschenleben. Ein Prozeß allerdings, in dem aus unbegreifbarem Grund (wir mußten hier auf jede theologische Erklärung verzichten, vgl. § 19) auch und noch die dem Schöpferwillen widerstrebende Macht des Zerstörenden und der Sünde wirkt und der darum nicht ungebrochene „Entwicklung" ist, sondern Kampfgeschehen: Gottes Reich als *Vollendung* seiner Schöpfung wird zugleich ihre *Befreiung* sein, der endgültige Sieg des Schöpferwillens über alles ihm Widerstrebende.

So verstanden ist das, was wir jetzt als Welt erfahren und innerhalb dessen unsere Feststellungen an keine Grenze stoßen, eben nicht ein Ganzes, das in sich geschlossen oder auch ein ins Unendliche hinein offenes Kontinuum wäre. Die Welt selbst ist vielmehr *Weg*, genauer gesagt: Gott ist mit ihr „unterwegs" auf das Ziel hin, das er ihr geben will. Dann kann aber auch die *Zeit*, die wir von der Welt nicht wegdenken können, weil wir sie und in ihr unser eigenes Dasein als zeitlichen Ablauf erfahren, als die spezifische Erfahrungsform dieses „Unterwegs-seins" der Welt und unser selbst verstanden werden. Das Eschaton aber ist als das Ziel des Weges auch die Zukunft der Zeit selbst – und also nicht mehr *in* der Zeit. Es ist dann kein sinnvoller Einwand mehr, daß ein Eschaton als endgültige Zukunft in unserm Weltbild nicht vorstellbar, sein Eintreten als ein letztes Datum auf der Zeitkoordinate dieses Weltbilds nicht denkbar ist. Denn jedes Weltbild bleibt Entwurf einer Orientierung *innerhalb* des „Unterwegs" dieser Welt. Das Eschaton aber besagt die Aufhebung des Weges in das Ziel, zu dem Gott seine Schöpfung vollendend-befreiend einbringen wird. Deshalb kann es grundsätzlich in den Koordinaten unserer Weltbilder nicht „geortet" werden. Sein Eintreten in ihrem Rahmen begreifen wollen hieße ja, das Ziel selbst als eine Phase des Weges oder anders gesagt: die Zukunft der Zeit selbst als eine Verlaufsphase dieser Zeit begreifen wollen.

Darin liegt aber nun auch eine Antwort auf die Frage, inwiefern dieses Eschaton als Zukunft der Menschheitsgeschichte und *zugleich* des sie nach unsern Zeitmaßen unermeßlich überragenden kosmischen Geschehens geglaubt werden kann. Als das „Zugleich" eines Datums auf der Zeitkoordinate unseres Weltbilds gedacht ist das freilich ganz unvorstellbar. Aber diese Unvorstellbarkeit kann verstanden werden, wenn bedacht wird, daß der „Tag" der Vollendung als Ziel der Zeit selbst alle Gleichzeitigkeit oder Ungleichzeitigkeit innerhalb der Zeit transzendiert. In der einfachen Sprache des Glaubens gesagt: Der Gott, vor dem „tausend Jahre wie ein Tag" sind, wird wohl wissen, wie er am Ende vereinen wird, was jetzt nach der Zeit, die wir messen, in so weit auseinanderklaffenden Maßen auf dem Weg ist.

Literatur

E. BRUNNER, Das Ewige als Zukunft und Gegenwart (1953) – H. OTT, Eschatologie, Versuch eines dogmatischen Grundrisses (1958) – W. KRECK, Die Zukunft des Gekommenen, Grundprobleme der Eschatologie (1961, 2. Aufl. 1966) – J. MOLTMANN, Theologie der Hoffnung (1964 11. Aufl. 1980) – G. SAUTER, Zukunft und Verheißung (1965) – W.-D. MARSCH, Zukunft (TT Band 2, 1956) – D. WIEDERKEHR, Perspektiven der Eschatologie (1974) – H. VORGRIMLER (Kath.), Hoffnung auf Vollendung, Aufriß der Eschatologie (Quaest. disput. Hg. K. Rahner Bd. 90, 1980).

§ 31. Leben bei Gott, die Zukunft der Sterbenden

1. Todesstunde und Jüngster Tag

Jesu Verkündigung der kommenden Gottesherrschaft folgend hatten wir zuerst vom universalen Bezug der christlichen Hoffnung gesprochen. Wir haben nun ihre Bedeutung für je unser eigenes, auf den Tod zugehendes Leben zu bedenken. Eine Erwartung des kommenden Reiches als innergeschichtliche Verwirklichung durch menschliche Aktivität hätte dafür keinen Raum; sie müßte alle, die vor der Erreichung des Zieles gestorben sind und noch sterben werden, der Vergangenheit überlassen. Eschatologie, die in der Gottestat der Sendung, des Todes und der Auferweckung Jesu Christi begründet ist, kann von der Hoffnung auf das Reich Gottes als Zukunft der Welt nicht sprechen, ohne auch von der den Tod übergreifenden Lebenshoffnung für den sterblichen Menschen zu sprechen, denn Jesus hat sterblichen Menschen die Teilhabe an der Zukunft des Reiches zugesprochen. Und die apostolische Verkündigung des Gekreuzigten und Auferstandenen sagt es sterblichen Menschen als die ihnen persönlich eröffnete Zukunft zu: „Sterben wir mit, so werden wir mit leben."
Für unser dem Zeitablauf verhaftetes Denken ist es schwierig, den persönlichen mit dem universalen Aspekt der Eschatologie zusammenzubringen. Für die Naherwartung der ersten Christen war dieses Problem zunächst noch nicht akut. Im Neuen Testament kommt bei-

des zur Sprache: die Erwartung der baldigen Wiederkunft des Herrn zur Auferweckung der Toten und die persönliche Hoffnung, durch den eigenen Tod hindurch mit Christus vereint zu werden (z. B. Phil 1,23), ohne daß erörtert würde, wie dies gedanklich zu vereinbaren ist. Beides steht da beieinander als zwei Aspekte einer und derselben Gewißheit. Dann aber schien die Zukunft der universalen Vollendung immer mehr ins Ferne zu rücken. Zwischen unsern vielen Todesstunden und dem einen jüngsten Tag klafft die Zeit einer Welt, die ohne uns ihren Gang weitergeht, niemand weiß wie lange. Wo werden wir dann sein?

Wir haben die Theorie kennengelernt, mit der die ältere Theologie diese Frage nach dem „Zwischenzustand" zu beantworten versuchte: In der Stunde des Todes erfährt die Seele jedes einzelnen ihr „judicium particulare" und geht in einem vorläufig leiblosen Zustand je nachdem zu Christus oder in die Hölle (oder in die Läuterung durch das Fegfeuer) ein. Am jüngsten Tag werden die Leiber aller Menschen erweckt, und das „judicium universale" Christi wird die Entscheidung jener individuellen Gerichte bestätigen und auch an dem mit der Seele wiedervereinigten Leib wirksam machen. Das Unbefriedigende dieser spekulativen Theorie liegt auf der Hand. Kann das Geschick des ganzen Menschen in ein je dem Leib und der Seele getrennt widerfahrendes, das Leben bei Gott in einen vorläufigen und einen endgültigen Zustand, das Urteil Gottes in einen individuellen und einen ihm folgenden universalen (den ersten lediglich bestätigenden) Gerichtsakt aufgespalten werden? Wo wären solche Vorstellungen im biblischen Zeugnis begründet? In weiten Bereichen der neueren Theologie und auch der Frömmigkeit wurde man die Frage des „Zwischenzustandes" dadurch los, daß der Gegenstand eschatologischer Erwartung auf das Endgeschick des Individuums verengt wurde. Die Hoffnung auf das Reich Gottes als Zukunft des Ganzen verblaßt, an die Stelle dieser Zukunft tritt die Vorstellung der stets gegenwärtigen Überwelt des „Himmels", in den der Fromme durch den Tod hindurch aufgenommen wird. Aber hatte jene ältere Theorie das biblische Zeugnis überschritten, so bleibt diese auf die postmortale Zukunft des Individuums eingeengte Vorstellung hinter ihm zurück. Seine Hoffnungsaussagen gelten ebenso dem Ganzen des Weltlaufs wie dem einzelnen Menschenleben. Sie gelten beidem *in einem*, sie haben nicht einen Himmel im Blick, in den der einzelne zu seiner je privaten Beseligung aufgenommen wird, sondern eine Zukunft, zu der Gott alle vereinen wird, die Zukunft seiner ganzen Schöpfung. Die Einlösung der Hoffnung für das Ganze und die Einlösung der Hoffnung für je mich durch Gottes Vollendungstat will im Glauben zusammengedacht sein – es ist *ein* Handeln des aus dem Tod ins Leben rufenden Gottes.

Steht diesem Zusammendenken oder besser Zusammen-glauben von Weltvollendung und Lebensvollendung das Auseinanderklaffen der Zeiten im Weg, so kann auch hierzu gesagt werden, was in dem Exkurs über Weltzeit und Eschaton zu der Frage gesagt wurde, wie das Ziel des kosmischen Universums mit dem der Menschheitsgeschichte auf der Erde als das eine Ziel Gottes mit seiner Schöpfung zusammengedacht werden kann. Eschatologische Vollendung ist nicht Zukunft *in* der Zeit, sondern die Zukunft der Zeit selbst. Jetzt sind wir „unterwegs", mit der Geschichte der Menschheit je unser eigenes Leben, und Zeit ist die Weise, in der wir dieses Auf dem Weg sein erfahren. Im Ziel wird der Weg aufgehoben sein, damit auch die Zeit. Das gilt in einem für den Weg des Ganzen wie für den des einzelnen Menschenlebens. Durch den Tod bringt Gott ihn zu seinem Ziel und rückt ihn damit für alles Fragen, was „nach" dem Tod sein wird, aus der Zeit und allem, was wir uns im Nacheinander von Zeitpunkten vorstellen, heraus. Wenn man das bedenkt, wird die Vorstellung einer unabsehbaren „Wartezeit" der Abgeschiedenen bis zum jüngsten Tag gegenstandslos, damit alle Spekulation über das Wesen dieses Zwischenzustands, und die gedankliche Nötigung entfällt, zwischen einem vorläufigen und endgültigen Zustand der Seligkeit zu unterscheiden und das Endgericht als zwei zu verschiedenen Zeitpunkten stattfindende Gerichtsakte vorzustellen. Man darf dann sagen: Vor Gott sind die vielen Sterbestunden der Menschen und sein „jüngster Tag" über dem Ganzen seiner Schöpfung *ein* Augenblick, und auch für die durch den Tod aus dieser Zeit Herausgerufenen wird das ein Augenblick sein. Sie werden aus ihrem irdischen Lebensende *vor*gerufen, „vorausgeholt" in die Zukunft Gottes für das Ganze. Zugegeben, auch dies ist eine bildliche Redeweise, die wenn auch in paradoxer Durchbrechung immer noch unserm an Zeit und Raum gebundenen Vorstellungsvermögen verhaftet bleibt. Sie erscheint mir aber der biblischen Einheit von persönlicher und universaler Erwartung eher angemessen als die Vorstellung einer himmlischen Überwelt, in die die Individuen je für sich „hinaufgeholt" werden.

Soviel zu dem Verhältnis universaler und personaler Eschatologie und zu der Frage, wie beides zusammengedacht werden kann. Im folgenden ist inhaltlich zu entfalten, was eschatologische Hoffnung für den sterblichen Menschen bedeutet.

2. Tod und Auferweckung

Der Tod ist das Geschick des *ganzen* Menschen. Wir haben nichts in uns, das durch ihn nicht betroffen würde. Wenn damit ein durch den Tod unberührbarer Kern unseres Wesens gemeint sein soll, ist die Rede von einer „unsterblichen Seele" haltlos. Gerade ich selbst – und was kann „Seele" anderes heißen als eben „ich selbst" als der Träger dieses Leibes – werde getroffen. Nicht etwas an mir, sondern ich werde sterben.

Ist der Tod das *Ende* des Menschen? Er ist jedenfalls das Ende unseres irdischen Lebens in dieser Welt. Was unser Leben *war*, wird uns entzogen. Als die, die dieses Leben gelebt, gestaltet und erlitten haben, werden wir uns selbst entzogen. Wenn wir aber unser Leben als den Weg einer Geschichte mit Gott, einer Geschichte Gottes mit uns erfahren, können wir nicht sagen: Der Tod ist Ende, mit dem „alles aus ist". Gott entläßt den Menschen, den er zum ebenbildlichen Zusammensein mit ihm selbst geschaffen hat, nicht in ein leeres Nichts hinaus. Er wird den Weg, den wir mit ihm, oft gegen ihn und an ihm vorbei, so oder so aber in Beziehung zu ihm gegangen sind, zu seinem Ziel, den Prozeß seiner Geschichte mit uns zum Ergebnis bringen. Was uns im Tod geschieht, ist unser Eingeholtwerden durch Gott in dieses Ergebnis. Das ist freilich sowenig wie die Erkenntnis Gottes selbst ein Wissen, das allgemein gegeben wäre oder aus unserer Welt- und Selbsterfahrung erschlossen werden könnte. Was uns im Tod widerfahren wird, können wir uns nicht selbst sagen; für das Wissen, das der Mensch aus sich selbst über sich haben kann, bleibt es verschlossenes Geheimnis. Wir wissen nur, *daß* wir sterben werden. Die Versuche, durch spekulative Überlegungen (z.B. über die Möglichkeit einer Wiederverkörperung) oder okkultistische Experimente (Spiritismus) hinter dieses Geheimnis zu kommen, beweisen nur, daß dem Menschen sein Tod Frage ist, die ihn bedrängt, soweit er sie nicht verdrängt. Antwort auf diese Frage können sie nicht sein, und Christen können eine Antwort auf solchen Wegen auch nicht suchen wollen. Allein das Wort, mit dem Gott selbst sich uns zuspricht, kann hier zur Antwort werden. Wer in seinem Leben *dieses* Wort hört, dem ist damit zugesprochen, daß er auch in seinem Tod nicht in Nichts versinken, sondern in die Hand Gottes kommen wird[1]. Wenn wir

---

[1] In *diesem* Sinn konnte Luther den Menschen „unsterblich" nennen: „Wo oder mit wem Gott redet, es sei im Zorn oder in der Gnade, derselbe ist gewißlich unsterblich. Die Person Gottes, der da redet, und das Wort zeigen

gesagt haben, was uns im Tod geschieht, sei unser Eingeholt-werden durch Gott in das Ergebnis seiner Geschichte mit unserm Leben, so ist das eine Aussage des durch das Wort Gottes begründeten Glaubens. Sie bezieht sich aber nicht nur auf Glaubende, sondern auf jedes Menschenleben. Denn alle sind von Gott dazu geschaffen, ihm ebenbildlich zu entsprechen, und das Wort der Versöhnung, das er in Christus gesprochen hat, meint und ruft alle. Wir können niemand davon ausschließen, daß Gott eine Geschichte mit seinem Leben hat, auch wenn uns das bei vielen ganz verborgen bleibt.

Ist der Tod die Straffolge der *Sünde* – müssen wir darum und nur darum sterben, weil wir Sünder sind? (Wäre „Adam" unsterblich gewesen, wenn er nicht gefallen wäre?) So hat die kirchliche Lehrtradition jedenfalls die paulinischen Worte über den Zusammenhang von Sünde und Tod (Röm 5,12ff) und vom Tod als dem „Sold", den die Sünde ihren Dienstleuten auszahlt (Röm 6,23), verstanden. Es wurde schon an früherer Stelle (§ 18, 3.2) berührt, daß wir diese Aussagen nicht einfach auf das menschliche Sterben als biologischen Vorgang beziehen können. Als solcher ist es ja nicht zu isolieren vom Sterben lebendiger Organismen überhaupt – man müßte dann folgerichtig behaupten, die Sünde des Menschen sei die Ursache des Sterbens aller irdischen Lebewesen (und dann gleichsam rückwirkend auch derer, die längst vor dem Erscheinen des Menschen die Erde bevölkert haben?). Die gesamte Evolution organischen Lebens, die das Ableben der Individuen unabdingbar voraussetzt, müßte als eine durch die Sünde depravierte Gestalt der Schöpfung verstanden werden. Wir können aber die biblischen Worte vom Zusammenhang von Sünde und Tod verstehen, ohne uns in solche Spekulationen zu verlieren, wenn wir sie auf das Leben des Menschen als den Weg seiner Geschichte mit Gott und auf seinen Tod als Eingeholtwerden in das Ergebnis dieser Geschichte beziehen. Dies – nicht das Ende des irdischen Lebens an sich – unterscheidet das Sterben des Menschen von dem der Tiere. Den Menschen, der den Weg seines Lebens in ungebrochener Gemeinschaft mit Gott gegangen ist, müßte der Tod nicht schrecken. Er müßte den Gedanken an ihn auch nicht verdrängen. Er könnte ihm entgegengehen in der Gewißheit, dann ganz am Ziel, bei dem lebendigen Gott und in seiner Liebe geborgen zu sein. Die Angst, die der Tod uns macht (ob Angst vor der Hölle, ob Angst vor dem Nichts) hat ihren Grund und ihre Macht in dem, was uns im Leben von

---

an, daß wir solche Kreaturen sind, mit denen Gott bis in Ewigkeit in unsterblicher Weise reden wolle" (WA 45, 481).

Gott trennt („der Stachel des Todes ist die Sünde, die Kraft der Sünde aber ist das Gesetz" – das Urteil, das *gegen* uns steht, 1.Kor 15,56). So wird schon der Tod, auf den wir zugehen, durch den Angstdruck, den dieses unausweichlich auf uns Zukommende auf das nicht im Frieden mit Gott geeinte Leben ausübt, zur „Strafe" der Sünde, denn die Furcht vor dem Tod ist ihre innere Konsequenz. Und die letzte Konsequenz, von der das gegen Gott sich verschließende Leben bedroht ist, ist Tod in einem tieferen Sinn als dem des bloßen Ablebens und nicht mehr Daseins.

Aber Gott hat die Geschichte unseres Weges vor ihm zu der Geschichte seines Kommens zu uns gemacht. In Jesus hat er sich selbst mit uns verbunden, ist uns in unsere Gottesferne hinein nachgegangen. Im Sterben Jesu ist er selbst in unsern Tod gekommen und hat so das Todesurteil, die Gottverlassenheit, die die Konsequenz der Sünde ist, aus unserm Sterben weggenommen. Der Gott, der Jesus von den Toten auferweckt hat, spricht uns zu, daß er auch uns durch unsern Tod hindurch in das Leben bringen wird, in das Jesus vorangegangen ist. In seinem Geist, durch sein Wort und Mahl bleibt der Auferstandene mit uns, um uns nachzuholen in diese Lebenszukunft. Die Auferstehung der Toten ist so wenig eine unserm Denken allgemein zugängliche Prognose dessen, was „nach dem Tod" sein wird, wie die Unsterblichkeit der Seele. Sie ist Erwartung, die ihren Grund hat in dem für uns gekreuzigten und auferstandenen Christus, darin, daß Gott in ihm unsern auf den Tod zugehenden Weg zu seinem Weg zu uns und mit uns gemacht hat – die Hoffnung derer, die Christus mit sich auf dem Weg sein lassen. Der Erfahrung menschlicher Todesangst sind auch sie nicht entnommen, so wenig sie der Teilhabe an der menschlichen Sünde entnommen sind. Aber in der Gewißheit, daß sie um die Vergebung ihrer Sünde bitten und im Frieden mit Gott leben dürfen, tritt die Hoffnung der Angsterfahrung entgegen. Denn „wo Vergebung der Sünde ist, da ist Leben und Seligkeit" (Luther, Kl. Katechismus).

Wie wird die Auferweckung der Toten geschehen? Die Sprache der Kirche redet von der Auferstehung des „Leibes" (in der nicht revidierten Fassung des Credo sogar des „Fleisches"). Sie kann sich dafür auf biblische Aussagen berufen wie etwa Röm 8,11 „Wenn der Geist dessen, der Jesus von den Toten auferweckt hat, in euch wohnt, wird er auch eure sterblichen sômata lebendig machen". Eine *Wiederherstellung* des Körpers in seiner irdischen Daseinsform war damit nie gemeint. Auf die Frage „mit welchem Leib werden sie denn auferstehen" (1.Kor 15,33ff) hat Paulus mit der scharfen Unterscheidung von irdischem und „pneumatischem" Leib geantwortet. Immerhin wurde weithin in der Vorstellung kirchlicher Tradition die Auferstehung so auf den irdischen Leib bezogen, daß es dieser – der Leichnam – ist, der aus dem Grab herausgerufen wird, und daß *an ihm* die Umwandlung in einen himmlischen Leib geschieht. Aber sofern die Rede von dem Hervorgehen aus den Gräbern mehr sein will als ein bildlicher Ausdruck für das in den Kategorien innerweltlicher Vorgänge nicht Faßbare, überschreitet sie die Grenze dessen, was wir hier sagen können. Was wir jetzt als unsern Leib kennen, gehört wie Essen und Trinken, Sexualität und alles, was seine Funktionen ausmacht, zu der „Wegexistenz" unseres auf den Tod zugehenden Lebens. Wenn Auferweckung die Tat Gottes ist, der uns aus dem Weg ins Ziel bringt, ist sie ebenso unsern Wie-Vorstellungen entzogen wie das Leben selbst, zu dem Gott uns auferweckt. Wir können und müssen nicht postulieren, er könne uns nur so in dieses Leben bringen, daß er unsern irdischen Leib aus dem Grab nimmt (heute müßte man ja sagen: alles, was einmal die Atome dieses Organismus waren, aus ihren längst in andere Zusammensetzungen eingegangenen „Orten" wieder zusammenholt), um *daraus* unsern „himmlischen Leib" zu gestalten. Gott ruft den *Menschen* aus seinem Tod in die Zukunft des Lebens, das glauben zu dürfen ist genug. Die Rede von der Auferweckung des Leibes ist dennoch nicht einfach sinnlos. Bedenkt man, daß „Leib" sowohl im Aramäischen (guf) wie im Griechischen des Neuen Testaments (sôma) über „Körper" hinaus zugleich die Bedeutung „konkrete Person" einschließt, so kann sie darauf hinweisen, daß die Auferweckungstat Gottes unser Selbst nicht in ein All-Leben hinein auflösen wird. Sie geschieht dem Menschen in der *Identität* seiner Person, in der er jetzt an seiner Leiblichkeit kenntlich ist – dieser Mensch als er-selbst wird bei Gott im Leben sein. Woran hält diese Identität sich durch? Wir können dieser Frage gegenüber auf nichts an uns selbst verweisen, in dem sie ihr „Substrat" behielte, weder auf die unsterbliche Seele noch auf den im Grab liegenden und zur Verwandlung in Herrlichkeit bestimmten Leib. Es gibt nur die eine Antwort: In Gottes Wissen um mich, in seiner Zuwendung auch zu mir, diesem bestimmten Menschen, und in seinem Willen, auch mich in seinem Reich bei sich zu haben, bleibt meine Identität bewahrt.

3. Ewiges Leben

Gott, der Jesus Christus von den Toten auferweckt hat, wird auch uns auferwecken zu dem Leben der Zukunft, in das Jesus uns vorangegangen ist. Aber was heißt das: Leben der Zukunft, „ewiges Leben"? Man kann hier so wenig mit anschaulichen Beschreibungen antworten wie auf die Frage: Wie geschieht das, Auferweckung der Toten. Aber „ewiges Leben" bleibt kein bloßes und leeres Wort. Was uns in *diesem* Leben, im „Unterwegs" des Glaubens mit Christus geschenkt wird, ist Licht, das seinen Schein in die Lebenszukunft vorauswirft. Von diesem Licht geleitet darf gesagt werden: Wir erwarten das Leben, in dem wir befreit sein werden von allem in uns, was uns jetzt noch und immer wieder von Gott trennt – Leben in der vollendeten, durch nichts mehr in Frage gestellten Gemeinschaft mit dem Vater. Wir erwarten unsere Befreiung von allem, was sich jetzt in uns der Nachfolge Jesu, der Gleichgestaltung unseres mit seinem Leben widersetzt – Leben im vollkommenen Vereintsein mit ihm, unserm Herrn. Wir erwarten unsere endliche Befreiung aus dem Streit unseres „Fleisches" gegen den Heiligen Geist – Leben ganz in seiner Macht. Wir werden ganz aufgenommen sein in das Leben der Liebe, die Gottes Wesen und Leben in sich selbst und seine Kraft zu unserm Leben ist.

Aber wir erwarten dies nicht nur als eine Beseligung, die uns je für uns selbst zuteil wird. Gott erweckt uns in die Bruderschaft seiner versöhnten und aus all ihrem Streit erlösten Menschheit hinein. So dürfen wir auch erwarten, daß wir vereint sein werden mit den Menschen, die vor uns auf dem Weg waren und mit uns, jetzt manchmal auch gegen uns auf dem Weg sind, befreit von allem Streit, der uns jetzt entzweit, von dem Streit der Völker, auch von dem Streit unter uns Christen über den Glauben und die Politik, und vom Streit der „Konfessionen" und Richtungen, die die Kirche auf Erden gespalten haben. Im Licht der Wahrheit Gottes werden unsere Streitfragen gelöst und entschieden sein. Durch die Macht der Liebe Gottes werden wir im Frieden vereint sein.

Wir haben bis dahin stets von der Auferweckung zur Zukunft des *Lebens* gesprochen. Wir sind damit dem biblischen Christuszeugnis gefolgt, denn in ihm ist Auferweckung ja ein ganz und gar positives Wort, das große Verheißungs- und Heilswort, das unsern Weg und sein Ziel mit Christus verbindet: Ihn hat Gott auferweckt aus den Toten, so wird er auch uns auferwecken. Auferweckung spricht von der Macht Gottes, aus dem Tod Leben zu schaffen. Aber die christliche Lehrtradition spricht ja von einer Auferstehung *aller*, der einen zum ewigen Leben, der andern zu ewigem Tod. Man kann fragen, ob es sinnvoll und mit der positiven Begründung der neutestamentlichen Auferstehungserwartung in Christi Auferweckung im Einklang ist, auch die Möglichkeit, daß das Ergebnis der Geschichte eines Menschen mit Gott seine Verschließung in ewigen Tod sein kann, mit diesem selben Wort „Auferweckung" zu bezeichnen – wird da das Verheißung- und Heilswort nicht zu einem Wort neutralisiert, das ebensowohl Heil wie Unheil bedeuten kann? Aber wie immer man das in andere Worte fassen mag, die Möglichkeit dieses andern, heil*losen* Ausgangs kann nicht einfach verschwiegen werden. Was heißt „ewiger Tod"? Eine phantasievolle Schilderung der Hölle und ihrer Qualen ist hier noch weniger angemessen als eine entsprechende Beschreibung der Paradiesesfreuden. Aber durften wir von der Freude des ewigen Lebens sagen: Sie ist Freude und Leben im endgültigen, unverbrüchlichen Zusammensein mit dem Vater, mit Christus und allen Menschen, die von seiner Liebe eingeholt wurden, so wird über die Möglichkeit dieses anderen Ausgangs zu sagen sein: Die letzte Konsequenz eines gegen die Liebe und verschlossen gegen Gott und Menschen zu Ende gelebten Lebens ist endgültiges Verlassensein von aller Gemeinschaft Gottes und der Menschen – Verschließung und Versteinerung dessen, der sein Leben für sich selbst leben wollte, in endlosem Alleinsein mit sich selbst. Auch das ist bildlich gesprochen und kann nur bildlich gesprochen sein. Aber dieses Bild kommt als Gegenbild dessen, was wir als die Freude des ewigen Lebens erwarten dürfen, dem, was ewiger Tod bedeuten würde, vielleicht näher als alle jene phantasievollen Schilderungen.

Muß diese furchtbare Möglichkeit Wirklichkeit werden? Oder darf man hoffen, daß Gottes Gnadenmacht sie ausschließen, keinen an sie preisgeben und verlieren wird? Aber stehen solchem Hoffen nicht die biblischen Aussagen vom zweifachen Urteil des Endgerichtes entgegen? Wir berühren damit eine Frage, auf die wir in unserm letzten Kapitel zurückkommen werden.

4. Christus der Richter

Daß Gott seine Geschichte mit den Menschen durch Gericht hindurch zum Ziel führen wird, ist uns durch das biblische Zeugnis, auch durch Jesu eigene Worte, unüberhörbar gesagt. Der Gott, der uns jetzt, da wir auf dem Weg sind, in Jesus Christus das Wort seiner Zusage gibt, wird uns am Ende unseres Weges in diesem selben Jesus Christus als unser Richter begegnen. Alle, auch die Glaubenden, werden vor diesem Richter stehen. Niemand und nichts wird an seinem Urteil vorbei zum Ziel kommen.

Da können Fragen aufstehen. Gott, der in Jesus in die Verlorenheit und Gottesferne dieser Welt gekommen ist, um zu suchen und zu retten, was verloren war, der in ihm sich als den Willen und die Macht der Liebe erweist, die Welt und Menschen nicht aufgibt – dieser selbe Gott in demselben Jesus Christus der Richter, der unerbittlich verwerfen und vernichten wird, was vor ihm nicht bestehen kann? Wir fangen an das zu verstehen, wenn wir vor Augen haben, daß Gottes Liebe nichts zu tun haben kann mit tolerantem Gewährenlassen dessen, was ihr widersteht. Gerade weil sie Menschen gewinnen will, kämpft sie gegen die Schöpfung und Menschen zerstörende Macht der Sünde, und sie muß und wird siegen. Die Macht der Liebe muß die Mächte des Bösen entmachten. Diese Welt kann nur so ganz und gar zum Reich Gottes werden, daß der Christus, der in ihr gekreuzigt wurde, ganz und gar ihr Herr wird. Seine Herrschaft, jetzt noch unter dem Widerspruch dieser Welt verborgen und angefochten, muß endlich ans Licht treten und alles von sich ausschließen, was ihr widerspricht. „Jüngstes Gericht", das heißt zunächst: *Das* Böse wird gerichtet, verworfen, abgetan sein. Schon jetzt ist ihm sein Ende angesagt und sein Urteil gesprochen, und dieses Urteil wird vollstreckt werden.

Aber die Gerichtsworte des Neuen Testaments sprechen ja nicht nur von dem Bösen an sich, sondern von den *Menschen*, die gerichtet werden, und davon, daß sie nach ihren *Werken* gerichtet werden. Hat nicht derselbe Jesus, den sie uns als den künftigen Richter erwarten heißen, das Gericht, das den Menschen treffen müßte, auf sich selbst genommen? Hat nicht Gott im Kreuz Jesu Christi sein Gericht über die Sünde so vollzogen, daß er die Sünder von ihrer Sünde scheidet und zu seinen Angenommenen macht? Dürfen wir nicht leben in dem Glauben, daß wir Gottes *Freigesprochene* sind, gerechtgesprochen nicht aufgrund der „Werke des Gesetzes", die wir erfüllt haben, sondern aus der Freiheit seiner bedingungslosen Gnade? Soll dies durch die Worte, die Christus als den Richter zu erwarten heißen, zurückgenommen oder doch in Frage gestellt, das ganze und endgültige Freispruchurteil zu einem halben und nur vorläufigen gemacht, der Glaube, der seine Zuversicht auf dieses Urteil setzt, verunsichert werden?

So können diese Worte nicht zu verstehen sein. Das kann der Paulus, der in so eindeutiger Klarheit das Evangelium als den Freispruch der Sünder in Christus verkündigt und gegen alle Infragestellungen behauptet hat, nicht gemeint haben, wenn er sagt, daß wir alle vor dem Richtstuhl Christi stehen werden (2.Kor 5,10). Es ist nichts davon zurückzunehmen: Jesus Christus hat den Tod und das Gericht der Sünder auf sich genommen, uns ist die Freiheit geschenkt, unsern Weg zu gehen im Frieden Gottes, der in Jesus mit uns geworden ist. Aber darum wird die Verbindung mit Jesus Christus auch das Kriterium sein, nach dem er über diesen Weg am Ende sein Urteil spricht. *War* es ein Weg mit ihm und durch ihn im Frieden Gottes – der Weg von Sündern, die sich von ihm annehmen, von ihrer Sünde lossprechen ließen? Oder war es ein Weg von Selbstgerechten, die dieses Arztes nicht bedurften, oder – aber das liegt nicht weit voneinander – von Sündern, die sich mit ihrer Sünde identifizierten, in ihr mit sich selbst zufrieden waren? Ist Jesus Christus unser Richter und ist es das Verhältnis zu ihm, wonach wir in seinem Gericht gefragt werden, dann wird es ein „Gericht nach dem Glauben" sein. Das Vertrauen, das wir auf ihn gesetzt haben, wird nicht enttäuscht werden. Der Christus, der sein Leben für unser Leben hingegeben hat, wird die annehmen, die geglaubt haben, daß er sie annehmen will und von diesem Glauben gelebt haben. Aber solcher Glaube kann und wird nicht ohne Werke bleiben. Inwiefern „Gericht nach den Werken"? Die Werke, die von diesem Richter ihr Lob (nicht einen nach Verdienst auszuzahlenden Lohn) empfangen, werden nicht „Werke des Gesetzes" sein, d.h. nicht Werke, die getan wurden in der Absicht, sich selbst für Gott annehmbar zu machen. Es werden die Früchte des Geistes sein, den Gott selbst schenkt. Es werden vielleicht oft Werke sein, die denen, die sie tun, gar nicht als *ihre* „guten Werke" bewußt sind. Wenn aber Christus in seinem Gericht den annimmt, der ihm geglaubt hat, dann werden mit ihm selbst auch die Werke seines Glaubens bejaht werden. Sie werden offenbar werden und Gott wird seine Freude an ihnen kundtun gerade da, wo der Mensch in solchen Werken nicht die Freude an seiner eigenen Gerechtigkeit gesucht hat.

Aber auch die Glaubenden bleiben bis in ihre Todesstunde „simul peccatores". Wir werden nicht nur mit unserm Glauben und seinen Werken, sondern auch mit unserer Sünde, unserm Versagen und unserm Unvermögen, uns selbst in dem, was in uns Sünde ist, ganz zu erkennen und zu durchschauen, vor Christus unserm Richter stehen. Auch dies wird aus der Verborgenheit herausgeholt und offenbar werden; wir werden uns selbst auch in allem Unrecht unseres gelebten Lebens so sehen müssen, wie Christus uns sieht. Von allen Illusionen über uns selbst entblößt werden wir vor ihm stehen. Muß der Gedanke daran die Hoffnung, in der wir diesem Richter entgegengehen, verdunkeln, läßt er nur ein ungewisses, verzagtes und gebrochenes Hoffen zu? Gerade zur *freudigen* Hoffnung des Glaubens gehört auch die Erwartung und das Verlangen, daß wir am Ziel unseres Weges ganz ins Helle und Rechte gestellt und geschieden werden von allem, was in uns zwielichtig und unrecht ist, daß Christus endgültig abtun wird, was uns jetzt von ihm trennt. Wir *dürfen* es seinem Gericht übergeben. Wir haben von der *glaubenden* Erwartung des Gerichts gesprochen. Wie wird Christus denen begegnen, die nicht zum Glauben kamen? Es sind unter ihnen ja viele, die – soweit das menschlich beurteilt werden kann – nicht zum Glauben kommen *können*, weil sie unter Verhältnissen und in einer Umgebung leben, in der sie das Wort des Evangeliums gar nicht erreicht. Ganz zu schweigen von den unzähligen Menschen, die vor dem Kommen Jesu gelebt haben und gestorben sind. Werden sie alle die Verdammten dieses Richters sein? Eine solche Behauptung über das Endgeschick auch nur irgendeines Menschen, der vor uns gelebt hat oder neben uns lebt, steht uns nicht zu. Die Gnadenmacht Gottes kann verborgene Wege haben, Menschen, die nach dem, was wir vor Augen haben, für sein Christuswort unerreichbar geblieben sind, dennoch zu erreichen. Der Satz des Bekenntnisses „hinabgestiegen in das Reich des Todes" darf wohl, wenn nicht nur, so doch auch als Hinweis auf diese grenzüberschreitende Möglichkeit Gottes verstanden werden. Christus kann Menschen, die sich ihm jetzt bewußt verschließen, für sich gewinnen, wie er den Paulus für sich gewonnen hat. Aber wir können auch die Möglichkeit nicht ausschließen, daß ein Mensch, dem Christus begegnet *ist*, den das Evangelium erreicht und getroffen *hat*, sich gegen den Ruf der Liebe Gottes verschließt, weil er von ihr nicht leben *will*, darin beharrt bis an sein Ende und sich so selbst zur „Linken" des Richters stellt. Nochmals stehen wir vor der Frage: Warum schließt Gott diese furchtbare Möglichkeit eines endgültigen menschlichen Widerstands gegen seine Gnadenmacht nicht aus? *Muß* diese Möglichkeit Wirklichkeit werden?

Literatur

H. Thielicke, Tod und Leben (1946) – Ders., Leben mit dem Tod (1980) – A. Albrecht (kath.), Tod und Unsterblichkeit in der evangelischen Theologie der Gegenwart (1964) – E. Jüngel, Tod (TT Bd. 8, 3. Aufl. 1973) – R. Leuenberger, Der Tod, Schicksal und Aufgabe (1971)
Im übrigen vgl. die Lit.-Angaben zu § 30.

X. Kapitel

§ 32. „Von ihm, durch ihn und zu ihm sind alle Dinge" – Gottes Gnadenwahl

Zwei neutestamentliche Aussagen seien vorangestellt. Paulus faßt im 8. Kapitel des Römerbriefs alles, was er zuvor von der Hoffnung der Christen gesagt hat, zusammen in den Worten: „Wir wissen, daß alles zum Guten dienen muß denen, die Gott lieben, den seiner Entschließung gemäß Gerufenen. Denn welche er zuvor ersehen hat, die hat er auch vorbestimmt, gleichgestaltet zu werden dem Bild seines Sohnes, damit dieser der Erstgeborene vieler Brüder werde. Die er aber vorbestimmt hat, die hat er auch gerufen. Die er gerufen hat, die hat er auch gerechtfertigt. Die er gerechtfertigt hat, die führt er auch zur Vollendung" (Röm 8,28f)[1]. Der Epheserbrief beginnt alles, was er danach vom Wesen und Leben der Gemeinde Christi entfalten wird, mit den Worten: „Gepriesen sei Gott, der Vater unseres Herrn Jesus Christus. In ihm hat er uns erwählt vor der Grundlegung der Welt, dazu daß wir heilig und von allem Fehl befreit vor ihm leben sollen. In Liebe hat er uns dazu vorbestimmt, durch Jesus Christus seine Kinder zu werden, aus dem Wohlgefallen seines Willens und zum Preis der Herrlichkeit seiner Gnade, mit der er uns begnadet hat in dem Geliebten" (Eph 1,3–6).

An beiden Aussagen wird deutlich, daß hier von einem durch und durch *heilvollen* Vorbestimmen Gottes die Rede ist. Auf *Christus* hin hat Gott Menschen erwählt, durch Christus verwirklicht er, was er „vor Grundlegung der Welt" für sie beschlossen hat, und Grund und Ziel seiner Wahl und seines sie vollstreckenden Handelns ist die Erweisung der Herrlichkeit seiner *Gnade*. In der Theologie wurde dieses Thema meist unter dem neutralen Begriff „Prädestination" verhandelt; es entspricht dem neutestamentlichen Zeugnis besser, wenn wir statt dessen von Gottes *Gnadenwahl* reden.

Zugleich wird an den angeführten Aussagen kenntlich, in welcher Funktion solche biblischen Worte von dem allem Weltlauf und aller menschlichen Entscheidung zuvorkommenden Erwählen Gottes laut-

---

[1] Wörtlich „die hat er auch verherrlicht".

werden. Es sind in hervorgehobener Weise – im Eingang des Epheserbriefs wird das an der hymnischen Sprache besonders deutlich – *doxologische* Aussagen. Sie blicken auf das Ganze des Geschichtsweges Gottes mit den Menschen und fassen dieses Ganze zusammen in den Lobpreis seiner Gnadenmacht, die in dem Namen Jesus Christus beschlossen ist. So ist es sinnvoll, auch den Weg einer Dogmatik mit dem Bedenken dieses Themas zusammenzufassen und abzuschließen: Gottes Gnadenwahl. Wir sollten uns zugleich davor gewarnt sein lassen, ihm theoretische Aufschlüsse und rationale Konsequenzen entnehmen zu wollen, die der doxologischen Ausrichtung der biblischen Erwählungsaussagen nicht gemäß sind.

1. Die Prädestinationslehre in der Theologiegeschichte

Diese Aussagen führten in der Geschichte der Theologie zur Entwicklung der Prädestinationslehre, genauer gesagt verschiedener Varianten von Prädestinationslehre. Der Darstellung ihrer einzelnen Ausprägungen vorweg ist zur Problematik dieser Lehrentwicklung Folgendes zu sagen:

Das „vor" der biblischen Erwählungsworte wurde im allgemeinen auf ein Dekret Gottes bezogen, durch das er der Geschichte seines Kommens in Christus *vorweg* über das endgültige Geschick jedes Menschen voraus-entschieden hat. Droht damit nicht die Begegnung des Evangeliums als Ruf zum Glauben ihr Gewicht zu verlieren? Was entscheidet sich *in* dieser Begegnung, wenn durch jenes vorzeitliche Dekret alles schon festgelegt ist? Begründend wirkt dabei jedenfalls in einigen Ausprägungen der Prädestinationslehre anstelle der konkreten Selbsterweisung Gottes in Christus der abstrakte Allmachtsgedanke ein: Ist Gott der Allmächtige, so ist alles, was überhaupt geschieht, von ihm gewollt und gewirkt und *muß* daher so geschehen wie es geschieht. Der Lobpreis der *Gnadenmacht* Gottes kann nun durch theoretische Folgerungen aus dem Gedanken seiner *Allkausalität* wenn nicht verdrängt, so doch überlagert und verdunkelt werden.

Als entscheidende Folgerung stellt sich ein, daß der Gnadenwahl eine Vorherbestimmung derer, die nicht zum Glauben kommen, zur Verdammnis entsprechen muß, und daß dies der Grund ist, *warum* sie nicht glauben. Das vorzeitliche Dekret Gottes hat zwei Seiten, es ist „doppelte Prädestination". Biblische Verstockungsaussagen konnten dieses Verständnis nahelegen und wurden zu seiner Begründung herangezogen. Aber die Begegnungsgeschichte von Christuswort und

Glauben droht nun erst recht gewichtslos zu werden. Denn nun könnte man ja folgern: Das Wort, das zum Glauben ruft, können zwar alle hören. Aber die einen sind gar nicht wirklich gemeint, weil sie nicht zum Glauben prädestiniert sind; und die andern bekommen nur nachträglich zu hören, was schon vor und ohne dieses Gerufenwerden, Hören und Glauben über ihnen feststeht – um nicht zu sagen: über sie „verhängt" ist.

Diese problematischen Tendenzen sind freilich, wie der folgende Überblick zeigt, nicht bei allen Theologen, die die Prädestinationslehre vertreten haben, in gleicher Schärfe hervorgetreten.

1.1. Erstmals hat *Augustin* eine ausdrückliche Prädestinationslehre entwickelt. Er wurde zu ihr geführt in Konsequenz seiner Auseinandersetzung mit den Pelagianern um die unverbrüchliche Geltung des *sola* gratia. Gott bietet das Heil nicht nur an, so daß es der Willensentscheidung des Menschen überlassen wäre, dieses Angebot zu ergreifen. Der Wille des Sünders ist gebunden, Gott allein kann ihn zur Annahme seines Wortes öffnen. Auch der Glaube des Menschen ist Geschenk; er wird denen zuteil, die Gott zum Glauben erwählt hat. Sie aber, so Augustin, werden durch die Gnade *unfehlbar* bewegt und zum Ziel gebracht. Sie ist „gratia irresistibilis" – wem sie gegeben wird, der kann und wird ihr nicht widerstehen. Mit ihr ist das „donum perseverantiae" verbunden – wen Gott erwählt hat, der kann und wird aus seiner Gnade nicht mehr herausfallen. Das heißt für Augustin aber andererseits: Gottes Erwählung ist partikular, nicht universal. Sie sondert innerhalb einer Menschheit, die durch die Erbsünde insgesamt zur massa perditionis geworden ist, einen „certus numerus electorum" aus, eine bestimmte und begrenzte Zahl derer, die von Anbeginn zur Rettung aus dieser perditio bestimmt sind[2]. Der konkrete Ort, an dem dieser numerus electorum zu finden ist, ist die Kirche, denn nicht anders als durch die Predigt und die Sakramente der Kirche läßt Gott den Erwählten seine Gnade begegnen. Aber nicht alle Glieder der Kirche, die das Wort hören und an den Sakramenten teilhaben, sind auch Erwählte. Ihre Zahl – die wahre innerhalb der empirischen Kirche – kennt Gott allein.

Zunächst und von ihrer soteriologischen Motivation her ist Augustins Prädestinationslehre durchaus positiv Lehre von Gottes *Gnaden*wahl. Aber das partikulare Verständnis der Erwählung führt faktisch zu dem

---

[2] Nach Augustins Vorstellung entspricht die Zahl der zur Seligkeit erwählten Menschen der Zahl der gefallenen Engel.

Gedanken einer doppelten Vorherbestimmung. Wer nicht zum Glauben kommt, glaubt darum nicht, weil er nicht zu dem numerus electorum gehört; wer zum Glauben kam und ihn verliert, der kommt darum zu Fall, weil Gott ihm das donum perseverantiae versagt hat, das er seinen Erwählten unfehlbar zuteil werden läßt. Es gibt also Nicht-Erwählte, ja sie sind in der großen Überzahl. Daß Gottes Wahl sie übergeht, ist darum nicht ungerecht, weil alle Menschen Sünder sind und niemand einen Anspruch auf seine Gnade haben kann. Im allgemeinen hat Augustin es vermieden, geradezu von einer Prädestination zur Verdammnis zu sprechen; aber das Nichterwähltsein zum Heil ist davon doch nur im sprachlichen Ausdruck verschieden. Jedoch hat Augustin nicht schon den Sündenfall selbst und die Tatsache, *daß* durch ihn die gesamte Menschheit zur massa perditionis wird, auf einen göttlichen Willensbeschluß zurückgeführt. Er versteht das vor aller Zeit beschlossene Erwählen und Übergehen Gottes bezogen auf die (in Gottes Vorherwissen präsente) Menschheit *nach* dem Fall. Seine Prädestinationslehre ist also, um den freilich viel späteren Fachausdruck zu gebrauchen, „infra-lapsarisch".

Die Kirche des Mittelalters hat Augustins Gnadenlehre nach ihrer positiven Seite übernommen, die Lehre einer doppelten Prädestination aber zurückgewiesen. Soweit sie durch einzelne später vertreten wurde – so durch Gottschalk im 9. Jh. – wurden diese kirchlich verurteilt. Man hielt an der grundsätzlich universalen Geltung des Heilswillens Gottes und des Heilsangebots durch die Gnadenmittel der Kirche fest. Fällt ein Mensch der Verdammnis anheim, so darum, weil er dem Angebot der Gnade nicht folgen wollte; gehört er zu den Nichterwählten, so allein darum, weil der allwissende Gott vorhersieht, daß er es zurückweisen wird. Die eigentliche Ursache seiner Nichterwählung ist also nicht Gottes Vorherbestimmung, sondern sein eigener Wille. Müßte dann in logischer Konsequenz nicht auch die Ursache des Heils der Erwählten – zumindest die Mitursache – in ihrem Willen, auf das Gnadenangebot einzugehen, gesehen werden? Aber damit wäre der Gnadenlehre Augustins auch nach ihrer positiven Seite widersprochen. Thomas und seine Schule hat diese Konsequenz nicht gezogen; andere Schulrichtungen der Scholastik, deren Gnadensystem ja insgesamt auf eine Einbeziehung der Mitwirkung des Menschen in das Wirken der Gnade ausgerichtet war, haben sich mehr oder weniger auf sie zubewegt. Es zeigt sich daran eine grundlegende Aporie der Erwählungslehre – *wenn* diese mit logischer Konsequenz durchkonstruiert werden soll:

Entweder Heilssynergismus – oder doppelte Prädestination. Muß, darf christliche Theologie sich diesem Entweder-Oder beugen?

1.2. Für die *Reformatoren* konnte ein Heilssynergismus nicht in Frage kommen; ihr Verständnis der Rechtfertigung des Sünders bedeutete die entschiedene Verneinung jeder menschlichen Mitbedingung für das Angenommen- und Bewahrtwerden in der Gnade Gottes. Die Konsequenz einer strengen, auch die Vorbestimmung zur Verwerfung einschließenden Prädestinationslehre haben sie (wenn wir von dem späteren Melanchthon zunächst absehen) übernommen.

Zwingli hat die doppelte Prädestination aus dem Gedanken der Allmacht und Allwirksamkeit Gottes abgeleitet, in der alles, was überhaupt wirklich wird, auch das Böse, seinen Grund haben muß. Er hat dafür rational argumentiert; sein Gottesgedanke stand jedenfalls in diesem Zusammenhang unter dem Einfluß antiker Philosophie.

Anders *Calvin*. Er deduziert seine Prädestinationslehre nicht a priori aus einem vorgefaßten Begriff göttlicher Allmacht, sondern sieht sich im Gehorsam gegen die Schriftoffenbarung zu ihr genötigt. In seiner Institutio wird sie im Anschluß und als notwendige Folge der Rechtfertigungslehre entfaltet. Ihr Grundmotiv ist der Preis der Freiheit Gottes in seiner Gnade, die weder durch das Tun des Menschen verdient noch durch seine Sünden verhindert werden kann. Daß Gott sie zuwendet, ist allein in seinem ewigen Ratschluß begründet, den er in Christus offenbart hat. Christus ist das „speculum electionis", in ihm sollen wir den Erwählungsratschluß erkennen, so wird er den Glaubenden zum festen Grund ihrer Heilsgewißheit.

Aber angesichts der Tatsache, daß viele nicht zum Glauben kommen, sieht sich Calvin zu der Folgerung genötigt, daß dem Erwählungs- ein Verwerfungsratschluß zur Seite geht. Er spricht von dem doppelten Dekret Gottes, das wie über das Heil der einen so über die Verwerfung der andern vorentschieden hat, und sieht – darin über Augustin hinausgehend – auch das Eintreten des Sündenfalls und seiner Folgen durch dieses Dekret vorherbestimmt, versteht es also „supra-lapsarisch". Er gesteht, ein „horribile decretum", warnt vor spekulativer Vertiefung in diese Nachtseite der Prädestination, meint sie aber im Gehorsam gegen die Schrift nicht verschweigen zu dürfen.

Auch *Luther* lehrte die doppelte Prädestination. Das wird durch seine monumentale Streitschrift De servo arbitrio gegen Erasmus eindeutig dokumentiert. Erasmus hatte in seiner Abhandlung De libero arbitrio einen vorsichtigen, sehr gemäßigten Synergismus vertreten: Zwar tue die Gnade weitaus das meiste, ja ohne sie könne niemand zum Heil gelangen. Und doch liege es auch beim Willen des Menschen, ob er nach der Gnade Gottes Verlangen hat und sich ihr zuwendet oder ihr den Rücken kehrt. Gottes Erwählen und Verwerfen sei nicht unbegründet und willkürlich; es geschehe aufgrund dieser von Gott vorhergewußten (nicht vorherbestimmten) Entscheidung des menschlichen Willens. Luther hat dem leidenschaftlich widersprochen: Das wäre ein lächerlicher Gott, der seine Beschlüsse davon abhängig machen würde, wie Menschen entscheiden werden. Gott weiß nicht nur um die künftigen Entscheidungen der Menschen, er *bewirkt* sie. Er sieht das vorher, was er selbst bewirken will und wird. Dabei tritt auch bei Luther der Gedanke der souveränen, unwiderstehlichen Allmacht und Allwirksamkeit Gottes hervor; aber sein eigentliches Motiv ist die Verherrlichung der von allen menschlichen Bedingungen unabhängigen Macht der Gnade: „Contra liberum arbitrium *pro gratia Dei*" will er gegen Erasmus argumentieren[3]. Ihm geht es in der Prädestinationslehre um die Heilsgewißheit des Glaubens: Wäre unser Heil von unsern eigenen schwankenden Entscheidungen abhängig, „dann wäre ich gezwungen, ständig im Ungewissen zu laborieren, und mein Gewissen wäre niemals gewiß und sicher, wieviel ich tun müsse, um Gott genug zu tun. Aber nun, da Gott mein Heil ganz meiner Entscheidung entzogen und in die seinige gestellt hat, mich nicht auf mein Tun und Laufen hin, sondern aus seiner Gnade und Barmherzigkeit zu bewahren, bin ich zuversichtlich und gewiß. Er ist treu und lügt mir nicht, dazu ist er mächtig und gewaltig, so daß keine Teufel und Widerstände seinen Willen brechen und mich ihm entreißen können"[4]. Man kann Luthers Prädestinationslehre nicht verstehen, wenn man sie nicht in ihrem existentiellen Grundmotiv als Zeugnis der Gewißheit um die unbedingte Verläßlichkeit der Zusage Gottes versteht.

Aber auch er weicht vor der Konsequenz einer ebenso allein in Gottes Willen begründeten Vorbestimmung der Nichtglaubenden zur Verdammnis nicht zurück. Erasmus hatte der Lehre von der doppelten Prädestination biblische Worte entgegengehalten, die den universalen Heilswillen Gottes bekunden, so Hes 18,23 „Meinst du, daß ich Gefallen habe am Tod des Gottlosen, spricht der Herr, und nicht vielmehr daran, daß er sich bekehre und lebe", oder 1.Tim 2,4 „Gott will, daß allen Menschen geholfen werde und sie zur Erkenntnis der Wahrheit kommen." Luther antwortet: Das sagt Gott in seinem *Wort*, in dem er sich uns offenbaren wollte. Aber man müsse unterscheiden zwischen

---

[3] WA 18, 661.
[4] WA 18, 783.

Gottes Wort und Gott selbst. In Gott selbst bleibt Geheimnis, das er nicht durch das Wort offenbart, in dem er verborgen bleiben will. So kommt Luther zu der Unterscheidung von Deus revelatus und Deus absconditus: Der in Christus offenbare Gott trägt Leid um das Verderben der Sünder und will sie erretten, dies sagt er in seinem Wort, das er gepredigt haben will. Aber derselbe Gott ist und bleibt auch der in seiner ewigen Majestät Verborgene, und als solcher trägt er nicht Leid um den Tod der (zur Verwerfung vorbestimmten) Sünder, sondern wirkt Leben und Tod und alles in allem[5]. An das Wort, das Gott uns in Christus gegeben hat und in dem er uns offenbar sein will, sollen wir uns halten und daran unsern Glauben hängen. Um das Majestätsgeheimnis, in dem Gott verborgen bleiben will, soll man wissen und es schweigend verehren, ohne darüber nachzugrübeln und in es eindringen zu wollen. – Aber muß ein solches Wissen nicht alle Heilsgewißheit verdunkeln? Der spätere Luther hat diese Worte vom verborgenen Gott, die ihm die Konsequenz seiner Auseinandersetzung mit Erasmus über die Willensfreiheit abgenötigt hatte, nicht wiederholt. Er hat von der Gnadenwahl Gottes gesprochen und die Rede von der doppelten Prädestination zurücktreten lassen. Aber er hat jene Worte aus De servo arbitrio auch nicht widerrufen.

1.3. Die *altreformierte Theologie* hat die Prädestinationslehre Calvins im ganzen rezipiert, freilich nicht überall in ihrem vollen Umfang. Von einer gemina praedestinatio spricht der Heidelberger Katechismus nicht, ebensowenig die auf Heinrich *Bullinger* (1504–1575) zurückgehende Confessio Helvetica posterior; hier wird das Prädestinationsthema ganz unter dem positiven Aspekt der in Christus offenbaren Gnadenwahl behandelt. Dagegen haben die Genfer und ihnen folgend vor allem die niederländischen Theologen mit Entschiedenheit die Lehre vom doppelten Dekret vertreten. Bei Theodor *Beza* (1519–1605), dem Nachfolger Calvins in der Leitung der Genfer Kirche, wird sie zum Prinzip eines von ihr her zu deduzierenden theologischen Systems. Beza entfaltet sie, anders als Calvin, nicht im soteriologischen Kontext als Konsequenz des sola gratia des Heilswillens Gottes, sondern stellt sie als wesentliches Element der Gotteslehre an die Spitze: In Gottes Souveränität und Allmacht ist es begründet, daß er aller Heils- und Unheilsgeschichte zuvor über den Verlauf dieser Geschichte und das Geschick jedes einzelnen Menschen beschlossen hat und diesen Beschluß unabänderlich durchführt. Bestimmt er einen

---

[5] WA 18, 684.

Teil der Sünder zur Errettung, so zur Verherrlichung der Macht seiner Gnade; bestimmt er die übrigen zur Verwerfung, so zum Erweis seiner Gerechtigkeit. In beidem wahrt Gott seine Ehre gegenüber allen Ansprüchen menschlicher Selbstbestimmung. – Aber diese Ehre wird hier von Gottes Selbsterweisung in Christus gelöst auf den Gedanken seiner unwiderstehlichen Allwirksamkeit bezogen; Christus erscheint nur als das Mittel zum Vollzug der einen, positiven Seite jenes doppelseitigen Dekrets, in dem alles Geschehen seinen Grund hat.

Die Lehre der praedestinatio gemina ist unter Genfer Einfluß in die meisten reformierten Bekenntnisse eingegangen. Ein Gegenstand der Diskussion blieb unter den Theologen die Frage, ob sie supralapsarisch zu verstehen ist: Gott hat auch den Sündenfall vorherbeschlossen, oder infralapsarisch: Gott hat vorhergesehen, daß er geschehen wird, und *daraufhin* die einen zum Heil, die andern zur Verwerfung bestimmt. Man wird sagen müssen, daß das supralapsarische Verständnis im Rahmen des hier waltenden prinzipiellen Ansatzes das konsequentere ist. Der Angst, man könne zu den Verworfenen gehören, war schon Calvin mit der Weisung begegnet, im eigenen Glauben dürfe ein Zeichen des Erwähltseins erkannt werden. Diese Weisung wurde aufgenommen und erweitert: auch in den Werken als Früchten des Glaubens ist ein solches Zeichen zu sehen – der sog. „Syllogismus practicus" (Schluß aus den Glaubenswerken auf die Erwählung als ihren Grund).

Auf die Dauer blieb diese Prädestinationslehre auch im reformierten Bereich nicht unangefochten. In Holland erhob *Arminius* (1560–1609) und seine Anhänger, die „Remonstranten", gegen sie einen Einspruch, der vor allem psychologisch und ethisch motiviert war; sie führe zu einem Fatalismus, der alle Verantwortung des Menschen erstickt. Der Wille des Menschen, sich dem Glauben zu öffnen oder zu verschließen, müsse mit in Anschlag gebracht werden, nur aufgrund seines Vorherwissens um dieses Verhalten der einzelnen bestimme Gott ihr Geschick. Damit war nun freilich sofort das Problem des Heilssynergismus wieder auf dem Plan. Nach heftigen Auseinandersetzungen wurde auf der Synode von *Dordrecht* 1618/19 nochmals gegen die Remonstranten die praedestinatio gemina dogmatisiert, allerdings ohne ihr supralapsarisches Verständnis verbindlich zu machen. In der weiteren Entwicklung der reformierten Theologie wurde die Erwählungslehre vielfach modifiziert; über ihre völlige Neugestaltung durch Karl Barth wird noch zu berichten sein.

1.4. Die *altlutherische Theologie* hat die Prädestinationslehre in der Gestalt, in der Luther sie in De servo arbitrio vertreten hatte, nicht übernommen. *Melanchthon* (1497–1560), der anfänglich, in den loci von 1521, die doppelte Prädestination gelehrt hatte, hat später diese Lehre aufgegeben. Einzelne „Gnesiolutheraner" wie Matthias *Flacius* (1520–1575) hielten sie fest, haben sich aber damit nicht durchgesetzt. Zu einer ausdrücklichen Auseinandersetzung über die Prädestination ist es indessen innerhalb des älteren Luthertums nicht gekommen. Bestimmend wurden die Grenzlinien, die die *Konkordienformel* (1580) in ihrem 11. Artikel „Von der ewigen Vorsehung und Wahl Gottes" der Erörterung dieses Themas gezogen hat. Der Begriff praedestinatio wird hier eindeutig positiv definiert als die Erwählung der Kinder Gottes in Christus zum ewigen Leben. Die Ausführung dieses Erwählungsratschlusses hat Gott an das Wort des Evangeliums gebunden, durch das Christus zum Glauben ruft. Dieses Wort gilt im Ernst *allen*, die es hören; Gottes Heilswille ist universal. Wenn gleichwohl gesagt ist, daß zwar viele berufen, aber wenige auserwählt sind, so darf dies nicht so verstanden werden, als habe *Gott* diejenigen, die an ihrer Berufung scheitern, zum Verderben bestimmt. Vielmehr ist es der Unwille, dem Ruf zu folgen, die Verachtung des Wortes Gottes, womit der *Mensch* sich seine Verwerfung zuzieht. Daraus könnte gefolgert werden, daß also nicht allein Gottes Erwählen, sondern mitwirkend auch der Wille des Menschen, im Glauben auf das berufende Wort einzugehen, zum Grund seines Heiles wird. Aber dieser Erwägung hat die Konkordienformel, ohne sie als solche zur Sprache zu bringen, einen Riegel vorgeschoben, indem ausdrücklich erklärt wird: Allein aus seiner Barmherzigkeit und um des Verdienstes Christi willen, keineswegs um einer in uns selbst liegenden Ursache willen erwählt uns Gott zum ewigen Leben. Der Glaube des Menschen ist Gottes Geschenk, nicht sein Verdienst; die Verweigerung des Glaubens aber ist seine Schuld, nicht Gottes Vorbestimmung. Also weder Heilssynergismus, noch doppelte Prädestination – zu dem darin implizierten logischen Problem hat die Konkordienformel sich nicht geäußert. Es ist deutlich erkennbar, daß sie das Kriterium eines rechten theologischen Redens von der Erwählung nicht in seiner systematischen Geschlossenheit als Theorie, sondern in seiner praktisch-seelsorgerlichen Ausrichtung sieht, denn wiederholt wird eingeschärft: Nur so werde recht und dem Willen und Wort Gottes gemäß von der Erwählung gelehrt, daß sie als Grund der gewissen Zuversicht des Glaubens aufgezeigt werde, nicht jedoch so, daß diese Lehre zum Anlaß eines Fatalismus wird, der dann zu epikuräischem Sichgehenlassen verleiten wie andererseits in Verzweiflung stürzen kann.

In der lutherischen Orthodoxie kam es dann doch zum Ansatz einer logisch kohärenten Konstruktion. Man unterschied jetzt im Heilsratschluß Gottes zwischen einer *voluntas antecedens* und *consequens*. Die voluntas antecedens oder praedestinatio late dicta ist die grundsätzliche Entschließung Gottes, die Sünder zum Heil zu führen. Sie ist *universalis*, d. h. sie bezieht sich an sich auf die ganze Menschheit. Sie ist aber zugleich *ordinata* und *conditionata:* Das Heil soll nicht anders als durch Christus und das Wort zuteil werden, und seine Verwirklichung schließt die Bedingung des Glaubens an Christus ein. In seiner provisio weiß Gott, wie die einzelnen Menschen sich dem Heilswort gegenüber verhalten werden. Aufgrund dieses Vorherwissens trifft er in seiner voluntas consequens die Entscheidung über das Endgeschick jedes einzelnen. Sie besondert sich nun in die *electio* (praedestinatio stricta dicta) derer, die glauben und im Glauben bis an ihr Ende beharren werden. und die *reprobatio* derer, die den Glauben verweigern oder von ihm abfallen werden. Dabei sind mit vol. antecedens und consequens nicht zwei verschiedene, zeitlich einander folgende Beschlüsse Gottes gemeint, sondern zwei in einem logischen Folgeverhältnis stehende Seiten seines einen Heilsratschlusses: Gott will grundsätzlich das Heil aller, aber er will es sub conditione et intuitu fidei futurae, und darum kann er es zugleich nur für die Glaubenden beschließen. Das Bedenkliche dieser begrifflichen Konstruktion liegt darin, daß in ihr der Glaube unter den Aspekt einer Heilsbedingung gerät, die von seiten des Menschen gegeben bzw. vorhergesehen sein muß, *damit* der allgemeine Heilsratschluß Gottes auch für ihn zu seiner Erwählung werden kann. Kann der Glaube nun noch mit den Reformatoren – und mit Paulus, Röm 8,29f – als das verstanden werden, was Gott selbst in seinen Erwählten wirkt, *weil* er sie erwählt hat? Die Theologen der lutherischen Orthodoxie wollten gewiß keinen Synergismus vertreten, als *Verdienst* des Menschen haben sie den Glauben nicht verstanden. Aber ungewollt verdunkelt dieser Versuch, die immanente Logik des göttlichen Ratschlusses nachzukonstruieren, indem er die Behauptung einer unbedingten Prädestination zur Verwerfung vermeidet, auch die Unbedingtheit der Gnade.

1.5. Innerhalb der neueren Theologie kommt der Neufassung der Erwählungslehre durch Karl *Barth* besondere Bedeutung zu. Barth entfaltet sie bereits im Zusammenhang der Lehre von Gott selbst (KD II/2) als diejenige Selbstbestimmung Gottes, die seinem Wirken „nach außen" vorangeht und in der alle seine Werke – Schöpfung, Versöhnung, Erlösung – ihren inneren Grund und ihre Zielbestimmung haben. Formal entspricht das altreformierter Tradition, wie sie etwa durch Beza vertreten wurde. Aber Barth wendet sich mit Leidenschaft gegen das unheimliche Zwielicht, in das die Prädestinationslehre in dieser Tradition geraten war, als gehe es in diesem Urbeschluß Gottes um ein dunkles Geheimnis, das ebenso Unheil wie Heil in sich birgt und um das man zwar wissen müsse, in das sich zu versenken aber gefährlich und besser zu unterlassen sei. Im Gegenteil, Barth kann die Erwählungslehre geradezu als „Summe des Evangeliums" bezeichnen. Denn es handelt sich keineswegs um ein abstraktes „decretum absolutum", in dem Gott dem, was in und durch Christus geschehen wird, logisch oder gar zeitlich vorgeordnet die Menschheit in zwei Haufen eingeteilt und über jeden einzelnen entschieden hätte, zu welchem er gehören wird. Gottes Erwählen geschieht vielmehr von Ewigkeit her *in Jesus Christus* und also als Vorbestimmung zum *Leben* in Christus, als die Wahl seiner Gnade. Barth beruft sich hierfür vor allem auf die neutestamentlichen Aussagen von Christus dem Schöpfungsmittler: In ihm ist alles erschaffen (Joh 1,3f; 1.Kor 8,6; Kol 1,16f), und in ihm sind wir von Gott erwählt (Eph 1,4ff). Er erkennt an, daß die Reformatoren, Calvin wie Luther, dem gerecht wurden, indem sie lehrten, in Christus den Grund und die Gewißheit der Erwählung zu finden, wirft ihnen aber die Inkonsequenz vor, mit der sie nun dennoch von jenem doppelten Dekret sprachen. Sein Verständnis der Gnadenwahl präzisiert er in der These: Jesus Christus ist der *erwählende Gott* und zugleich der *erwählte Mensch*. Er ist der erwählende Gott, denn in Einheit mit dem Vater beschließt auch der Sohn von Ewigkeit her das Werk der Schöpfung und Erlösung. So ist er, Gott in Jesus Christus, das *Subjekt* der Erwählung, und hinter ihm ist, wie Barth in scharfer Polemik besonders gegen den Luther von De Servo arbitrio sagt, kein „Deus absconditus" zu suchen, in dem Gott noch ein anderer wäre und anderes beschlossen hätte als was er und wie er sich in Jesus offenbart hat. Jesus Christus ist zugleich der erwählte Mensch, der *Gegenstand* der Erwählung, denn in ihm verwirklicht Gott den Menschen, der ganz im Zusammensein mit ihm selbst leben wird, und alle andern Menschen sind geschaffen mit der Bestimmung, mit diesem einen Erwählten zusammen und durch ihn mit Gott im Bund zu sein; in ihm sind auch sie Erwählte. Christus ist also keineswegs nur das Werkzeug, durch das Gott einem durch das angebliche Doppeldekret dazu ausgesonderten Teil der Menschheit das ihm bestimmte Heil vermitteln würde. Als *der* erwählte Mensch ist er der Existenzgrund der Gesamtheit *aller* Menschen. Es gibt keinen Menschen, den Gott zu etwas anderem bestimmt hätte als wozu er in Christus Menschsein überhaupt und grundsätzlich bestimmt.

Nun spricht allerdings auch Barth von einer Verwerfung. Indem Gott erwählt, was durch ihn leben und vor ihm Bestand haben soll, verneint er, was seinem erwählenden Willen widerspricht. Er verwirft die Sünde und den Sünder – seine Gnadenwahl geht an diesem Verwerfen nicht vorbei. Dennoch bleibt sie für uns ungespalten Erwählung zum Leben. Denn Gott hat von Ewigkeit her beschlossen, die Verwerfung der Sünder im Kreuz Jesu Christi zu vollstrecken; er allein ist als der erwählte Mensch zugleich der Verworfene. Das heißt aber für Barth: Gott hat unsere Verwerfung auf sich selbst genommen – es ist ja der Herr, Gott in Jesus, der sich zum Knecht aller erniedrigt hat, damit der Mensch in ihm erhöht werde (wir erinnern uns an Barths christologische Grundaussagen[6]). So kann Barth in äußerster Zuspitzung sagen: Gott wählt *für sich selbst* die Verwerfung, *für den Menschen* aber das Leben. „Gott wollte verlieren, damit der Mensch gewinne." Gerade dies ist sein Ratschluß von Ewigkeit her, und hier nimmt Barth sogar den supralapsarischen Gedanken auf: Gott wollte den Menschen „labilis", als den der Versuchung Ausgesetzten und vor dem zu Fall kommen nicht Bewahrten schaffen – freilich nicht (wie die alten Supralapsarier dachten) um dann einen Teil der Menschheit zum Erweis seiner strafenden Gerechtigkeit zu verwerfen, sondern weil er von Anbeginn an die Macht seiner *Gnade* so verherrlichen wollte, daß er sie zur Versöhnung der Sünder werden läßt und ihre Verwerfung in Christus auf sich selbst nimmt.

So ist also niemand ein von *Gott* Verworfener außer dem Einen, in dem Gott selbst das Kreuz der Menschheit auf sich nahm und den er auferweckt hat von den Toten. Nur *gegen* Gottes Erwählen könnte ein Mensch sich selbst an den Ort der Verdammnis stellen, der ihm gerade nicht zugedacht ist. Das scheint auf die Konsequenz einer „Apokatastasis pantôn" zuzugehen, die Barth aber erklärtermaßen nicht behaupten will. Er schließt nicht einfach aus, daß ein Mensch durch Verweigerung des Glaubens sich tatsächlich selbst an jenen unmöglichen Ort stellen und dabei beharren könnte. Aber darüber, ob es Menschen geben wird, die definitiv aus dem erwählenden Gotteswillen herausfallen, wie überhaupt über den endgültigen Ausgang der menschlichen Geschicke steht der Theologie nach Barth kein das Urteil Gottes vorwegnehmendes Urteil zu. Wir sind nicht berechtigt,

---

[6] Vgl. Bd. I, § 11,3.3.

dogmatisch zu behaupten, Gott müsse und werde schließlich alle zum Heil bringen. Für Barth heißt das aber auch: Wir sind ebensowenig zu der dogmatischen Behauptung berechtigt und verpflichtet, es müsse unter allen Umständen in Ewigkeit Verdammte geben. Er stellt dazu die ironische Frage, ob es denn wirklich das dringliche Anliegen von Christen sein könne, es möge sich nur ja die Hölle nicht am Ende als unbevölkert erweisen.

Barths Erwählungslehre ist auf Kritik gestoßen, die neben anderen besonders nachdrücklich von Emil *Brunner* formuliert wurde[7]. Brunner ist mit Barth einig in der Ablehnung einer *Prädestination* zur Verdammnis. Aber er fragt: Darf man wirklich sagen, Jesus Christus sei als der eine Erwählte auch der einzig Verworfene, und in ihm seien *alle* Menschen von Ewigkeit her die Erwählten? Die Schrift spricht zwar nicht von einer göttlichen Vorbestimmung zur Verdammnis, aber doch mit großem Ernst davon, daß Menschen durch ihr eigenes Verhalten zu Verworfenen werden, und entsprechend auch von der doppelten Entscheidung des Endgerichts. Brunner hört Barth so reden (wobei er freilich manches, was Barth *auch* gesagt hat, außer Acht läßt), als sei die Erwählung eine unentrinnbare Vorentscheidung über den Menschen, und fragt dagegen: Ist sie nicht vielmehr der Ruf Gottes, der in die Entscheidung des Glaubens stellt, so daß *in* dieser Glaubensentscheidung des Menschen zugleich Gottes Entscheidung über seine Erwählung oder Verwerfung sich vollzieht? Hat Barth in der Begegnung von Wort und Glauben gegenüber der von ihm überaus stark betonten Objektivität der Heilsentscheidung Gottes nicht die subjektive Seite jener Begegnung, das Eingehen des Menschen auf diese Entscheidung und damit den Menschen als *Person* vor Gott zu sehr in den Hintergrund gedrängt? Ja tritt bei ihm nicht die Tendenz zu Tage, aus der offenen Geschichte Gottes mit der Menschheit einen Ablauf zu machen, für den alles – daß der Mensch zum Sünder wird, daß Gottes Gnade die Gestalt der Versöhnung der Sünder annehmen wird, daß der Menschgewordene darum der Gekreuzigte sein wird und daß in ihm alle die Erwählten sein werden – von einer geschichtslosen Höhe herab schon vorentschieden ist, so daß *in* dieser Geschichte im Grunde nichts Neues mehr geschieht? Und endlich: *Müßte* Barth in der Konsequenz dieser Konzeption nicht tatsächlich auch die Apokatastasis behaupten? Und spricht diese logische Konsequenz, die er freilich nicht ziehen

---

[7] So vor allem in seinem Exkurs zur Erwählungslehre Barths, E. Brunner, Dogmatik I (2. Aufl. 1953), S. 375 ff.

wollte und nicht ziehen konnte, weil zu deutliche Schriftaussagen dagegenstehen, nicht gegen seine Konzeption?
Mit Barths Erwählungslehre und den Anfragen an sie werden wir uns im Folgenden auseinanderzusetzen haben.

2. Die Übermacht der Gnade

„Wer hat Gott etwas zuvor gegeben, das Lohn zu beanspruchen hätte? Vielmehr von ihm, durch ihn und zu ihm ist alles. Ihm die Ehre in Ewigkeit" (Röm 11,35f). Dies steht als letztes Wort am Ende jener drei Kapitel des Römerbriefs, in denen zuvor von Gottes Freiheit, zu erwählen *und* zu verwerfen, in sehr harten Worten geredet war. In den Preis der alles umfassenden Macht der Gnade läßt Paulus sein Nachdenken über Gottes Wege mit Israel und den Völkern einmünden. An ihm kann auch die theologische Besinnung auf Gottes Gnadenwahl sich ausrichten, mit der wir unsern Weg durch die Themen und Fragen der Dogmatik beschließen: *Von* Gott unser Leben, *durch* Gott unser Glauben, *zu* Gott unser Hoffen – für uns und für alles.

2.1. Von Gott unser Leben

Es ist der *in Christus* offenbare Gott, von dem wir sprechen, wie von Anfang an in dieser Dogmatik, so auch in diesem ihrem letzten Kapitel. Gott „an sich" kennen wir nicht; wir kennen ihn nur als den, als der er uns in Jesus Christus sein Gesicht gezeigt und sein Wort gegeben hat. Gewiß bleibt er in seinen Wegen mit der Menschheit auch ein verborgener Gott. Tief verborgen ist uns das Kommen seines Reiches unter dem scheinbar unverändert von Mächten der Zerstörung beherrschten Lauf der Menschheitsgeschichte. Verborgen ist die Zukunft des Lebens unter der vielfachen Gegenwart des Todes, die Herrschaft des Auferstandenen in einer Welt, die ihn mit dem, was durch Menschen an Menschen geschieht, immer noch ans Kreuz schlägt. Wir wissen und verstehen nicht, warum Gott das geschehen läßt. Aber das erlaubt uns nicht zu sagen: Er ist eben doch noch ein *anderer*, anders Gott als so, wie er sich uns in Jesus gezeigt hat. Ist der Sohn wirklich „die Ausstrahlung seiner Herrlichkeit und der Ausdruck seines Wesens" (Hebr 1,3), ist er wirklich „das Ebenbild des unsichtbaren Gottes" (Kol 1,15), so ist da kein Raum und Recht des Wissens um ein solches Anderssein und -wollen Gottes. Darin jedenfalls ist K. Barth zuzustimmen. Die Sätze, mit denen Luther in De servo arbitrio zwischen dem in Christus offenbaren und dem verborgenen Gott so unterscheidet, daß da ein solches Anderswollen der verborgenen Majestät behauptet wird oder behauptet scheint, können wir nicht nachsprechen. Sind uns seine *Wege* verborgen, in seinem *Willen* ist der Gott, zu dem sich der Glaube bekennt, kein hinter Christus verborgener Gott.

Aus seinem Willen haben wir unser geschöpfliches Leben, und wenn wir den biblischen Worten folgen, daß Gott „in Christus" das All und den Menschen geschaffen hat, dann ist K. Barth auch darin zuzustimmen: Gott wollte den Menschen von Anfang an, aus seiner ewigen Selbstbestimmung heraus als sein nach dem Bild Christi gestaltetes und durch Christus mit ihm selbst verbundenes geschöpfliches Gegenüber. Es gibt keinen Urbeschluß Gottes über den Menschen, der noch nichts mit Jesus Christus zu tun hätte oder für den Christus erst nachträglich und nur als Werkzeug zur Vollstreckung einer positiven Hälfte jenes Beschlusses in Betracht käme. Aus seiner in Christus offenbaren *Liebe* hat Gott uns bestimmt zu dem durch Christus eröffneten *Leben* im Zusammensein mit ihm selbst, zum Leben in der Macht seiner Gnade. Unser „natürliches" oder besser kreatürliches Leben ist uns dazu gegeben, daß es unser geistliches Leben werde.

Der von Barth angedeuteten supralapsarischen Wendung dieser Erkenntnis – Gott wollte von Anbeginn an den Menschen als vor dem Fall nicht Bewahrten, weil er die Macht seiner Gnade in Gestalt der Versöhnung der Sünder verherrlichen wollte – werden wir nicht folgen. Man sollte die Sünde des Menschen in keinen wie immer gearteten teleologischen Zusammenhang mit dem Schöpferwillen Gottes bringen. Sie ist und bleibt das von ihm her nicht zu Begründende und zu Begreifende, und man kann hier nicht a priori, sondern nur a posteriori sprechen: Nachdem und obwohl wir Sünder sind, gibt Gott seinen Willen zu unserm Leben dennoch nicht preis. Darum *hat* er die Macht seiner Gnade zur Versöhnung der Sünder werden·lassen.

Dieser Wille Gottes zu unserm Leben im Zusammensein mit ihm selbst wird bekannt in den biblischen Worten, die von der Gnadenwahl sprechen: „Er hat uns erwählt vor der Grundlegung der Welt, in Liebe hat er uns dazu vorbestimmt", daß wir in Christus als seine Kinder leben sollen. Das ist die Sprache der Glaubenden. Die Frage, ob alle Menschen damit, daß sie von Gott ihr kreatürliches Leben haben, auch seine zum geistlichen Leben Erwählten sind, stellen wir hier noch zurück. Wir fragen zunächst danach, was das prae besagt, in dem hier von Gottes Erwählen gesprochen wird: „vorherbestimmt". Im Sinn einer zeitlichen Vergangenheit, eines Zeitpunktes vor dem der Welterschaffung, in dem Gott einst festgelegt hätte, was hernach mit uns geschehen wird, so daß wir es jetzt nur mit dem Abrollen der Folgen dieser Festsetzung gleichsam über unsern Kopf hinweg zu tun hätten, ist das sicher nicht zu verstehen. Wir können Gottes „Ewigkeit", aus der heraus sein Wille zu unserm Leben kommt, nicht in den Vorstellungen des Zeitablaufs denken, an den unsere menschlichen Entscheidungen und ihre Auswirkungen gebunden sind. Gottes Gnadenwahl ist aktuelles Geschehen. Sie ist so gegenwärtig wie Jesus Christus, in dem sie uns zugesprochen wird, gegenwärtig ist. In dem Wort, das uns Christus zuspricht, kommt Gottes Gnadenwahl je heute auf uns zu. Das heißt aber nicht, daß sie im Nachhinein zu *unserm* je heutigen Zustand und Befund, durch ihn bedingt auf uns zukäme oder auch sich zurücknehmen würde. Sie kommt uns je immer *un-bedingt* zu. Ihr nicht temporales, aber qualitatives prae bedeutet: Sie ist *Gottes* Entscheidung *vor* unseren Entscheidungen und ihren Schwankungen. Ihr prae ist das prae der Schöpfermacht Gottes *zu* unserm kreatürlichen und geistlichen Leben unabhängig von allem, was wir selbst *aus* unserm Leben machen, gut machen oder verunstalten können. Er hat euch sich zuvor ersehen und erwählt, damit ist gesagt: *Es ist gewiß*, daß Gott euer Leben will und daß er mit dem Willen auch die Macht hat, euch zum Ziel dieses Lebens zu bringen. Bei Gott steht das fest, und ihr sollt euch über aller Furcht vor der eigenen Unbeständigkeit auf die Beständigkeit Gottes verlassen. „Verläßlich, treu ist er, der euch gerufen hat; er wird es auch hinausführen" (1.Thess 5,24; vgl. 1.Kor 1,9; 10,13).

Erwählt „vor der Grundlegung der Welt" – auch dies will nicht temporal als das prae eines Aktes Gottes in der Vorvergangenheit verstanden sein, sondern qualitativ als die je gegenwärtige Überlegenheit seines Willens über alles, was sich ihm entgegenstellt und ihn in Frage stellt. So verstanden aber besagt es allerdings: Die Welt, in der wir leben, ist in diesem Willen mitumfaßt. Der in Christus offenbare Schöpferwille gilt nicht einem weltlosen Leben des Menschen. Er gilt dem Menschen – auch wenn er nur ihm, dem „zum Bild Gottes" Geschaffenen, als sein Erwähltsein zugesprochen wird – zusammen mit der ganzen Schöpfung, in der uns Gott das Leben gibt und mit der er es so verbunden hat, daß in der Befreiung der Söhne Gottes auch die Kreatur aus ihrer Unterwerfung unter die Mächte des Verderbens befreit werden soll (Röm 8,21). *Alles* ist durch den Logos, der im Anfang bei Gott war, geschaffen (Joh 1,3), so wird durch ihn, der das Licht zum Leben der Menschen ist, auch alles, die ganze Schöpfung zum Reich Gottes werden. Damit ist aber auch gesagt, daß weder unsere Schwankungen *in* uns selbst noch die mächtigen Einwirkungen einer scheinbar dem Willen Gottes sich entziehenden Welt *auf* uns selbst seinen erwählenden Willen zunichte machen können. Er steht ebenso überlegen wie vor unsern eigenen Entscheidungen so auch vor allem, was von der Welt her über uns entschieden werden könnte. Niemand und nichts kann unser Leben aus seiner Hand reißen.

2.2. Durch Gott unser Glauben

„Welche er erwählt hat, die hat er auch berufen" (Röm 8,30). Der erwählende Wille Gottes trifft Menschen durch das Wort, das sie zum Glauben ruft. Gottes Gnadenwahl und der Glaube des Menschen gehören zusammen. Gott erwählt ja in Christus zum Leben in der *Gemeinschaft* mit ihm selbst, darum kann sein Wille für den Menschen sich nicht über den Kopf des Menschen hinweg vollstrecken. Darum kann man die Erwählung und ihre Folgen auch nicht so verobjektivieren, daß man sagt: Wer erwählt ist, der ist erwählt und wird gerettet werden, einerlei ob er das weiß und glaubt oder nicht (und wer nicht erwählt ist, dem kann auch sein Hören des Wortes und sein Bemühen um Glauben nicht helfen). So kann das prae der Entscheidung Gottes vor unseren Entscheidungen nicht verstanden werden. Es so zu verstehen würde entweder in stumpfe Resignation oder in eine angemaßte Sicherheit führen, die mit der Heilsgewißheit, die die Reformatoren in der Gnadenwahl Gottes begründet sahen, nichts zu tun hat. Heilsgewißheit heißt ja, sich auf die bedingungslos zugesprochene Treue Gottes unbedingt verlassen, und eben dies *ist* Glaube – der Glaube, der dem die Erwählung zusprechenden Wort die Antwort gibt, die ihm entspricht. Nur *im* Glauben, nicht diesseits oder abseits von ihm lebt die Gewißheit, daß Gott zu seinem Wort stehen wird.

Darüber bestand und besteht unter den Theologen im allgemeinen Einverständnis, Einverständnis besteht auch darüber, daß der Glaube nicht in der Art eines Zwanges *über* den Menschen kommt, sondern wirklich Antwort ist, in der der Mensch selbst in Freiheit und eigenem Willen auf den Ruf Gottes eingeht. Umstritten aber blieb die Frage, wie sich das Erwählen Gottes zu dieser Freiheit des Glaubens verhält. Vielfach, so z. T. in der katholischen, aber auch in der späteren Entwicklung der orthodoxen lutherischen Theologie, wurde hier ein Bedingungsverhältnis gedacht. Gottes Heilswille gilt grundsätzlich allen, er gilt ihnen aber unter der Bedingung, daß sie glauben, und so wird der Heilswille Gottes zur Heils*entscheidung* erst kraft seiner allwissen-

den Voraussicht um das künftige Verhalten der Menschen: Er erwählt die, von denen er vorhersieht, daß sie glauben werden, seine Gnadenwahl übergeht die, die den Glauben verweigern werden. Dieses Denkmodell entspricht unserer Vorstellung von Gerechtigkeit; es entlastet Gottes Wahl von dem Vorwurf der Willkür. Und es scheint dem freien Ja des Menschen – als das der Glaube doch verstanden werden muß – den Raum zu geben, den es braucht, um wirklich sein eigenes, freies Ja zu sein. Dabei konnte man diesen Raum so klein und bescheiden wie nur möglich denken, konnte betonen: Die tragenden Voraussetzungen gibt Gott vor, er gibt sein Wort, er gibt seinen Geist, der zum Glauben bewegt; nur dieses Wenige, den Willen, sich bewegen zu lassen, muß der Mensch herzubringen. Aber dann wird eben doch dieser verglichen mit den Vorgaben Gottes so kleine Einsatz des Menschen zu dem Faktor, an dem sich entscheidet, ob Gottes Heilswille mit ihm zu seinem Ziel kommen wird. Von dem *unbedingten* prae der Entscheidung Gottes für unser Leben vor unsern eigenen Entscheidungen und ihren Schwankungen könnte dann nicht mehr die Rede sein, und auch nicht von der Heilsgewißheit des Glaubens. Wer kann sich auf seinen eigenen Glauben, auf sein eigenes Beständigbleiben im Glauben verlassen?
Nun sagt das Neue Testament zwar, daß niemand *ohne* Glauben zum Heil kommt. Aber ebenso deutlich und unüberhörbar ist da gesagt, daß das Heil des Menschen ganz und allein von *Gott* kommt. „Welche er erwählt hat, die hat er auch gerufen, die hat er auch gerechtfertigt, die bringt er auch zur Vollendung" – das ist eine feste Kette, in der kein Raum offen bleibt für eine Bedingung, die der Mensch zu erbringen hat, *damit* sie auch fest bleibt. Sie ist so geschlossen, daß Paulus sogar ihr letztes Glied dem Wortlaut nach perfektisch formuliert: „die *hat* er auch verherrlicht". Da liegt nicht nur das meiste, sondern alles bei Gott; also auch dies, daß ein Mensch zum Glauben kommt, im Glauben bewahrt bleibt, aus dem Versagen seines Glaubens zurückgeholt wird. *Gelebter* Glaube kann sich auch gar nicht anders verstehen. Die in der neueren Theologie oft gebrauchte Rede von Glaubens*entscheidung* ist fragwürdig – wer entscheidet denn da? Daß wir glauben können, wird doch vielmehr als ein Geschenk erfahren, und daß wir im Glauben bleiben, als ein Gehaltenwerden durch Gott, dessen wir, solange wir leben, aufs Tiefste *bedürftig* bleiben. In seiner Entscheidung für unser Leben entscheidet *er* sich auch für unser Glauben; daß wir glauben, ist nicht die Bedingung, sondern das Werk seiner Gnadenwahl, das Wirken seines Geistes in uns. Mit klarem Grund im biblischen Zeugnis haben die Reformatoren, aber auch Augustin und

Thomas das gegen jeden Heilssynergismus festgehalten. Damit wird nicht bestritten, daß der Glaube das freie Ja ist, in dem ein Mensch dazu kommt, mit seinem eigenen Willen auf den Ruf Gottes einzugehen. Aber diese Freiheit darf nicht verwechselt werden mit einer Wahlfreiheit des Menschen *diesseits* des Glaubens, in der er die Macht hätte, sich aus sich selbst *zum* Glauben und damit für Gott zu entscheiden, um so erst Gottes Entscheidung für ihn zu rechtfertigen und wirksam zu machen. Sie ist Freiheit *im* Glauben, das freie Ja der Antwort auf Gottes Ruf, das Gott selbst im Menschen wirkt, *indem* er den Glauben wirkt. Allein von Gott unser Leben, allein durch Gott auch unser Glauben, dem ist nichts abzubrechen und nichts hinzuzufügen.

Aber woher dann der Unglaube? Erfahrung zeigt ja und hat schon immer, auch in Zeiten stärkerer kirchlicher Bindung, gezeigt, daß viele Menschen nicht zum Glauben kommen. Man muß freilich zunächst unterscheiden zwischen Menschen und Völkern, die nicht zum Glauben kommen konnten bzw. können, weil ihnen die Christusbotschaft nie begegnet ist, und denen, die das Wort gehört haben und dennoch nicht glauben. Nur in bezug auf die letzteren könnte man von einer *Verweigerung* des Glaubens sprechen, und streng genommen sind nur sie, die mit uns zusammen im Bereich des verkündigten Evangeliums leben, Gegenstand jener Erfahrung. Aber auch im Blick auf sie ist Zurückhaltung von pauschalem Urteil geboten. Es kann Glauben geben, der sich nicht äußert und den wir nicht erkennen. Gott kann Menschen, die jetzt, soweit wir das sehen, seinem Wort verschlossen bleiben, die Tür zum Glauben auftun. Vielen unter den Nicht-Glaubenden unserer Umgebung kann die christliche Lehre zwar äußerlich begegnet sein, aber – sei es bedingt durch ihre eigenen Lebensverhältnisse, sei es durch die Weise, wie sie ihnen vermittelt wurde – so, daß Christus, das Evangelium ihnen verstellt blieb. Darf man da von Glaubensverweigerung sprechen, wo Gottes Wort als die frohe Botschaft, die zum Glauben ruft und ermächtigt, noch gar nicht recht gehört wurde? Da wird ihr Unglaube doch vielmehr zur Frage an uns selbst, die Christen, die in ihrer Mitte leben, zur Frage auch an die Verkündigung, den missionarischen Auftrag der Kirche. – Aber auch das können wir nicht ausschließen, daß Menschen den Ruf Gottes gehört haben, daß er ihr Gewissen getroffen hat und sie sich ihm dennoch verschließen. Der Ruf zum Glauben ist immer auch Ruf zur Umkehr – es kann geschehen, daß Menschen aus Bindungen, aus denen sie das Evangelium herausruft, nicht umkehren wollen.

Warum kann das geschehen? Ist es *Gott*, der ihnen das Geschenk des Glaubens verweigert? Müssen wir aus der Erkenntnis: Allein durch

Gott und nicht aus uns selbst unser Glauben, in der wir Augustin, Luther, Calvin und mit ihnen dem biblischen Zeugnis gefolgt sind, die Konsequenz der doppelten Prädestination ziehen, die diese großen Theologen gezogen haben?

Man hat für diese Konsequenz, abgesehen von dem logischen Zwang, der zu ihr zu nötigen scheint, die biblischen Verstockungsaussagen geltend gemacht. In der Tat wird da gesagt: Gott kann Menschen verstocken, so daß sie sehen und doch nicht sehen, hören und doch nicht hören (Jes 6,9f, vgl. Mt 13,13ff). Er verstockt den Pharao, um seinen Widerstand desto gewaltiger zu überwinden (Röm 9,17). „Er erbarmt sich, über welche er will, und verstockt, welchen er will" (ebda v. 18). In manchen Zusammenhängen, so jedenfalls in der Jesaja aufgetragenen Verstockungsbotschaft, kann solches Handeln Gottes als sein Gericht über die vorangegangene Verhärtung von *Menschen* gegen seinen Ruf verstanden werden. Und jedenfalls sind diese harten biblischen Worte Hinweis auf die *Freiheit* Gottes in seiner Zuwendung – kein Mensch kann einen Anspruch auf sie geltend machen, Gott kann sie zurückhalten, er kann sein Angesicht verbergen. Aber damit ist nicht gesagt, daß Gott endgültig verworfen hat; auch sein verstockendes Wirken ist Geschehen inmitten seiner noch offenen Geschichte mit Menschen. Und nirgends spricht die Schrift von einer ewigen Vorherbestimmung bestimmter Menschen zur Verdammnis als *Grund* dessen, daß Gott sie jetzt verstockt sein läßt.

Das ist gerade auch in den Kapiteln Röm 9–11, die man oft zum biblischen Beleg der Lehre vom doppelten Dekret herangezogen hat, nicht der Fall. Zunächst ist zu beachten, daß Paulus in diesen Kapiteln nicht von einer Prädestination von Individuen zu Heil oder Verdammnis, sondern von dem Weg Gottes mit Israel und den „Völkern" spricht. Er ringt mit der Frage, warum Gottes zuerst erwähltes Volk, dem die Verheißungen gegeben waren, jetzt in seiner großen Mehrheit dem Glauben an Christus verschlossen bleibt. Wenn man nicht bei den Aussagen von Röm 9 stehen bleibt, sondern die drei Kapitel in ihrem sehr bewegten Zusammenhang bedenkt, wird deutlich, daß diese Frage gerade nicht mit der Behauptung einer endgültigen Verwerfung des den Glauben verweigernden Israel beantwortet wird. Die Worte des 9. Kapitels von Gottes Freiheit, zu erwählen und zu verwerfen, und die schroffe Zurückweisung des Menschen, der da nach Gründen fragen und Gott zur Rechenschaft ziehen will, richten sich gegen jeden menschlichen *Anspruch* an Gott – im hier gegebenen Zusammenhang gegen den Anspruch, die leibliche Abstammung von Abraham müsse auch die Teilhabe am Heil garantieren. Aber der Folgerung, daß also der Großteil Israels deshalb nicht an Christus glauben kann, weil Gott ihn zur Verwerfung prädestiniert habe, begegnet im 10. Kapitel die nachdrückliche Feststellung: Gott *hat* sie gerufen, er hat sein Wort gegeben – aber *sie* haben sich verschlossen, weil sie gegen dieses Wort ihre eigene Gerechtigkeit aufrichten wollten (Röm 10,3; 16–21). Gott läßt das jetzt so geschehen – ist damit seine Geschichte mit dem ungläubigen Israel zu Ende, die Erwählung hinfällig geworden, hat Gott sein Volk verstoßen? Nein, denn nun wagt Paulus im 11. Kapitel den großen Ausblick der Hoffnung: Ist jetzt der Unglaube Israels zum Anlaß geworden, daß Christus den Heiden gepredigt wird, so soll einst der Glaube der Heiden für Israel zum Anreiz werden, ihnen zu Christus nachzukommen (Röm 11,11). So erweist Gott die Übermacht seiner Gnade; die einst die Letzten waren, hat er zu Ersten gemacht, um endlich auch die, die jetzt zu Letzten geworden sind, zu sich zu ziehen. Denn „er hat alle beschlossen unter den Unglauben, auf daß er sich aller erbarme" (11,32). Diese Worte stehen gegen die Rede von einer doppelten Prädestination. Sie stehen aber auch gegen eine Kirche, die durch so lange Zeiten Israel als das endgültig von Gott verworfene und verfluchte Volk gesehen – und behandelt hat. Für Paulus gehören in seiner auf das Ziel der Wege Gottes gerichteten Hoffnung Israel und die Christusgemeinde zusammen, obwohl sie jetzt noch im Bekenntnis zu Jesus als dem Christus geschieden sind.

Es bleibt dabei: Gottes Erwählen ist die in Christus beschlossene und offenbare Wahl seiner Gnade, nicht daneben auch eine Wahl zum Verderben. Gott will unser Leben – und er allein wirkt auch den Glauben, der sich dieses Leben schenken läßt. Muß dann nicht auch die Ursache des Unglaubens in Gott gesucht werden? Aber hier zerbricht die logische Konsequenz; die Gabe des Glaubens ist Gottes Gabe, die Verweigerung des Glaubens ist nicht Gottes Verweigerung, sondern des Menschen Schuld. Anders können wir nicht sprechen, wenn wir in der Nachfolge des biblischen Zeugnisses bleiben wollen. „Daß du verdirbst, die Schuld ist dein; daß dir aber geholfen wird, das ist allein meine Gnade" (Hos 13,9). Es kann nicht anders sein, als daß die Konsequenz unseres Denkens sich hier, an dieser Stelle, zerbrechen lassen muß. Denn daß Menschen dabei beharren können, von der versöhnenden Gnade Gottes nicht leben zu wollen, ist letztlich ein von dem Wollen und Wirken Gottes her ebenso unableitbares und unerklärbares Geschehen wie, daß in der Schöpfung Gottes überhaupt das Böse, in dem zum Bild Gottes geschaffenen Menschen die Sünde wirklich werden konnte (vgl. § 19). Die theologische Reflexion muß vor diesem Unbegreiflichen Halt machen. Sie darf nicht versuchen, es durch spekulative Zurückführung in Gott selbst und seine Ratschlüsse begreifbar machen zu wollen.

2.3. Zu Gott unser Hoffen

„Er hat alle beschlossen unter den Unglauben, auf daß er sich aller erbarme" – dabei denkt Paulus wohl nicht an die Gesamtzahl aller Individuen; er sagt dies im Blick auf die beiden Stämme der Menschheit: Hier das zuerst erwählte Volk Israel, dort die Heidenvölker. Aber sollte man in diesem prophetischen Hoffnungswort nicht auch alle einzelnen eingeschlossen denken dürfen, auch die Atheisten von heute und die vielen, die wir um uns herum dem Glauben verschlossen sehen? Nur wenige Theologen, unter ihnen immerhin so bedeutende wie Origenes und Schleiermacher, haben es gewagt, den Gedanken einer „Apokatastasis pantôn", einer Aufhebung der Hölle und letztlichen Erlösung aller Menschen zu vertreten. Er trat hier und da auch in sektierenden Gruppen hervor. Im allgemeinen hat die kirchliche Theologie aller Konfessionen die Apokatastasis-Lehre entschieden abgelehnt. Ihr stehen schwerwiegende Argumente entgegen. Die Schrift, auch Jesus selbst, spricht von der Scheidung im Gericht; die einen werden zur Rechten des Richters stehen und zum Reich Gottes eingehen, die andern aber zu seiner Linken in die ewige Pein. Wie kann man da wagen zu behaupten, die Hölle könnte leer erfunden werden? Unüberhörbar sagt das Neue Testament, daß uns kein anderer Weg zum Heil gegeben ist als Jesus Christus und der Glaube, der an ihn sich hält. Wie kann man da meinen, alle kämen letztendlich zum Heil – diejenigen, die bis zu ihrem Tod im Unglauben blieben, dann also ohne Christus, an ihm vorbei? Paulus sagt vom Evangelium, es werde „den einen ein Geruch des Lebens zum Leben, den andern ein Geruch des Todes zum Tode" (2.Kor 2,16); an dem Wort, das zum Glauben und zur Umkehr ruft, entscheidet sich also Leben oder Tod. Bedeutet die Apokatastasis-Lehre nicht eine trügerische Entschärfung dieser Entscheidung, und damit auch eine Vernichtung des Ernstes und der Dringlichkeit, die Christusbotschaft zu hören und auszurichten? Würde da nicht alle Mission überflüssig? Kann man eine Lehre vertreten wollen, die zu solchen Konsequenzen führt?

Dem stehen Fragen gegenüber, die den Gedanken an eine allumfassende Erlösung zwar nicht begründen, aber doch begreiflich machen können. Im Reich Gottes wird Freude sein, die durch kein Leid mehr getrübt wird – die große und ewige Freude der Gemeinschaft Gottes mit seinen Erlösten. Auch dies bezeugt die Schrift. Aber kann dies wirklich ungetrübte Freude sein angesichts der ewigen Pein der vielen, die unwiderruflich dieser Gemeinschaft verloren und von ihr ausgeschlossen sind? Liebe trägt Leid um die, die ihr verloren gehen – kann Gott, dessen Gerechtigkeit eins ist mit der Macht und dem Eifer seiner Liebe, ohne Leid auf die Vielen sehen, die er verloren geben mußte? Kann es eine göttliche und menschliche Befriedigung geben über ihrem Geschick? Können Christen, die doch für sich selbst bis zu ihrer letzten Stunde nur auf das *unverdiente* Erbarmen Gottes hoffen können, es gleichgültig oder gar mit Befriedigung erwarten, daß den Ungläubigen in der Hölle ihr verdientes Los zuteil wird?

Das mag sehr menschlich und vielleicht allzu menschlich gefragt sein. Aber Fragen bleiben auch im Hören auf Worte der Schrift, die den allumfassenden Heilswillen Gottes bezeugen. *Er* will, daß allen Menschen geholfen werde (1.Tim 2,4). Er versöhnte in Christus (nicht nur einen eingeschränkten numerus electorum, sondern) die *Welt* mit sich selbst (2.Kor 5,19); für alle ist Christus gestorben. Wie sie alle, ja das All in ihm geschaffen ist, so soll durch ihn auch alles versöhnt werden, was auf der Erde oder im Himmel ist (Kol 1,20). Sollte menschlicher Unglaube und Widerstand, sollte die in ihm wirkende Macht des Bösen und der Zerstörung, der „Feind" Gottes des Schöpfers und seiner Geschöpfe, wirklich die Kraft haben, diesem auf das ganze Heil, das Heil des Ganzen gehenden Gotteswillen Menschen, denen er das Leben gegeben hat – ja nach traditioneller Lehre den größten Teil der Menschheit – auf ewig zu entreißen? Spricht Paulus nicht in der Tat von der *Übermacht* der Gnade Gottes über die Macht des Verderbens: „Wie durch des Einen Sünde die Verdammnis über alle Menschen gekommen ist, so ist nun durch des Einen Gerechtigkeit die Rechtfertigung des Lebens über alle Menschen gekommen . . . Wo die Sünde mächtig geworden ist, da ist doch die Gnade viel mächtiger geworden" (Röm 5,18ff)? Blickt auf diese Übermacht nicht auch jenes Wort, in dem Paulus sein Nachsinnen über die Wege Gottes mit Juden und Heiden zusammenfaßt: „. . . auf daß er sich aller erbarme?" Und wenn wir diese „alle" wirklich so verstehen dürften, daß Gott keinen Menschen endgültig verloren geben wird – wäre nicht gerade dies der volle und unüberbietbare Triumph seiner Gnade, ihr *ganzer* Sieg über alles, was ihr jetzt widersteht und widerspricht?

Um die Übermacht der Gnade, den endlichen und völligen Sieg Gottes über alle Wirklichkeit und Macht des Bösen dürfen wir gewiß sein. Wir dürfen auch gewiß sein, daß in der Vollendung seines Reiches Freude sein wird, die durch nichts mehr verdunkelt werden kann. Aber *wie*

Gott diese Freude der Vollendung verwirklichen und die Geschichte der Menschheit so zum Ziel bringen wird, daß er sich als der Überwinder aller ihrer Finsternis erweist, bleibt uns jetzt verborgen. Unsere Theologie kann diese Zukunft nicht in einer dogmatischen Theorie vorwegnehmen. Sie bleibt theologia viatorum. Wir sind noch auf dem Weg – Gott selbst ist mit uns und mit allen noch auf dem Weg. Solange wir auf dem Weg sind, bleibt uns durch das biblische Zeugnis beides gesagt: das Wort von Gottes allumfassendem und über alle Widerstände mächtigem Erbarmen, und das Wort von dem Richter, der über Leben und Tod entscheiden wird. Wir können keines dieser beiden Worte gegen das andere ausspielen, keines durch das andere verdrängen.

Wir haben nicht das Recht zu postulieren, Gott *müsse* – um seiner und seiner Erlösten ungetrübten Freude willen, um des vollendeten Triumphs seiner Gnade willen – letztlich alle zum Heil bringen und also *könne* niemand verloren gehen. Die Möglichkeit des Verderbens bleibt uns vor Augen gestellt. Gott hat durch sein Kommen zum Menschen in Jesus Christus der Sünde den Tod, den Sündern das Leben zugesprochen. Aber der Mensch, der in seiner Sünde bleiben und von der Gnade, die ihn von ihr losspricht, nicht leben *will*, zieht sich selbst statt des Lebens mit Christus die Zukunft des Verderbens zu. Das sagen uns die Worte vom Endgericht, nicht damit wir über andere, die wir für hoffnungslose Sünder halten, das zukünftige Urteil Gottes vorwegnehmen, sondern damit wir selbst uns heute vor dem gegenwärtigen Ruf Gottes, der unser Leben will, nicht verschließen – damit wir vor der Möglichkeit des Verderbens, die in uns allen ist, zu Christus fliehen, in dem uns das Leben zugesprochen ist.

Aber wir haben auch nicht die Pflicht zu behaupten, Gott *könne* die, die ihm auf dem Weg ihres Lebens verschlossen bleiben, aus dem Tod des Verderbens nicht retten. Und sowenig es uns zusteht, um des Triumphs der Gnade willen eine Apokatastasis pantôn zu postulieren, so wenig haben wir zu postulieren, es *müsse* – etwa um des Bedürfnisses nach ausgleichender Gerechtigkeit willen – nicht nur Gerettete, sondern auch ewig Verlorene und Verdammte geben. Angesichts derer, die wir glaubenslos sterben sehen, bleibt die Zuversicht, daß der Möglichkeit Gottes, Menschen zu erreichen und zu gewinnen, auch durch das Ende ihres irdischen Lebens keine unübersteigbare Grenze gezogen ist. Wir haben keine Vorstellung davon, wie Gott sie gewinnen kann, aber auch jenseits dieser Grenze wird das gewiß nicht an Christus vorbei, sondern in der Begegnung mit ihm geschehen. Noch einmal sei hier an das Wort des Bekenntnisses unseres Glaubens erinnert: Hinabgestiegen in das Reich des Todes.

Eine dogmatische Behauptung über das Endgeschick aller Menschen ist uns verwehrt. Aber im Aufblick zu dem Gott, der sich in Jesus Christus als die Macht der alle Feindschaft überwindenden Liebe offenbart hat, im Vertrauen auf die Übermacht seines Erbarmens ist es uns erlaubt, für alle zu *hoffen* und zu beten – für alle Menschen, für die ganze Welt. Das kann uns gewiß nicht dazu führen, die Bezeugung des Evangeliums in die Gottesferne dieser Welt hinein gleichgültig zu unterlassen. Es wird uns vielmehr dazu dringen, denen, für die wir hoffen und beten, das Wort zu sagen, das Gott in Jesus Christus gesprochen hat und in dem alle Hoffnung begründet ist.

Literatur

Zu Augustin: HARALD DIEM, Augustins Interesse in der Prädestinationslehre, in: Theol. Aufsätze K. Barth z. 50. Geburtstag (1936), S. 362 ff. – Zu Calvin: P. JACOBS, Prädestination und Verantwortlichkeit bei Calvin (1937, Neudr. 1968). – Zu Luther: H. BANDT, Luthers Lehre vom verborgenen Gott (1958) – W. PANNENBERG, Der Einfluß der Anfechtungserfahrung auf den Prädestinationsbegriff Luthers, KuD 1957, S. 109 ff. – H. J. MCSORLEY (kath.), Luthers Lehre vom unfreien Willen nach seiner Hauptschrift De servo arbitrio (1967). – Zu Barth: G. GLOEGE, Zur Prädestinationslehre Karl Barths, in: Ders., Heilsgeschehen und Welt, Theol. Traktate I (1965), S. 77 ff. – W. KRECK, Grundentscheidungen in Karl Barths Dogmatik (1978), Teil III Zu B.s Lehre von Gottes Gnadenwahl. – Allgemein: W. PANNENBERG, Heilsgeschehen und Geschichte, KuD 1949, S. 218–237, 359–288. – E. SCHLINK, Der theologische Syllogismus als Problem der Prädestinationslehre, in: Einsicht und Glaube, Hg. J. Ratzinger u. H. Fries (2. Aufl. o. J.), S. 299 ff. – K. SCHWARZWÄLLER, Das Gotteslob der angefochtenen Gemeinde. Dogmatische Grundlegung der Prädestinationslehre (1970).

Bibelstellenregister

(In diesem wie denweiteren Registern geben die römischen Ziffern I und II an, in welchem der beiden Bände die jeweils folgenden Seitenangaben nachzuschlagen sind).

Genesis
1,1ff   I   276, 283
1,26   II   352, 354
1,26f   II   354, 369, 370, 371
127   II   352
1,28   II   353, 375
1,31   II   637
2,7   I   283, II 349
2,15   II   376
3   II   356
5,1   II   354
9,6   II   354

Exodus
31,1–5   I   276, 281, 285
35,31   I   285

Deuter
6,4f   II   476

Richter
3,97f   I   276
6,33f   I   276

1. Samuel
2,6   II   492
16,13f   I   277, 285
19,19ff I   285

2. Chronika
24,20   I   277

Hiob
32,8   I   285
33,4   I   276, 283
34,14   I   276, 283

Psalmen
8   II   637
19   I   168, II 637
30,6   I   119
33,6   I   276, 283
51,7   II   407
51,12f   I   277
104   II   637
130,3   II   432
139,13ff I   169
143,2   II   432

Prediger
12,7   II   350

Jesaja
6,9f   II   677
11,1f   I   277, 289
31,3   I   277
43,22ff I   120
61,1f   I   278

Jeremia
31,31   I   120
31,31ff II   432
31,33f   I   277, 288
31,34   II   489

Hesekiel
18,23	II	663
36,26f	I	120, 277, 287
	II	432
37	I	166, 288

Hosea
13,9	II	678

Joel
3,1ff	I	277, 288, II 554

Micha
3,8	I	277, 287

Sacharia
7,12	I	277

Matthäus
1,13	I	1
1,16	I	240
3,16f	I	278, 289
5,14	II	593
5,21ff	II	476
5,31ff	I	231
5,43–48	II	374
6,25ff	I	165
6,26	II	376
6,26ff	II	637
6,28ff	II	376
7,11	I	150, II 410
7,12	II	396
7,15ff	I	160
7,29	I	290
8,13	II	631
10,11f	I	278, 290, 314
10,19f	II	471
10,28	II	350, 380
10,29	II	376, 637
11,25	I	113
12,24	I	237
12,28ff	I	237, 290
12,32	II	592
12,41	I	203
13,13ff	I	150, II 677
16,18	II	525
16,19	II	557
16,21	I	243
18,3	II	458
18,18	II	557
18,23ff	II	412
19,4ff	I	165
20,15	II	459
20,22	II	569
20,25	II	601
22,23ff	II	637
24,35	II	592
24,36.42	II	631
25	II	410
25,13	II	631
26,29	II	584
28	II	569f
28,18ff	II	565
28,19	I	319

Markus
1,15	II	465
3,21ff	I	240
3,31ff	I	240
4,11ff	I	150
7,34	I	238
10,5ff	I	231
10,15	II	465
10,27	II	479
10,45	II	380
12,28ff	II	476
14,22ff	II	584
16	II	569
16,15	II	593, 598
16,15f	II	565

Lukas
1,35	I	240, 277, 289
3,22	I	205, 239
4,18f	I	278
9,56	II	380
11,11ff	I	278, 290
11,20	I	191
12,8f	II	631
14,23	II	598

18,17	II	458	
24	I	262	
24,26	I	243	

Johannes

1,1ff	I	57, 231, 339
1,3	II	673
1,3f	II	668
1,4	II	378, 428
1,10f	I	26, II 378, 592
1,14	II	458
1,17	II	458
3,3–5	II	458
3,5	II	571
3,8	I	306
3,16	I	185, 243, 254, II 593
4,24	I	310
4,34	I	229, II 372
5,19	II	372
5,24	II	465
7,16f	II	372
7,38f	I	278
8,28	II	372
8,34ff	II	404, 423
9,3	I	338
11,41	I	238
12,32	II	593
14,12	II	554
14,16ff	I	278, 291, 295, 309f
14,23	I	310
16,13f	I	278, 291
16,33	II	593
17,21	I	313
20	I	262
20,21ff	I	278, 291, II 557
20,29	I	205

Apostelg.

1,6f	II	631
2,1ff	I	278, 292, 294
2,16ff	II	554
2,42	II	586
4,31	I	278
5,29	II	602
6,1ff	II	555
8,14ff	I	279, 293
10,19f	I	293
10,44ff	I	279
13,2ff	II	555
16,6ff	I	293
17,24	II	592
19,1ff	I	293

Römer

1,3f	I	205, 239, 278, 289
1,17	II	439
1,18	I	254
1,19ff	I	23, 26, 168
1,21	II	386
2	II	488
2,14	I	23, 27, II 396, 410
3,20	II	395
3,22	II	465
3,25	I	243f
3,26	I	160, II 457
3,28	II	487
4	II	488
4,5	I	166
4,13f	II	487
4,17	I	166, II 457
4,25	I	200, 267
5,5	I	280, 297
5,8ff	I	243
5,12	II	414
5,12ff	II	357, 407, 650
5,18ff	II	680
6	II	569
6,4	II	570, 571
6,6ff	I	244
6,23	II	413, 650
7	II	404
7,4	II	487
7,4ff	I	244
7,6	II	487
7,14–23	II	483
7,23	II	404
7,24f	I	298
8,1	I	281
8,2	II	487

8,3	I	228, 243
8,9	I	279, 295, 307
8,11	I	298, II 651
8,14ff	I	280, 295, 297, 307
8,19–22	II	376
8,19ff	I	270, 298 305, II 638
8,21	II	673
8,25	I	271, 298
8,26f	I	280, 307, 308, 310, II 471
8,28f	II	658
8,29	II	371
8,29f	II	667
8,30	II	460, 674
8,39	II	633
9,5	I	205
9,17	II	677
9,18	II	677
10,3	II	458, 488, 678
10,4	II	476, 487, 488
10,16–21	II	678
11,11	II	678
11,25ff	II	541
11,32	II	678
11,35	II	456
11,35f	II	671
12,2	I	167, II 595
12,6ff	I	299
13,1ff	II	601, 608
13,9f	II	476, 479
13,10	II	488
14,17f	I	280, II 634
15,13	I	281

1. Korinther

1,9	II	673
1,17	I	279
2,4f	I	279, 296
2,9ff	I	279, 296
2,11	I	306
2,12	II	593
3,11	II	468
4,7	II	456
6,1ff	II	601
7,31	I	185, 304
8,1	II	387
8,5	II	239
8,6	II	668
10,13	II	673
10,14f	II	558
10,16f	II	541
11	II	582, 586
11,7	I	354
11,23ff	II	584
12–14	I	299ff
12,3	I	279, 294, 310
12,4ff	I	280, 281, 299, 319
12,10	I	300
12,28ff	I	299
13	I	296f
14,26	I	300
15,1ff	I	261, 299
15,17	I	261, 267
15,20	I	238, II 631
15,21f	II	357, 414
15,25	I	269
15,33ff	I	263, II 651
15,42ff	II	637
15,47	II	381
15,54	II	381
15,56	II	651

2. Korinther

1,21f	I	279, 298
2,16	II	679
3,6	II	487
3,17	I	279, 297, II 391, 428
4,4	II	371
5,4f	I	281, 298
5,10	II	656
5,14	I	244
5,17	II	483
5,18ff	II	634
5,19	II	593, 680
5,19ff	I	231, 243, 254
5,20	II	466
5,21	I	228
13,13	I	319

Galater

2,19	I	244
3,12	II	487
3,13	I	243, II 488
3,19	II	488
3,24	II	489
3,27	II	570
3,28	I	295, II 541
4,4	I	228
4,6f	I	280, 310
5,16f	I	280, 296, II 483
5,22	I	280, 297
5,24f	I	280
6,7f	I	280
6,14	I	244, II 593

Epheser

1,3–6	II	658
1,4ff	II	668
1,14	I	298
1,29	II	592
2,10	II	457
2,14	II	373
4,3ff	I	280, 319
4,11	II	555, 557
4,11ff	I	299
4,12	II	557
4,30	I	307
5,5	II	631
5,26	II	570f

Philipper

1,23	II	647
2,5ff	I	2o2, 212, 239, 269, 339
2,7	I	212
2,10	II	464
2,10f	II	612, 631
2,11	II	590

Kolosser

1,13f	I	243, II 631
1,15	II	371, 671
1,15ff	I	149, 239, 339, II 378
1,16	II	428, 592, 606
1,16f	II	668
1,18	II	631
1,20	II	680
2,12	II	570f
2,14	I	243
3,10	II	371

1. Thess.

1,5f	I	279, 293
2,13	I	58
4,13ff	II	615
5,23	I	306, II 349
5,23f	II	460
5,24	II	673

2. Thess.

2,1ff	II	615

1. Timotheus

2,1ff	II	601
2,4	II	574, 663, 680
6,16	II	381, 554

Titus

3,5	II	571

1. Petrus

2,9	I	294
2,9f	II	530, 543
2,13ff	II	601
3,21	II	570f

2. Petrus

2,4	II	362, 422
3,10ff	II	617
3,13	II	476

1. Johannes

1,8f	II	483f
2,15	II	593f
2,16f	II	636
3,16	II	480
4,1ff	I	279
4,10	I	243

4,16	I	160
4,18ff	II	480
5,19	II	593

Hebräer
1,1f	II	592
1,3	I	234, II 371, 671
2,17	I	228
4,15	I	228
5,7	I	228

Jakobus
2,8	II	505
3,9	II	354
4,4	II	593

Judas
6	II	362

Offenbarung
13	II	601
19,13	I	57
20	II	618
21,1	II	592

Namenregister

Agricola, J. II 477
Albert, H. I 35f
Althaus, P. I 22, 59, 240, II 496, 506, 512, 624
Altizer, Th. I 97
Altner, G. I 27, 172
Amery, C. II 375
Anselm v. Canterbury I 124, 126, 245f
Apollinaris I 206
Arminius II 665
Athanasius I 326
Auberlen, C.A. II 622
Augustin I 131, 175, 326f, 336, II 355, 360f, 404, 409, 435ff, 439, 490f, 603, 660ff, 676

Bajus II 477
Barth, K. I 22, 23f, 27, 29, 39, 46, 48, 65, 68, 93f, 147ff, 152, 193, 218, 222f, 241, 249f, 265, 330, 336, 337, II 372, 398, 401, 429f, 448, 450, 466, 498–500, 502f, 505f, 508, 512–515, 550ff, 568f, 603, 605ff, 611f, 624, 667ff
Beck, J. T. II 622
BenChorin, Sch. II 635
Bense, M. I 138
Berkhof, H. I 295, 303
Beza, Th. II 664f
Bloch, E. I 137
Bonhoeffer, D. I 154
Braun, H. I 97, 152
Brunner, E. I 22, II 418f, 550f, 670
Bruno, Giord. II 620
Buber, M. II 635
Bullinger, H. II 664
Bultmann, R. I 22, 74, 94ff, 196ff, 247, 258, 264, 313, II 624f
van Buren, P. I 97, 145

Calvin, J. I 328, II 360, 439, 442, 445, 477, 495, 505, 579f, 662, 664, 668
Carnap, R. I 135
Cyprian II 523

Daecke, S. I 303
Dantine, W. II 451
Descartes, R. I 126
Dibelius, M. I 196
Dionysius Areopagita I 127
v. Ditfurth, H. I 171, II 421

Ebeling, G. I 1, 23, 36, 39f, 48, 276
Elert, W. I 143, II 477, 498, 500ff, 505f, 514
Erasmus II 662f

Feuerbach, L. I 136
Fichte, J. G. I 156
Flacius, M. II 359, 666
Fletcher, J. II 479
Flew, A. I 135f
Flusser, D. II 635
Frank, R. II 572
Freud, S. I 136f
Fries, H. II 526

Gerhard, J. I 124, 215
Gese, H. I 70
Gloege, G. II 451
Goertz, H.-J. I 303
Gogarten, Fr. I 23, 224, 231, II 605
Gollwitzer, H. II 502
Gottschalk II 661
Graß, H. I 264

Hamilton, W. I 97
v. Harleß, A. II 536
v. Harnack, A. I 70
Harnack, Th. II 536

Hedinger, U. II 377
Hegel, G. Fr. W. I 126, 220f, 329, II 421, 535
Heidegger, M. I 95
v. Hofmann, J. I 71, II 572, 622
Hollaz, D. I 214

Irenäus II 354

Joachim v. Fiore I 274
Jüngel, E. I 27, 46, 49, 251, 255, 330f, II 415

Kähler, M. I 58, 196, II 622
Kant, I. I 126, 216, II 421
Käsemann, E. I 64f, 197
Kitamori, K. I 251f
Kliefoth, Th. II 536
Kopernikus II 619f
Kümmel, W. G. I 59
Küng, H. II 443
Künneth, W. I 265, II 509

Leibniz, G. W. I 151, II 426
Lessing, G. E. I 195
Link, Chr. I. 27
Løgstrup, K. I 20
Löhe, W. II 536
Luhmann, N. II 535
Luther, M. I 22, 63f, 79, 181f, 218, 328, II 349, 356, 358, 360, 385ff, 389, 391f, 397, 400, 439–442, 445, 449ff, 459, 474f, 476f, 481–484, 487, 491–496, 505f, 508, 512–515, 527, 530, 531, 565ff, 580f, 602ff, 607, 610, 649f, 662ff, 668, 672

Machovec, J. I 137
MacIntyre, A. I 135
Marcion II 489f
Marxsen, W. I 264
Melanchthon, Ph. I 328, II 360, 442, 445, 477, 495, 505, 579f, 662, 664, 668
Mildenberger, Fr. I 114f, 331f
Moltmann, J. I 251, 331, II 625f

Montanus I 274
Moser, T. I 111
Müller, A. M. K. I 172

Nietzsche, Fr. I 136, 138

Occam II 438
Origenes I 175, II 351, 679
Osiander, A. II 442
Otho II 477

Pannenberg, W. I 23, 30, 41ff, 44, 49, 225, 232f
Pelagius II 434
Pesch, O. H. II 448
Petrus Lombardus I 297
Pius XII. II 521
Platon II 350
Poach II 477
Pöhlmann, H. G. I 143, II 581
Popper, K. I 135
Prenter, R. I 74

v. Rad, G. I 70
Rahner, K. I 30f, 38, 332, II 526
Reimarus, S. H. I 195
Rendtorff, T. I 20
Ritschl, A. I 247, II 407, 412, 623
Rothe, R. I 175, II 535
Russel, B. I 135

Sartre, J.-P. I 136, 138, 255
Schelling, Fr. W.J. I 329
Schlatter, A. I 193
Schleiermacher, Fr. D. E. I 29f, 38, 70, 93, 175, 221ff, 231, 329, II 421, 679
Schlink, E. I 275, II 502
Schmaus, M. II 449
Schweitzer, A. I 196, II 623f
Semmelroth, O. II 522
Servet, M. I 328
Sohm, R. II 550
Sölle, D. I 97, 139, 152, 248, II 479
Sozzini, F. und L I 328
Stapel, W. II 605

Strauß, D. Fr. I 220f
Stuhlmacher, P. I 70
Szczesny, G. I 139

Teilhard de Chardin, P. I 153, 303
Tertullian I 329
Thomas v. Aquino I 21, 124ff, II 358, 436ff, 439, 661, 676
Thomasius, G. I 213, II 572
Tillich, P. I 23, 30, 40f, 49, 96f, 148, 152ff, II 397f, 403, 450
Track, J. I 172
Trillhaas, W. I 20, 240
Troeltsch, E. I 32

Vilmar, A. II 536

Weiß, J. II 623
v. Weizsäcker, C.Fr. I 172, 177
Werner, M. II 624
Whitehead, A. N. I 153
Wingren, G. II 502
Wittgenstein, L. I 135f, 145
Wolff, H. W. I 70

Zimmerli, W. I 70
Zwingli, H. II 416, 578f, 662

Sachregister

Abendmahl II 541, 576ff
Abendmahlsgemeinschaft II 537, 560, 563
Absolutheit des Christentums I 39
Absolution II 437, 557
Adam II 364ff, 378, 420
Allegorische Auslegung I 69, 71
Allgegenwart Gottes II 579, 581
Allmacht Gottes I 139f, 178ff, II 425f, 662f
Altes Testament (vgl. auch Israel) I 68ff
Amt, kirchliches II 523ff, 529ff, 554ff
analog I 128, 135f, 146ff
analogia attributionis I 148
analogia entis I 128, 146ff
analogia fidei I 148
Anhypostasie I 209f, 216, 218
Anthropologie II 354ff
Antilegomena I 63
Apokalyptik II 630ff, 633
Apokatastasis II 669ff, 679ff
Apologie I 82, II 441, 442
Apostel I 58f, II 543f
Apostolikum I 51, 81
Apostolische Sukzession I 51, II 524, 544
aseitas I 152
Athanasianum I 326
Atheismus I 136ff
Auferstehung s. Auferweckung
Auferweckung Jesu I 225, 260ff
Auferweckung der Toten II 617f, 651f
Aufklärung I 35, 367f, II 534
Autonomie II 367f

Barmen, Theologische Erklärung von I 82, II 497f, 605f
Beichte II 437f, 557

Bekehrung II 485
Bekenntnis I 51, 81ff
Bischof I 51, II 524
Böses s. Sünde
Buße II 481f, 515f
Bußsakrament II 437f

Chalkedon (vgl. auch Christologisches Dogma) I 207f
Charisma, Charismatiker s. Geistesgaben
Chiliasmus II 618, 622
Christologie I 186ff
Christologie von oben – von unten I 186f
Person und Werk Christi I 193f, 232, 242
Christologisches Dogma I 205ff, 215ff
communicatio idiomatum I 210ff, II 581
communio naturarum I 210
concursus I 132
Confessio Augustana I 82, 83, 132, 209, II 356, 357ff, 404, 406, 441f, 527, 529ff, 532, 550, 564
Consensus Tigurinus II 579
conservatio I 132
conversio II 443
creatio ex nihilo I 130f
creatio originans – continuans I 130, 174ff

Dämonen, dämonisch II 362, 423f
Dekalog II 476, 479, 480, 494f
descensus ad inferos s. Höllenfahrt Chrsiti
determinatio I 133
Deus absconditus – revelatus I 181f, II 501f, 664, 668, 671

directio I 133
Dogma I 51, 82ff
Dogmatik I 13ff
  Gegenstand I 14ff
  Funktion I 19f
  Methode I 34ff, 49ff, 90ff
  Normen I 49ff
  Dogmatik-Ethik I 20
Doketismus, doketisch I 198, 202
dominium terrae II 353, 375f
donum perseverantiae II 660
Dordrechter Synode II 665
Doxologie, doxologisch I 158ff, II 658ff

ecclesia invisibilis – visibilis (vgl. auch Unsichtbare Kirche) II 531f, 533f
ecclesia militans – triumphans II 534
ecclesia repraesentativa – synthetica II 533f
ecclesia vera – falsa II 533
Einsetzungsworte des Abendmahls II 583ff
electio II 667
Engel II 362, 381
Enhypostasie s. Anhypostasie
Entmythologisierung I 94ff
Erbsünde II 357ff, 404ff, 416
  Erbsünde und Tatsünden II 408f
Erhaltung II 610
Erwählung II 658, 672ff
Erweckungsbewegung II 535f
Eschatologie II 613ff
Evangelium II 492, 498ff
Evolution I 170, 172ff, II 364f, 381
Ewiges Leben I 268f, II 653f
Ewiger Tod II 618, 655
Existentiale Interpretation I 94f, 170f
extra Calvinisticum II 580

Fegfeuer II 616f
fides ex auditu II 444
fiducia II 446f
filioque I 327
Freiheit II 388ff, 426ff
Freiheit Gottes I 158f

Friede II 520, 542, 609f, 641, 653
Fundamentaltheologie I 13, 38

Gebot II 476ff, 506, 512
Gehorsam I 137, 163f, II 476ff
Geist (des Menschen) I 306, II 385ff
Geistesgaben I 284ff, 299ff
Gemeinde (vgl. auch Gemeinschaft) I 294ff, II 464, 519, 522, 526, 527ff, 536, 540ff, 547f, 554ff, 596f
Gemeinschaft I 18ff, 295, II 522ff, 540ff, 589, 594ff
genus apotelesmaticum I 211
genus idiomaticum I 211
genus maiestaticum I 211
Gerechtigkeit Gottes II 431ff, 439, 454ff
Gerechtsprechung II 440ff, 655
Gericht I 253ff, II 512f
  Endgericht II 432, 459f, 618f, 633, 654ff,
  Gericht nach den Werken II 459f, 618, 655ff
Geschichte I 177, II 620ff, 628, 639ff
Gesetz II 396ff, 477, 487ff, 498f, 500f, 503ff, 605
Gesetz und Evangelium II 487ff, 605 610
Gewissen I 21f, 26
Glaube I 14ff, 43, 296ff, II 373, 440f, 444ff, 465ff, 573, 674ff
  Glaubensgrund I 14f, 44, 46f
  Glaube und Erfahrung I 40, 48f
  Glaube und Vernunft I 34ff
Gnade II 434ff, 454f, 490f
Gnadenlehre II 434ff
Gnadenwahl II 658ff
Gott I 15ff, 113ff
  Gottes Sein I 151ff
  Gott „Person" I 156f
  Eigenschaften Gottes I 127ff, 135, 157ff
  Vatername Gottes I 162ff
Gottebenbildlichkeit II 354, 369ff, 378, 418f
Gottesaussagen, analoge s. analog

Gottesbeweise I 25, 124ff, 133f
Gottesdienst II 549, 551, 553
Gotteserkenntnis I 20ff, 141ff
gratia gratis data – gratum faciens II 436
gratia increata – creata II 436f
gratia irresistibilis II 660
gratia praeveniens II 436, 444
gubernatio I 132

habitus II 437, 438f, 445
Häresie II 560
Heiliger Geist I 274ff
Heiligkeit Gottes I 159f
Heiligung (vgl. auch Rechtfertigung und Heiligung) II 442f, 543
Heilsanstalt II 546f
Heilsgewißheit II 446f, 468ff, 663, 675
Hermeneutik s. Vermittlung
Heteronomie II 367
Himmel I 173f, II 619
Himmelfahrt Christi I 271
Hoffnung I 298f, II 613f, 641f, 679ff
Hölle II 617, 619, 654
Höllenfahrt Christi II 657, 682
Homousie I 206

illuminatio II 443
imago – similitudo Dei II 354, 369ff
Immanente Trinität I 323f, 330ff, 338ff
impeditio I 133
Imputation s. Zurechnung
infralapsarisch, Infralapsarismus II 425, 661, 665
Inkarnation s. Menschwerdung
Inspirationslehre I 53f
intercessio I 215
Israel (vgl. auch Altes Testament) I 71ff, 114ff, 283ff, II 541, 545

Jesus Christus I 16, II 371ff, 460ff
    Menschsein Jesu I 226ff
    Sündlosigkeit Jesu I 229f

Gegenwart Gottes in Jesus I 16f, 231ff
Gottessohnschaft Jesu s. Sohn Gottes
historischer Jesus I 194ff
Jungfrauengeburt I 239ff
Jüngster Tag II 646ff
iustificatio II 442f
iustitia civilis II 361
iustitia originalis II 353, 364f

Kanon I 52ff
    Kanon im Kanon I 64ff
Katechismus, Gr. II 567
Katechismus, Kl. I 82
Kenosis I 212ff
Kindertaufe II 566f, 568f, 574f
Kirche I 18ff, II 521ff, 527ff, 540ff, 590ff
    Kirche und Staat II 601ff
Kirchenrecht II 549ff
Konkordienformel I 82ff, II 359ff, 361, 442, 477, 495, 667f
Konkupiszenz II 355f, 403
Kosmos (vgl. auch Welt) I 169ff, II 592ff
Kreatianismus II 351
Kreuz Christi I 242ff, II 462f
Kritischer Rationalismus I 35f

Leben I 302ff, II 671ff
Leib und Seele I 171, II 349ff, 363f, 379ff
Leiden I 180ff
Leuenberger Konkordie II 563, 582, 588
lex II 490f, 505
liberum arbitrium s. Wahlfreiheit u. Willensfreiheit
Liebe I 297f, II 473ff, 479ff
Liebe Gottes I 122, 160f, 253ff, 297
Limbus infantium II 617
limbus patrum II 617
logisch-analytische (sprachanalytische) Philosophie I 135f, 144ff
Logos I 206

Malum morale – naturale I 180
manducatio indignorum II 580
manducatio oralis II 580
Marxismus I 137
materia coelestis II 581
materia coelestis – terrestris II 567
Mensch I 283f, 312ff, II 345ff
Menschensohn I 203, 204, II 630
Menschwerdung I 206ff, 210, 216ff, 222ff
meritum de condigno – de congruo II 436
Messias I 204
Meßopfer II 576ff, 587
Modalismus I 321ff
munus Christi triplex I 214f
munus propheticum I 214
munus regium I 215
munus sacerdotale I 214

Naherwartung II 615, 646f
Natur I 25f, 169ff, II 375f, 402
Naturgesetze I 178f
natürliche Theologie I 26f
Naturwissenschaft I 170, 172f, 175f, 178f
Neues Testament I 51, 57ff
Nizänokonstantinopolitanum (Nizänisches Credo) I 51, 81
Nomos II 488f, 505
norma normans – normata I 84f
notae ecclesiae II 531f
notiones personales I 326

oboedientia activa – passiva I 215
Obrigkeit II 607ff
Offenbarung I 16ff, 30, 143f
Offenbarung und Vernunft I 39ff
Ökonomische Trinitätslehre I 323f
Ökumenische Bewegung II 537f, 560ff
opera trinitatis ad extra – ad intra I 324f
Opfer I 243, II 488, 587
opus Dei alienum – proprium II 492, 514

Ordination II 530
ordo salutis II 443
Ostern s. Auferweckung Jesu

Papst I 51f, II 525
Parusie II 632
peccata actualia (vgl. auch Erbsünde und Tatsünden) II 358
peccata mortalia – venialia II 358, 437f
peccatum originis, originale II 357f
Perichorese I 323
permissio I 132
Person allgemein I 312ff, 335, II 470ff, 670
Person trinitarisch I 335f
Prädestination II 425f, 658ff
Prädestinationslehre II 435, 659ff
Präexistenz Christi I 167, 239ff
Priester II 524, 526, 530
Priestertum, allgemeines II 554
profan I 159
Prolegomena s. Theologische Prinzipienlehre
Prophetie I 286ff
providentia (vgl. auch Vorsehung) I 131
providentia extraordinaria I 132, 178
Psychoanalyse I 137, II 306

Realpräsenz II 580f, 587ff
Recht, Rechtsordnung II 454ff, 494f, 607ff
Rechtfertigung II 432ff, 453ff
Rechtfertigung und Heiligung II 442f, 445, 482ff
Rechtfertigungslehre II 439ff
regnum gloriae I 215
regnum gratiae I 215
regnum potentiae I 215
Reich Gottes II 586, 589, 623, 625ff, 629ff
Religion, Religionen I 28ff
Religionsgeschichte I 30ff, 45
Religionskritik I 39, 136ff, II 367f
Religionsphilosophie I 22, 38

religiöses Apriori I 22
religiöses Bewußtsein I 38f, 93
renovatio II 443
reprobatio II 667
revelatio generalis – specialis I 22

Sakrament(e) II 522f, 527f, 564f
sanctificatio II 442f
Satan s. Teufel
satisfactio I 215
Satisfaktionslehre I 244ff
Schisma II 560
Schmalkaldische Artikel I 82, II 359, 441, 527
Schöpfer I 130f, 165ff, 302ff II 424, 457
Schöpfung I 130f, 165ff, 302ff, 339, II 375f, 617, 628, 634ff
Schöpfungsoffenbarung I 21ff, 167ff
Schöpfungsordnungen II 496f, 509f
Schrift, Heilige I 52ff
   Wort Gottes und Schrift I 57ff
   Einheit der Schrift I 62ff
   Altes und Neues Testament I 68ff
   Historische Kritik I 53ff, 76ff
Schrift und Tradition I 52, 62
Schriftprinzip I 52
Schuld II 358, 365f, 415ff
Schwärmer I 274f
Seele s. Leib und Seele
Seelenschlaf II 616
Seelenvermögen II 384ff
Sekten I 275, II 536
Semipelagianismus II 435f
Situationsethik II 479f
Sohn Gottes I 234f, II 372
Sozinianer I 328
Sprache II 382f
Staat II 601ff, 609ff
status Christi duplex I 212ff, 222f
status corruptionis II 355ff
status exaltationis I 212f
status exinationis I 212f
status integritatis II 352ff
Stellvertretung I 243f, 249ff

Sukzession, apostolische s. apostolische Sukzession
Sünde I 132, 255ff, II 355, 365ff, 397ff, 481ff, 593, 594f, 650f,
Sündenerkenntnis II 394ff, 403f
Sündenfall II 356f, 364ff, 420f, 426f
Sündenfolgen II 356f
Subordinatianismus I 320
supralapsarisch, Supralapsarismus II 425, 662, 665, 669, 672
Syllogismus practicus II 665
Synergismus II 662f, 666, 667

Tatsünden s. Erbsünde und Tatsünden
Taufe I 293, II 564ff
tertius usus legis II 477, 495
Teufel II 362, 422ff
Theodizee I 180ff
Theologie (vgl. auch Dogmatik) I 13ff
   Theologie und Wissenschaft I 37ff
Theologische Prinzipienlehre I 13
Theonomie II 367f
Tod I 255ff, II 382ff, 413ff, 462f, 617, 646ff, 659ff
Tradition s. Schrift und Tradition
Traduzianismus II 351
Transsubstantiation II 577
Tridentinum, Konzil von Trient I 52f, II 443ff, 448
Trinität, Trinitätslehre I 307f, 317ff
Tritheismus I 320, 322
Typologische Auslegung I 69

Ubiquität II 580f
Unfehlbarkeit der Kirche II 522, 543
Unfehlbarkeit des Papstes II 525, 529f
unio personalis I 210, 235
unio sacramentalis I 235
Unitarier I 328
Unischtbare Kirche (vgl. auch ecclesia invisiblis-visibilis) II 531f, 542, 546

Unsterblichkeit der Seele II 350, 379ff, 622, 649
Uroffenbarung I 22
Urstand II 353f, 377f
usus civilis (politicus) legis II 495, 496, 510f, 603, 608
usus didaciticus legis II 495
usus theologicus (elenchticus) legis II 495, 497, 605

Vaticanum I I 52, II 525
Vaticanum II II 525ff, 528, 561
Verbalinspiration I 53f
Verdammnis II 619
Verdienst II 434ff, 441, 445f
Vermittlung I 90ff
Vernunft II 384ff
  Vernunft und Glaube I 34ff
  Vernunft und Triebe II 384ff
Versöhnung I 247, II 460ff, 466, 606, 611f, 634, 639
Verstockung II 677
Versuchung, Versuchlichkeit II 426ff
Versuchung Jesu I 228, 230
Verwerfung II 669
vestigia trinitatis I 327
via causalitatis I 128

via eminentiae I 127
via negationis I 128
vocatio II 443
Volkskirche II 596f
Vorsehung I 131ff

Wahlfreiheit II 389ff, 426ff
Wahrheit I 14f, 40, 46f, II 631f
Weissagung I 71
Welt I 169f, II 590ff, 628, 634ff
Weltbild I 170ff, II 619f, 642ff
Wiedergeburt II 565f
Wiederkunft Christi II 617, 632
Willensfreiheit II 360f, 388ff, 426ff, 439, 674ff
Wissenschaft I 35f, 41f, 45f, 101ff
Wort Gottes I 16ff, 57ff, 116, 122, II 440, 527f, 547, 564
Wunder I 178ff, 237f

Zeit I 175ff, II 642ff
Zorn Gottes I 143f, 254, II 412f
Zweinaturenlehre s. Christologisches Dogma, Chalkedon
Zwei-Reiche-Lehre II 603ff
Zwischenzustand II 615f, 647f

Wilfried Joest

Dogmatik
Band I: Die Wirklichkeit Gottes
(UTB Uni-Taschenbücher 1336). 1984. 341 Seiten, Kst.

»Hier soll vor allem auf die Fülle von Anregungen und Hilfen dieses Buches hingewiesen werden, das man auch einem theologisch interessierten Laien in die Hand geben kann. Wer Dogmatik lernen will, und wer sie lehrt, kann an der Arbeit Joests nicht vorbeigehen.«
Friedrich Mildenberger in: Theologische Literaturzeitung

Gott will zum Menschen kommen
Zum Auftrag der Theologie im Horizont gegenwärtiger Fragen. Gesammelte Aufsätze. 1977. 169 Seiten, kart.

Gesetz und Freiheit
Das Problem des tertius usus legis bei Luther und in der neutestamentlichen Parainese. 4. Aufl. 1968. 240 Seiten, kart.

Ontologie der Person bei Luther
1967. 449 Seiten, Leinen

Hans-Georg Fritzsche
Lehrbuch der Dogmatik
Teil I: Prinzipienlehre
Grundlagen und Wesen des christlichen Glaubens. 2., erw. Aufl. 1982. 408 Seiten, Leinen

»Das Buch leistet Kirche und Theologie in seiner kritisch würdigenden und wägenden Arbeit einen guten Dienst.« *Wissenschaftl. Literaturanzeiger*

Teil II: Lehre von Gott und der Schöpfung
2., erw. Aufl. 1984. 410 Seiten, Leinen

»Die Darstellung Fritzsches bietet eine Fülle von Ansätzen, weil sie im ganzen dialogisch aufgebaut und besonders in Richtung eines sich ernsthaft als »dialektisch« verstehenden Materialismus und darauf aufbauenden Humanismus offen zum Gespräch ist. Dies macht ihr Studium in dem Maße wertvoll, als Theologie und Verkündigung genötigt sind, sich einem – ideologisch wie auch immer gewandeten Säkularismus und Positivismus zu stellen.« *Nachrichten der Ev.-Luth. Kirche in Bayern*

Teil III: Christologie. Vergriffen. Neuauflage i. Vb.
Teil IV: Ekklesiologie – Ethik – Eschatologie. I. Vb.

Vandenhoeck & Ruprecht · Göttingen und Zürich